Alfred Heck

Planen und wirtschaften

Wirtschaftskunde für gewerbliche, landwirtschaftliche und hauswirtschaftlich-pflegerisch-sozialpädagogische Berufsschulen und gewerbliche Berufsfachschulen

4. Auflage

Stam 0384

Stam-Verlag Köln · München

Verlag H. Stam GmbH
Fuggerstraße 7 · 5000 Köln 90
Fernruf (0 22 03) 30 29-0

ISBN 3-8237-**0384**-6

Einbandgestaltung: Roland Poferl, Niederkassel

Vorwort

Aufbau und Inhalt des vorliegenden Buches entsprechen den 16 Lehrplaneinheiten, die der Lehrplan für die gewerblichen, landwirtschaftlichen und hauswirtschaftlich-pflegerisch-sozialpädagogischen Berufsschulen sowie für die gewerblichen Berufsfachschulen enthält. Die Kapitel 1–4 enthalten den Unterrichtsstoff des ersten, die Kapitel 5–10 den Stoff des zweiten und die Kapitel 11–16 den Unterrichtsstoff des dritten Ausbildungsjahres.

Um dieses Buch möglichst anschaulich zu gestalten, wurde(n)

- eine einfache Sprache gewählt;
- Fachausdrücke, welche der Schüler beherrschen muß oder die für das Verständnis des Unterrichtsstoffes notwendig sind, erläutert;
- wichtige Wörter und Aussagen durch eine besondere Schrift hervorgehoben;
- zu Beginn eines jeden Kapitels ein Übersichts- bzw. Motivationsblatt eingerichtet, welches auch erste wichtige Aussagen zum Unterrichtsstoff enthält;
- das Buch mit Schaubildern, Zeichnungen, Fotografien, Karikaturen, Zeitungsausschnitten und tabellarischen Darstellungen reich ausgestattet;
- zahlreiche Zusammenfassungen zur Wiederholung und Einprägung des wichtigsten Lernstoffes eingefügt.

Jede Lernstoffeinheit schließt mit Aufgaben zum Lernstoff ab, welche die Lernziele und den Kern des Unterrichtsstoffes abdecken. Da die Aufgaben einfach formuliert wurden und in Form und Schwierigkeitsgrad den Fragen der Abschlußprüfungen entsprechen, eignen sie sich auch zur Prüfungsvorbereitung.

Zur Kennzeichnung der Lernstoffzusammenfassungen und Arbeitsaufgaben wurden Symbole verwendet. Dabei steht

Z für Zusammenfassungen des Unterrichtsstoffes und
A zur Kennzeichnung der Arbeitsaufgaben.

Der Verfasser

Inhaltsverzeichnis

4 Betrieb und Unternehmung

5 Unternehmungsformen und Unternehmenszusammenschlüsse

6 Zahlungsverkehr

7 Geld und Währung

8 Markt und Preisbildung

9 Wirtschaftsordnungen

10 Ziele der staatlichen Wirtschaftspolitik

11 Arbeitsrecht

12 Sozial- und Individualversicherungen

13 Öffentliche Abgaben

14 Entlohnung der Arbeit

15 Sparen und Kredit

16 Verbraucherschutz

1

Der Eintritt in das Berufsleben

Berufsbildungsgesetz und Handwerksordnung bilden die gesetzlichen Grundlagen der Berufsausbildung.

*

Die Berufsausbildung erfolgt für die meisten Ausbildungsberufe nach dem dualen System (dual = zweifach).
Der Betrieb vermittelt dabei vorwiegend praktische, die Berufsschule in erster Linie theoretische Kenntnisse.

*

In einer Welt des Wandels sind berufliche Fortbildung und Umschulung für den einzelnen und für das Wirtschaftsgeschehen wichtig. Der Staat unterstützt daher solche Maßnahmen durch zahlreiche Gesetze und Förderprogramme.

1.1 Berufsausbildung

1.1.1 Gesetzliche Grundlagen der Berufsausbildung

Die gesetzlichen Grundlagen der Berufsausbildung bilden das **Berufsbildungsgesetz (BBiG)** und die **Handwerksordnung (HWO).** Das am 1. 9. 1969 in Kraft getretene Berufsbildungsgesetz regelt die Berufsausbildung in der Industrie, im Handel, in der Land- und Forstwirtschaft, in der Hauswirtschaft und in den Dienstleistungsbereichen. Damit für alle Auszubildenden in der Bundesrepublik Deutschland einheitliche Rahmenvorschriften gelten, wurde die Handwerksordnung gleichzeitig den Bestimmungen des Berufsbildungsgesetzes angepaßt.

Z

- *Die gesetzlichen Grundlagen für die Berufsausbildung bilden das Berufsbildungsgesetz und die Handwerksordnung.*

1.1.2 Ausbildungsberufe

Nach § 25 des Berufsbildungsgesetzes ist es möglich, Ausbildungsberufe anzuerkennen. Es gibt daher **anerkannte Ausbildungsberufe** und **nicht anerkannte Ausbildungsberufe.** Die Anerkennung ist Bundesangelegenheit und wird vom Bundesminister für Wirtschaft oder vom sonstigen Fachminister vorgenommen. Inzwischen gibt es etwa 382 anerkannte Ausbildungsberufe. Wenn ein Beruf anerkannt ist, erläßt der zuständige Bundesminister eine **Ausbildungsordnung,** die eine einheitliche Berufsausbildung gewährleisten soll.

Sie enthält mindestens:

1. die Bezeichnung des Ausbildungsberufes;
2. die Ausbildungsdauer (sie soll nicht mehr als drei und nicht weniger als zwei Jahre betragen);
3. die Fertigkeiten und Kenntnisse, die Gegenstand der Berufsausbildung sind (Ausbildungsberufsbild);
4. eine Anleitung zur sachlichen und zeitlichen Gliederung der Fertigkeiten und Kenntnisse (Ausbildungsrahmenplan);
5. die Prüfungsanforderungen.

Jugendliche dürfen nur in anerkannten Ausbildungsberufen ausgebildet werden.

Z

- *Ausbildungsberufe können durch den Bundeswirtschaftsminister oder durch den sonstigen Fachminister anerkannt werden. Es gibt daher anerkannte und nicht anerkannte Ausbildungsberufe.*
- *Ist ein Ausbildungsberuf anerkannt, wird eine Ausbildungsordnung erlassen, welche für die Berufsausbildung die Ausbildungsdauer, die zu vermittelnden Kenntnisse und Fertigkeiten, den Ausbildungsrahmenplan und die Prüfungsanforderungen der einzelnen Berufe verbindlich vorschreibt.*

1.1.3 Berufsfelder, Schwerpunkte, Einzelberufe

Das Berufsbildungsgesetz bestimmt, daß in der Berufsausbildung nicht nur fachliche Fertigkeiten und Kenntnisse zu vermitteln sind, sondern auch eine breite berufliche Grundbildung.

Berufsbildungsgesetz § 1 (2): „Die Berufsausbildung hat eine breit angelegte berufliche Grundbildung und die für die Ausübung einer qualifizierten Tätigkeit notwendigen fachlichen Fertigkeiten und Kenntnisse in einem geordneten Ausbildungsgang zu vermitteln. Sie hat ferner den Erwerb der erforderlichen Berufserfahrungen zu ermöglichen."

Dadurch sollen die Mobilität in der Berufs- und Arbeitswelt erhöht, die Weiterbildungsmöglichkeiten gefördert und die Berufswahl erleichtert werden. Falsche Berufswahlentscheidungen sollen ohne größeren Zeitverlust korrigiert werden können. Um diesen Zielen gerecht zu werden, kann die Ausbildungsordnung aufeinander aufbauende Stufen der Berufsausbildung festlegen. In einer ersten Stufe werden dann als Grundlage für eine weiterführende berufliche Fachbildung Grundfertigkeiten und Grundkenntnisse vermittelt, die mehrere Berufe betreffen. Einander verwandte Berufe wurden inzwischen zu Berufsfeldern zusammengefaßt und werden im ersten Jahr nach einem gemeinsamen Bildungsplan unterrichtet. Auf dieser **Grundstufe** bauen die **Fachstufe I** und die **Fachstufe II** auf, in denen im zweiten und dritten Ausbildungsjahr eine Differenzierung nach Schwerpunkten und Einzelberufen sowie die Vermittlung von zunehmend berufsspezifischen Kenntnissen und Fertigkeiten erfolgt. Sieht die Ausbildungsordnung eine **Stufenausbildung** vor, soll nach § 26 (1) des Berufsbildungsgesetzes nach jeder Stufe ein Ausbildungsabschluß, der zu einer Berufstätigkeit befähigt, möglich sein.

Beispiel einer dreijährigen Stufenausbildung		
3. Ausbildungsjahr/ Fachstufe II	Vermittlung von berufsspezifischen Kenntnissen und Fertigkeiten	Unterrichtung in Einzelberufen
2. Ausbildungsjahr/ Fachstufe I	Vermittlung von berufsgruppenspezifischen Kenntnissen und Fertigkeiten	Unterrichtung auf Berufsgruppen- bzw. Schwerpunktbreite
1. Ausbildungsjahr Grundstufe	Vermittlung einer breit angelegten beruflichen Grundbildung	Unterrichtung auf Berufsfeldbreite

Inzwischen wurden eine ganze Reihe von Stufenausbildungsordnungen erlassen, und es wurden 13 Berufsfelder gebildet, denen die Ausbildungsberufe zugeordnet wurden. Damit sind die organisatorischen Voraussetzungen dafür geschaffen, daß zukünftig zunehmend einander verwandte Berufe – zumindest im 1. Ausbildungsjahr – nach dem gleichen Bildungsplan unterrichtet werden können.

Die 13 Berufsfelder	Zuordnung von Ausbildungsberufen am Beispiel des Berufsfeldes Drucktechnik		
	Berufsfeld	Schwerpunkte	Ausbildungsberufe
1. Wirtschaft und Verwaltung 2. Metalltechnik 3. Elektrotechnik 4. Bautechnik 5. Holztechnik 6. Textiltechnik und Bekleidung 7. Chemie/Physik/Biologie 8. Drucktechnik 9. Farbtechnik und Raumgestaltung	Drucktechnik	A. Druckvorlagen- und Druckformherstellung	Chemigraf Druckformhersteller Druckvorlagenhersteller Flexograf Formstecher Notenstecher Reprograph Schriftsetzer Stempelmacher Stereotypeur
10. Gesundheit 11. Körperpflege 12. Ernährung und Hauswirtschaft 13. Agrarwirtschaft		B. Drucktechnik und Druckverarbeitung/ Buchbinderei	Buchbinder Drucker Siebdrucker Steindrucker Tapetendrucker

Z

- *Um die Berufsausbildung einander verwandter Berufe im ersten und teilweise auch im zweiten Ausbildungsjahr zu vereinheitlichen, wurden die Ausbildungsberufe 13 Berufsfeldern zugeordnet.*
- *In der Grundstufe erfolgt für mehrere Berufe eine einheitliche breite berufliche Grundbildung, in den Fachstufen I und II werden zunehmend berufsspezifische Kenntnisse und Fertigkeiten vermittelt.*

1.1.4 Zuständigkeit für die Berufsausbildung

Nach dem Berufsbildungsgesetz ist es Aufgabe der **Kammern**, die Ordnungsgemäßheit der Berufsausbildung zu überwachen. Jeder Ausbilder und jeder Auszubildende kann sich z. B. mit Fragen und Beschwerden an den zuständigen **Ausbildungsberater** der Kammern wenden.

Auszubildende in:		*Zuständige Stelle:*
Handwerk	→	*Handwerkskammern*
Industrie, Handel, Dienstleistungen	→	*Industrie- und Handelskammern*
Landwirtschaft	→	*Landwirtschaftskammern; -ämter*
Apotheken	→	*Apothekenkammern*
Rechtsanwaltspraxen	→	*Rechtsanwaltskammern*
ländliche Hauswirtschaft	→	*Landwirtschaftskammern; -ämter*
städtische Hauswirtschaft	→	*eine vom Bundesminister für Arbeit und Sozialordnung bestimmte Stelle*
u. a.		*u. a.*

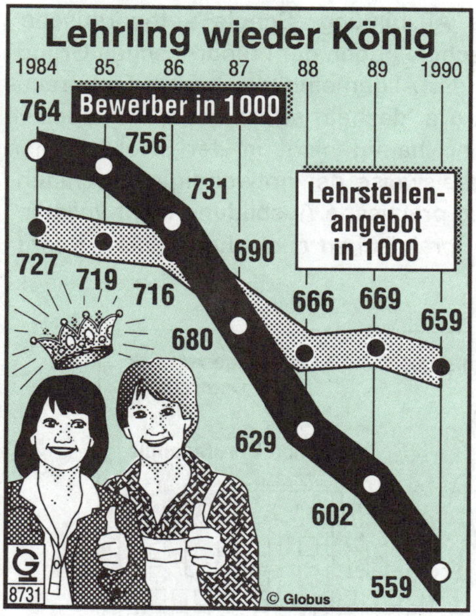

Nach dem Berufsbildungsgesetz müssen die Kammern u. a.:

- ein Verzeichnis über die Berufsausbildungsverhältnisse führen,
- die Eignung der Arbeitsstätten und Ausbilder überwachen,
- die Berufsausbildung regeln und überwachen,
- die Ausbildenden und Auszubildenden beraten,
- Prüfungsausschüsse bilden und
- Prüfungen durchführen.

Z
- *Die Überwachung der Berufsausbildung ist Aufgabe der Kammern.*

A
1. **Welches sind die gesetzlichen Grundlagen der Berufsausbildung?**
2. **Zu welchem Zweck wird eine Ausbildungsordnung erlassen, und welche Punkte muß sie enthalten?**
3. **Welchen Inhalt hat ein Ausbildungsberufsbild?**
4. **Weshalb werden einander verwandte Berufe zu Berufsfeldern zusammengefaßt?**
5. **Wer ist für die Überwachung einer ordnungsgemäßen Berufsausbildung zuständig?**

1.2 Ausbildungsformen

Die Berufsausbildung in Ausbildungsberufen erfolgt in der Bundesrepublik Deutschland überwiegend im sogenannten **dualen System.** Betrieb und Berufsschule arbeiten dabei zusammen, der Betrieb vermittelt vorwiegend praktische Kenntnisse und Fertigkeiten, die Schule in erster Linie theoretische. Daneben gibt es jedoch auch **vollschulische Berufsausbildungsgänge,** z.B. in Berufsfachschulen, welche die duale Berufsausbildung ganz oder teilweise ersetzen. Diese Vollzeitschulen vermitteln nicht nur theoretische, sondern auch die praktischen Kenntnisse einer Berufsausbildung in Schulwerkstätten.

1.2.1 Duale Ausbildung

Weil zwei Einrichtungen bei dieser Form der Berufsausbildung zusammenwirken, bezeichnet man sie als duale[1] Ausbildung. Die Ausbildung in Betrieben oder durch überbetriebliche Einrichtungen wird durch den Unterricht an der Berufsschule ergänzt. Die Formel: „Betrieb – praktische Ausbildung, Schule – theoretische" stimmt dabei nicht ganz, weil in der Berufsschule neben dem theoretischen Grundwissen für den Beruf und einer Vertiefung der Allgemeinbildung auch fachpraktische Übungen angeboten werden. Dies ist u.a. deshalb erforderlich, weil speziell kleinere Betriebe die praktische Ausbildung häufig nicht in der erforderlichen Breite durchführen können, da ihnen beispielsweise der notwendige Maschinenpark fehlt. Zudem läßt sich theoretische und praktische Ausbildung nicht vollständig trennen, so werden in Betrieben neben praktischen auch theoretische Kenntnisse vermittelt.

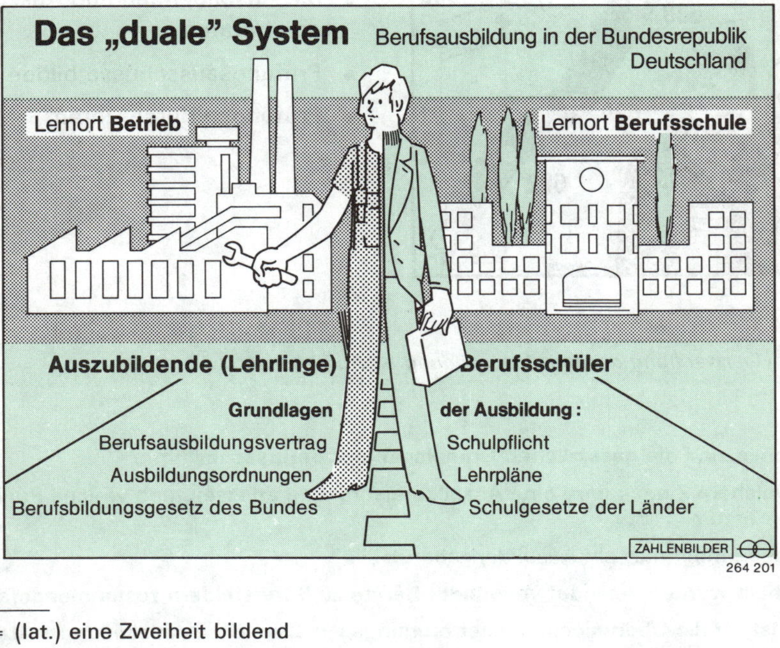

[1] dual = (lat.) eine Zweiheit bildend

Hauptträger der dualen Ausbildung sind die Betriebe. Der größte Teil der Ausbildung findet in ihnen statt. Sie müssen die Ausbildungsvergütungen an die Auszubildenden zahlen, die Arbeitsmittel bereitstellen und die Lehrlinge zum Besuch der Berufsschule anhalten. Seit 1969 haben die Ausbildenden Ausbildungspläne zu erstellen und müssen so die inhaltliche und zeitliche Gliederung der Ausbildung regeln. Der Berufsschulunterricht findet an ein bis zwei Tagen in der Woche statt, wenn er in der üblichen Form des **Teilzeitunterrichts** durchgeführt wird. Als **Blockunterricht** erfolgt die Unterrichtung in mehreren „Unterrichtsblöcken" von vier- bis sechswöchiger Dauer als **Vollzeitunterricht.**

Häufig wird die Ausbildung durch **überbetriebliche Lehrgänge** von ein bis zwei Wochen Dauer ergänzt, die von Organisationen der Wirtschaft (Kammern, Fachverbände, Innungen im Handwerk) durchgeführt werden.

Am dualen System der Berufsausbildung wird häufig kritisiert, daß die von den Betrieben angebotenen Ausbildungsplätze zuweilen nicht ausreichen und daß die Abstimmung der Ausbildungsinhalte zwischen der Berufsschule und den Betrieben schwierig zu organisieren ist. Gegenüber einer rein schulischen Berufsausbildung hat das duale Ausbildungssystem jedoch den unbestreitbaren Vorteil der **Praxisnähe.** Die tatsächliche Arbeitswelt, der Betrieb, ist Ort der praktischen Ausbildung. Zudem wäre eine rein schulische Ausbildung für den Staat teurer. Der Steuerzahler erspart sich durch das duale Ausbildungssystem erhebliche Kosten.

Z

- *Die Berufsausbildung erfolgt in der Bundesrepublik Deutschland überwiegend im dualen System. Dabei vermittelt der Betrieb vorrangig praktische und die Berufsschule überwiegend theoretische Kenntnisse.*

1.2.2 Vollschulische Ausbildung

Neben dem dualen Berufsausbildungssystem bestehen im beruflichen Schulwesen Ausbildungsgänge, welche die duale Berufsausbildung ganz oder teilweise ersetzen können.

Vollschulische Grundausbildung

- Die **einjährige Berufsfachschule** vermittelt eine theoretische und praktische Grundbildung in einem Berufsfeld, z. B. in Bautechnik, Metalltechnik, Elektrotechnik, Holztechnik. Der Besuch der einjährigen Berufsfachschule wird als erstes Ausbildungsjahr auf eine nachfolgende Berufsausbildung angerechnet.
- Das **Berufsgrundbildungsjahr** kann an die Stelle einer einjährigen Berufsfachschule treten. Es wird entweder als duale Ausbildungsform (Schule und Betrieb) oder als vollschulische Ausbildung angeboten. Der Besuch des Berufsgrundbildungsjahres wird in beiden Formen als erstes Ausbildungsjahr einer nachfolgenden Berufsausbildung angerechnet. Häufig werden die Ausbildungsverträge bereits vor Beginn des Berufsgrundbildungsjahres abgeschlossen. Wie in der einjährigen Berufsfachschule wird eine allgemeine Bildung und eine berufliche Grundbildung in einem Berufsfeld vermittelt.
- Die **zweijährige Berufsfachschule** führt Hauptschüler zur Fachschulreife. Neben der allgemeinen Bildung erfolgt eine Grundausbildung in einem Berufsfeld. Wird anschließend eine Berufsausbildung im gleichen Berufsfeld durchgeführt, wird diese um ein Jahr verkürzt.

Vollschulische Gesamtausbildung

- Die recht seltenen **drei- und vierjährigen Berufsfachschulen** vermitteln eine volle Berufsausbildung. Sowohl die theoretische als auch die praktische Ausbildung erfolgen in der Schule.
- **Zwei- und dreijährige Berufskollegs** führen aufbauend auf einem mittleren Bildungsabschluß zu einer anspruchsvollen beruflichen Qualifikation (technische Assistenten, staatl. geprüfte Assistenten u. a.). Es handelt sich um eine berufliche Erstausbildung, die meist allein in der Schule erfolgt. Über einen zusätzlichen Leistungsnachweis kann die Fachhochschulreife erworben werden.

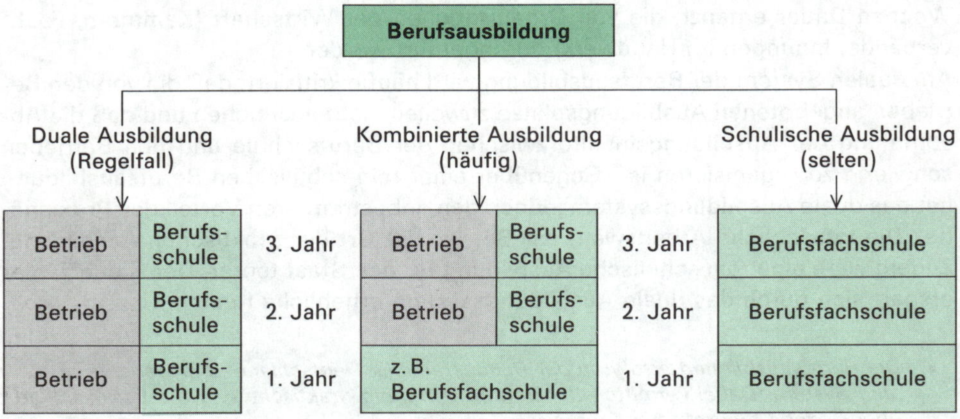

Z

- *Der Besuch des Berufsgrundbildungsjahres oder der Berufsfachschulen kann zu einer Verkürzung der dualen Berufsausbildung führen oder diese vollständig ersetzen.*
- *Zwei- und dreijährige Berufskollegs vermitteln eine anspruchsvolle berufliche Erstqualifikation.*

A

1. **Erläutern Sie den Begriff „duale Ausbildung".**
2. **Warum ist es wichtig, daß die Berufsschulen neben theoretischer auch praktische Ausbildung betreiben?**
3. **Worin unterscheidet sich der Blockunterricht vom Teilzeitunterricht?**
4. **Nennen Sie zwei Vorteile und zwei Nachteile des dualen Berufsausbildungssystems.**
5. **Welche schulischen Ausbildungsgänge können die duale Berufsausbildung ganz oder teilweise ersetzen?**
6. **Nennen Sie zwei Vorteile und zwei Nachteile der dualen Berufsausbildung im Vergleich zu einer vollschulischen Berufsausbildung.**

1.3 Berufsausbildungsvertrag

Nach § 4 Berufsbildungsgesetz muß zwischen dem Ausbildenden und Auszubildenden vor Beginn der Ausbildung ein **Berufsausbildungsvertrag** geschlossen werden. Bei Minderjährigen muß der Vertrag auch von dem gesetzlichen Vertreter des Auszubildenden (Eltern, Vormund) unterschrieben werden. Jeder Partei ist ein Exemplar des Vertrages auszuhändigen.

Wie sich die Zeiten ändern!

damals *und* *heute*

Ein über 100 Jahre alter Lehrvertrag

oder:

Die „gute" alte Zeit

Eduard Groos in Grünberg einerseits und Philipp Walther in Biedenkopf andererseits haben folgende Übereinkunft getroffen:

1. *Groos nimmt den Sohn des Philipp Walther mit Namen Georg auf vier Jahre, und zwar vom 15. Oktober 1864 bis dahin 1868, als Lehrling in sein Geschäft auf.*
2. *Groos macht sich verbindlich, seinen Lehrling in Allen dem, was in seinem Geschäft vorkommt, gewissenhaft zu unterrichten, ein wachsames Auge auf sein sittliches Betragen zu haben und ihm Kost und Logie in seinem Hause frei zu geben.*
3. *Groos gibt seinem Lehrling alle 2 Wochen des Sonntags von 12 bis 5 Uhr frei; dabei ist gestattet, daß er auch an dem Sonntage, wo er seinen Ausgangstag nicht hat, einmal den Gottesdienst besuchen kann.*
4. *Groos verzichtet auf ein Lehrgeld, hat aber dagegen die Lehrzeit auf vier Jahre ausgedehnt.*
5. *...*
6. *...*

Grünberg und Biedenkopf, den 31. August 1864

Der Berufsausbildungsvertrag muß nach § 4 BBiG mindestens Angaben enthalten über:

1. Art, sachliche und zeitliche Gliederung, Ziel der Berufsausbildung;
2. Beginn und Dauer der Ausbildung;
3. Ausbildungsmaßnahmen außerhalb der Ausbildungsstätte;
4. Dauer der regelmäßigen täglichen Arbeitszeit;
5. Dauer der Probezeit;
6. Zahlung und Höhe der Vergütung;
7. Dauer des Urlaubs;
8. Voraussetzungen, unter denen der Berufsausbildungsvertrag gekündigt werden kann.

Der Ausbildende muß die Ausbildung nicht selbst durchführen, er kann einen **Ausbilder** beauftragen. Dieser muß jedoch persönlich und fachlich für die Ausbildung geeignet sein. Persönlich ist nicht geeignet, wer die bürgerlichen Ehrenrechte verloren oder wiederholt bzw. schwerwiegend gegen Ausbildungsvorschriften verstoßen hat. Fachlich ist zur Ausbildung nicht geeignet, wer die erforderlichen beruflichen und pädagogischen Kenntnisse und Fertigkeiten nicht besitzt. Im Handwerk ist derjenige fachlich geeignet, der die Meisterprüfung bestanden und das 24. Lebensjahr vollendet hat. Auch die Ausbildungsstätte selbst muß nach Art und Einrichtung für die Berufsausbildung geeignet sein.
Entspricht der Ausbildungsvertrag den gesetzlichen Vorschriften und ist die Eignung von Ausbilder und Ausbildungsstätte gegeben, wird der Vertrag in das **Verzeichnis der Berufsausbildungsverhältnisse** bei der zuständigen Kammer eingetragen.

Wichtige Bestimmungen des Berufsausbildungsvertrages

- Die **Ausbildungsdauer** ist in der Ausbildungsordnung festgelegt, sie kann jedoch im Einzelfall abgekürzt werden. Sie soll nicht weniger als zwei und nicht mehr als drei Jahre betragen.
- Die **Probezeit** muß mindestens einen Monat und darf höchstens drei Monate betragen. Innerhalb der Probezeit kann das Ausbildungsverhältnis von beiden Seiten fristlos und ohne Angabe von Gründen gekündigt werden.
- Nach der Probezeit kann eine **Kündigung** von beiden Seiten nur noch erfolgen, wenn ein wichtiger Grund vorliegt (Diebstahl, Betrug, Unterschlagung, Tätlichkeiten, grobe Beleidigung, beharrliche Arbeitsverweigerung, Verrat von Betriebsgeheimnissen u. a.) oder vom Auszubildenden, wenn er die Ausbildung aufgeben oder eine andere Ausbildung beginnen möch-

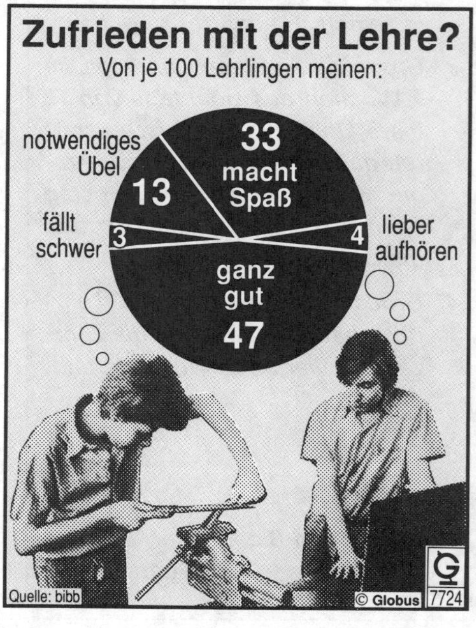

te. Die Kündigung aus einem wichtigen Grund ist fristlos auszusprechen; liegt der Kündigungsgrund länger als zwei Wochen zurück, ist eine Kündigung nicht mehr zulässig. Kündigt der Auszubildende den Berufsausbildungsvertrag nach der Probezeit, weil er die Berufsausbildung aufgeben oder weil er eine andere Ausbildung beginnen will, muß er eine Kündigungsfrist von vier Wochen einhalten.

- Der Ausbildende hat eine **Vergütung** zu bezahlen, die sich i. d. R. nach dem Tarifvertrag richtet.

- Nach den Bestimmungen des Jugendarbeitsschutzgesetzes, dem Bundesurlaubsgesetz (für Personen ab 18 Jahre) bzw. nach dem Tarifvertrag ist ein **Urlaub** zu gewähren. Er soll zusammenhängend während den Berufsschulferien genommen werden. Eine Erwerbstätigkeit des Auszubildenden während des Urlaubs ist verboten; Urlaub dient der Erholung.

- Die **Rechte und Pflichten** des Ausbildenden und Auszubildenden ergeben sich u. a. aus den §§ 6–9 des Berufsbildungsgesetzes, wobei die Rechte eines Vertragspartners die Pflichten des anderen darstellen. Die wichtigsten Pflichten sind:

Pflichten des Ausbildenden	Pflichten des Auszubildenden
1. Planmäßig ausbilden sowie Kenntnisse und Fertigkeiten vermitteln, die zur Erreichung des Ausbildungszieles erforderlich sind 2. Selbst ausbilden oder einen Ausbilder beauftragen 3. Das Ausbildungsberufsbild kostenlos aushändigen und die Ausbildungsmittel kostenlos zur Verfügung stellen 4. Den Auszubildenden zum Besuch der Berufsschule anhalten und dazu freistellen 5. Ein Berichtsheft aushändigen und die ordnungsgemäße Führung überwachen 6. Nur Arbeiten übertragen, die der Ausbildung dienen 7. Dafür sorgen, daß der Auszubildende charakterlich gefördert und sittlich nicht gefährdet wird 8. Bei Beendigung der Ausbildung ein Zeugnis ausstellen 9. Die Eintragung in das Verzeichnis der Berufsausbildungsverhältnisse bei den Kammern beantragen 10. Den Auszubildenden zu den Prüfungen anmelden und für die Teilnahme freistellen	1. Übertragene Verrichtungen und Aufgaben sorgfältig ausführen 2. Am Berufsschulunterricht, an Prüfungen und anderen Ausbildungsmaßnahmen teilnehmen 3. Weisungen im Rahmen der Berufsausbildung befolgen 4. Die Betriebsordnung beachten 5. Werkzeuge, Maschinen und Einrichtungen sorgfältig behandeln 6. Über Betriebs- und Geschäftsgeheimnisse Stillschweigen bewahren 7. Das Berichtsheft führen und regelmäßig vorlegen 8. Sich vor Beginn der Ausbildung und nach Ablauf eines Jahres ärztlich untersuchen lassen (wenn die Bestimmungen des Jugendarbeitsschutzgesetzes Anwendung finden) 9. Bei Fernbleiben von Ausbildungsmaßnahmen den Ausbildenden unter Angabe von Gründen unverzüglich benachrichtigen und ihm bei Krankheit oder Unfall spätestens am dritten Tag eine ärztliche Bescheinigung zugehen lassen

- Der Ausbildende hat bei Beendigung der Berufsausbildung ein **Zeugnis** auszustellen, in welches auch Angaben über Führung und Leistung aufzunehmen sind, sofern der Auszubildende dies wünscht. In jedem Falle muß es Angaben über Art, Dauer und Ziel der Berufsausbildung enthalten sowie über erworbene Fertigkeiten und Kenntnisse Auskunft geben.
- Das Berufsausbildungsverhältnis **endet** mit Ablauf der Ausbildungszeit. Besteht der Auszubildende jedoch vor der vereinbarten Ausbildungszeit die Abschlußprüfung, so endet das Berufsausbildungsverhältnis mit Bestehen der Prüfung. Falls der Auszubildende die Abschlußprüfung nicht besteht, verlängert sich das Berufsausbildungsverhältnis auf sein Verlangen bis zur nächstmöglichen Wiederholungsprüfung, höchstens jedoch um ein Jahr.

Z

- *Der Inhalt des Berufsausbildungsvertrages ist weitgehend durch das Berufsbildungsgesetz bzw. durch die Handwerksordnung festgelegt.*
- *Der Berufsausbildungsvertrag enthält Vereinbarungen über die Probezeit, die Ausbildungsdauer, Kündigung, Vergütung, den Urlaub, die Beendigung des Ausbildungsverhältnisses, den Ablauf der Ausbildungszeit und die Rechte und Pflichten der Vertragspartner.*

A

1. **Welche Angaben muß ein Berufsausbildungsvertrag mindestens enthalten?**
2. **Jeder Ausbilder muß persönlich und fachlich für die Ausbildung geeignet sein. Wer ist persönlich, wer ist fachlich zur Ausbildung nicht geeignet?**
3. **Wie lange ist die Probezeit einer Berufsausbildung?**
4. **Der Auszubildende kann auch noch nach der Probezeit die Berufsausbildung kündigen, auch wenn kein wichtiger Grund vorliegt. In welchen beiden Fällen ist diese Kündigung möglich?**
5. **Zählen Sie sechs Pflichten des Ausbildenden und sechs Pflichten des Auszubildenden aus dem Berufsausbildungsvertrag auf.**
6. **Welche Angaben darf ein Zeugnis über die Berufsausbildung enthalten?**
7. **Wann endet das Berufsausbildungsverhältnis?**

1.4 Berufliche Fortbildung, Weiterbildung und Umschulung

1.4.1 Berufliche Fort- und Weiterbildung

Wer eine Berufsausbildung abgeschlossen hat, hat nicht ausgelernt! In einer Zeit des raschen technischen Wandels kann nur Schritt halten, wer sich ständig weiterbildet. Beruflicher Aufstieg ist heute fest mit Weiterbildung verbunden. Jeder, der in der Wirtschaft tätig ist, muß sich auf lebenslanges Lernen einstellen, wenn er nicht Beschäftigungsrisiken eingehen oder Aufstiegschancen vergeben will.

Kammern, Fachverbände, Gewerkschaften und Volkshochschulen bieten Kurse und Lehrgänge zur beruflichen Fortbildung an. In vielen Betrieben werden Fortbildungsveranstaltungen durchgeführt. Auch das Lesen von Fachbüchern und Fachzeitschriften fördert die berufliche Bildung und Fortbildung.

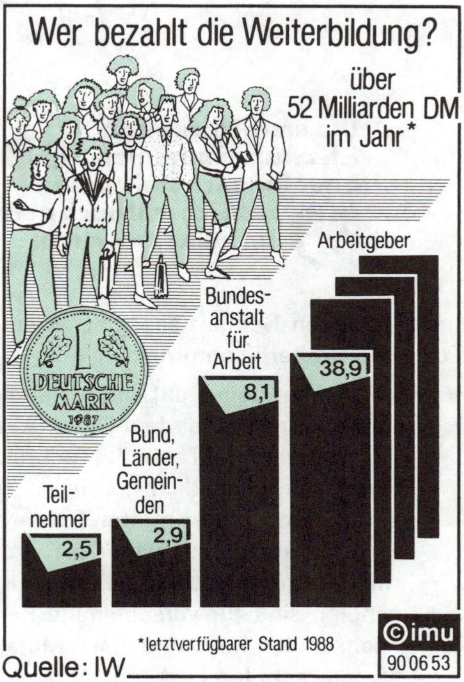

Der Besuch einer beruflichen Fortbildungsschule setzt einen bestimmten Bildungsabschluß voraus. In diesem Zusammenhang ist das in Baden-Württemberg entwickelte **„9+3-Modell"** für Hauptschulabsolventen, die anschließend eine Berufsausbildung beginnen, interessant. Sie können gleichzeitig mit dem Berufsausbildungsabschluß einen mittleren Bildungsabschluß erwerben. Die Hauptschulabschlußprüfung (einschließlich Englisch), die Abschlußprüfung der Berufsschule und die Kammerprüfung werden dabei zu je 1/3 gewertet. Wird im Durchschnitt eine Gesamtnote von mindestens 2,5 erreicht, dann wird von der zuletzt besuchten Berufsschule das Zertifikat „Mittlerer Bildungsabschluß" ausgestellt. Mit diesem mittleren Bildungsabschluß können u. a. aufbauende Schulen (Fachschulen, Berufskollegs) besucht werden, die in zwei Jahren zur Fachhochschulreife führen. Wird während der Berufsausbildung ein Zusatzunterricht in den Fächern Englisch und Mathematik besucht, kann über den Besuch des einjährigen Berufskollegs sogar in einem Jahr nach der Berufsausbildung die Fachhochschulreife erworben werden.

„Die erste Hürde hab' ich zwar genommen, aber für mich steht schon fest: ich will noch den Techniker machen!"

Im beruflichen Schulwesen gibt es eine Reihe von Schulen, die der beruflichen Fort- und Weiterbildung dienen.

- **Fachschulen** bauen auf einem bereits abgeschlossenen Beruf auf. Sie sollen zu einer weitergehenden fachlichen Ausbildung im Beruf führen.
  - **Fachschulen für Technik (Technikerschulen)** führen in zwei Jahren (Vollzeitform) zum „Staatlich geprüften Techniker". Zusätzlich kann durch eine Zusatzprüfung in bestimmten Fächern die Fachhochschulreife erworben werden. In Technikerschulen wird i. d. R. nur aufgenommen, wer eine mehrjährige Berufserfahrung nach der Berufsausbildung nachweisen kann. Die Technikerschulen sind für verschiedene Berufsfelder eingerichtet; man unterscheidet Fachschulen für Bautechnik, Metalltechnik, Elektrotechnik, Holztechnik u. a.
  - **Meisterschulen** bereiten auf die Meisterprüfung vor der zuständigen Kammer vor. Voraussetzung für die Zulassung ist eine mehrjährige berufliche Tätigkeit nach einer Berufsausbildung. Industriemeister kann man auch ohne Berufsabschluß werden.
  - Auch in anderen Bereichen des beruflichen Schulwesens (kaufmännischer, hauswirtschaftlich-sozialpädagogischer, landwirtschaftlicher Bereich) gibt es zahlreiche **ein- und zweijährige Fachschulen**, die der beruflichen Fortbildung dienen. Im kaufmännischen Bereich sind dies u. a. die Fachschule für Betriebswirtschaft und die Fachschule für Datenverarbeitung und Organisation, im hauswirtschaftlich-sozialpädagogischen Bereich gibt es z. B. die Fachschule für Wirtschafterinnen und die Fachschule für Hauswirtschaft. Genaue Auskünfte über Ziele, Dauer und Zugangsvoraussetzungen erteilen die Bildungsberatungsstellen.
- **Zweijährige Berufsfachschulen, Berufsoberschulen** und **berufliche Gymnasien** bereiten zwar ebenfalls auf die Berufswelt vor, ihr Ziel ist jedoch in erster Linie, über eine Weiterführung der allgemeinen Bildung die Fachschulreife (zweijährige Berufsfachschulen, Berufsoberschule-Mittelstufe) oder die Hochschulreife (Berufsoberschule-Oberstufe, berufliche Gymnasien) zu vermitteln.

Fort- und Weiterbildung im beruflichen Schulwesen

Hauptziel: Vertiefung der beruflichen Bildung	Hauptziel: Weiterführung der allgemeinen Bildung
• Fachschulen – Technikerschulen – Meisterschulen – weitere Fachschulen	• zweijährige Berufsfachschulen • Berufsoberschulen – Mittelstufe: Berufsaufbauschulen – Oberstufe: z. B. Technische Oberschule • Berufliche Gymnasien

Z

- *Berufliche Fort- und Weiterbildung ist notwendig, um dem technischen Wandel gerecht zu werden. Beruflicher Aufstieg ist mit Fortbildung eng verbunden.*
- *Fort- und Weiterbildungsmöglichkeiten werden von Kammern, Fachverbänden, Gewerkschaften, Volkshochschulen, Betrieben und im Rahmen des beruflichen Schulwesens angeboten.*
- *Meisterschulen, Technikerschulen und andere Fachschulen dienen in erster Linie der beruflichen Fortbildung. Sie sind innerhalb des beruflichen Schulwesens eingerichtet.*

1.4.2 Berufliche Umschulung

Ein Berufswechsel ist heute nichts Ungewöhnliches mehr. Alte Berufe sterben aus oder verlieren an Bedeutung, der technische Fortschritt läßt ständig neue Berufe entstehen. Umschulung wird so häufig zum einzigen Weg, Arbeitslosigkeit zu vermeiden. Auch Krankheiten oder Unfälle können zur Umschulung führen. Schließlich kann sie auch notwendig sein, weil man feststellt, daß eine falsche Berufswahl getroffen wurde.
Wer umschult, wird in einem **zweiten Beruf** ausgebildet. Die Ausbildung kann jedoch kürzer als die Erstausbildung sein, da man auf Grundwissen und Berufspraxis aufbauen kann. Unter bestimmten Voraussetzungen wird eine Umschulung vom Arbeitsamt gefördert.

Z

- *Umschulung ist eine Zweitausbildung.*
- *Gründe für eine Umschulung können sein:*
  - *ursprünglicher Beruf hat keine Zukunft;*
  - *Krankheiten oder Unfälle;*
  - *falsche Berufswahl;*
  - *Arbeitslosigkeit.*

A

1. **Warum ist berufliche Fort- und Weiterbildung heute besonders wichtig?**
2. **Welche schulischen Fortbildungsmöglichkeiten haben Sie nach Abschluß Ihrer Berufsausbildung?**
3. **Welche Weiterbildungsmöglichkeiten hat ein Schüler, der einen mittleren Bildungsabschluß nach „9+3" erworben hat?**
4. **Nennen Sie einige weitere Organisationen, die berufliche Fort- und Weiterbildungsmaßnahmen durchführen.**
5. **Aus welchen Gründen kann eine berufliche Umschulung notwendig werden?**

1.5 Förderungsmaßnahmen

1.5.1 Bundesausbildungsförderungsgesetz (BAföG)

Jede Ausbildung bringt finanzielle Belastungen mit sich. Durch das BAföG soll denjenigen geholfen werden, die aufgrund ihrer finanziellen Situation nicht in der Lage sind, eine ihrer Eignung, Neigung und Leistung entsprechende Ausbildung durchzuführen.

Schulische Aus- und Fortbildung wird unter bestimmten Voraussetzungen nach dem **Bundesausbildungsförderungsgesetz (BAföG)** gefördert. Schüler-BAföG wird als Zuschuß gewährt, i.d.R. werden jedoch nur Schüler gefördert, die nicht bei den Eltern wohnen können, weil die Ausbildungsstätte zu weit entfernt ist, bzw. in der Nähe der elterlichen Wohnung keine vergleichbare Bildungsstätte zur Verfügung steht. Diese Einschränkung gilt jedoch nicht für Schüler von Abendschulen, Kollegs und von Fachschulen, deren Besuch eine Berufsausbildung voraussetzt.
Schüler können BAföG ab Klasse 10 beantragen. Die Förderung setzt voraus, daß das Einkommen und Vermögen des Schülers sowie der Unterhaltsverpflichteten nicht ausreichen, um die Ausbildung durchzuführen. Bestimmte Einkommens- und Vermögensbeträge werden im Rahmen von Freibeträgen jedoch nicht angerechnet. Anträge auf Ausbildungsförderung sind an das zuständige Amt für Ausbildungsförderung zu richten, welche in größeren Städten und in den Landkreisen eingerichtet sind. Dort können auch ausführliche Auskünfte, Informationsmaterial und Antragsformulare eingeholt werden.

Z

- *Schüler ab Klasse 10 können unter bestimmten Voraussetzungen Leistungen nach dem Bundesausbildungsförderungsgesetz (BAföG) erhalten.*

1.5.2 Arbeitsförderungsgesetz (AFG)

Nach dem Arbeitsförderungsgesetz können Personen, die sich beim Arbeitsamt als Bewerber für eine Ausbildungsstelle oder als Arbeitssuchende gemeldet haben, finanzielle Leistungen vom Arbeitsamt erhalten. Kann der Antragsteller die Mittel zur **Arbeitsplatz- bzw. Ausbildungsplatzsuche** nicht selbst aufbringen, können ihm Leistungen gewährt werden für:

- Bewerbungskosten,
- anfallende Reisekosten,
- Umzugskosten, z. B. wegen auswärtiger Berufsausbildung,
- Verdienstausfall für Berufsberatungsmaßnahmen und
- Überbrückungsbeihilfe bis zur ersten Zahlung der Ausbildungsvergütung bzw. des ersten Arbeitsentgeltes.

Die Gelder können ganz oder teilweise als zinsloses Darlehen oder als Zuschuß ausgezahlt werden.
Auch die Berufsausbildung selbst wird gefördert. Die Bundesanstalt für Arbeit gewährt **Berufsausbildungsbeihilfen** für die betriebliche und überbetriebliche Ausbildung in einem staatlich anerkannten Ausbildungsberuf, sofern der Auszubildende oder die Unterhaltsverpflichteten die Mittel nicht selbst aufbringen können. Eine rein schulische Ausbildung wird nicht gefördert, hierfür können Mittel nach dem **Bundesausbildungsförderungsgesetz (BAföG)** beantragt werden.

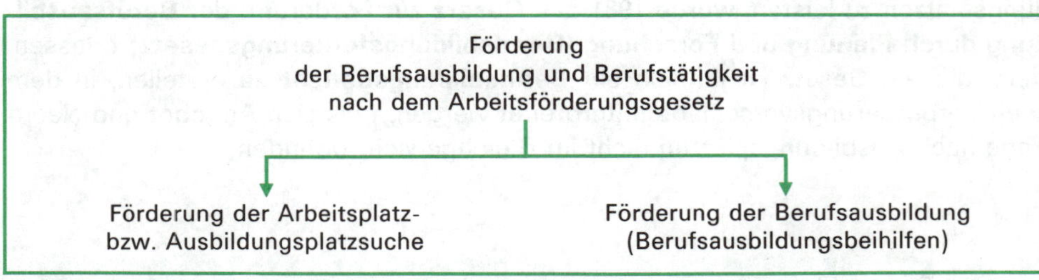

Auf Grund des **Arbeitsförderungsgesetzes (AFG)** fördert die Bundesanstalt für Arbeit in Nürnberg auch die berufliche Fortbildung und Umschulung. An die Förderung sind jedoch eine Reihe von Voraussetzungen geknüpft. Sie setzt u. a. voraus, daß der Antragsteller

- mindestens drei Jahre berufliche Tätigkeit nach einer Berufsausbildung nachweisen kann oder
- ohne abgeschlossene Berufsausbildung mindestens sechs Jahre beruflich tätig gewesen ist.

Gefördert werden Bildungsmaßnahmen, die darauf abzielen, berufliche Kenntnisse zu erhalten, zu erweitern oder der technischen Entwicklung anzupassen. Auch Bildungsgänge, die einen beruflichen Aufstieg ermöglichen, können gefördert werden. Von einer Förderung ausgeschlossen sind der Besuch einer Fachhochschule, Hochschule oder ähnlichen Bildungseinrichtung. Informationen über Leistungen, Förderungsvoraussetzungen und Antragstellung können beim Arbeitsamt eingeholt werden.

Z

- *Nach dem Arbeitsförderungsgesetz fördert die Bundesanstalt für Arbeit die Arbeitsplatz- bzw. Ausbildungsplatzsuche, die Berufsausbildung sowie berufliche Fortbildung und Umschulung.*
- *Die Förderung nach dem Arbeitsförderungsgesetz ist an bestimmte Voraussetzungen geknüpft, über die jedes Arbeitsamt Auskunft erteilen kann.*

1.5.3 Berufsbildungsförderungsgesetz (BerBiFG)

Das Bundesverfassungsgericht hat das **Ausbildungsplatzförderungsgesetz (APlFG)**, nach dem Ausbildungsbetriebe finanzielle Hilfen für die Berufsausbildung erhalten konnten, 1980 für nichtig erklärt. Damit kann von größeren Betrieben auch keine **Berufsausbildungsabgabe** mehr erhoben werden, die zur Finanzierung dieser Hilfen diente.

Um die Ausbildungsplanung weiter sicherzustellen und um einen Beitrag zu einem möglichst ausgeglichenen Verhältnis von Angebot und Nachfrage nach Ausbildungsplätzen zu leisten, wurde 1981 das **Gesetz zur Förderung der Berufsausbildung durch Planung und Forschung (Berufsbildungsförderungsgesetz)** erlassen. Nach diesem Gesetz ist jährlich ein **Berufsbildungsbericht** zu erstellen, in dem auch Verbesserungsvorschläge unterbreitet werden, falls sich Angebot und Nachfrage nach Ausbildungsplätzen nicht im Gleichgewicht befinden.

Z

- *Das Berufsbildungsförderungsgesetz stellt die Ausbildungsplanung sicher und ist Grundlage für die jährliche Erstellung des Berufsbildungsberichts.*

A

1. **Welche Schüler können nach dem Bundesausbildungsförderungsgesetz (BAföG) eine finanzielle Unterstützung erhalten?**
2. **Welche Maßnahmen fördert die Bundesanstalt für Arbeit nach dem Arbeitsförderungsgesetz (AFG)?**
3. **Wie lange muß ein Antragsteller nach einer Berufsausbildung eine berufliche Tätigkeit ausgeübt haben, um nach dem Arbeitsförderungsgesetz für eine Fortbildungs- oder Umschulungsmaßnahme Fördermittel erhalten zu können?**
4. **Welche Aufgaben erfüllt das Berufsbildungsförderungsgesetz?**
5. **Aus welchen Gründen fördert der Staat Fortbildungs- und Umschulungsmaßnahmen?**

2
Mensch und Arbeit

Vibration Lärm
Kälte Gefahren Brandgefahr
Hitze

Humanisierung der Arbeit

Ein großes Wort, ein politisches Schlagwort – alle stimmen zu.
Was heißt es aber?
Abschaffung der Leistung?
Einführung der 35-Stunden-Woche?
Abschaffung der Hierarchie im Betrieb?

Sicherheit Jugendarbeitsschutz
Das „Arbeiten" lernen
Gestaltung der Arbeit
Komfort
Berufstüchtigkeit — die beste Aussteuer
Urlaub Arbeitszeit

Geld verdienen!

Gefährliche Arbeiten

Die menschliche Arbeitsleistung hängt von der Leistungsfähigkeit und Leistungsbereitschaft des einzelnen ab, aber auch von den Arbeitsbedingungen im Betrieb und am Arbeitsplatz.

*

Für zahlreiche Arbeitnehmer brachte der Einsatz neuer Technologien eine erhebliche Veränderung der Arbeitsbedingungen. Dieser Trend wird sich fortsetzen.

*

Arbeitsschutz umfaßt alle Maßnahmen und gesetzlichen Vorschriften, die das Leben und die Gesundheit des arbeitenden Menschen schützen sollen.

2.1 Einflüsse auf die menschliche Arbeitsleistung

Um eine hohe Arbeitsleistung erbringen zu können, müssen günstige Arbeitsbedingungen gegeben sein. Man unterscheidet äußere Arbeitsbedingungen, die im Betrieb und am Arbeitsplatz vorgefunden werden, und innere Arbeitsbedingungen, das sind Eigenschaften und Verhaltensweisen, die der arbeitende Mensch mitbringt.

Arbeitsleistung ist abhängig von

inneren Arbeitsbedingungen
(persönliche Arbeitsvoraussetzungen)
- Leistungsfähigkeit
- Leistungsbereitschaft

äußeren Arbeitsbedingungen
(Arbeitsbedingungen im Betrieb und am Arbeitsplatz)
- Art der Arbeit (Arbeitsform)
- Arbeitsplatzgestaltung
- Arbeitszeit
- Betriebsklima

2.1.1 Innere Arbeitsbedingungen

Leistungsfähigkeit

Die Leistungsfähigkeit des Menschen in der Arbeitswelt hängt von zahlreichen Faktoren ab. Einige davon sind:

- Alter;
- Geschlecht;
- Bildungsstand;
- fachliches Können;
- Berufsausbildung und Berufserfahrung;
- Eignung, Begabung;
- Gesundheitszustand und
- Tagesform.

Jugendliche sind meist nicht so leistungsfähig wie Erwachsene, ebenso läßt die Leistungsfähigkeit bei älteren Menschen nach. Frauen sind häufig geschickter als Männer, sie besitzen jedoch allgemein nicht so viel Körperkraft. Für Arbeitsplätze, die viel Kraft erfordern (z. B. in der Bauwirtschaft), werden daher Männer i. d. R. als geeignetere Arbeitskräfte angesehen. Manche Arbeiten, wie z. B. Leitungsfunktionen, erfordern neben anderen Eigenschaften einen hohen Bildungsstand. Eine fundierte Berufsausbildung, reiche Berufserfahrung und hohes fachliches Können sind weitere Voraussetzungen einer hohen Leistungsfähigkeit, speziell bei schwierigen Verrichtungen und in anspruchsvollen Berufen. Manche Arbeiten setzen große Körperkräfte, eine bestimmte Körpergröße, ein ausgezeichnetes Sehvermögen, Fingerfertigkeiten oder sonstige Veranlagungen voraus. Schließlich ist die Leistungsfähigkeit des Menschen Schwankungen unterworfen. Solche Schwankungen lassen sich im Jahresablauf, innerhalb der Arbeitswoche, aber auch im Tagesverlauf nachweisen.

Während der Woche ergeben sich Tiefpunkte der Leistungsfähigkeit für den Wochenbeginn und das Wochenende, der Leistungshöhepunkt wird in der Wochenmitte erreicht.

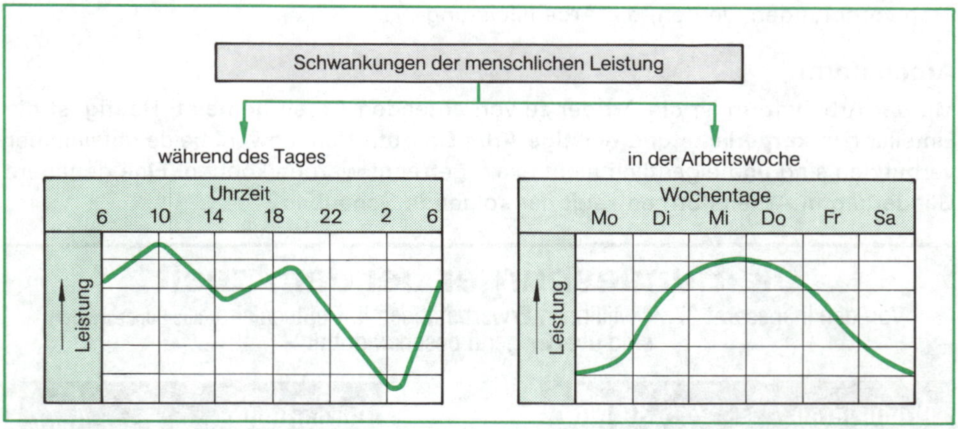

Im Tagesverlauf sind zwei Leistungshöhepunkte festzustellen: Vormittags zwischen 8 und 11 Uhr und abends zwischen 18 und 20 Uhr. In der Nacht und nachmittags ergeben sich Tiefpunkte der menschlichen Leistungsfähigkeit.
Bei der Arbeitsverteilung und der Festlegung der Arbeitszeiten sollte auf die Schwankungen der Leistungskraft Rücksicht genommen werden.

Leistungsbereitschaft

Fehlt der Leistungswille, nützt die größte Leistungsfähigkeit nicht viel. Ursachen einer fehlenden Leistungsmotivation können z. B. sein:

- private Probleme,
- familiäre Schwierigkeiten,
- Krankheiten,
- falsche Berufswahl,
- fehlende Aufstiegsmöglichkeiten,
- monotoner Arbeitsablauf.

Die Leistungsbereitschaft im Betrieb kann gesteigert werden, wenn abwechslungsreiche Tätigkeiten, leistungsgerechte Entlohnung und angemessene Aufstiegsmöglichkeiten gegeben sind. Liegen die Ursachen im privaten Bereich, ist der Leistungswille durch betriebliche Maßnahmen nicht zu beeinflussen.

Z

Innere Arbeitsbedingungen	
Leistungsfähigkeit *abhängig von:* • *Alter, Geschlecht, Bildungsstand;* • *Berufsausbildung und Berufserfahrung;* • *fachliches Können, Begabung, Gesundheitszustand;* • *Tagesform (Tageszeit, Wochentag usw.) u. a.*	*Leistungsbereitschaft* *abhängig von:* • *privater bzw. familiärer Situation, Gesundheit;* • *Berufsinteressen und Art der Tätigkeit;* • *leistungsgerechte Entlohnung;* • *Betriebsklima* *u. a.*

2.1.2 Äußere Arbeitsbedingungen

Wie die inneren Arbeitsbedingungen, die der einzelne Mitarbeiter selbst mitbringt, beeinflussen auch äußere Arbeitsbedingungen, welche am Arbeitsplatz und im Betrieb vorgefunden werden, die Arbeitsleistung.

Arbeitsform

Mit der Arbeitsform ist die Art der zu verrichtenden Arbeit gemeint. Häufig ist die Einteilung in **körperliche** und **geistige Arbeit** anzutreffen, obwohl beide miteinander verbunden sind und eigentlich nicht exakt getrennt werden können. Eine genauere Gliederung in Arbeitsformen zeigt das folgende Schaubild:

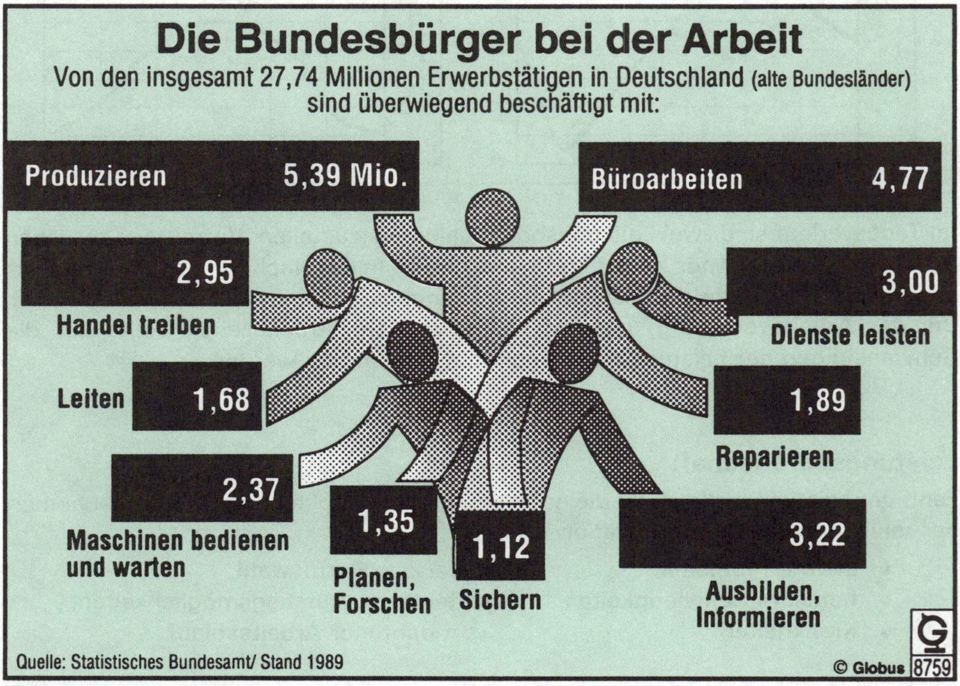

Aus den verschiedenen Arbeitsformen ergeben sich unterschiedliche Anforderungen an den arbeitenden Menschen. So können z. B. die körperliche Anstrengung, die geistige Beanspruchung, die geforderte Konzentration, das Maß der Verantwortung von der Arbeitsform abhängig sein.

Arbeitsplatzgestaltung

Die Gestaltung des Arbeitsplatzes und des Arbeitsraumes hat erheblichen Einfluß auf das Arbeitsergebnis. Unter anderem ist anzustreben:

- optimale Einpassung des Arbeitsplatzes in den Fertigungsablauf;
- Anpassung des Arbeitsplatzes an die Fähigkeiten der arbeitenden Menschen;
- weitgehende Berücksichtigung der Wünsche und Bedürfnisse der Mitarbeiter;
- optimaler Gesundheitsschutz.

Alle Forderungen lassen sich häufig nicht in gewünschtem Maße miteinander vereinbaren. Vorrang sollte jedoch in jedem Falle der Gesundheitsschutz haben. Fragen nach der Haltung, Beleuchtung, Belüftung, nach den Temperaturen und nach der Vermeidung von schädlichen Einflüssen, wie Lärm, Nässe, Kälte, Gase, Dämpfe, Staub, Rauch, sind daher besonders wichtig. Farbliche Gestaltung des Arbeitsraumes, die Ausstattung mit Pflanzen und bei eintönigen Arbeiten das Abspielen von gedämpfter Musik können sich ebenfalls vorteilhaft auf die Arbeitsleistung auswirken.

Arbeitszeit

Von Bedeutung ist nicht nur die **Dauer** der Arbeitszeit, sondern auch die **Lage** (z. B. Tag- oder Nachtarbeit) und die Festlegung der **arbeitsfreien Zeit.**

Dauer der Arbeitszeit

Lange Arbeitszeiten belasten den Menschen. Zum Schutze des Menschen wurden daher eine Reihe von Gesetzen und Verordnungen erlassen, welche die Arbeitsdauer regeln. Bestimmte Personengruppen (z. B. Frauen, Jugendliche) wurden dabei besonders geschützt.

Die **tägliche Arbeitszeit** wurde auf regelmäßig 8 Stunden festgelegt. Überstunden sind in bestimmten Grenzen zugelassen (vgl. Kap. 2.2.3).

Im Jahre 1825 betrug die durchschnittliche **Wochenarbeitszeit** der Industriearbeiter 82 Stunden, um 1900 noch 60 Stunden.

Heute ist die wöchentliche Arbeitszeit durch Gesetz auf 48 Stunden begrenzt, die tatsächlich geleistete Wochenarbeitszeit liegt jedoch weit darunter.

Seit 1. 4. 1985 gilt für einige Wirtschaftsbereiche die 38,5-Stunden-Woche. Damit ist den Gewerkschaften in den Tarifverhandlungen von 1984 der seit langem geforderte Einstieg in die 35-Stunden-Woche gelungen. Die weitere Verkürzung der Arbeitszeit setzt sich fort. In der Metall- und Druckindustrie z. B. wird seit 1. 4. 1989 noch 37 Stunden in der Woche gearbeitet. die Stahlarbeiter Bremens, Osnabrücks und Nordrhein-Westfalens arbeiten seit 1. November 1988 nur noch 36,5 Stunden.

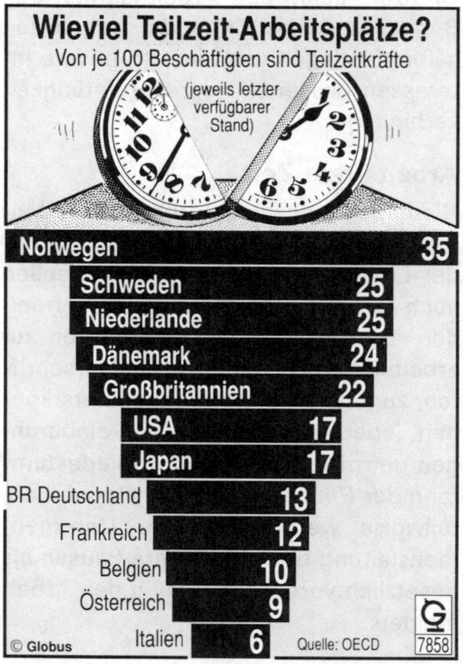

Für einige Wirtschaftsbereiche gilt jedoch weiterhin die 40-Stunden-Woche.

Die **jährliche Arbeitszeit** ist durch die Urlaubsdauer und die arbeitsfreien Tage bestimmt. Da immer weniger Betriebe samstags arbeiten, ist auch hier eine Abnahme der Arbeitsdauer zu verzeichnen. Heute beträgt die Jahresarbeitszeit nur noch etwa 200 Arbeitstage. Auch die **Lebensarbeitszeit** verringerte sich. Zur Zeit liegt das Durchschnittsalter der Neurentner in der Bundesrepublik Deutschland bei 58 Jahren.

Lage der Arbeitszeit

Nachts ist die menschliche Leistungsfähigkeit geringer. **Nachtarbeit** bedeutet so eine zusätzliche Belastung des Menschen. Für manche Wirtschaftsbereiche ist **Sonn- und Feiertagsarbeit** gestattet (z. B. Hotel- und Gaststättengewerbe). Zahlreiche Arbeitnehmer müssen somit eine Änderung von Freizeitgewohnheiten in Kauf nehmen. Viele Unternehmen sind durch den Zwang zur ununterbrochenen Nutzung der Fertigungsanlagen oder durch starken Konkurrenzdruck zur **Schichtarbeit** gezwungen. Eine Erleichterung für den arbeitenden Menschen und eine Entlastung des Berufsverkehrs bewirkt die Einführung der **gleitenden Arbeitszeit.** Innerhalb bestimmter Grenzen kann der Arbeitnehmer den Beginn und das Ende der Arbeitszeit selbst festlegen und kann so private Interessen besser mit der Berufstätigkeit verbinden.

Arbeitsfreie Zeit

Niemand kann ununterbrochen arbeiten. Arbeitsfreie Zeiten dienen nicht nur der Erholung des Menschen, sie sollen auch gesundheitliche Schäden vermeiden. Die gesetzlichen Vorschriften zur arbeitsfreien Zeit sind Mindestvorschriften, zugunsten des Arbeitnehmers können jederzeit günstigere Vereinbarungen getroffen werden. Der Mindestumfang der **Pausen** ist gesetzlich geregelt, teilweise werden von der Unternehmensleitung bewußt längere Pausen als gesetzlich vorgeschrieben in den Arbeitsablauf eingefügt, um Ermüdungen zu vermeiden.

So lange dauerte der Urlaub 1989

Japan	11 Tage	Schweden	25 Tage
USA	12 Tage	Dänemark	26 Tage
Norwegen	21 Tage	Großbritannien	27 Tage
Schweiz	23 Tage	Österreich	27 Tage
Irland	24 Tage	Bundesrepublik Deutschland	30 Tage
Spanien	25 Tage	Italien	31 Tage
Frankreich	25 Tage	Niederlande	36 Tage

(einschließlich Tage durch Jahresarbeitszeitverkürzung)

Quelle: Institut der deutschen Wirtschaft, Köln

Die **Sonn- und Feiertagsruhe** muß bis auf wenige Ausnahmen (z. B. Flugverkehr, Binnenschiffahrt, Hotel- und Gaststättengewerbe) eingehalten werden.
Der **Jahresurlaub** beträgt nach dem Bundesurlaubsgesetz mindestens 18 Werktage. Die Gewerkschaften haben in Tarifvertragsverhandlungen für die meisten Arbeitnehmer längere Urlaubszeiten erreicht. Im Durchschnitt beträgt der Jahresurlaub heute bereits 30 Tage. Für Jugendliche gelten die Bestimmungen des Jugendarbeitsschutzgesetzes, welches den Urlaubsanspruch nach dem Alter verschieden bestimmt (vgl. Kap. 2.2.3). Der Jahresurlaub dient der Erholung, es darf während dieser Zeit keiner bezahlten Tätigkeit nachgegangen werden.

Einflüsse der Arbeitszeit auf die Arbeitsleistung

Dauer
- tägliche
- wöchentliche
- jährliche
- Lebensarbeitszeit

Lage
- Tag- oder Nachtarbeit
- Sonn- und Feiertagsarbeit
- Schichtarbeit
- gleitende Arbeitszeit

arbeitsfreie Zeit
- Pausen
- Sonn- und Feiertagsruhe
- Jahresurlaub
- arbeitsfreie Samstage

Betriebsklima

Die Beziehungen zwischen Vorgesetzten und Mitarbeitern sowie der Mitarbeiter untereinander prägen das Betriebsklima. Vertrauensvolle Zusammenarbeit zwischen Vorgesetzten und Mitarbeitern und klare rechtliche Verhältnisse führen ebenso zu einem guten Betriebsklima, wie gerechte Entlohnung und angemessene Aufstiegsmöglichkeiten. Dasselbe gilt für betriebliche Sozialleistungen, wie Weihnachts- und Urlaubsgeld, Fahrgeld, Essenszuschuß, Betriebssportanlagen, Betriebskantinen, Ausflüge, Betriebsfeiern. Der Arbeitnehmer sollte solche Zusatzleistungen nicht als Selbstverständlichkeiten ansehen. Bedingt durch anhaltend hohe Arbeitslosigkeit ist die Sicherheit des Arbeitsplatzes heute vielleicht zum wichtigsten Faktor des Betriebsklimas geworden.
Ein gutes Betriebsklima ist die Voraussetzung dafür, daß sich ein Mitarbeiter wohlfühlt und ist daher entscheidend für seine Einstellung zur Arbeit und zum Betrieb.

Z

Äußere Arbeitsbedingungen			
Arbeitsform	*Arbeitsplatzgestaltung*	*Arbeitszeit*	*Betriebsklima*
z. B. • *Herstellen* • *Planen* • *Leiten* • *Kontrollieren* • *Büroarbeit*	*z. B.* • *Temperatur* • *Lärmschutz* • *Unfallschutz* • *Beleuchtung* • *optimaler Arbeitsablauf*	*z. B.* • *Arbeitsdauer* • *Lage der Arbeitszeit* • *arbeitsfreie Zeit*	*z. B.* • *gerechtes Einkommen* • *Aufstiegsmöglichkeiten* • *betriebliche Sozialleistungen* • *Sicherheit des Arbeitsplatzes*

2.1.3 Einfluß neuer Technologien auf die Arbeitsbedingungen

In der Bundesrepublik Deutschland verändern sich derzeit die Arbeitsbedingungen aufgrund des Einzugs neuer Technologien in die Arbeitswelt erheblich. Dies betrifft **Planung, Konstruktion, Produktion und Verwaltung** gleichermaßen, und dieser Trend wird sich in der Zukunft weiter fortsetzen.

Immer mehr Unternehmungen stellen ihre Produktion auf **vollautomatische Montage- und Transporteinrichtungen** um. Durch den Einsatz von **Mikroprozessoren (Chips)** wird die Produktion flexibler und es können auf derselben Anlage Varianten eines Produkts in kleinsten Serien hergestellt werden. **Industrieroboter** halten daher bereits auch in kleineren Betrieben Einzug. Einfache Handgriffe und gesundheitsgefährdende Tätigkeiten fallen zukünftig für die Arbeitskräfte weg bzw. werden von Robotern übernommen. An ihre Stelle treten Maschinen- und Anlagenbedienung, Fehlerbeseitigung und Materialversorgung des Systems. Schichtarbeit kann teilweise abgebaut und die Unfallgefahren können verringert werden.

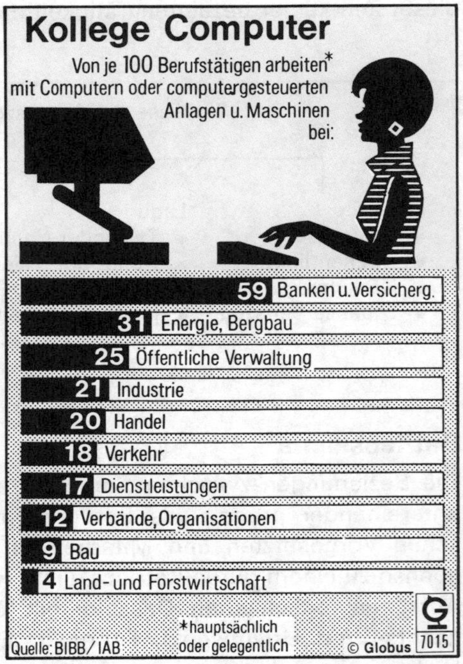

In der Konstruktion kann der am Bildschirm arbeitende Konstrukteur in Sekundenschnelle auf dem Monitor die Konstruktion eines Gerätes oder einer Maschine entstehen lassen. Anschließend wird diese von einem **computergesteuerten Zeichengerät** fehlerfrei und wiederholbar aufgezeichnet.

In den Verwaltungs- und Bürobereichen hat die Mikroelektronik die Einrichtung von **integrierten Datenverarbeitungsanlagen** bereits weitgehend bewirkt. Schreibmaschine, Telefon, Telex sowie Karteien und Computertechnik werden dabei verbunden; Daten, Text, Bild und Sprache wachsen zur integrierten Bürokommunikation zusammen. Die Mitarbeiter im Büro müssen mit Textautomaten, Speicherschreibmaschinen mit internen und externen Speichern, mit Textsystemen, Bildschirmen und computergestützter Textverarbeitung umgehen können.

In naher Zukunft wird in den Unternehmen der gesamte Produktionsablauf und die kaufmännische Verwaltung gemeinsam durch einen **zentralen Rechner** gesteuert werden, vom Einkauf der Rohstoffe über die Arbeitsvorbereitung bis hin zur Werkzeugmaschine, den Industrierobotern und den automatischen Transporteinrichtungen.

Diese neuen Technologien beeinflussen sowohl die inneren als auch die äußeren Arbeitsbedingungen. Leistungsfähigkeit (z. B. Ausbildung) und Leistungsbereitschaft (Motivation) verändern sich ebenso wie Arbeitsform, Arbeitsplatzgestaltung und Arbeitszeit. Selbst das Betriebsklima wird beeinflußt. Da die neuen Technologien Zeit einsparen, wird, um Arbeitslosigkeit zu vermeiden, eine weitere Verkürzung der Arbeitszeit notwendig werden.

Auch an die **Berufsausbildung** werden neue Anforderungen gestellt. Der bereits eingesetzte **Trend zu höheren Qualifikationen und anspruchsvolleren Berufen** (z. B. zur Planung, Installation und Wartung ganzer Industriekomplexe, zur Beratung und Software-Entwicklung) wird sich fortsetzen. Eine weitere Verlagerung der Arbeitsplätze zu den wachsenden Dienstleistungsbereichen wird eintreten.

Z

- *Die neuen Technologien verändern die Arbeitsbedingungen in Produktion, Planung, Konstruktion und Verwaltung erheblich.*
- *In der Produktion werden einfache Handgriffe und gesundheitsgefährdende Tätigkeiten zunehmend von Industrierobotern übernommen werden. Die Arbeitskräfte werden die Maschinen- und Anlagebedienung, Fehlerbeseitigung und Materialversorgung des Systems durchführen.*
- *In der Berufsausbildung wird sich der Trend zu höheren Qualifikationen und anspruchsvolleren Berufen verstärken.*

A

1. **Was versteht man unter inneren Arbeitsbedingungen?**
2. **Unterscheiden Sie zwischen Leistungsfähigkeit und Leistungsbereitschaft.**
3. **Wovon ist die Leistungsfähigkeit des Menschen abhängig?**
4. **Wie erklären Sie sich die Schwankungen der menschlichen Leistungsfähigkeit während eines Arbeitstages und innerhalb der Arbeitswoche?**
5. **Welches können die Gründe einer fehlenden Leistungsbereitschaft sein?**
6. **Was ist unter äußeren Arbeitsbedingungen zu verstehen? Nennen Sie Beispiele.**
7. **Warum sind körperliche und geistige Arbeit miteinander verbunden?**
8. **Durch welche Maßnahmen ließe sich die Gestaltung Ihres Arbeitsplatzes verbessern?**
9. **Welche Vorteile sind mit einer Verkürzung der Arbeitszeit (35-Stunden-Woche) verbunden? Welche Probleme könnte eine Verkürzung hervorbringen?**
10. **Erklären Sie den Begriff gleitende Arbeitszeit.**
11. **Warum ist in vielen Betrieben Schichtarbeit nicht zu vermeiden?**
12. **Wozu dient der Jahresurlaub?**
13. **Machen Sie Vorschläge zur Verbesserung des Betriebsklimas in Ihrem Betrieb.**
14. **Erläutern Sie folgende Begriffe:**
    a) computergesteuertes Zeichengerät,
    b) integrierte Datenverarbeitungsanlage,
    c) zentraler Rechner für Produktion und Verwaltung.
15. **Welchen Einfluß haben die neuen Technologien auf die Arbeitsbedingungen und Berufsausbildung?**

2.2 Arbeitsschutz

2.2.1 Notwendigkeit des Arbeitsschutzes

Von den ca. 28 Mio. Erwerbstätigen in der Bundesrepublik Deutschland (alte Bundesländer) waren 1989 etwa 1,8 Mio. von Arbeitsunfällen betroffen. Davon nahmen 2257 (einschließlich Wegeunfälle und Berufskrankheiten) einen tödlichen Ausgang. Die meisten Unfälle ereignen sich im Baugewerbe und bei der Holzverarbeitung.

Neben der hohen Zahl an Arbeitsunfällen nehmen sich andere gesundheitliche Gefährdungen recht bescheiden aus. Jährlich werden ca. 35000 **Berufskrankheiten** angezeigt. Die im Vergleich mit den Arbeitsunfällen recht kleine Zahl sollte jedoch nicht darüber hinwegtäuschen, daß die Folgen einer Berufskrankheit erheblich sein können. Sie reichen von zeitweiliger Arbeitslosigkeit bis zur völligen Erwerbsunfähigkeit. In vielen Fällen wird eine Umschulung erforderlich. Die Statistik weist Schwerhörigkeit, Taubheit und Hauterkrankungen als die häufigsten Berufskrankheiten aus.

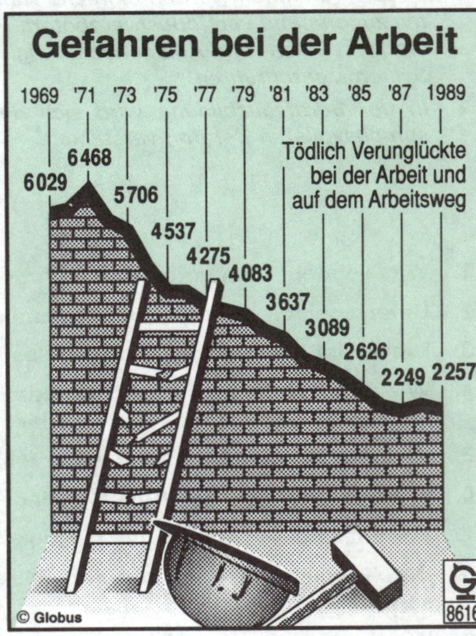

Schließlich sind auch **allgemeine Gesundheitsschäden** zu erwähnen, die durch ständige Arbeitsbelastungen, Überbelastungen oder ein schlechtes Betriebsklima entstehen können. Solche Streßerscheinungen, Verschleißkrankheiten und seelische Belastungen erscheinen in keiner Unfallstatistik. Freizeit, Urlaub, Erholungspausen und Kuren sind daher wichtig, um die volle Leistungsfähigkeit wiederherzustellen.

Der Staat hat die Aufgabe, den Menschen vor den Arbeitsgefahren durch Arbeitsschutzgesetze und Vorschriften zu schützen. Dabei unterscheidet man zwischen dem **technischen Arbeitsschutz** (Schutz durch sichere Einrichtung und Unterhaltung des Arbeitsplatzes, der Arbeitsräume, der Maschinen, Geräte und des Betriebes) und dem **sozialen Arbeitsschutz** (Schutz des Menschen vor Überforderung, insbesondere Schutz von gefährdeten Personengruppen).

- *Der arbeitende Mensch ist von Unfällen, Berufskrankheiten und allgemeinen Gesundheitsschäden bedroht.*
- *Durch Arbeitsschutzgesetze, Verordnungen und Unfallverhütungsvorschriften versuchen staatliche Stellen, die Arbeitsgefahren gering zu halten.*
- *Man unterscheidet den technischen Arbeitsschutz (sichere Einrichtungen im Betrieb und am Arbeitsplatz) und den sozialen Arbeitsschutz (Schutz des Arbeitnehmers vor Überforderung).*

2.2.2 Technischer Arbeitsschutz

Eine Reihe von Gesetzen und Verordnungen soll die Sicherheit am Arbeitsplatz und im Betrieb gewährleisten.

Gewerbeordnung

Sie enthält u. a. Vorschriften über den Arbeitsschutz und verpflichtet nach § 120 a den Unternehmer:

„die Arbeitsräume, Betriebsvorrichtungen, Maschinen und Gerätschaften so einzurichten und zu unterhalten und den Betrieb so zu regeln, daß die Arbeiter gegen Gefahren für Leben und Gesundheit soweit geschützt sind, wie es die Natur des Betriebes gestattet. Insbesondere ist für genügendes Licht, ausreichenden Luftraum und Luftwechsel, Beseitigung des bei dem Betrieb entstehenden Staubes, der dabei entwickelten Dünste und Gase sowie der dabei entstehenden Abfälle Sorge zu tragen. Vorrichtungen müssen hergestellt werden zum Schutz der Arbeitnehmer gegen gefährliche Berührungen mit Maschinen oder Maschinenteilen."

Arbeitsstättenverordnung

Diese am 1. 5. 1976 in Kraft getretene Verordnung erweitert und präzisiert die recht allgemein gehaltenen Bestimmungen der Gewerbeordnung. Sie enthält Vorschriften über Beschaffenheit von Arbeitsräumen und Arbeitsplätzen, Ausstattung, Mindestmaße, Temperatur, Beleuchtung, unzulässige schädliche Einwirkungen, Nichtraucherschutz, Beschaffenheit von Türen, Treppen und Verkehrswegen, Mindestanforderungen an Umkleide-, Wasch- und Toilettenräume u. a.

Die Bestimmungen der Arbeitsstättenverordnung werden durch zahlreiche **Richtlinien** ergänzt. So wurde beispielsweise für die Raumtemperatur in Arbeitsräumen bestimmt:

Sie muß in Arbeitsräumen mindestens betragen,

bei überwiegend sitzender Tätigkeit	*+19° C,*
bei überwiegend nicht sitzender Tätigkeit	*+17° C,*
bei schwerer körperlicher Tätigkeit	*+12° C,*
in Büroräumen	*+20° C,*
in Verkaufsräumen	*+19° C.*

Die Temperatur soll in Arbeitsräumen 26° C nicht überschreiten, mit Ausnahme von Hitzearbeitsplätzen.

Gerätesicherheitsgesetz

Nach dem **„Gesetz über technische Arbeitsmittel" (Gerätesicherheitsgesetz)** müssen Maschinen, Arbeitsgeräte und Werkzeuge den Unfallverhütungsvorschriften und sicherheitstechnischen Erkenntnissen entsprechen. Die Überprüfung der Maschinen und Geräte erfolgt nach Normen, die von **technischen Überwachungsvereinen** aufgestellt und zuvor vom Staat anerkannt werden. Arbeitsgeräte und Maschinen tragen ein entsprechendes Sicherheitszeichen, wenn sie nach diesen Richtlinien hergestellt wurden, z. B. „VDE" (Verband der Deutschen Elektrotechniker e. V.).

Arbeitssicherheitsgesetz

Das Arbeitssicherheitsgesetz, genauer **„Gesetz über Betriebsärzte, Sicherheitsingenieure und andere Fachkräfte für Arbeitssicherheit"**, verpflichtet Betriebe, Betriebsärzte und Sicherheitsfachkräfte zu bestellen. Die Fachkräfte für Arbeitssicherheit haben die Betriebsanlagen zu prüfen und für die Einhaltung der technischen Arbeits- und Unfallverhütungsvorschriften zu sorgen.

„Schatz, ich muß zur Arbeit. Wo ist mein Schutzhelm?"

Unfallverhütungsvorschriften

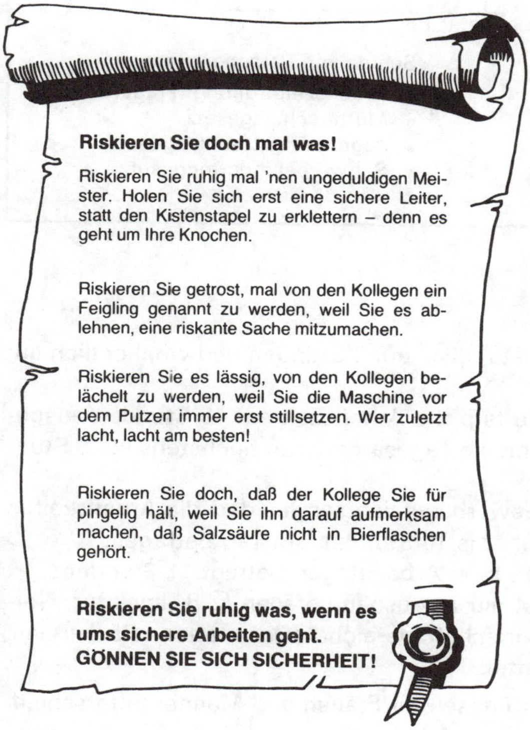

In zahlreichen Veröffentlichungen (hier im Unfallverhütungskalender) werben die Berufsgenossenschaften für die Beachtung der Arbeitssicherheitsvorschriften.

Sie sind nach § 708 der **Reichsversicherungsordnung** von den **Berufsgenossenschaften** zu erlassen. Diese haben auch technische Aufsichtsbeamte zu bestellen, welche die Einhaltung der Vorschriften überwachen. Auch die staatlichen **Gewerbeaufsichtsämter** kontrollieren die Einhaltung der Schutzbestimmungen. Zu diesem Zweck werden Betriebsbesichtigungen durchgeführt und wird bei Unfällen Stellung genommen.

Der größte Teil der Arbeitsunfälle ist auf Nichtbeachten der Unfallverhütungsvorschriften und auf menschliches Versagen zurückzuführen. Nur etwa 20% beruhen auf technischen Mängeln.

Eine Mißachtung der Schutzvorschriften kann mit Geldbußen bestraft werden.

Z

- *Eine Reihe von Gesetzen und Verordnungen regelt die Sicherheit am Arbeitsplatz und im Betrieb. Dazu gehören die Gewerbeordnung, die Arbeitsstättenverordnung, das Gerätesicherheitsgesetz, das Arbeitssicherheitsgesetz und die Unfallverhütungsvorschriften.*

2.2.3 Sozialer Arbeitsschutz

Vorschriften, welche die Sicherheit im Betrieb, im Arbeitsraum und am Arbeitsplatz gewährleisten sollen, reichen allein nicht aus. Auch der Mensch selbst muß vor körperlicher, geistiger und seelischer Überforderung geschützt werden. Insbesondere gilt es, besonders gefährdete Personengruppen, z.B. Jugendliche, Frauen, Mütter, Behinderte, vor Überanstrengungen und Benachteiligungen zu schützen.

Sozialer Arbeitsschutz

allgemeine Schutzbestimmungen
- Arbeitszeitordnung
- Bundesurlaubsgesetz
- Ladenschlußgesetz
- Kündigungsschutz (Kündigungsschutzgesetz u. a.)

Schutz von Personengruppen
- Arbeitszeitordnung (Frauenschutz)
- Mutterschutzgesetz
- Jugendarbeitsschutzgesetz
- Schwerbehindertengesetz

Arbeitszeitordnung

Sie bestimmt:

- Die regelmäßige Arbeitszeit ist täglich auf 8 Stunden und wöchentlich auf 48 Stunden begrenzt.
- An 30 Tagen im Jahr darf die tägliche Arbeitszeit auf 10 Stunden ausgedehnt werden. Für Frauen kann die Tagesarbeitszeit höchstens auf 9 Stunden verlängert werden.
- Nur mit Genehmigung des Gewerbeaufsichtsamtes darf die Arbeitszeit in wenigen Ausnahmefällen mehr als 10 Stunden am Tag betragen.
- Die Mindestruhezeit zwischen zwei Arbeitstagen beträgt 11 Stunden.
- Sonn- und Feiertagsarbeit ist nur in Ausnahmefällen (z. B. Inventur, Notfälle) und für bestimmte Wirtschaftsbereiche (Gaststätten, Bäckereien, Verkehrsbetriebe u. a.) gestattet.

Außerdem ist der Mindestumfang der Pausen für Frauen und Männer unterschiedlich geregelt. Ruhepausen zählen nicht zur Arbeitszeit.
Die gesetzlichen Bestimmungen zur Arbeitszeit sind Mindestvorschriften, zugunsten der Arbeitnehmer können jederzeit günstigere Arbeitszeiten ausgehandelt werden. So haben beispielsweise tarifvertragliche Vereinbarungen heute allgemein zu kürzeren Arbeitszeiten geführt (vgl. Abschnitt „Arbeitszeit" in Kapitel 2.1.2 „Äußere Arbeitsbedingungen").

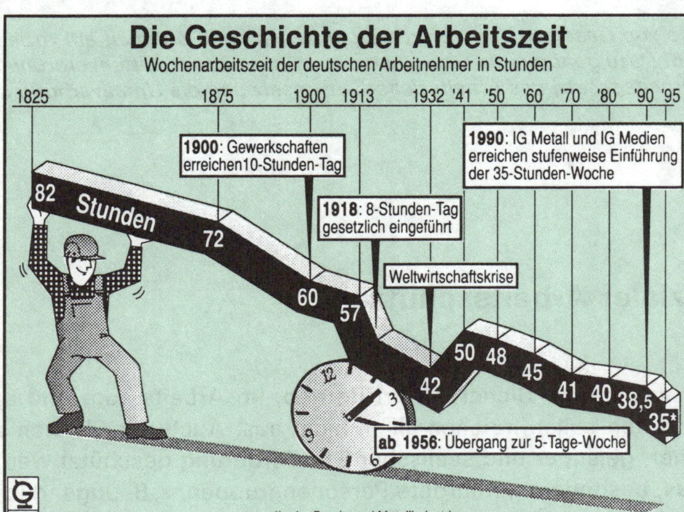

Bundesurlaubsgesetz

Der jährliche Mindesturlaub beträgt nach diesem Gesetz 18 Werktage. Weiter ist festgelegt, daß der Arbeitgeber den Zeitpunkt des Urlaubs bestimmen kann; falls dringende betriebliche Belange nicht entgegenstehen, muß er jedoch die Wünsche des Arbeitnehmers berücksichtigen. Der Urlaub muß zusammenhängend gewährt werden, wenn dies vom Arbeitnehmer gewünscht wird. Anspruch auf Urlaub besteht erst nach sechsmonatiger Beschäftigung.

Ladenschlußgesetz

Geschäfte müssen nach dem **Gesetz über den Ladenschluß** geschlossen sein:

- montags bis freitags bis 7 Uhr (Bäckereien bis 6.30 Uhr) und ab 18.30 Uhr (donnerstags ab 20.30 Uhr);
- samstags bis 7 Uhr und ab 14 Uhr (Ausnahme: langer Samstag ab 16.00 Uhr im Sommer, ab 18.00 Uhr im Winter);
- an Sonn- und Feiertagen.

Das Gewerbeaufsichtsamt kann Ausnahmen in wenigen Fällen zulassen.

Kündigungsschutz

Ist eine Kündigung sozial nicht gerechtfertigt, ist sie nach dem **Kündigungsschutzgesetz** unwirksam. Voraussetzung ist dabei, daß der Arbeitnehmer der Unternehmung mindestens 6 Monate angehört hat. Eine Kündigung ist aber wirksam, wenn wichtige betriebliche Gründe (z. B. Produktionseinschränkungen) vorliegen oder wenn die Person oder das Verhalten des Arbeitnehmers (z. B. fehlende Eignung, dauernde Unpünktlichkeit) die Kündigung rechtfertigen. Vor jeder Kündigung muß der Betriebsrat gehört werden. Massenentlassungen müssen mit dem Betriebsrat beraten werden und bedürfen der Zustimmung des Landesarbeitsamtes.
Es gelten für Arbeiter und Angestellte unterschiedliche gesetzliche Kündigungsfristen und Kündigungstermine, die jedoch durch Tarifvertrag gekürzt oder verlängert werden können. Es ist auch zulässig, die gesetzlichen Kündigungsfristen durch einen Arbeitsvertrag zu verlängern; jedoch darf die Kündigungsfrist für einen Arbeitnehmer nicht länger sein als für den Arbeitgeber.

Kündigungsfristen

Angestellte

Betriebszugehörigkeit (Jahre)	Kündigungsfrist
bis 5	6 Wochen auf Quartalsende
5–8	3 Monate auf Quartalsende
8–10	4 Monate auf Quartalsende
10–12	5 Monate auf Quartalsende
über 12	6 Monate auf Quartalsende

Arbeiter

Betriebszugehörigkeit (Jahre)	Kündigungsfrist
bis 5	14 Tage auf jeden Werktag
5–10	1 Monat auf Monatsende
10–20	2 Monate auf Monatsende
über 20	3 Monate auf Quartalsende

Wichtiger Hinweis: Das Bundesverfassungsgericht hat die im Bürgerlichen Gesetzbuch festgelegte 14tägige Kündigungsfrist für Arbeiter für verfassungswidrig erklärt, da die Angestellten durch die längeren Kündigungsfristen deutlich bessergestellt werden. Der Gesetzgeber wurde aufgefordert, bis zum 30. Juni 1993 eine Neuregelung zu beschließen.

Einen besonderen Kündigungsschutz genießen Schwerbehinderte und Auszubildende (vgl. Kap. 11.1.3).

Unkündbar sind

- Mitglieder des Betriebsrates und der Jugend- und Auszubildendenvertretung während ihrer Amtszeit;
- Frauen während der Schwangerschaft und bis 4 Monate nach der Entbindung bzw. Mütter oder Väter während des Erziehungsurlaubs; Mütter oder Väter können nach dem Bundeserziehungsgeldgesetz in den ersten 36 Lebensmonaten des Kindes Erziehungsurlaub nehmen und sind während dieses Urlaubs vor einer Kündigung geschützt.
- Wehrpflichtige während des Grundwehrdienstes oder einer Wehrübung.

Frauenarbeitsschutz

In der Bundesrepublik Deutschland (alte Bundesländer) sind etwa 10 Mio. Frauen berufstätig. Häufig sind sie gleichzeitig Hausfrau und Mutter und wegen dieser Mehrfachbelastung auf die Hilfe der Gesellschaft angewiesen. Auch haben Frauen meist eine geringere Körperkraft als Männer. Ein besonderer Frauenschutz soll daher gesundheitlichen Schäden vorbeugen.

So bestimmt die **Arbeitszeitordnung,** daß

- Frauen in Bergwerken und Salinen unter Tage nicht beschäftigt werden dürfen;
- Frauen bestimmte Betriebsarbeiten auf Baustellen, in Kokereien, Hochöfen, Stahl- und Walzwerken nicht verrichten dürfen;
- für Frauen die tägliche Arbeitszeit höchstens auf 9 Stunden verlängert werden darf (Männer 10 Stunden);
- Frauen zwischen 20 Uhr abends und 6 Uhr morgens nicht arbeiten dürfen (für Schichtbetriebe gelten Sonderregelungen);
- Frauen besondere Ruhepausen während der Arbeitszeit zustehen.

Mutterschutz

Im Grundgesetz der Bundesrepublik Deutschland heißt es in Art. 6, Abs. 4: „Jede Mutter hat Anspruch auf den Schutz und die Fürsorge der Gemeinschaft." Um diesem Anspruch gerecht zu werden, wurde 1952 das **Mutterschutzgesetz** erlassen und 1968 unter Berücksichtigung der wirtschaftlichen Entwicklung und neueren medizinischen Erkenntnissen abgeändert und weiter verbessert. Die Regelungen des Mutterschutzgesetzes dürfen durch Tarifvertrag nicht eingeschränkt werden, es handelt sich um zwingendes Recht.

Die wichtigsten Bestimmungen lauten:

- Werdende Mütter dürfen nicht beschäftigt werden, wenn durch die Arbeit das Leben oder die Gesundheit von Mutter oder Kind gefährdet werden.
- Eine Beschäftigung ist sechs Wochen vor dem errechneten Geburtstermin nur auf ausdrücklichen Wunsch der werdenden Mutter möglich. Diese Erklärung kann jederzeit widerrufen werden.
- Nach der Entbindung ist acht Wochen lang, bei Früh- oder Mehrlingsgeburten zwölf Wochen lang, eine Beschäftigung grundsätzlich verboten.
- Schwere körperliche Arbeit während der Schwangerschaft ist ebenso nicht erlaubt wie Akkord- und Fließbandarbeit oder Arbeiten an gesundheitsschädlichen Arbeitsplätzen (Gase, Dämpfe, Lärm usw.).
- Während der Schwangerschaft und bis vier Monate nach der Entbindung besteht für die Schwangere bzw. Mütter Kündigungsschutz.
- Innerhalb der gesetzlichen Schutzfrist ist ein Mutterschaftsgeld zu zahlen.

Jugendarbeitsschutz

Im Jahre 1839 hat der König von Preußen das „Regulativ über die Beschäftigung jugendlicher Arbeiter in Fabriken" erlassen. Dieses erste deutsche Arbeitsschutzgesetz verbot die Arbeit von Kindern unter 9 Jahren in Fabriken und Bergwerken. Die Arbeit von 9- bis 16jährigen Jugendlichen wurde bestimmten Beschränkungen unterworfen. 1853 wurde die Altersgrenze für das Verbot der Kinderarbeit auf 12 Jahre heraufgesetzt. 1903 wurde das Kinderschutzgesetz in Deutschland erlassen. Es verbot die Beschäftigung von Kindern unter 13 Jahren in Bergwerken und Fabriken. 1911 wurde der Geltungsbereich dieses Gesetzes auf Handwerksbetriebe ausgedehnt. Das Jugendschutzgesetz von 1938 regelte den Erholungsurlaub der Jugendlichen und verbot die Beschäftigung von Kindern unter 14 Jahren.

Kinderarbeit vor 1839

Kinderarbeit, wie hier in einer Ziegelei in Ekuador, ist in Deutschland seit 1903 verboten.

Jugendarbeitsschutzgesetz § 5 (1):
„Die Beschäftigung von Kindern ist verboten."

Einen ersten umfassenden Schutz der Jugendlichen brachte das Jugendarbeitsschutzgesetz von 1960. Am 12. 4. 1976 wurden die nicht mehr zeitgerechten Regelungen durch ein neues **Jugendarbeitsschutzgesetz** abgelöst, welches 1984 durch Gesetz der wirtschaftlichen Entwicklung angepaßt wurde. Es gilt für die Beschäftigung von Auszubildenden und Arbeitnehmern, die noch nicht 18 Jahre alt sind.

Die Beschäftigung von Kindern ist verboten, es gibt nur wenige Ausnahmen. Beispielsweise ist das Austragen von Zeitungen für 13jährige Kinder gestattet. Jugendlicher im Sinne des Jugendarbeitsschutzgesetzes ist, wer 14, aber noch nicht 18 Jahre alt ist. Unter 15 Jahren dürfen Jugendliche, die nicht mehr der Vollzeitschulpflicht unterliegen, nur in der Berufsausbildung oder außerhalb der Berufsausbildung nur mit leichten Tätigkeiten bis zu 7 Stunden täglich und 35 Stunden wöchentlich beschäftigt werden.

Wichtige Schutzbestimmungen für Jugendliche	
Arbeitszeit	Die Höchstarbeitszeit beträgt 8½ Stunden täglich und 40 Stunden in der Woche. In der Woche darf nur an 5 Tagen gearbeitet werden.
Berufsschul-besuch	Der Jugendliche ist zum Berufsschulbesuch freizustellen. Dieser wird auf die Ausbildungs- oder Arbeitszeit angerechnet und ist zu vergüten. Beträgt die Unterrichtszeit mehr als 5 Stunden zu jeweils 45 Minuten, darf der Jugendliche an diesem Tag nicht mehr beschäftigt werden. Diese völlige Freistellung von der Beschäftigung im Betrieb ist jedoch auf einen Berufsschultag in der Woche beschränkt.
Ruhepausen	Sie müssen bei einer Arbeitszeit von 4½ bis 6 Stunden mindestens 30 Minuten betragen, bei einer Arbeitszeit über 6 Stunden mindestens 60 Minuten.
Tägliche Freizeit	Zwischen Arbeitsende und neuer Beschäftigung müssen mindestens 12 Stunden Freizeit liegen.
Frühester Arbeitsanfang	Keine Beschäftigung vor 6 Uhr. Ausnahmen: In Bäckereien, in Konditoreien und in der Landwirtschaft dürfen über 16 Jahre alte Jugendliche ab 5 Uhr, über 17 Jahre alte Jugendliche dürfen in Bäkkereien ab 4 Uhr beschäftigt werden.
Spätester Arbeitsschluß	Keine Beschäftigung nach 20 Uhr. Ausnahmen: Jugendliche über 16 Jahren dürfen in mehrschichtigen Betrieben bis 23 Uhr, in Gaststätten u.a. bis 22 Uhr beschäftigt werden.
Sonn- und Feiertage	Beschäftigungsverbot; Ausnahmen gelten für die Landwirtschaft, in Familienhaushalten, Gaststätten u.a. Werden Jugendliche sonntags (oder samstags) beschäftigt, müssen sie dafür an einem anderen berufsschulfreien Arbeitstag freigestellt werden.
Urlaub	Liegt das Alter des Jugendlichen zu Beginn des Kalenderjahres unter 16 Jahren, stehen ihm 30 Werktage, unter 17 Jahren 27 Werktage, unter 18 Jahre 25 Werktage Urlaub zu. Der Urlaub soll zusammenhängend und in der Zeit der Berufsschulferien genommen werden.
Beschäftigungs-verbote	Akkord- und Fließbandarbeiten sind ebenso untersagt wie gefährliche Arbeiten.
Ärztliche Untersuchungen	Ein Jugendlicher darf nur beschäftigt werden, wenn er vor Beginn der Beschäftigung ärztlich untersucht wurde. Vor Ablauf des ersten Beschäftigungsjahres hat eine Nachuntersuchung zu erfolgen.

Die Arbeitszeitvorschriften des Jugendarbeitsschutzgesetzes können in bestimmten Grenzen durch Tarifvertrag den Erfordernissen der Ausbildung und Beschäftigung angepaßt werden.

Bevor ein Jugendlicher, der einen Verstoß gegen die Bestimmungen des Jugendarbeitsschutzgesetzes feststellt, sich beim zuständigen Gewerbeaufsichtsamt beschwert, sollte er zunächst die Angelegenheit mit den Vorgesetzten (Ausbilder, Meister, Arbeitgeber) besprechen oder den Betriebsrat bzw. die Jugend- und Auszubildendenvertretung einschalten.

Schwerbehindertenschutz

Schwerbehinderte sind nach dem **Schwerbehindertengesetz** Personen, deren Erwerbsfähigkeit dauernd um mindestens 50% gemindert ist. Sie haben Anspruch auf zusätzliche Urlaubstage, und der Arbeitgeber muß notwendige technische Arbeitshilfen zur Verfügung stellen. Von einer Mehrarbeit sind Schwerbehinderte auf Verlangen freizustellen. Auch die Kündigung eines Schwerbehinderten ist für den Arbeitgeber erschwert, ohne Zustimmung der Hauptfürsorgestelle ist eine Kündigung unzulässig. Um trotzdem sicherzustellen, daß Schwerbehinderte einen Arbeits- bzw. Ausbildungsplatz erhalten, fördert der Staat die Einstellung bzw. Ausbildung von Schwerbehinderten durch Zuschüsse an die Betriebe.

Förderung der Einstellung Schwerbehinderter

Die Förderungsmöglichkeiten nach dem 4. Schwerbehinderten-Sonderprogramm des Bundes und der Länder sind in einigen Punkten entscheidend verbessert worden, teilte die Bundesanstalt für Arbeit (BA) in Nürnberg mit. Danach können jetzt u. a. Zuschüsse zum Arbeitsentgelt und Zuschüsse zur Ausbildungsvergütung in einem Betrag zu Beginn der Förderung gezahlt werden. Für Erstauszubildende gibt es in Ausnahmefällen sogar Zuschüsse bis zur Höhe der Ausbildungsvergütung.

Arbeitgeber, die ihre Beschäftigungspflicht nicht voll erfüllen, können jetzt laut BA auch Arbeitsentgeltzuschüsse erhalten, wenn sie besonders schwer betroffene Behinderte einstellen. Besser und länger gefördert wird außerdem die befristete Einstellung eines Schwerbehinderten zur Probe.

Quelle: Deutsche Handwerkszeitung

Z

- *Sozialer Arbeitsschutz soll den arbeitenden Menschen vor körperlicher und seelischer Überforderung schützen. Man unterscheidet allgemeine Schutzbestimmungen und Schutzvorschriften für bestimmte Personengruppen.*
- *Allgemein sollen Arbeitszeitordnung, Bundesurlaubsgesetz, Ladenschlußgesetz und Kündigungsschutzgesetz den Menschen vor Überanstrengungen und Benachteiligungen schützen.*
- *Als besonders schutzbedürftige Personengruppen gelten Frauen, Mütter, Jugendliche und Schwerbehinderte. Arbeitszeitordnung (Frauenschutz), Mutterschutzgesetz, Jugendarbeitsschutzgesetz, Schwerbehindertengesetz und verschiedene Kündigungsschutzbestimmungen sollen diesem besonderen Schutzbedürfnis Rechnung tragen.*

2.2.4 Überwachung der Arbeitsschutzvorschriften

Es ist Aufgabe der **Gewerbeaufsichtsämter,** die Einhaltung der Arbeitsschutzvorschriften zu überwachen. Zu diesem Zweck dürfen die Gewerbeaufsichtsämter die Arbeitsstätten betreten, Auskünfte und die Vorlage von Unterlagen verlangen und technische Prüfungen vornehmen. Zu den Betriebsbesichtigungen des Gewerbeaufsichtsamtes ist ein Vertreter des Betriebsrates hinzuzuziehen. Bei Verstößen gegen die Arbeitsschutzgesetze kann das Gewerbeaufsichtsamt Geldbußen aussprechen, in schwereren Fällen kann ein Strafverfahren eingeleitet oder die Einstellung des Betriebes verfügt werden.
Die Einhaltung der Unfallverhütungsvorschriften wird durch technische Aufsichtsbeamte der **Berufsgenossenschaften** überwacht. Sie haben dabei mit den Gewerbeaufsichtsämtern zuammenzuarbeiten.
Schließlich ist es auch Aufgabe des **Betriebsrates,** für die Einhaltung der Arbeitsschutzvorschriften zu sorgen und die für den Arbeitsschutz zuständigen Stellen (Gewerbeaufsichtsämter, Berufsgenossenschaften) zu unterstützen.

Z

- *Die Überwachung der Arbeitsschutzvorschriften ist Aufgabe der Gewerbeaufsichtsämter, der Berufsgenossenschaften (Unfallschutz) und des Betriebsrates.*

A

1. **Welchen Arbeitsgefahren ist der arbeitende Mensch ausgesetzt?**
2. **Nennen Sie die häufigsten Berufskrankheiten.**
3. **Wie kann man sich gegen Arbeitsgefahren schützen?**
4. **Unterscheiden Sie zwischen technischem und sozialem Arbeitsschutz.**
5. **Nennen Sie einige Gesetze und Vorschriften, welche die Sicherheit im Betrieb und am Arbeitsplatz gewährleisten sollen.**
6. **Welche Unfallverhütungsvorschriften gelten für Ihren Arbeitsplatz?**
7. **In welche beiden Bereiche gliedert sich der soziale Arbeitsschutz? Nennen Sie Beispiele.**
8. **Welche Bestimmungen enthält die Arbeitszeitordnung?**
9. **Immer wieder wird gefordert, das Ladenschlußgesetz aufzuheben. Welche Vorteile wären damit verbunden?**
10. **Halten Sie unterschiedliche Kündigungsfristen für Arbeiter und Angestellte für gerechtfertigt?**
11. **Nennen Sie einige wichtige Bestimmungen des Jugendarbeitsschutzgesetzes.**
12. **Was kann ein Jugendlicher tun, wenn er einen Verstoß gegen das Jugendarbeitsschutzgesetz feststellt?**
13. **Welche Stellen sind für die Überwachung der Schutzgesetze zuständig?**

3
Grundlagen des Vertragsrechts

Um am Wirtschaftsleben teilnehmen zu können, muß ein Mensch nicht nur rechtsfähig, sondern auch geschäftsfähig sein.

*

Ein Vertrag kommt durch mindestens zwei übereinstimmende Willenserklärungen, den Antrag und die Annahme, zustande.

*

Der häufigste Vertrag des täglichen Lebens ist der Kaufvertrag. Der Verkäufer hat aufgrund eines abgeschlossenen Kaufvertrages die Pflichten, die Ware rechtzeitig und mangelfrei zu übergeben, der Käufer muß die Ware annehmen und bezahlen.

*

Wer die Pflichten aus einem Vertrag schuldhaft nicht erfüllt, ist gegenüber dem Vertragspartner zum Ersatz des entstandenen Schadens verpflichtet.

3.1 Rechts- und Geschäftsfähigkeit

3.1.1 Rechtsfähigkeit

Mit der Geburt erhält das Kind alle Grundrechte unserer Verfassung sozusagen als Geburtstagsgeschenk. So hat es z. B. ein Recht auf Leben, Nahrung, Kleidung, Wohnung, auf Freiheit und ein menschenwürdiges Dasein. Bereits ein Baby kann Eigentum erwerben oder eine Rente beziehen. Ein Kind hat auch Pflichten. Solche Pflichten können sich u. a. aus dem Eigentum des Kindes ergeben, so z. B. die Pflicht zur Entrichtung von Steuern.

Auch die Jüngsten haben Rechte

BGB § 1: „Die Rechtsfähigkeit des Menschen beginnt mit der Vollendung der Geburt."

Grundlage dieser Rechte und Pflichten ist die **Rechtsfähigkeit** des Menschen, die **Fähigkeit, Träger von Rechten und Pflichten zu sein.** Sie beginnt mit der Geburt und endet mit dem Tod.

Es gibt auch Personenvereinigungen und Vermögensmassen (Anstalten), die vom Recht wie Menschen behandelt werden und die Rechtsfähigkeit erlangen können. Solche Körperschaften und Anstalten bezeichnet man als **juristische Personen.** Zu ihnen gehören der Staat, die Kirchen, die Kammern, die Rundfunkanstalten, die Aktiengesellschaften, die Gesellschaften mit beschränkter Haftung (GmbHs), die eingetragenen Genossenschaften, die eingetragenen Vereine und die Stiftungen. Die Rechtsfähigkeit ist dann z. B. für Bund und Länder Grundlage dafür, daß sie Steuern verlangen können. Wie eine Einzelperson kann auch eine juristische Person kaufen, verkaufen, Eigentümer werden und vor Gericht klagen und verklagt werden. Da sie nicht selbständig handeln kann, handelt die juristische Person durch einen Vorstand, einen Geschäftsführer oder einen Vorsitzenden (des Vereins u. a.).
Juristische Personen erlangen die Rechtsfähigkeit durch Eintragung ins Vereins-, Genossenschafts- oder Handelsregister oder durch staatliche Verleihung; sie verlieren sie durch Löschung im entsprechenden Register oder durch staatlichen Entzug.

Rechtsfähigkeit

Was? = *Fähigkeit, Träger von Rechten und Pflichten zu sein*

Wer?	*natürliche Personen (Menschen)*	*und juristische Personen*	
		des öffentlichen Rechts	*des privaten Rechts*
Dauer?	*von Geburt bis Tod*	*von Verleihung bis Entzug (durch Gesetz geregelt)*	*von Eintragung bis Löschung, z. B. im Vereins-, Handels-, Genossenschaftsregister*
Beispiele:	*alle Menschen*	*Bund, Land, Gemeinden, Rundfunkanstalten, Kammern*	*AG, GmbH, e. G., e. V., Stiftungen*

3.1.2 Geschäftsfähigkeit

Um am Wirtschaftsleben teilnehmen zu können, reicht die Rechtsfähigkeit nicht aus, dazu ist auch noch die **Geschäftsfähigkeit** erforderlich. Ein Kleinkind ist zwar rechtsfähig, d. h. es hat Rechte und Pflichten, es kann diese aber nicht selbständig wahrnehmen.
An bestimmte Geschäfte (z. B. an Verträge) knüpft das Gesetz Rechtsfolgen, es entstehen aus diesen Geschäften für die Beteiligten Rechte und Pflichten. Solche Geschäfte bezeichnet man als **Rechtsgeschäfte.** Das Gesetz bestimmt, wer Rechtsgeschäfte abschließen darf und damit geschäftsfähig ist.
Geschäftsfähigkeit ist somit die **Fähigkeit, Rechtsgeschäfte wirksam abschließen zu können.**

Die Geschäftsfähigkeit ist nach dem Alter unterschiedlich geregelt. Rechtlich wird unterschieden zwischen:

- geschäftsunfähigen Personen,
- beschränkt geschäftsfähigen Personen und
- unbeschränkt geschäftsfähigen Personen.

Geschäftsunfähig sind Kinder bis zum vollendeten 7. Lebensjahr. Ihnen gleichgestellt sind dauernd Geisteskranke und Personen, die wegen Geisteskrankheit entmündigt wurden. Rechtsgeschäfte, die von geschäftsunfähigen Personen abgeschlossen werden, sind ungültig (nichtig). Für Geschäftsunfähige handelt der gesetzliche Vertreter (Eltern oder Vormund). Dies kann z. B. erforderlich werden, wenn geschäftsunfähige Personen einen Prozeß führen müssen.

Beschränkt geschäftsfähig sind Minderjährige vom vollendeten 7. bis zum vollendeten 18. Lebensjahr, ebenso Personen, die wegen Geistesschwäche, Verschwendung oder Trunksucht entmündigt wurden. Beschränkt geschäftsfähige Personen können allein keine Rechtsgeschäfte abschließen; der gesetzliche Vertreter muß **zustimmen,** d. h. im voraus die Einwilligung erteilen oder das Rechtsgeschäft im nachhinein genehmigen.

BGB § 104:
„Geschäftsunfähig ist:
1. wer nicht das siebente Lebensjahr vollendet hat; ..."

BGB § 105 (1):
„Die Willenserklärung eines Geschäftsunfähigen ist nichtig."

Es gibt jedoch **Ausnahmen.** Geschäfte beschränkt geschäftsfähiger Personen sind auch ohne Zustimmung des gesetzlichen Vertreters voll rechtswirksam, wenn

- eine Leistung mit Geld bezahlt wird, welches dem Minderjährigen für einen bestimmten Zweck oder zur freien Verfügung überlassen wurde (Taschengeld),
- ein Rechtsgeschäft für den beschränkt Geschäftsfähigen nur Vorteile bringt (z. B. Schenkung),
- ein Rechtsgeschäft im Rahmen eines Arbeits- oder Ausbildungsverhältnisses abgeschlossen wird.

Um den Minderjährigen vor Übervorteilung zu schützen, hat der Gesetzgeber Ratenkäufe (Käufe, bei denen die Leistung nicht in einem Betrag bezahlt wird) vom Taschengeldparagraph ausgeschlossen. Ratenkäufe bedürfen immer der Zustimmung des gesetzlichen Vertreters.
Über den Lohn oder das Gehalt darf der Minderjährige nur insoweit frei verfügen, als der gesetzliche Vertreter dies ausdrücklich erlaubt.
Ein beschränkt Geschäftsfähiger darf ohne Zustimmung des gesetzlichen Vertreters auch sein Arbeitsverhältnis auflösen und ein neues Arbeitsverhältnis der gleichen Art eingehen. Dies gilt jedoch nicht für ein Ausbildungsverhältnis.

Unbeschränkt geschäftsfähig sind alle volljährigen Personen. Alle von ihnen abgeschlossenen Rechtsgeschäfte sind, falls kein Nichtigkeitsgrund für das Rechtsgeschäft selbst vorliegt (vgl. Kap. 3.2.4), voll gültig und rechtswirksam.

Mit Ausnahme von ganz persönlichen Rechtsgeschäften (Heirat, Testamentserrichtung, Unterschreiben von Inventar und Bilanz u. a.) kann man sich bei allen Rechtsgeschäften vertreten lassen. Der **Stellvertreter** schließt dann im Namen eines andern Rechtsgeschäfte ab. Das Vertretungsrecht kann auf Gesetz (z. B. handeln Eltern für ihre minderjährigen Kinder) oder auf einer **Vollmacht** beruhen. Weitgehende Vollmachten im Wirtschaftsleben sind die **Handlungsvollmacht** und die **Prokura.**

Zu den Stellvertretern zählt nicht der **Bote.** Er schließt nicht selbst Rechtsgeschäfte ab, sondern übermittelt nur den fremden Willen. Selbst ein Geschäftsunfähiger kann als Bote handeln.

Geschäftsfähigkeit

Geschäftsunfähig sind
- Personen bis 7 Jahre,
- dauernd Geisteskranke,
- wegen Geisteskrankheit Entmündigte.

Beschränkt geschäftsfähig sind
- Personen von 7–18 Jahren und
- wegen Geistesschwäche, Verschwendung oder Trunksucht Entmündigte.

Unbeschränkt geschäftsfähig sind
- Personen ab 18 Jahren.

- *Geschäftsfähigkeit ist die Fähigkeit, Rechtsgeschäfte wirksam abschließen zu können.*
- *Personen bis 7 Jahre sind geschäftsunfähig, von 7–18 Jahren sind sie beschränkt geschäftsfähig, und über 18 Jahre alte Personen sind voll geschäftsfähig.*
- *Schließt ein Geschäftsunfähiger ein Rechtsgeschäft ab, ist es ungültig (nichtig).*
- *Beschränkt geschäftsfähige Personen bedürfen zum Abschluß eines Rechtsgeschäftes meist der Zustimmung des gesetzlichen Vertreters.*
- *Rechtsgeschäfte, die von einer voll geschäftsfähigen Person abgeschlossen werden, sind voll gültig und rechtswirksam.*

A

1. **Unterscheiden Sie Rechts- und Geschäftsfähigkeit.**
2. **Erklären Sie den Begriff ,,juristische Person''.**
3. **Warum wurde die Geschäftsfähigkeit nach dem Alter unterschiedlich geregelt?**
4. **Halten Sie es für gerechtfertigt, daß eine 16jährige Person nur beschränkt geschäftsfähig ist?**
5. **Erläutern Sie die Rolle des gesetzlichen Vertreters bei Rechtsgeschäften für eine geschäftsunfähige und eine beschränkt geschäftsfähige Person.**
6. **Welche Rechtsgeschäfte kann ein beschränkt Geschäftsfähiger ohne Zustimmung des gesetzlichen Vertreters abschließen?**

3.2 Rechtsgeschäfte

3.2.1 Willenserklärungen und Arten von Rechtsgeschäften

Rechtsgeschäfte kommen durch **Willenserklärungen** zustande. Willenserklärungen sind Erklärungen, an welche die Rechtsordnung Rechtsfolgen knüpft. Rechtlich unbedeutend und von den Willenserklärungen zu unterscheiden sind Äußerungen des täglichen Lebens.

Beispiele:

- Renate erklärt ihren Eltern: „Im Sommer beabsichtige ich, mit Freunden nach Südfrankreich zu fahren."
  = Rechtlich unbedeutende Willensäußerung, die nicht zu einem Rechtsgeschäft führen kann.
- Renate sagt zum Taxifahrer: ,,Bringen Sie mich in die Römerstraße.''
  = Rechtlich bedeutsame Willenserklärung, die zu einem Rechtsgeschäft führen kann.

Man kann Willenserklärungen auf verschiedene Weise abgeben:

- durch ausdrückliche Äußerungen (z. B. schriftlich, mündlich, telefonisch, telegraphisch),
- durch schlüssiges Handeln (z. B. Bedienen eines Automaten, Ablegen von Waren an der Kasse),
- durch Schweigen (als Ausnahme; z. B. Kaufmann M., der mit dem Lieferanten K. in ständiger Geschäftsverbindung steht, schweigt auf eine abgeänderte Auftragsbestätigung).

Willenserklärungen können zu **Rechtsgeschäften** führen. Manche Rechtsgeschäfte kommen bereits durch eine einzige Willenserklärung zustande, man spricht dann von einem **einseitigen Rechtsgeschäft.** Solch ein einseitiges Rechtsgeschäft liegt beispielsweise bei einer Kündigung vor. Der Arbeitgeber muß einer rechtmäßig abgegebenen Kündigung des Arbeitnehmers nicht zustimmen, damit diese gültig ist; die Willenserklärung des Arbeitnehmers ist ausreichend. Einseitige Rechtsgeschäfte lassen sich unterscheiden in

- **empfangsbedürftige einseitige Rechtsgeschäfte;** so wird die Kündigung einer Mietwohnung erst wirksam, wenn sie dem Vermieter oder dem Mieter zugegangen ist, wenn die andere Partei also von der Kündigung erfahren hat, und in
- **nicht empfangsbedürftige einseitige Rechtsgeschäfte.** Beispielsweise ist ein Testament voll gültig, auch wenn die Erben davon nichts erfahren haben.

Rechtsgeschäfte, die durch zwei oder mehrere übereinstimmende Willenserklärungen zustandekommen (Antrag und Annahme), bezeichnet man als **Verträge.** So müssen z. B. beim Mietvertrag Mieter und Vermieter einig werden, damit der Vertrag rechtsgültig abgeschlossen ist. Dabei kann der erste Schritt vom Mieter oder vom Vermieter ausgehen.

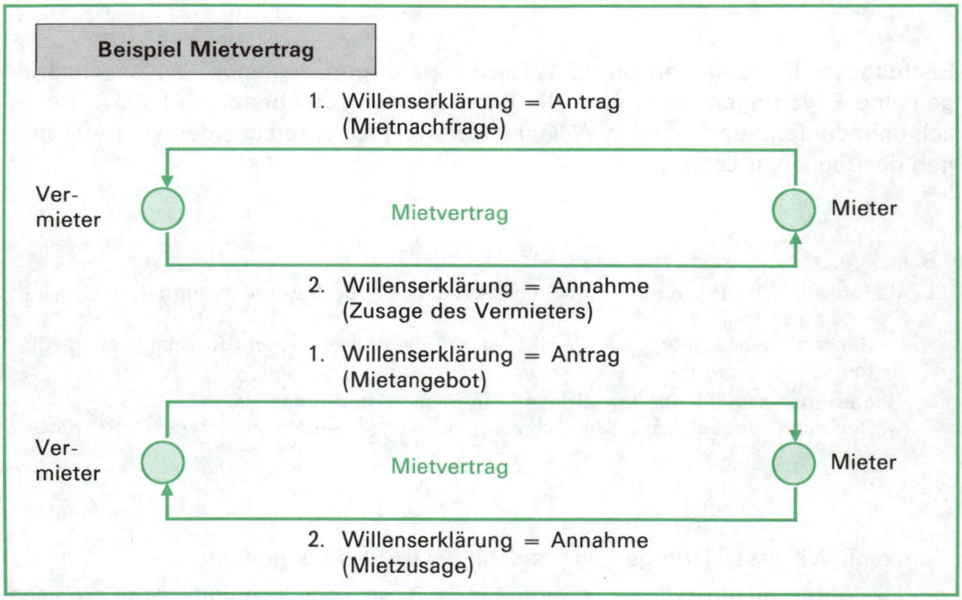

Es gibt

- **einseitig verpflichtende Verträge,** so sind beispielsweise für eine Schenkung zwar zwei Willenserklärungen erforderlich, man muß ein Geschenk ja nicht annehmen, aber nur für den Schenker entsteht aus dem Schenkungsvertrag eine Verpflichtung;
- **zweiseitig verpflichtende Verträge,** bei denen beide Vertragspartner Pflichten zu erfüllen haben. Beim Kaufvertrag entsteht für einen Vertragspartner die Pflicht, die Ware zu übergeben, für den andern entsteht die Pflicht, den Kaufpreis zu zahlen.

Willenserklärungen und Arten von Rechtsgeschäften

Willensäußerungen *des täglichen Lebens (rechtlich unbedeutend)*

Willenserklärungen *(rechtlich von Bedeutung – es ergeben sich Rechte und Pflichten aus dieser Erklärung)*

ausdrückliche Äußerung

- *schriftlich*
- *mündlich*
- *telefonisch/telegraphisch*

schlüssiges Handeln *(auch konkludentes oder bloßes Handeln genannt)*

Schweigen *Sonderform, z. B. bei Kaufleuten, die in ständiger Geschäftsverbindung stehen*

Aus Willenserklärungen entstehen

Rechtsgeschäfte

einseitige — mehrseitige

Willenserklärungen		Verträge	
empfangsbedürftige	nicht empfangsbedürftige	einseitig verpflichtende	beiderseitig verpflichtende
(Kündigung)	(Testament)	(Schenkung)	(Kauf)

3.2.2 Form der Rechtsgeschäfte

Rechtsgeschäfte können nach dem **Grundsatz der Formfreiheit** in jeder beliebigen Form abgeschlossen werden, also schriftlich, mündlich, telefonisch usw. Um bei Unregelmäßigkeiten in der Vertragserfüllung ein Beweismittel in der Hand zu haben, empfiehlt sich jedoch in vielen Fällen die Schriftform.
Bei einigen wichtigen Rechtsgeschäften ist nach dem Gesetz eine bestimmte Form vorgeschrieben. Wird die gesetzlich vorgeschriebene oder vertraglich vereinbarte Form nicht eingehalten, ist das Rechtsgeschäft ungültig.

Schriftform

Sie ist u. a. erforderlich bei

- Miet- und Pachtverträgen über Grundstücke, wenn die Vertragsdauer länger als ein Jahr ist;
- Kündigung von Mietverhältnissen;
- Bürgschaftserklärungen;
- Berufsausbildungsverträgen und
- Ratenkaufverträgen.

Öffentliche Beglaubigung

Es wird nur die Echtheit der Unterschrift von einem Gericht oder einem Notar beglaubigt. Diese Form ist z. B. bei Anträgen auf Eintragung ins Vereins-, Handels- und Genossenschaftsregister oder ins Grundbuch vorgeschrieben. Öffentliche Beglaubigungen sind von gewöhnlichen Beglaubigungen zu unterscheiden. Zu gewöhnlichen Beglaubigungen, z. B., daß eine Kopie mit dem Original übereinstimmt, ist jede Behörde berechtigt, die ein Dienstsiegel führt.

Öffentliche Beurkundung

Bei dieser Form wird das ganze Schriftstück von einem Notar nach dem Willen der Vertragspartner abgefaßt und von den Beteiligten in Gegenwart des Notars unterschrieben. Für Grundstücksverkäufe, Eheverträge, Schenkungsversprechen u. a. ist die öffentliche Beurkundung vorgeschrieben.

Z

- *Rechtsgeschäfte können grundsätzlich in jeder beliebigen Form abgeschlossen werden (Grundsatz der Formfreiheit).*
- *Zum Schutz des einzelnen ist für wenige Rechtsgeschäfte die Schriftform, eine öffentliche Beglaubigung oder eine öffentliche Beurkundung gesetzlich vorgeschrieben.*

3.2.3 Vertragsfreiheit

Neben dem Grundsatz der Formfreiheit von Rechtsgeschäften gilt für alle Verträge der **Grundsatz der Vertragsfreiheit.** Nach diesem Rechtsgrundsatz können die Vertragspartner frei darüber entscheiden, ob und mit welchem Inhalt sie einen Vertrag abschließen.
Die einzelnen **Vertragsbestandteile,** wie Preis, Preisnachlässe, Menge, Qualität, Lieferungs- und Zahlungsbedingungen, Lieferzeit, Beförderungs- und Verpackungskosten sowie Erfüllungsort und Gerichtsstand, können so frei ausgehandelt werden. Von diesem Recht, den **Vertragsinhalt frei bestimmen** zu können, gibt es nur wenige Ausnahmen. Der Gesetzgeber hat z. B. festgelegt, daß eine vertragliche Abänderung des gesetzlich festgelegten Gerichtsstandes nur unter Vollkaufleuten und juristischen Personen des öffentlichen Rechts möglich ist. Auch der Preis kann nicht beliebig gewählt werden. Übersteigt der Preis die Leistung in auffälliger Weise, liegt ein Wuchergeschäft vor. Wuchergeschäfte sind nichtig (ungültig).
Für den Fall, daß die Vertragspartner über wichtige Vertragspunkte, z. B. über die Qualität oder über die Lieferungs- und Zahlungsbedingungen, keine Absprachen getroffen haben, hat der Gesetzgeber Vorsorge getroffen. Das Bürgerliche Gesetzbuch (BGB) und das Handelsgesetzbuch (HGB) enthalten zahlreiche Vorschriften zum Inhalt von Verträgen. Diese Vorschriften haben jedoch nur **Ersatzcharakter,** d. h., sie gelten nur, wenn die Vertragspartner keine entsprechenden Vereinbarungen getroffen haben (vgl. Kap. 3.3.2). Wurde z. B. über die Qualität der Ware nichts vereinbart, so ist mittlere Qualität zu liefern (vgl. BGB § 243).
Zum Grundsatz der Vertragsfreiheit gehört jedoch nicht nur das Recht der Vertragspartner, den Vertragsinhalt frei bestimmen zu können, sondern auch das Recht, **daß man einen Vertrag abschließen kann oder nicht.** Dabei kann man sich seine Vertragspartner frei aussuchen. Doch auch von diesem Recht gibt es

Ausnahmen. Bestimmte öffentliche Monopolunternehmen unterliegen einem **Kontrahierungszwang.** Sie müssen einen Vertrag abschließen, sobald ein Antrag gestellt wurde. Zu diesen Betrieben gehören z. B. die Bundesbahn, Wasser-, Elektrizitäts- und Gaswerke. Ebenso kann man sich nicht jeden beliebigen Vertragspartner aussuchen, so sind z. B. Verträge mit Geschäftsunfähigen nichtig. Weitere Einschränkungen der Vertragsfreiheit ergeben sich, wenn Nichtigkeits- oder Anfechtungsgründe vorliegen (vgl. Kap. 3.2.4).

Vertragsfreiheit

Recht, einen Vertrag abschließen oder nicht abschließen und die Vertragspartner frei aussuchen zu können.

Ausnahmen z. B.:
- Kontrahierungszwang für öffentliche Monopolunternehmen
- Geschäftsunfähige können keine Vertragspartner sein.

Recht, den Vertragsinhalt frei aushandeln zu können.

Ausnahmen z. B.:
- stark überhöhte Preise sind nicht möglich (Wuchergeschäfte)
- nur Vollkaufleute können den Gerichtsstand frei bestimmen

Weitere Einschränkungen der Vertragsfreiheit ergeben sich aus der Nichtigkeit und Anfechtung von Verträgen (vgl. Kap. 3.2.4).

Z

- *Nach dem Grundsatz der Vertragsfreiheit haben die Vertragspartner das Recht, frei darüber zu entscheiden, ob und mit wem sie einen Vertrag abschließen, und sie können den Vertragsinhalt selbst bestimmen.*
- *Viele öffentliche Monopolbetriebe unterliegen einem Kontrahierungszwang, d. h. sobald ein Antrag gestellt wird, müssen sie einen Vertrag abschließen.*

3.2.4 Nichtige und anfechtbare Rechtsgeschäfte

Die Voraussetzungen, unter denen ein Rechtsgeschäft nichtig oder anfechtbar ist, sind gesetzlich festgelegt. Ein nichtiges Rechtsgeschäft ist von vornherein ungültig, es gilt als nicht abgeschlossen. Ein anfechtbares Rechtsgeschäft ist dagegen zunächst voll gültig. Wird es angefochten und ist der Anfechtungsgrund berechtigt, dann wird es rückwirkend ungültig.

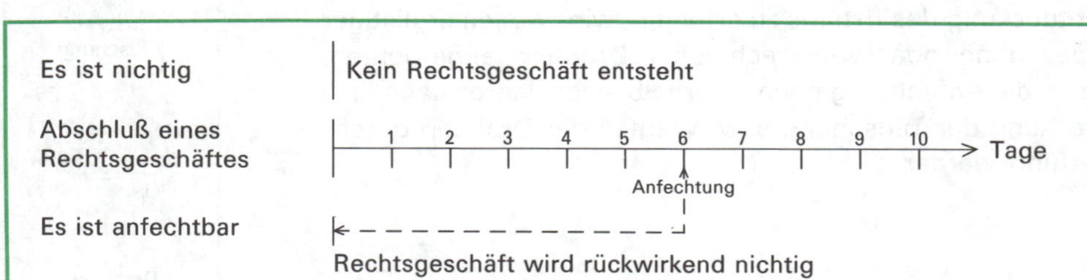

Nichtig (von Anfang an unwirksam) sind Rechtsgeschäfte,

- die mit geschäftsunfähigen Personen oder mit beschränkt geschäftsfähigen Personen ohne Zustimmung des gesetzlichen Vertreters abgeschlossen wurden;
- die nur zum Schein abgeschlossen wurden
(**Beispiel:**
Ein wertvoller alter Kunstgegenstand wird zum Schein verkauft, um Schenkungsteuer zu sparen.);
- die nicht ernst gemeint sind
(**Beispiel:**
Vom Urlaub aus dem Süden zurückgekehrt, ruft Herr Grau in der erstbesten Gaststätte aus: „Eine Million für eine Kalbshaxe.");
- bei denen die gesetzlich vorgeschriebene oder vertraglich vereinbarte Form nicht eingehalten wurde
(**Beispiel:**
Grundstücksverkauf ohne notarielle Beurkundung);
- die gegen Gesetze verstoßen
(**Beispiel:** Rauschgifthandel);
- die gegen die guten Sitten verstoßen
(**Beispiel:**
Wuchergeschäfte);
- die im Zustand der Bewußtlosigkeit oder der vorübergehenden Störung der Geistestätigkeit abgeschlossen wurden.

Geschäfts-unfähigkeit

Schein-geschäft

Scherz-geschäft

Anfechtbar sind Rechtsgeschäfte,

- denen ein Irrtum zugrunde liegt
(z. B. Verschreiben, Vertippen, Verhören oder wenn ein Bote etwas falsch ausrichtet);
- denen eine arglistige Täuschung zugrunde liegt
(z. B. Verkauf eines unechten Bildes als „echt");
- die unter widerrechtlicher Drohung zustande kommen
(z. B. Erpressung).

Liegt ein Irrtum vor, hat die Anfechtung unverzüglich nach Entdeckung des Irrtums zu erfolgen; wird wegen arglistiger Täuschung oder widerrechtlicher Drohung angefochten, kann die Anfechtung noch innerhalb eines Jahres nach Entdeckung der Täuschung bzw. Wegfall der Drohung durchgeführt werden.

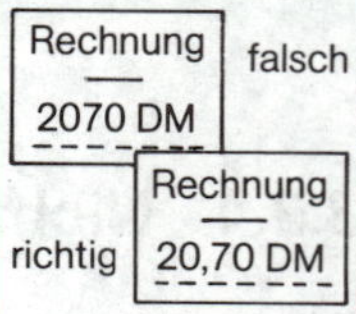

Irrtum

Täuschung

Drohung

Z

- *Scheingeschäfte, Scherzgeschäfte, sittenwidrige Geschäfte, Geschäfte ohne die vorgeschriebene Form, Geschäfte mit Geschäftsunfähigen und Geschäfte, die gegen ein Gesetz verstoßen, sind nichtig.*
- *Liegt Irrtum, arglistige Täuschung oder Drohung vor, ist ein Rechtsgeschäft anfechtbar.*
- *Nichtige Rechtsgeschäfte sind von Anfang an ungültig, anfechtbare Rechtsgeschäfte werden durch die Anfechtung rückwirkend nichtig.*

A

1. **Auf welche Art können Willenserklärungen abgegeben werden?**
2. **Unterscheiden Sie einseitige und zweiseitige Rechtsgeschäfte.**
3. **Welcher Unterschied besteht zwischen einseitig und zweiseitig verpflichtenden Verträgen? Nennen Sie Beispiele.**
4. **Welche Einschränkungen der Formfreiheit von Rechtsgeschäften lassen sich unterscheiden? Nennen Sie zu jeder Gruppe zwei Beispiele.**
5. **Warum kann die Deutsche Bundesbahn eine Beförderung nicht ablehnen?**
6. **Erklären Sie den Grundsatz der Vertragsfreiheit.**
7. **Wie unterscheidet sich eine öffentliche Beglaubigung von einer notariellen Beurkundung?**
8. **Warum sind die folgenden Rechtsgeschäfte nichtig?**
   a) **Landwirt Neumann veräußert ein Grundstück an Franz Huber für 25000,— DM. Sie setzen gemeinsam einen Kaufvertrag auf, den sie schließlich unterzeichnen.**
   b) **Kaufmann Schleicher ist vom Konkurs bedroht. Er verkauft daher zum Schein eine Büromaschine, um sie damit dem Zugriff der Gläubiger zu entziehen.**
   c) **Edgar B. veräußert für 5000,— DM Rauschgift an Franz H.**
   d) **der 6jährige Thomas erhält von seiner Tante 5,— DM als Geschenk. Sofort läuft er damit zum Lebensmittelhändler und kauft sich für das ganze Geld Süßigkeiten.**
   e) **Herr Lorenz vermietet drei gleich große Zimmer mit gleicher Ausstattung. Zwei Zimmer werden zu jeweils 250,— DM vermietet, das dritte Zimmer vermietet Herr Lorenz für 450,— DM.**
   f) **Nach einer anstrengenden Wanderung erblickt die 20jährige Karin einen Kiosk und ruft: ,,1000,— DM für ein eiskaltes Mineralwasser.'' Der Kioskbesitzer nimmt ihr ,,Angebot'' sofort an.**
   g) **Im Zustand der gestörten Geistestätigkeit übernimmt Kaufmann Nass eine Bürgschaft für Kaufmann Klein.**
   h) **Jürgen kauft sich von seinem selbstverdienten Geld ein Fahrrad, obwohl sein Vater die Zustimmung verweigert hat. Jürgen ist jedoch bereits 17 Jahre alt.**
9. **Sind die folgenden Rechtsgeschäfte anfechtbar?**
   a) **Durch einen Tippfehler wird das Pfund Kaffee nicht zum Preis von 10,— DM, sondern zu 1,— DM angeboten.**
   b) **Ein geschäftstüchtiger Versicherungsvertreter schließt mit der 16jährigen Gabi eine Lebensversicherung ab. Die Zahlung erfolgt in laufenden Monatsraten.**
   c) **Androhung einer ,,Abreibung'', falls ein Vertrag nicht unterschrieben wird.**
   d) **Ein Techniker erreicht eine Anstellung als Ingenieur durch Vorlage eines gefälschten Zeugnisses.**
10. **Erklären Sie den Unterschied zwischen Nichtigkeit und Anfechtung.**

3.3 Kaufvertrag

3.3.1 Abschluß und Erfüllung des Kaufvertrages

Die beiden Möglichkeiten, einen Kaufvertrag abzuschließen:

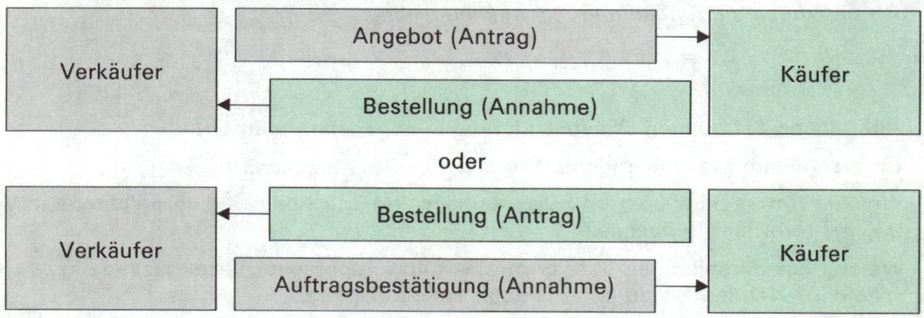

Wie jeder andere Vertrag kommt auch der Kaufvertrag durch mindestens **zwei übereinstimmende Willenserklärungen** zustande (Antrag und Annahme). Wichtig ist dabei, daß sich Antrag und Annahme genau entsprechen. Wird z. B. an der Bestellung eines Kunden etwas abgeändert, weil vielleicht die gewünschte Warenmenge nicht vorhanden ist, dann gilt die abgeänderte Auftragsbestätigung als neuer Antrag, und der Kunde hat die Wahl, diesen neuen Antrag anzunehmen oder abzulehnen, d. h. den Kaufvertrag abzuschließen oder nicht. Schaufensterauslagen gelten als Aufforderung an die Allgemeinheit und nicht als rechtlich bindende Anträge. Wird ein ordnungsgemäß unterbreitetes Angebot durch eine Bestellung angenommen, ist der Kaufvertrag geschlossen. Der erste Schritt kann aber auch vom Käufer ausgehen. Gibt er eine Bestellung auf und der Verkäufer akzeptiert diese, ist ebenfalls ein Kaufvertrag zustande gekommen.

Kaufvertrag

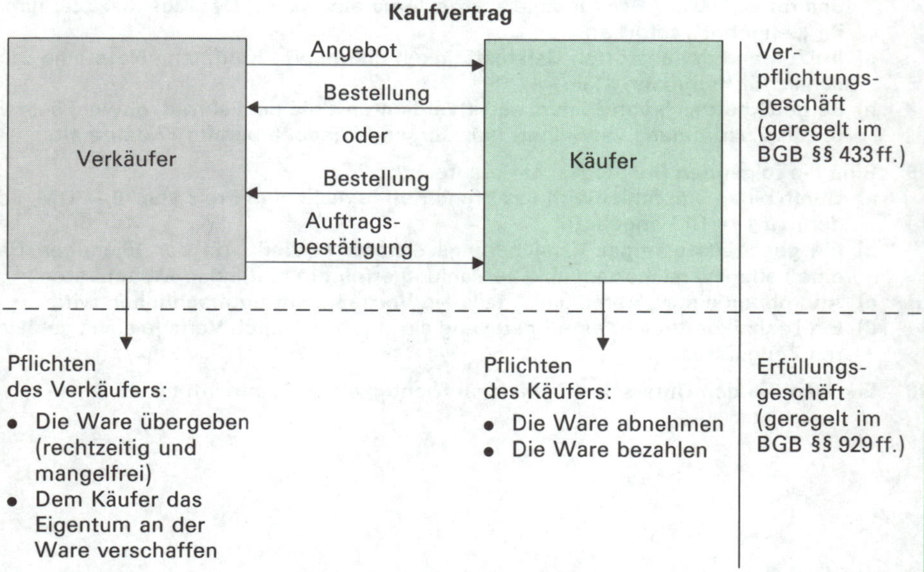

Aus dem abgeschlossenen Kaufvertrag entstehen für beide Vertragspartner Pflichten. Der Verkäufer muß die Ware rechtzeitig und mangelfrei übergeben und dem Käufer das Eigentum an der Ware verschaffen (geschieht meist durch Einigung und Übergabe), der Käufer hat die Ware abzunehmen und zu bezahlen.
Der Kaufvertrag besteht also aus zwei Teilen. Zunächst verpflichten sich beide Vertragspartner durch den Vertragsabschluß zur Erfüllung bestimmter Pflichten. Man nennt dieses Geschäft das **Verpflichtungsgeschäft.** Werden die Pflichten dann tatsächlich erfüllt, d.h. die Ware übergeben und der Kaufpreis beglichen, spricht man vom **Erfüllungsgeschäft** des Kaufs.

- *Ein Kaufvertrag kommt durch Angebot und Bestellung oder durch Bestellung und Auftragsbestätigung zustande.*
- *Aus dem abgeschlossenen Kaufvertrag entstehen Pflichten. Der Käufer muß die Ware abnehmen und bezahlen, der Verkäufer hat sie rechtzeitig und mangelfrei zu übergeben und dem Käufer das Eigentum an der Ware zu verschaffen.*

3.3.2 Inhalt des Kaufvertrages

Für die meisten Käufe des täglichen Lebens ist es nicht erforderlich, alle Bedingungen des Kaufs genau festzuhalten und auszuhandeln. Wenn man in einer Metzgerei Wurst einkauft, unterhält man sich beispielsweise nicht über Lieferungs- und Zahlungsbedingungen. Anders verhält es sich, wenn ein Kaufvertrag schriftlich abgefaßt wird. Um späteren Mißverständnissen vorzubeugen, sollte man sich nicht auf die gesetzlichen Regelungen beschränken, sondern alle Bedingungen des Kaufs vorher aushandeln und im Kaufvertrag aufführen.

Kaufvertrag

über einen Pkw Opel Kadett, amtl. Kennzeichen: HN-EM 660

Käufer: *Herbert Huber, Gartenstr. 4, 7600 Offenburg/Baden*

Verkäufer: *Lieselotte Karrer, Stuttgarter Str. 103, 7100 Heilbronn-Böckingen*

Angaben zum Kaufgegenstand:

Fahrzeugart:	*Pkw*	*Motornummer:*	*06014549*
Hersteller:	*Opel*	*Farbe:*	*saharagelb*
Fahrgestellnummer:	*3602731999*	*Erstzulassung:*	*11. Juni 19...*
Leistung:	*55 PS*	*KM-Stand (3. 5. 19...):*	*58364*

Frau Karrer verpflichtet sich, vor Übergabe des Fahrzeuges die Auspuffanlage zu erneuern. Die Erneuerung ist im Kaufpreis eingeschlossen. Ansonsten ist das Fahrzeug – wie besichtigt – zu übergeben.

Der Kaufpreis beträgt 6000,— DM (sechstausend) und wird am Tag der Übergabe fällig.

Die Übergabe des Fahrzeuges findet am 1. 6. 19... in Offenburg, Gartenstraße 4 statt. Frau Karrer wird zu diesem Zweck das Fahrzeug zur Wohnung von Herrn Huber überführen.

Heilbronn-Böckingen, den 3. 5. 19...

Käufer: H. Huber

Verkäufer: Lieselotte Karrer

Der Vertrag enthält dann Angaben über

- Art und Qualität der Ware;
- Menge der Ware (z.B. Maße, Gewicht, Stückzahlen);
- Preis;
- Lieferungsbedingungen (Lieferzeit, Tragen der Beförderungs- und Verpackungskosten);
- Zahlungsbedingungen (Rabatt, Skonto, Teilzahlungen u.a.);
- Erfüllungsort (Ort, an dem die Leistungen erfüllt werden, also wo die Ware bzw. das Geld zu übergeben ist);
- Gerichtsstand (Ort, an dem bei Vertragsstörungen vor Gericht zu klagen ist – kann nur noch unter Vollkaufleuten ausgehandelt werden).

Falls über die Kaufbedingungen keine Vereinbarungen getroffen wurden, gelten die gesetzlichen Regelungen.

Gesetzliche Regelungen über Kaufbedingungen		
Kaufbedingung:	Falls im Kaufvertrag nichts anderes vereinbart wurde, gilt:	Gesetzliche Regelung:
Art und Güte der Ware	Mittlere Art und Güte ist zu liefern.	BGB § 243/ HGB § 360
Verpackungskosten	Übergabeverpackung trägt der Verkäufer, Versandverpackung der Käufer.	BGB § 448
Preisnachlässe	keine Preisnachlässe	—
Beförderungskosten	trägt der Käufer (Warenschulden sind Holschulden)	BGB § 448
Lieferzeit	sofort	BGB § 271
Zahlungsbedingungen	Geld muß dem Lieferer auf Kosten und Gefahr des Käufers geschickt werden.	BGB § 270
Erfüllungsort und Gerichtsstand	Wohn- bzw. Firmensitz des Schuldners ist Erfüllungsort und Gerichtsstand. Vertragliche Vereinbarungen über den Gerichtsstand sind nur noch unter Vollkaufleuten und juristischen Personen des öffentlichen Rechts möglich.	BGB § 269

Z

- *Ein schriftlicher Kaufvertrag sollte Angaben über Art, Qualität, Menge und Preis der Ware, über Lieferungs- und Zahlungsbedingungen, den Erfüllungsort und Gerichtsstand enthalten, um spätere Mißverständnisse auszuschließen (Gerichtsstand nur unter Vollkaufleuten).*
- *Falls solche Vereinbarungen nicht getroffen werden, gelten die gesetzlichen Regelungen.*

3.3.3 Besondere Arten des Kaufs

Kauf auf Abzahlung

Er liegt vor, wenn der **Kaufpreis in Raten** bezahlt wird (Ratenkauf). Beim Abzahlungskauf gelten für den Käufer besonders strenge Schutzvorschriften, falls es sich um eine Privatperson handelt.

So muß ein Kauf auf Raten schriftlich abgefaßt werden. Der Kaufvertrag muß u. a. Angaben über den Bar- und Teilzahlungspreis, die Anzahl und Höhe der Raten, die einzelnen Zahlungstermine und über den effektiven Jahreszins enthalten. Außerdem steht dem Käufer ein besonderes Rücktrittsrecht zu, er kann den abgeschlossenen Vertrag innerhalb einer Woche schriftlich widerrufen. Über dieses Rücktrittsrecht muß der Käufer gesondert belehrt werden. Bei Ratenkäufen wird die Ware üblicherweise unter **Eigentumsvorbehalt** geliefert. Der Verkäufer übergibt zwar die Ware, bleibt aber bis zur vollständigen Bezahlung Eigentümer. Entrichtet der Käufer seine Raten nicht rechtzeitig, ist der Verkäufer zum Rücktritt vom Vertrag berechtigt.

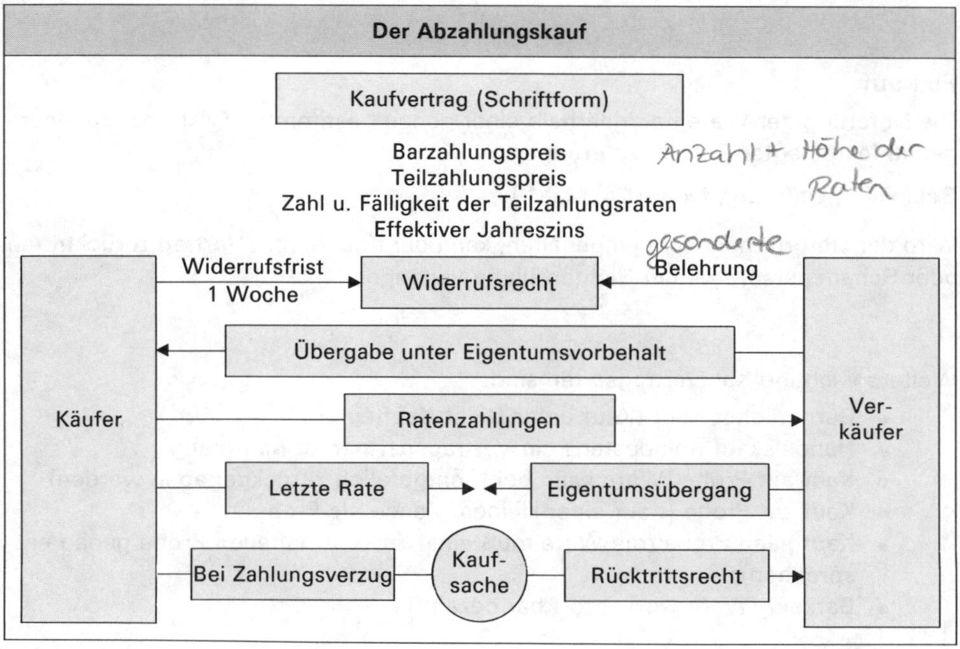

Kauf an der „Haustür"

Wie beim Ratenkauf besteht auch beim Kauf oder einem anderen Geschäft in der Wohnung, bei Kaffeefahrten oder auf der Straße für den Käufer oder Besteller ein Widerrufsrecht, falls der Vertrag nach mündlichen Verhandlungen zustande gekommen ist. Der Widerruf muß innerhalb einer Woche erfolgen, nachdem der Käufer oder Besteller eine schriftliche Belehrung über das Widerrufsrecht erhalten und unterschrieben hat. Wenn eine solche Belehrung nicht erfolgt, erlischt das Widerrufsrecht des Kunden erst einen Monat, nachdem beide Seiten ihre Leistungen erbracht haben.

Ausnahmen:

Bestimmte Haustürgeschäfte hat der Gesetzgeber von diesem Widerrufsrecht jedoch ausgenommen. Kein Widerrufsrecht besteht beim Abschluß von Versicherungsverträgen, bei notariell beurkundeten Verträgen sowie bei Bagatellgeschäften (unter 80,— DM). Außerdem besteht auch kein Widerrufsrecht, wenn der Käufer oder Besteller einen Vertreter ins Haus bestellt hat.

Kauf oder andere Geschäfte über entgeltliche Leistungen in der Wohnung, am Arbeitsplatz, auf Kaffeefahrten oder auf der Straße.	→	Wenn der Vertrag nach mündlichen Verhandlungen zustande gekommen ist: **Widerrufsrecht** binnen einer Woche, nachdem eine schriftliche Belehrung über das Widerrufsrecht erfolgte.

Fixkauf

Die Lieferung der Ware hat innerhalb einer genau bestimmten Frist oder zu einem genau festgelegten Termin zu erfolgen.

Beispiel: „Lieferung fix am 24. Mai 19. . .“

Wird der Liefertermin nicht eingehalten, kann der Käufer vom Vertrag zurücktreten oder Schadenersatz wegen Nichterfüllung verlangen.

Weitere wichtige Kaufvertragsarten sind:

- Bürgerlicher Kauf (Kauf unter Nicht-Kaufleuten),
- Handelskauf (mindestens ein Vertragspartner ist Kaufmann),
- Kauf auf Probe (Ware kann bei Nichtgefallen zurückgegeben werden),
- Kauf zur Probe (Kauf einer kleinen Menge als Probe),
- Kauf nach Probe (die Ware muß einer zuvor erhaltenen Probe genau entsprechen);
- Barkauf (Ware wird sofort bar bezahlt).

Die **Zusendung unbestellter Ware,** wie es zuweilen von allzu geschäftstüchtigen Firmen praktiziert wird, löst keinen Kaufvertrag und damit auch keine Zahlungsverpflichtung aus. Der Empfänger unbestellter Ware ist auch nicht verpflichtet, die Ware zurückzusenden, er muß sie lediglich aufbewahren. Der Absender der Waren kann diese wieder abholen. Bei größeren Waren ist die Frage zu prüfen, ob Lagerkosten entstanden sind, die der Absender entrichten muß.

Ratenkauf

Z

- *Wichtige Kaufvertragsarten sind Kauf auf Abzahlung, Kauf an der „Haustür", Fixkauf, Kauf auf Probe, Kauf zur Probe, Kauf nach Probe, Barkauf, Bürgerlicher Kauf und Handelskauf.*
- *Beim Abzahlungskauf kann der Käufer innerhalb einer Woche durch schriftliche Erklärung vom Vertrag zurücktreten.*
- *Ein Widerrufsrecht hat der Käufer oder Besteller auch bei sogenannten Haustürkäufen, wenn der Vertrag nach mündlichen Verhandlungen zustande gekommen ist.*

A

1. **Erläutern Sie das Zustandekommen eines Kaufvertrages.**
2. **Nennen Sie in den folgenden Fällen das Verpflichtungsgeschäft des Kaufs:**
   a) Im Katalog eines großen Versandhauses wird eine günstige Waschmaschine angeboten. Sie bestellen. Nach 3 Tagen sendet das Versandhaus die Bestätigung mit dem Vermerk: „Lieferung in 2 Wochen". Nach 2 Wochen wird die Waschmaschine geliefert. Sie begleichen die Rechnung.
   b) Sie kaufen 2 Hähnchen ein. An der Kasse des Selbstbedienungsgeschäftes legen Sie die beiden Hähnchen ab. Die Kassiererin tippt den Preis in die Maschine ein und übergibt die Hähnchen. Sie bezahlen.
3. **Welche Pflichten entstehen aus einem abgeschlossenen Kaufvertrag?**
4. **Warum ist es bei einem schriftlich abgefaßten Kaufvertrag empfehlenswert, alle Bedingungen des Kaufs genau aufzuführen?**
5. **Erklären Sie, was unter Erfüllungsort und Gerichtsstand zu verstehen ist.**
6. **Wo befindet sich der Gerichtsstand?**
7. **Warum hat der Gesetzgeber für den Ratenkauf besonders strenge Schutzvorschriften erlassen?**
8. **Erläutern Sie das Widerrufsrecht bei sogenannten Haustürgeschäften.**
9. **Wann liegt ein Fixkauf vor?**

3.4 Leistungsstörungen und mögliche Konsequenzen

Werden die Pflichten, die sich aus einem abgeschlossenen Vertrag oder aus einem einseitigen Rechtsgeschäft ergeben, nicht erfüllt, treten Leistungsstörungen ein. Beim Kaufvertrag spricht man von **Kaufvertragsstörungen,** wenn Käufer oder Verkäufer ihre Pflichten nicht ordnungsgemäß erfüllen. Liefert der Verkäufer die Ware nicht rechtzeitig, spricht man von **Lieferungsverzug;** liefert er eine mangelhafte Ware, spricht man von **mangelhafter Lieferung.** Bezahlt der Käufer den Kaufpreis nicht rechtzeitig, liegt **Zahlungsverzug** vor; nimmt er die ordnungsgemäß gelieferte Ware nicht an, ist die Erfüllung des Kaufvertrages durch **Annahmeverzug** gestört.

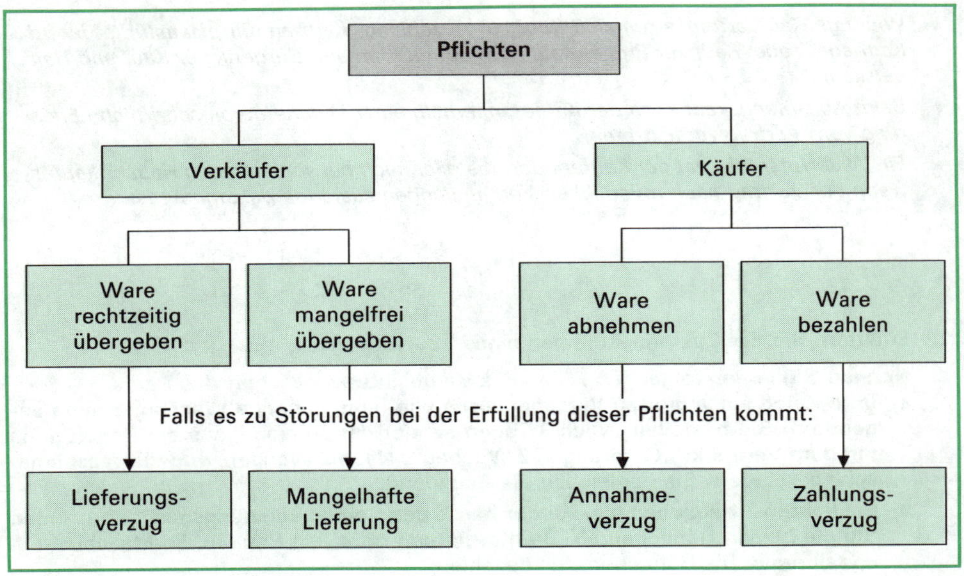

3.4.1 Lieferungsverzug

Der Verkäufer befindet sich nur in Lieferungsverzug, wenn drei Voraussetzungen gegeben sind:

1. Die Lieferung muß fällig sein.
2. Der Käufer muß die ausgebliebene Lieferung angemahnt haben.
3. Den Lieferer muß ein Verschulden treffen (Vorsatz oder Fahrlässigkeit).

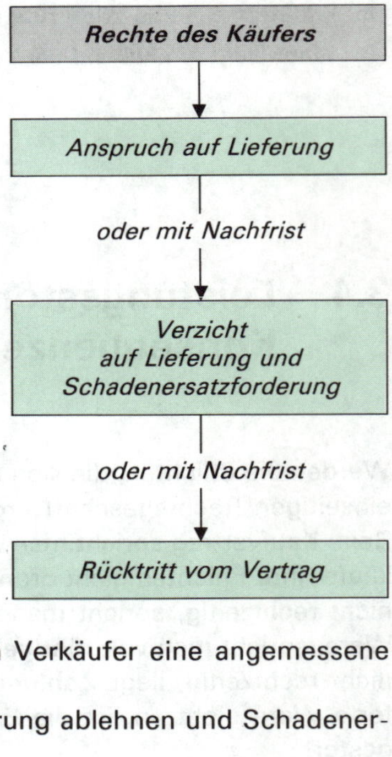

Ein Verschulden des Lieferers liegt nicht vor, wenn die Ware wegen höherer Gewalt (Katastrophen, Unwetter, Streiks u. a.) zu spät eintrifft. Ist der Liefertermin kalendermäßig genau festgelegt (Fixkauf), kommt der Verkäufer auch ohne Mahnung in Lieferungsverzug.

Liegt Lieferungsverzug vor, kann der Käufer wahlweise folgende Rechte in Anspruch nehmen: Er kann

- auf Lieferung bestehen und sich den Schaden, der durch die verspätete Lieferung entstanden ist, ersetzen lassen;
- vom Kaufvertrag zurücktreten, nachdem er dem Verkäufer eine angemessene Nachfrist gesetzt hat;
- nachdem er eine Nachfrist gesetzt hat, die Lieferung ablehnen und Schadenersatz wegen Nichterfüllung verlangen.

- *Der Verkäufer befindet sich in Lieferungsverzug, wenn die Lieferung fällig ist, angemahnt wurde und den Lieferer ein Verschulden trifft.*
- *Liegt Lieferungsverzug vor, kann der Käufer auf Lieferung bestehen und sich den Verzugsschaden ersetzen lassen. Hat er eine angemessene Nachfrist gesetzt, kann er vom Vertrag zurücktreten oder die Lieferung ablehnen und Schadenersatz wegen Nichterfüllung verlangen.*

3.4.2 Mangelhafte Lieferung

Mangelhafte Lieferung liegt vor, wenn die gelieferte Ware einen Mangel aufweist.

Man unterscheidet folgende Mängel:

a) Mängel in der Art (falsche Ware wurde geliefert);
b) Mängel in der Menge (es wurde zuviel oder zuwenig geliefert);
c) Mängel in der Güte (mindere Qualität oder Fehlen von zugesicherten Eigenschaften);
d) Mängel in der Beschaffenheit (verdorbene oder beschädigte Ware).

Der Käufer muß die gelieferte Ware überprüfen und einen evtl. festgestellten Mangel der Ware dem Verkäufer mitteilen. Privatleute haben dazu 6 Monate Zeit, bei einem Kauf unter Kaufleuten (zweiseitiger Handelskauf) hat die Prüfung und Mängelrüge unverzüglich zu erfolgen. Versteckte Mängel sind sofort nach der Entdekkung, spätestens aber 6 Monate nach Eingang der Lieferung dem Verkäufer mitzuteilen.

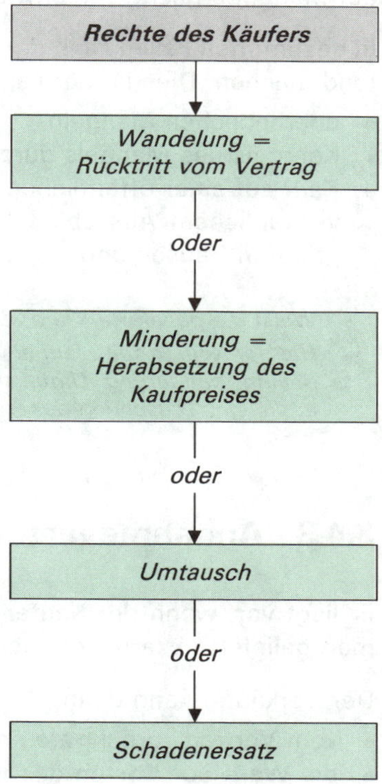

Wenn die falsche Ware (Mangel in der Art) oder wenn zuviel oder zuwenig geliefert wurde (Mangel in der Menge), hat der Käufer u.a. das Recht, die Lieferung der richtigen Ware bzw. die Nachlieferung fehlender Ware zu verlangen.
Liegt jedoch ein Mangel in der Güte oder ein Mangel in der Beschaffenheit vor und hat der Käufer den Mangel rechtzeitig gerügt, kann er **wahlweise eines der folgenden Rechte** geltend machen:

- Wandelung (Rücktritt vom Vertrag);
- Minderung (Herabsetzung des Kaufpreises);
- Umtausch (Ersatzlieferung kann nur bei vertretbaren Sachen (Gattungssachen) verlangt werden – eine alte chinesische Vase ist z. B. keine vertretbare Sache);
- Schadenersatz (nur, wenn der Ware eine zugesicherte Eigenschaft fehlt oder arglistige Täuschung vorliegt – dazu gehört auch arglistiges Verschweigen eines Mangels).

Für welches dieser vier Rechte sich ein Käufer entscheidet, das hängt von der jeweiligen Situation ab, in der sich der Käufer befindet. Ist die Ware trotz des festgestellten Mangels noch verwendbar und wird sie dringend benötigt, so wird der Käufer sich für eine Herabsetzung des Kaufpreises (Minderung) entscheiden. Wenn die Ware dagegen nicht mehr zu gebrauchen oder zu verkaufen ist, aber doch benötigt wird, dann wird der Käufer das Recht auf Umtausch in Anspruch nehmen. Sind die Preise inzwischen gefallen, und ist es möglich, die Ware bei einem anderen Verkäufer günstiger zu besorgen, wird der Käufer auf einem Rücktritt vom Vertrag (Wandelung) bestehen. Ist schließlich ein Schaden entstanden, so wird der Käufer Schadenersatz verlangen, falls der Sache eine zugesicherte Eigenschaft fehlt oder der Mangel arglistig verschwiegen wurde.

In bestimmten Fällen kann der Käufer bei mangelhafter Lieferung keine Rechte geltend machen. Dies ist der Fall bei

- unerheblichen Mängeln,
- Kenntnis des Mangels durch den Käufer,
- Kauf auf einer öffentlichen Versteigerung,
- vertraglichem Ausschluß (z. B. durch die Klauseln ,,Ware wie besehen'' oder ,,Kauf in Bausch und Bogen'').

Z

- *Weist die gelieferte Ware einen Mangel auf, liegt mangelhafte Lieferung vor.*
- *Hat der Käufer den Mangel rechtzeitig gerügt, kann er wahlweise das Recht auf Wandelung, Minderung, Umtausch oder bei Fehlen einer zugesicherten Eigenschaft bzw. arglistiger Täuschung das Recht auf Schadenersatz geltend machen.*

3.4.3 Annahmeverzug

Er liegt vor, wenn der Käufer die ordnungsgemäß gelieferte Ware nicht abnimmt.

Der Verkäufer kann dann

- vom Vertrag zurücktreten oder
- die Ware auf Kosten des Käufers einlagern und auf Abnahme der Ware klagen oder
- nach Androhung die Ware verkaufen oder öffentlich versteigern lassen (Selbsthilfeverkauf). Ein evtl. Mindererlös und die Kosten der Versteigerung sind vom Käufer zu tragen.

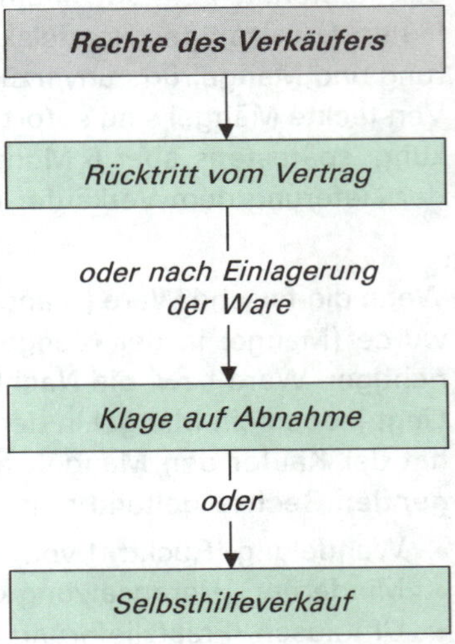

Z

- *Nimmt der Käufer die ordnungsgemäß gelieferte Ware nicht ab, kann der Verkäufer vom Vertrag zurücktreten oder die Ware einlagern und auf Abnahme klagen oder nach Androhung die Ware verkaufen bzw. öffentlich versteigern lassen.*

3.4.4 Zahlungsverzug

Ist der Zahlungstermin nicht genau festgelegt, ist für den Zahlungsverzug eine Mahnung erforderlich. Wurde ein Zahlungstermin kalendermäßig vereinbart und zahlt der Käufer bis zu diesem Termin nicht, kommt er ohne Mahnung in Zahlungsverzug.

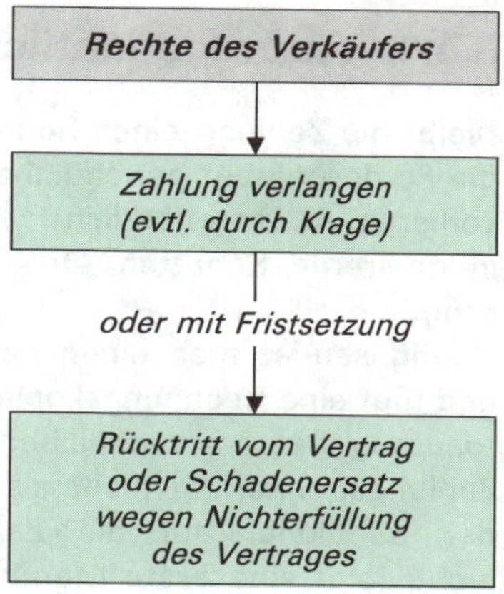

Der Verkäufer kann dann

- Zahlung verlangen (ggf. durch Klage) und sich die Kosten und Auslagen ersetzen lassen oder
- nach einer angemessenen Frist vom Vertrag zurücktreten oder Schadenersatz wegen Nichterfüllung verlangen.

- *Befindet sich der Käufer in Zahlungsverzug, kann der Verkäufer Zahlung verlangen und sich seine Kosten ersetzen lassen oder nach einer angemessenen Frist vom Vertrag zurücktreten und Schadenersatz wegen Nichterfüllung verlangen.*

1. **Welche Kaufvertragsstörungen lassen sich unterscheiden?**
2. **Nennen Sie die drei Voraussetzungen, die gegeben sein müssen, damit sich der Verkäufer in Lieferungsverzug befindet.**
3. **Welche Rechte kann der Käufer geltend machen, wenn Lieferungsverzug vorliegt?**
4. **Wie lange hat ein Käufer für die Prüfung und Mängelrüge einer Ware Zeit, damit er seine Rechte bei mangelhafter Ware nicht verliert?**
5. **Welche Rechte kann ein Käufer wahlweise geltend machen, wenn mangelhafte Ware vorliegt?**
6. **In bestimmten Fällen kann ein Käufer bei mangelhafter Ware keine Rechte geltend machen. Wann ist das der Fall?**
7. **Was kann der Lieferer tun, wenn der Käufer die ordnungsgemäß gelieferte Ware nicht annimmt?**
8. **Wann liegt Zahlungsverzug vor, und welche Rechte kann der Verkäufer bei Zahlungsverzug wahrnehmen?**

3.5 Mahnung und Klage

3.5.1 Außergerichtliche Mahnung

Bleibt die Zahlung eines Schuldners aus, wird man meist nicht sofort versuchen, die Forderung auf gerichtlichem Weg einzutreiben; man will den Kunden ja nicht verlieren. Außergerichtliche Mahnungen erfordern viel Geschick, meist erfolgen sie in mehreren Schritten. Der erste Schritt ist eine freundliche **Zahlungserinnerung.**

Häufig sendet man einen neuen Prospekt zu und fügt eine Rechnungskopie oder einen Kontoauszug bei. Im rechtlichen Sinne gilt eine Zahlungserinnerung nicht als Mahnung. Zahlt der Schuldner auf die Zahlungserinnerung nicht, folgt eine **erste Mahnung** in höflichem Ton. Bleibt auch dieser zweite Schritt erfolglos, wird dem Schuldner ein dringender gehaltenes Mahnschreiben, die **zweite Mahnung,** zugestellt und eine Postnachnahme angekündigt. Weigert sich der Schuldner weiterhin zu zahlen und kann auch die Post mittels **Postnachnahme** den Betrag nicht eintreiben, folgt ein **letztes Mahnschreiben,** in welchem ein gerichtlicher Mahnbescheid angedroht wird.

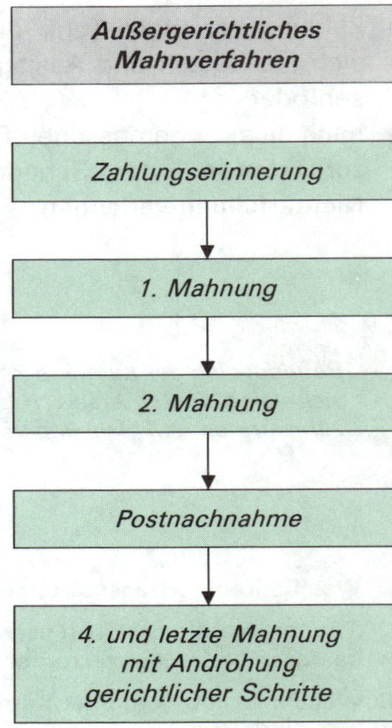

Die außergerichtliche Mahnung hat noch eine zweite Funktion. Ist der Zahlungstermin nicht kalendermäßig bestimmt, kommt der Schuldner erst durch eine Mahnung in Zahlungsverzug. Der Gläubiger kann also auf eine außergerichtliche Mahnung in den meisten Fällen gar nicht verzichten.

- *Die außergerichtliche Mahnung erfolgt meist in mehreren Schritten.*
- *Ist der Zahlungstermin nicht kalendermäßig bestimmt, kommt der Schuldner erst durch eine Mahnung in Verzug.*

3.5.2 Gerichtliches Mahn- und Vollstreckungsverfahren

Falls ein Gläubiger über außergerichtliche Mahnungen die Zahlung nicht erreicht, kann er die Hilfe des Gerichts in Anspruch nehmen. Das gerichtliche Mahnverfahren beginnt mit dem Erlaß und der Zustellung eines **Mahnbescheids**. Der Gläubiger stellt bei der Zentralstelle des jeweiligen Bundeslandes einen Antrag auf Erlaß eines Mahnbescheides. Die Zentralstelle leitet den Mahnbescheid dem Schuldner zu und fordert ihn auf, den geforderten Betrag zuzüglich der entstandenen Kosten an den Gläubiger zu zahlen.

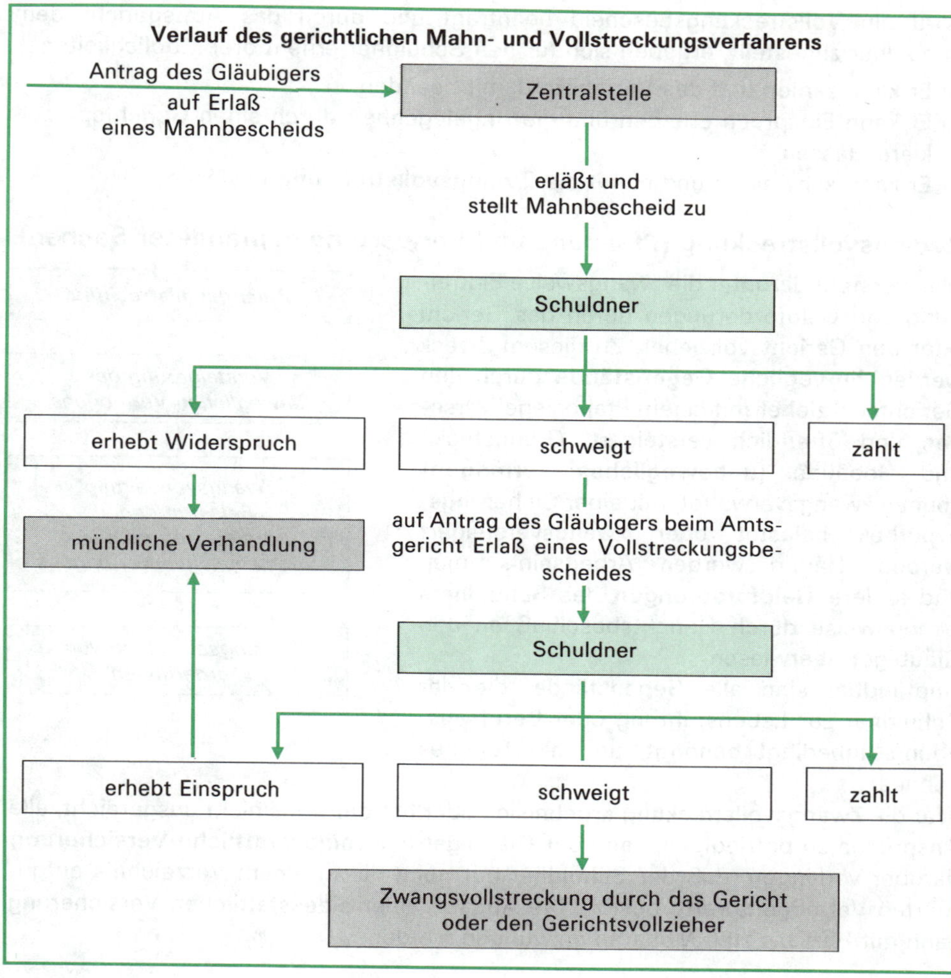

Der Schuldner hat dann drei Möglichkeiten:

- Er zahlt, dann ist das Verfahren beendet.
- Er erhebt Widerspruch. In diesem Fall kommt es zur Klärung der Rechtslage durch eine Gerichtsverhandlung.
- Er unternimmt nichts. Der Gläubiger kann dann innerhalb von 6 Monaten einen **Vollstreckungsbescheid** beantragen.

Wird ein Vollstreckungsbescheid beantragt und durch das Amtsgericht dem Schuldner zugestellt, ergeben sich für den Schuldner erneut drei Möglichkeiten:

- Er kann zahlen und das Verfahren damit beenden.
- Er kann Einspruch erheben und die Angelegenheit durch einen Gerichtsprozeß klären lassen.
- Er kann schweigen und damit die **Zwangsvollstreckung** auslösen.

Zwangsvollstreckung (Pfändung und Verwertung gepfändeter Sachen)

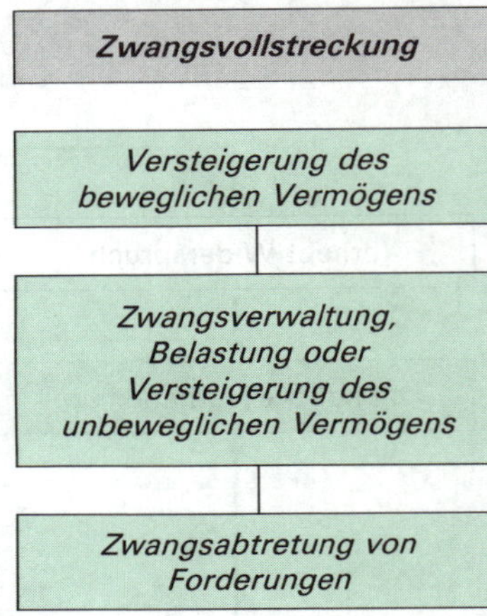

Man versteht darunter die zwangsweise Eintreibung von Geldforderungen durch das Gericht oder den Gerichtsvollzieher. Zu diesem Zweck werden **bewegliche Gegenstände** durch den Gerichtsvollzieher mit einem Pfandsiegel versehen und öffentlich versteigert. Grundstücke und Gebäude **(unbewegliches Vermögen)** können zwangsverwaltet, mit einer Sicherungshypothek belastet oder zwangsversteigert werden. Häufig werden Arbeitseinkommen und andere **Geldforderungen** des Schuldners zwangsweise durch Gerichtsbeschluß an den Gläubiger überwiesen.
Unpfändbar sind alle Gegenstände, die der Schuldner zur Lebensführung oder Berufsausübung unbedingt benötigt, und ein Teil des Lohnes.
War die Zwangsvollstreckung ergebnislos oder hat der Erlös nicht ausgereicht, alle Ansprüche zu befriedigen, kann der Gläubiger eine **eidesstattliche Versicherung** darüber verlangen, daß der Schuldner nur noch die in einem Verzeichnis aufgeführten Vermögenswerte besitzt. Die Abgabe einer eidesstattlichen Versicherung kann mit Haft bis zu 6 Monaten erzwungen werden.

Z

- *Stufen des gerichtlichen Mahn- und Vollstreckungsverfahrens sind: Erlaß eines Mahnbescheids, Erlaß eines Vollstreckungsbescheids und Durchführung der Zwangsvollstreckung.*
- *Die Zwangsvollstreckung besteht in der Pfändung und in der Verwertung der gepfändeten Sachen.*
- *Die Verwertung gepfändeter Sachen erfolgt durch Versteigerung des beweglichen Vermögens, Versteigerung, Zwangsverwaltung und Belastung des unbeweglichen Vermögens sowie durch Zwangsabtretung von Forderungen.*

3.5.3 Klage im Zivilprozeß

Zu einem Zivilprozeß kann es nicht nur nach einem Widerspruch gegen einen Mahnbescheid oder einem Einspruch gegen einen Vollstreckungsbescheid kommen, der Gläubiger kann auch auf das gesamte gerichtliche Mahnverfahren verzichten und direkt bei einem Gericht Klage erheben.
Zunächst ist zu prüfen, welches Gericht örtlich und sachlich zuständig ist.

Örtlich zuständig ist das Gericht, in dessen Bezirk der Schuldner wohnt oder eine Unternehmung betreibt. Nur zwischen zwei Kaufleuten kann ein anderer Gerichtsstand vereinbart werden.

Sachlich zuständig ist bis zu einem Streitwert von 6000,— DM das Amtsgericht, über 6000,— DM das Landgericht. Beim Landgericht besteht Anwaltszwang.

Nachdem die Klageschrift eingereicht und dem Beklagten (Schuldner) zugestellt wurde, wird ein Verhandlungstermin angesetzt. Während der mündlichen Verhandlung erfolgt eine Klärung des Sachverhalts. Häufig kann das Gericht Kläger und Beklagten zu einem Vergleich bewegen, andernfalls endet das Verfahren mit einem Urteil. Ist der Kläger oder der Beklagte mit dem Urteil nicht einverstanden, kann **Berufung** eingelegt werden. In der Berufung wird das ganze Verfahren vor einem übergeordneten Gericht noch einmal durchgeführt. Doch selbst der Entscheidung des Berufungsgerichts muß man sich nicht in jedem Fall beugen. Unter bestimmten Bedingungen ist eine **Revision** möglich. Das Revisionsgericht prüft dann jedoch nur noch, ob die Gesetze auf den vorliegenden Tatbestand richtig angewandt wurden. Es können keine neuen Beweismittel vorgebracht werden.

Z

- *Die Klage vor dem Zivilgericht endet mit einem Vergleich oder einem Urteil.*
- *Gegen das Urteil kann Berufung, gegen das Urteil des Berufungsgerichts in bestimmten Fällen Revision eingelegt werden.*

A

1. **Warum verläuft das außergerichtliche Mahnverfahren meist in mehreren Stufen?**
2. **Wie kann ein Schuldner reagieren, wenn ihm ein Mahnbescheid zugestellt wird?**
3. **Welche Möglichkeiten hat ein Schuldner, wenn ihm ein Vollstreckungsbescheid zugestellt wird?**
4. **Beschreiben Sie die Durchführung der Zwangsvollstreckung.**
5. **In welchem Fall ist es günstiger, auf das gesamte gerichtliche Mahnverfahren zu verzichten und sofort ein Gericht anzurufen?**
6. **Welches Gericht ist im Zivilprozeß örtlich und sachlich zuständig?**
7. **Unterscheiden Sie zwischen Berufung und Revision.**

3.6 Weitere wichtige Verträge

3.6.1 Miete, Pacht, Leasing

Mietvertrag

BGB § 535:
„Durch den Mietvertrag wird der Vermieter verpflichtet, dem Mieter den Gebrauch der vermieteten Sache während der Mietzeit zu gewähren. Der Mieter ist verpflichtet, dem Vermieter den vereinbarten Mietzins zu entrichten."

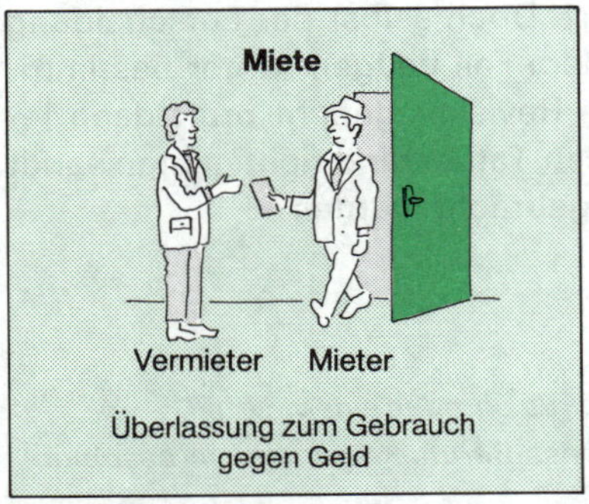

Es können Sachen aller Art gemietet werden, z. B. Fahrräder, Kraftfahrzeuge, Grundstücke, Gebäude und Wohnungen. Der Abschluß des Mietvertrages ist grundsätzlich formfrei; Mietverträge über Grundstücke und Wohnräume müssen jedoch schriftlich abgeschlossen werden, wenn die Mietdauer länger als ein Jahr beträgt.

Zu den **Pflichten des Vermieters** gehört nicht nur, den Gebrauch der Mietsache zu gewähren, er muß die Mietsache auch in einem gebrauchsfähigen Zustand erhalten und einen ungestörten Gebrauch der Sache während der Mietzeit gewähren. Alle Ausbesserungsarbeiten gehen zu Lasten des Vermieters.

Ohne Erlaubnis des Vermieters ist eine Untervermietung nicht gestattet.

Das Mietverhältnis endet durch Zeitablauf oder durch Kündigung. Für das Mieten von Wohnraum gelten wegen der großen Bedeutung einer Wohnung besondere Schutzbestimmungen für den Mieter.

Einige Schutzbestimmungen lauten:

- Die Kündigung einer Mietwohnung über Wohnraum, um eine höhere Miete einzunehmen, ist nicht gestattet.
- Eine Kündigung muß schriftlich erfolgen, der Kündigungsgrund ist im Kündigungsschreiben anzugeben.
- Der Vermieter darf eine Kündigung nur aussprechen, wenn er für die Kündigung ein berechtigtes Interesse nachweisen kann (z. B. Eigenbedarf).
- Bedeutet eine Kündigung für den Mieter eine besondere Härte (findet er beispielsweise keine geeignete Ersatzwohnung), kann er der Kündigung widersprechen.
- Mieterhöhungen können vom Vermieter nicht willkürlich vorgenommen werden, sie sind an bestimmte Voraussetzungen gebunden.

Pachtvertrag

Wer einen Pachtvertrag abschließt, kann die gepachtete Sache nicht nur gebrauchen – dazu würde ein Mietvertrag ausreichen –, er kann sie auch wirtschaftlich (gewinnbringend) nutzen. Mit einem Mietvertrag kann man z. B. einen Kinosaal lediglich gebrauchen (z. B. als Abstellraum), will man den Kinosaal für Filmvorführungen verwenden, muß ein Pachtvertrag vorliegen.
Neben Sachen können auch Rechte gepachtet werden (Lizenzen, Fischereirechte u. a.).

Leasing

Das Wort Leasing kommt aus dem Englischen; „to lease" heißt auf Deutsch mieten oder pachten. Entsprechend liegt dem Leasing ein Mietvertrag – seltener ein Pachtvertrag – zugrunde. Leasing gewann in der Vergangenheit stark an Bedeutung; häufig werden heute Anlagegegenstände, wie Maschinen, Geräte, Computer, EDV-Anlagen oder Fahrzeuge, nicht mehr gekauft, sondern geleast. Der „Vermieter" (Leasinggeber) übernimmt zusätzlich die Wartung, Reparatur und je nach Ausgestaltung des Vertrages nach einer vereinbarten Zeit auch den Austausch der Sache (z. B. eines Kopiergerätes) gegen ein neueres Modell. Der „Mieter" (Leasingnehmer)

- braucht kein Kapital für den Kauf eines Gutes einzusetzen,
- hat ständig Geräte und Anlagen zur Verfügung, die auf dem neuesten technischen Stand sind und
- muß keine Reparaturkosten tragen.

Als Gegenleistung hat der Leasingnehmer meist monatlich eine relativ hohe Leasinggebühr zu zahlen, die aus den Zins- und Abschreibungsbeträgen, den Verwaltungskosten, einer Risikoprämie und einem Gewinnzuschlag besteht.

Z

Unterschiede zwischen Mietvertrag und Pachtvertrag	
Miete	*Pacht*
• *Gestattet ist nur der Gebrauch einer Sache* • *Als Gegenleistung ist der Mietzins zu entrichten*	• *Gebrauch **und** wirtschaftliche Nutzung einer Sache **oder** eines Rechts* • *Als Gegenleistung ist der Pachtzins zu entrichten*

- *Einem Leasingvertrag liegt ein Miet- oder Pachtvertrag zugrunde. Der Leasinggeber übernimmt jedoch zusätzlich die Wartung, Reparatur und je nach Vertrag auch den Austausch des geleasten Gegenstandes gegen ein neueres Modell.*

3.6.2 Leihe und Darlehen

Leihvertrag

Wie beim Mietvertrag werden auch beim Leihvertrag Sachen zum Gebrauch überlassen. Im Unterschied zur Miete ist die Leihe jedoch unentgeltlich.

BGB § 598:
„Durch den Leihvertrag wird der Verleiher einer Sache verpflichtet, dem Entleiher den Gebrauch der Sache unentgeltlich zu gestatten."

Nach Gebrauch hat der Entleiher dieselben Gegenstände wieder zurückzugeben. Wird die entliehene Sache vertragswidrig gebraucht oder während der Ausleihzeit beschädigt, muß der Entleiher Schadenersatz leisten.

Darlehensvertrag

Ein Darlehen liegt vor, wenn Sachen nicht **ge**braucht, sondern **ver**braucht werden. Die empfangenen Sachen können somit auch nicht mehr zurückerstattet werden, statt dessen sind Sachen gleicher Art, Menge und Güte zurückzugeben.

BGB § 607 (1):
„Wer Geld oder andere vertretbare Sachen als Darlehen empfangen hat, ist verpflichtet, dem Darleiher das Empfangene in Sachen von gleicher Art, Güte und Menge zurückzuerstatten."

„Leiht" z. B. eine Hausfrau von ihrer Nachbarin Eier aus, um damit einen Kuchen zu backen, liegt keine Leihe, sondern ein Darlehensvertrag vor. Sie kann die gleichen Eier ja nicht mehr zurückgeben. Im Unterschied zum Leihvertrag kann ein Darlehensvertrag entgeltlich sein. Ist dies der Fall, sind Zinsen zu entrichten. Bei der wichtigsten Form des Darlehens, dem **Geldkredit,** ist dies die Regel (vgl. Kap. 15.3). Nach der Laufzeit unterscheidet man **kurzfristige Kredite** (bis 1 Jahr Laufzeit), **mittelfristige Kredite** (1–4 Jahre Laufzeit) und **langfristige Kredite** (über 4 Jahre Laufzeit).
Man spricht von **Personalkredit,** wenn eine Bank keine Sicherheiten für einen Kredit verlangt. Sie verläßt sich dann auf die persönliche Vertrauenswürdigkeit des Kunden. Dies ist häufig bei kleinen Kreditsummen der Fall. Sicherheiten können u. a. in Form von Pfandrechten, Hypotheken, Grundschuldeintragungen oder Bürgschaften geleistet werden. Wird ein Kredit durch Sicherheiten abgesichert, liegt ein **verstärkter Personalkredit** oder ein **Realkredit** vor.

Unterschiede zwischen Leihvertrag und Darlehensvertrag	
Leihe • *Gebrauch von Sachen* • *unentgeltlich* • *Rückgabe der gleichen Sachen*	*Darlehen* • *Verbrauch von Sachen (meist Geld)* • *entgeltlich oder unentgeltlich* • *Rückgabe von Sachen in gleicher Art, Menge und Güte*

3.6.3 Dienst-, Werk- und Werklieferungsvertrag

Dienstvertrag

Werden Dienste gegen Vergütung geleistet, liegt ein Dienstvertrag vor.

> *BGB § 611 (1):*
>
> *„Durch den Dienstvertrag wird derjenige, welcher Dienste zusagt, zur Leistung der versprochenen Dienste, der andere Teil zur Gewährung der vereinbarten Vergütung verpflichtet."*

Wenn nichts anderes vereinbart ist, muß der Dienstverpflichtete die versprochenen Dienste selbst ausführen. Erst nach erbrachter Leistung besteht Anspruch auf Vergütung.
Die wichtigste Form des Dienstvertrages ist der Arbeitsvertrag. Er liegt vor, wenn der Dienstverpflichtete durch den Vertrag in einen Betrieb eintritt und für die Arbeitsleistungen den Weisungen des Arbeitgebers untersteht. Für einen Arbeitsvertrag gelten die besonderen Vorschriften des Arbeitsrechts (z. B. Arbeitszeitordnung, Betriebsverfassungsgesetz, Kündigungsschutzgesetz, Mutterschutzgesetz, Tarifvertragsgesetz, Bundesurlaubsgesetz). Einzelheiten zum Arbeitsvertrag sind in Kap. 11.1 enthalten.

Werkvertrag

Gegenstand des Werkvertrages ist die Erstellung eines Werkes (z. B. Gebäude, Maschine, Möbelstück, Autoreparatur). Dafür ist eine Vergütung zu bezahlen.

> *BGB § 631 (1):*
>
> *„Durch den Werkvertrag wird der Unternehmer zur Herstellung des versprochenen Werkes, der Besteller zur Entrichtung der vereinbarten Vergütung verpflichtet."*

Es geht dabei nicht allein um die Leistung von Diensten, das Werk muß rechtzeitig und fehlerfrei übergeben werden und die zugesicherten Eigenschaften haben. Mit dem Werkvertrag ist also eine Erfolgsgarantie verbunden. Enthält das Werk einen Mangel, ist der Besteller nicht verpflichtet, es abzunehmen. Zur Beseitigung von Mängeln kann der Besteller dem Unternehmer eine angemessene Frist setzen. Ist ein Mangel nach Ablauf der Frist nicht beseitigt, kann der Besteller – wie beim Kaufvertrag – Wandelung (Rückgängigmachung des Vertrages) oder Minderung (Herabsetzung der Vergütung) verlangen.
Ist das Werk zum vereinbarten Termin und frei von Mängeln hergestellt und abgeliefert, hat der Besteller das Werk abzunehmen und die Vergütung zu zahlen.

Werklieferungsvertrag

Beschafft der Unternehmer die Stoffe (Rohstoffe, Hilfsstoffe), die zur Herstellung eines Werkes erforderlich sind, selbst, liegt ein Werklieferungsvertrag vor. In diesem Fall hat er nicht nur ein Werk zu erstellen, sondern nach Fertigstellung des Werkes auch die Eigentumsrechte auf den Besteller zu übertragen. Auf den Werklieferungsvertrag finden die Vorschriften des Werkvertrages und des Kaufvertrages Anwendung.

Z

Unterschiede zwischen Dienst-, Werk- und Werklieferungsvertrag		
Dienstvertrag • *persönliche Leistung von Diensten gegen Entgelt* • *keine Erfolgsverpflichtung – Dienste können gut oder schlecht ausgeführt werden*	*Werkvertrag* • *Herstellung eines Werkes gegen Entgelt* • *Erfolgsverpflichtung – das Werk muß fehlerfrei sein und rechtzeitig übergeben werden* • *Die Stoffe zur Herstellung des Werkes sind vom Besteller bereitzustellen*	*Werklieferungsvertrag* • *Herstellung eines Werkes gegen Entgelt* • *Erfolgsverpflichtung – das Werk muß fehlerfrei sein und rechtzeitig übergeben werden* • *Die Stoffe zur Herstellung des Werkes sind vom Unternehmer zu beschaffen*

3.6.4 Übersicht über wichtige Verträge

Vertragsart	Vertragspartner	Vertragsinhalt	Gesetzliche Regelung
Kaufvertrag	Käufer und Verkäufer	Übergabe von Sachen oder Rechten gegen Kaufpreiszahlung – Eigentumswechsel	BGB §§ 433 ff. §§ 929 ff.
Tauschvertrag	Tauschpartner	Übergabe von Sachen oder Rechten gegen andere Sachen oder Rechte – Eigentumswechsel	BGB § 515
Schenkungsvertrag	Beschenkter und Schenker	Unentgeltliche Übergabe von Sachen oder Rechten – Eigentumswechsel	BGB §§ 516 ff.
Mietvertrag	Mieter und Vermieter	Überlassung einer Sache zum Gebrauch gegen Mietzinszahlung	BGB §§ 535 ff.
Pachtvertrag	Pächter und Verpächter	Überlassung einer Sache oder eines Rechtes zum Gebrauch und zur wirtschaftlichen Nutzung gegen Pachtzinszahlung	BGB §§ 581 ff.
Leihvertrag	Entleiher und Verleiher	Unentgeltliche Überlassung von Sachen zum Gebrauch	BGB §§ 598 ff.

Vertragsart	Vertragspartner	Vertragsinhalt	Gesetzliche Regelung
Darlehensvertrag	Darlehensnehmer und Darleiher	Entgeltliche oder unentgeltliche Überlassung von Sachen – Rückgabe von Sachen in gleicher Art, Menge und Güte	BGB §§ 607 ff.
Dienstvertrag	Dienstverpflichteter und Unternehmer	Leistung von Diensten gegen Vergütung	BGB §§ 611 ff.
Werkvertrag	Besteller und Unternehmer	Herstellung eines Werkes gegen Vergütung	BGB §§ 631 ff.
Werklieferungsvertrag	Besteller und Unternehmer	Herstellung eines Werkes aus vom Unternehmer zu beschaffenden Material gegen Vergütung	BGB § 651

A

1. **Erläutern Sie aufgrund folgender Anzeige den Unterschied zwischen Miete und Pacht:**

   Im Herzen der Stadt Stuttgart
   gutgehende
   Gaststätte zu verpachten oder
   großes Haus zu vermieten.
   Angebote unter 395/478

2. **Nennen Sie einige Schutzbestimmungen, die beim Mieten von Wohnraum zugunsten des Mieters gelten.**
3. **Worin unterscheidet sich das Leasing von der Miete oder der Pacht?**
4. **Aus einer Tageszeitung: „Leihwagen für 30,— DM/Tag". Warum ist der Begriff „Leihwagen" in dieser Anzeige falsch gewählt?**
5. **Worin unterscheiden sich Leihe und Darlehen?**
6. **Erklären Sie die Begriffe „Personalkredit" und „Realkredit".**
7. **Wann spricht man von kurz-, wann von mittel-, wann von langfristigen Krediten?**
8. **Erläutern Sie den Unterschied zwischen Dienst-, Werk- und Werklieferungsvertrag an je einem Beispiel.**
9. **Nennen Sie weitere wichtige Verträge des täglichen Lebens.**

3.7 Verjährung von Ansprüchen

3.7.1 Verjährungsfristen

Nach Ablauf einer bestimmten Zeit ist ein Schuldner nicht mehr verpflichtet zu zahlen, der Anspruch ist verjährt. Verjährung heißt jedoch nicht, daß die Schuld nicht mehr besteht, sondern nur, daß der Schuldner die Leistung verweigern kann. Bezahlt der Schuldner unwissentlich eine verjährte Forderung, kann er das Geld nicht mehr zurückfordern.

Neben Geldforderungen können **auch Sachansprüche** verjähren. Gewährleistungsansprüche aus Sachmängeln beim Kauf- oder Werkvertrag verjähren z. B. nach 6 Monaten, Ansprüche auf Beseitigung von Schäden an Bauwerken sind 5 Jahre nach Abnahme des Bauwerkes verjährt.

Die regelmäßige Verjährungsfrist beträgt 30 Jahre. Von dieser regelmäßigen Verjährungsfrist gibt es jedoch viele Ausnahmen, wie folgende Übersicht zeigt.

Es verjähren in	**Ansprüche**
30 Jahren Fristbeginn: mit dem Tag, an dem der Anspruch entsteht	• von Privatpersonen untereinander und an Kaufleute • aus Darlehens- und Konkursforderungen • aus rechtskräftigen Urteilen und Vollstreckungsbescheiden
4 Jahren Fristbeginn: am Ende des Jahres, in dem der Anspruch entsteht	• von Kaufleuten untereinander • aus regelmäßig wiederkehrenden Leistungen (z. B. Zinsen, Mieten, Pachten, Renten)
3 Jahren Fristbeginn: sobald dem Geschädigten Schaden und Schädiger bekannt sind	• aus unerlaubten Handlungen (z. B. wegen Körperverletzung oder Sachbeschädigung)
2 Jahren Fristbeginn: am Ende des Jahres, in dem der Anspruch entsteht	• von Kaufleuten an Privatleute
6 Monaten (bei Bauwerken 5 Jahre) Fristbeginn: mit der Übergabe der Sache bzw. Abnahme des Werkes	• aus Sachmängeln (Kauf- und Werkvertrag)

Werden Waren mit **„Garantie"** verkauft, sichert der Verkäufer dem Kunden zu, innerhalb einer bestimmten Frist alle Schäden an der verkauften Sache kostenlos zu beheben, notfalls auch die Sache umzutauschen, wenn ein Fabrikations- oder Materialfehler zugrunde liegt (vgl. Kap. 3.8.1).

Da solche Ansprüche aus Garantieverpflichtungen sehr unterschiedlich sind und da Garantieleistungen freiwillige, absatzfördernde Maßnahmen der Hersteller darstellen, kann es für Garantieansprüche keine gesetzlich festgelegten Verjährungsfristen geben. Solche Ansprüche können nicht mehr geltend gemacht werden, sobald die Garantiezeit abgelaufen ist.

Z

- *Ist ein Anspruch verjährt, kann der Schuldner die Leistung verweigern.*
- *In 30 Jahren verjähren Ansprüche von Privatpersonen an Privatpersonen oder an Kaufleute, in 4 Jahren Ansprüche von Kaufleuten untereinander, in 2 Jahren Ansprüche von Kaufleuten an Privatleute.*

3.7.2 Unterbrechung und Hemmung der Verjährung

Die Verjährung von Ansprüchen kann gehemmt oder unterbrochen werden. Der Zeitraum der Hemmung wird in die Verjährungsfrist nicht eingerechnet. Die Verjährungsfrist verlängert sich also um die Dauer einer Hemmung.

Eine Verjährung wird gehemmt

- durch eine Stundung der Forderung durch den Gläubiger,
- wenn der Schuldner aus berechtigten Gründen die Zahlung verweigern kann,
- bei einem Stillstand der Rechtspflege in Kriegs- oder Krisenzeiten.

Wird eine Verjährung unterbrochen, beginnt die Verjährungsfrist ganz von vorn zu laufen.

Unterbrechungsgründe sind die

- Anerkennung der Schuld durch den Schuldner (z. B. durch Anzahlung, Zinszahlung, Bitte um Stundung);
- Beantragung eines Mahnbescheids, Vollstreckungsbescheids, Erhebung einer Klage, Anmeldung des Anspruchs als Konkursforderung durch den Gläubiger.

Z

- *Eine Verjährungsfrist verlängert sich um die Dauer der Hemmung.*
- *Wird die Verjährung von Ansprüchen unterbrochen, beginnt die Frist von vorn neu zu laufen.*

A

1. **Erklären Sie den Begriff „Verjährung".**
2. **Wann verjähren Ansprüche**
   a) aus unerlaubten Handlungen,
   b) von Privatleuten an Kaufleute,
   c) von Kaufleuten an Privatleute,
   d) von Kaufleuten untereinander,
   e) von Privatleuten untereinander,
   f) aus Sachmängeln?
3. **Worin unterscheiden sich Hemmung und Unterbrechung einer Verjährung?**
4. **Durch welche Ereignisse wird eine Verjährung gehemmt, durch welche unterbrochen?**

3.8 Haftung und Schadenersatz

Haften heißt, für einen Schaden aufkommen müssen. Im allgemeinen setzt die Haftung einer Person schuldhaftes Handeln (Vorsatz oder Fahrlässigkeit) voraus. Es gibt jedoch auch Haftung ohne Verschulden (z. B. Gefährdungshaftung des Kraftfahrzeughalters).

3.8.1 Haftungsgründe

Vertraglich vereinbarte Haftung

Viele Waren werden mit ,,Garantie" verkauft. Der Verkäufer sichert dem Kunden zu, innerhalb einer bestimmten Frist alle Schäden an der verkauften Sache kostenlos zu beheben, notfalls auch die Sache umzutauschen, wenn ein Material- oder Fabrikationsfehler zugrunde liegt. Schäden, die durch unsachgemäßes oder fahrlässiges Behandeln der verkauften Sache entstehen, sind durch die Garantieverpflichtung nicht gedeckt. Der Garantieschein muß vollständig ausgefüllt sein sowie den Stempel und die Unterschrift der Verkaufsstelle tragen, sonst besteht kein Garantieanspruch.

Moul

GARANTIESCHEIN

- Garantieschein der Rücksendung beifügen, da sonst Berechnung erfolgt. Genaue Anschrift angeben.
- Dieser Garantieschein ist nur gültig, wenn er Namen und Adresse des Verkäufers sowie Datum des Verkaufstages trägt.
- 1 Jahr ab Verkaufstag wird Garantie für Konstruktionsfehler oder schadhaftes Material übernommen.
- Diese Garantie ist nur gültig, wenn die Gebrauchsanweisung genauestens befolgt wird. In keinem Falle berechtigt sie auf Zahlung von Entschädigungen irgendwelcher Art.
- Die Garantie deckt nicht Schäden, die durch Kalkablagerungen an den Geräten auftreten, gleich welches Wasser verwendet wird (bei Kaffeeautomaten usw.).
- Post- sowie Verpackungsgebühren sind vom Kunden zu tragen.

Haftung aufgrund schuldhafter Vertragsverletzung

Wer seine Pflichten aus einem abgeschlossenen Vertrag schuldhaft nicht erfüllt, ist zum Ersatz des entstandenen Schadens verpflichtet. Mit „schuldhaft" ist Vorsatz oder Fahrlässigkeit gemeint. Fahrlässig handelt, wer die erforderliche Sorgfalt außer acht läßt. Schuldhaftes Handeln liegt nicht vor, wenn höhere Gewalt (z. B. Unwetter, Erdbeben, Streik) die Ursache der Vertragsverletzung ist.

Beispiel:
Das Fuhrunternehmen „Max Külsheimer" kann den Liefertermin 20. Februar für eine Sendung italienischer Apfelsinen nicht einhalten, weil infolge eines Streiks italienischer Zollbeamter der Lkw des Fuhrunternehmens seit 3 Tagen die italienische Grenze nicht passieren kann. In diesem Fall liegt keine schuldhafte Vertragsverletzung vor, das Fuhrunternehmen hat die Nichteinhaltung des Liefertermins nicht zu vertreten.

Haftung aufgrund unerlaubter Handlung

Wer durch eine gesetzwidrige Handlung einen Schaden anrichtet, wird nicht nur strafrechtlich zur Verantwortung gezogen, er muß auch für den Schaden aufkommen.

Grundlage für die Haftung aus unerlaubter Handlung ist der § 823 des Bürgerlichen Gesetzbuches (BGB):

„Wer vorsätzlich oder fahrlässig das Leben, den Körper, die Gesundheit, die Freiheit, das Eigentum oder ein sonstiges Recht eines anderen widerrechtlich verletzt, ist dem anderen zum Ersatze des daraus entstehenden Schadens verpflichtet."

Schadenersatzpflichtig sind auch Gehilfen, Mittäter und Anstifter. Die Schadenshaftung nach BGB § 823 setzt nicht nur schuldhaftes Handeln, sondern auch widerrechtliches Handeln voraus. Eine Handlung in **Notwehr** oder **Nothilfe** ist nicht widerrechtlich und kann nicht zu einem Schadenersatzanspruch führen.

- Kinder bis zum vollendeten 7. Lebensjahr sind für Schäden nicht verantwortlich, sie müssen keinen Schadenersatz leisten.

- Personen zwischen 7 und 18 Jahren sind nur schadenersatzpflichtig, wenn die erforderliche Einsicht vorhanden war, d.h. wenn sie die schädigende Wirkung ihres Verhaltens erkennen konnten.

- Alle Personen über 18 Jahren müssen für Schäden aus unerlaubten Handlungen voll einstehen, wenn schuldhaftes und widerrechtliches Handeln vorliegt.

Haftung aufgrund verletzter Aufsichtspflicht

Aufsichtspflichtige Personen (Eltern, Lehrer, Kindergärtnerinnen u.a.) sind für Schäden, welche die beaufsichtigten Kinder oder Jugendlichen anderen zufügen, verantwortlich, wenn sie der Aufsichtspflicht nicht nachgekommen sind.

Z

- *Unter Haftung versteht man das Einstehenmüssen für Schäden.*
- *Haftungsgründe können sein: Garantieleistungen aufgrund vertraglicher Vereinbarung, schuldhafte Verletzung von vertraglichen Pflichten, unerlaubte Handlungen oder verletzte Aufsichtspflicht.*

3.8.2 Art des Schadenersatzes

Grundsätzlich hat der Schadenersatzpflichtige die Pflicht, den ursprünglichen Zustand wieder herzustellen.
Der Gläubiger kann jedoch auch Schadenersatz in Geld verlangen, wenn

- eine Person verletzt wurde,
- eine Sache beschädigt wurde,
- die Herstellung des ursprünglichen Zustandes durch den Schadenersatzpflichtigen nach einer angemessenen Frist noch nicht erfolgt ist,
- die Herstellung nicht mehr möglich ist (z. B. Totalschaden am Kraftfahrzeug),
- die Herstellung mit unverhältnismäßig großen Aufwendungen verbunden ist,
- Ersatz für immateriellen Schaden zu leisten ist (z. B. für Schmerzen, Narben, Verleumdung).

Z

- *Der Schadenersatzpflichtige hat grundsätzlich den ursprünglichen Zustand wiederherzustellen.*
- *In bestimmten Fällen kann Schadenersatz in Geld verlangt werden.*

A

1. **Was versteht man unter Haftung?**
2. **Worauf müssen Sie bei der Ausstellung eines Garantiescheines durch einen Händler achten, damit der Garantieanspruch besteht?**
3. **Wann liegt schuldhafte Vertragsverletzung vor?**
4. **Welche Rechtsgüter schützt der § 823 des Bürgerlichen Gesetzbuches?**
5. **Erläutern Sie den Unterschied zwischen Vorsatz und Fahrlässigkeit an einem Beispiel.**
6. **Was ist unter Notwehr zu verstehen?**
7. **In welchen Fällen ist eine Haftung aus unerlaubter Handlung ausgeschlossen?**
8. **Unter welcher Voraussetzung haften Eltern für den Schaden, den ihre minderjährigen Kinder verursacht haben?**
9. **In welchen Fällen kann Schadenersatz in Geld verlangt werden?**

4
Betrieb und Unternehmung

Spricht man von einem Betrieb, ist lediglich eine Produktionsstätte gemeint. Zu einer Unternehmung können daher mehrere Betriebe gehören.

*

Neben der Produktion gehören Beschaffung der Produktionsmittel, Absatz der Leistungen und Leitung des Unternehmens zu den Hauptaufgaben des Betriebs und der Unternehmung.

*

Oberstes Ziel eines Privatunternehmens ist die Erzielung eines möglichst hohen Gewinns; das Ziel eines öffentlichen Unternehmens liegt in der preiswerten Versorgung der Bevölkerung mit wichtigen Gütern.

4.1 Wesen und Aufgaben von Betrieb und Unternehmung

4.1.1 Abgrenzung von Betrieb und Unternehmung

Wirtschaftliches Handeln vollzieht sich in einem Staat in einzelnen Wirtschaftseinheiten, die Betriebe oder Unternehmungen genannt werden. Beide Ausdrücke bezeichnen jedoch nicht dasselbe. Mit Betrieb ist der Ort der betrieblichen Leistungserstellung gemeint, also die **Produktionsstätte** oder die Stelle, welche Dienstleistungen bereitstellt. Fragen der **Finanzierung** und die **rechtlichen Grundlagen** einer Wirtschaftseinheit lassen sich mit dem Betriebsbegriff nicht abdecken; man spricht von Unternehmung, wenn die rechtlich-finanzielle Seite gemeint ist. Mit dem Unternehmungsbegriff ist **Selbständigkeit** verbunden. Der Unternehmer oder die Unternehmensleitung bestimmt selbständig über Beschaffung, Produktion, Absatz und Preis der Produkte. Diese Entscheidungsfreiheit bringt ein unternehmerisches **Risiko** mit sich, es können Verluste entstehen oder Gewinne erzielt werden. Eine Unternehmung hat schließlich eine eigene **Unternehmungsform** (vgl. Kap. 5.1) und kann zur **Rechtspersönlichkeit** werden, d. h. sie kann z. B. vor Gericht klagen oder verklagt werden (vgl. Kap. 3.1.1). Der Unternehmungsbegriff geht also weit über den Betriebsbegriff hinaus.

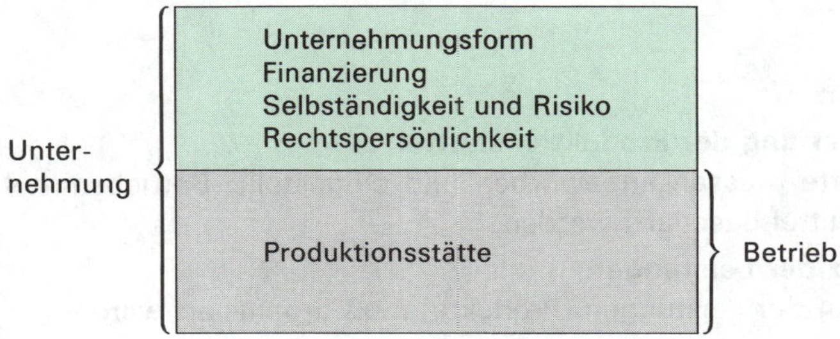

Eine Unternehmung kann mehrere Betriebe (Produktionsstätten) haben, umgekehrt ist das jedoch nicht möglich.

Beispiel: Die Adam Opel AG unterhält Betriebe in Rüsselsheim, Bochum, Kaiserslautern, Berlin und Düsseldorf.

In planwirtschaftlich organisierten Staaten ist eine Wirtschaftseinheit i. d. R. nur Produktionsstätte (Beispiel: ehemalige DDR). Von Unternehmungen kann man daher in solchen Staaten nicht sprechen, es gibt dort bis auf wenige Ausnahmen nur Betriebe.

Z

- *In einer marktwirtschaftlich organisierten Wirtschaft lassen sich Betrieb und Unternehmung unterscheiden.*
- *Mit Betrieb ist lediglich die Produktionsstätte gemeint.*
- *Zu einer Unternehmung wird ein Betrieb erst durch eine eigene Unternehmungsform, selbständige Finanzierung und Entscheidungsfreiheit.*

4.1.2 Aufgaben des Betriebes und der Unternehmung

Oberste Aufgabe einer Unternehmung ist es, **Leistungen** zu **erstellen,** d. h. Sachgüter (Waren) herzustellen, zu verteilen oder Dienstleistungen bereitzustellen. Diese Leistungserstellung (Produktion) erfolgt im Betrieb unter Einsatz von

- menschlicher Arbeit;
- Betriebsmitteln (Maschinen, Werkzeuge, Einrichtungen, Gebäude) und
- Werkstoffen (Roh-, Hilfs- und Betriebsstoffe).

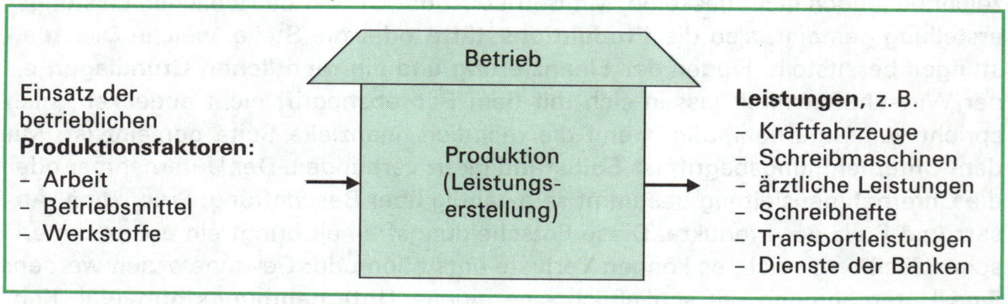

Damit im Betrieb die Leistungserstellung durch möglichst optimale Kombination der Produktionsfaktoren erfolgen kann, müssen weitere Aufgaben erfüllt werden.

Dazu gehören:

- **die Beschaffung der Produktionsmittel;**
  Arbeitskräfte müssen angeworben und eingestellt, Betriebsmittel, Werkstoffe und Geldmittel beschafft werden.
- **der Absatz der Leistungen;**
  Der Verkauf der Leistungen (Produkte) muß organisiert werden.
- **die Leitung des Unternehmens;**
  Planung, Organisation und Kontrolle des Produktionsprozesses ist Aufgabe der Unternehmensleitung.

Z

- *Oberste Aufgabe eines Unternehmens ist die Leistungserstellung im Betrieb (Produktion).*
- *Weitere Aufgaben neben der Leistungserstellung sind die Beschaffung der Produktionsmittel, der Absatz der Leistungen und die Leitung des Unternehmens.*

4.2 Kosten

Damit ein Betrieb produzieren kann, müssen Arbeitskräfte, Betriebsmittel und Werkstoffe eingesetzt werden. Diese Produktionsmittel müssen bezahlt werden; es entstehen also **Kosten**, die wiederum durch die Veräußerung der betrieblichen **Leistungen** gedeckt werden müssen.

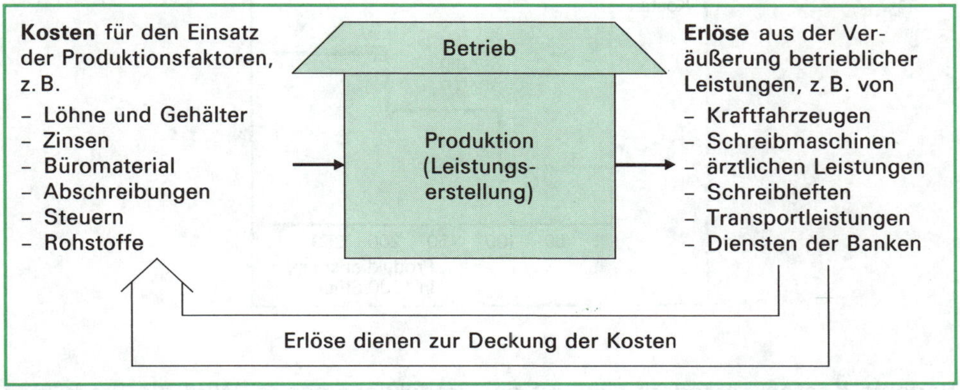

Damit die Erlöse aus der Veräußerung der Leistungen die Kosten decken (und auch noch ein angemessener Gewinn erzielt wird), müssen die Preise der Leistungen genau **kalkuliert** werden. Zu diesem Zweck werden die betrieblichen Kosten zunächst erfaßt und dann nach verschiedenen Gesichtspunkten eingeteilt. Besonders wichtig ist die Einteilung in

- fixe und variable Kosten sowie in
- Einzel- und Gemeinkosten.

4.2.1 Fixe und variable Kosten

Fixe Kosten sind vom Produktionsumfang unabhängig. Sie bleiben gleich hoch, ob viel oder wenig produziert wird. So fallen z. B. Abschreibungskosten, Heizungs- und Beleuchtungskosten und bestimmte Steuern auch an, wenn überhaupt nicht produziert wird. Weitere Beispiele für fixe Kosten sind Löhne und Gehälter in der Verwaltung, Kosten für Installationen und Zinskosten.

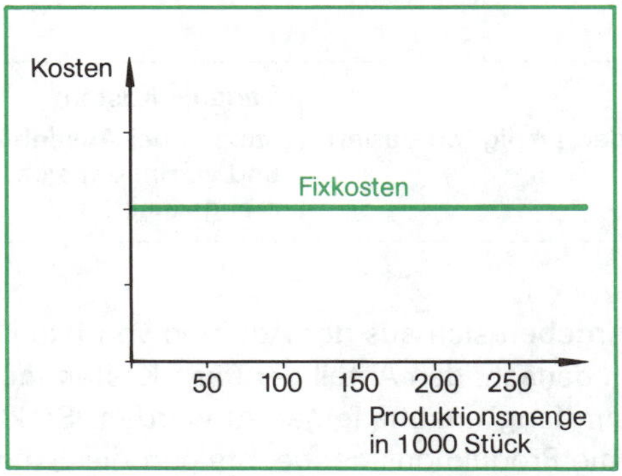

In einem Betrieb bleiben zahlreiche Fixkosten nicht unbegrenzt konstant, sondern nur innerhalb bestimmter Kapazitätsgrenzen (z. B. bis zur Fertigung von 100 000 Stück). Sollen diese überschritten werden, müssen neue Maschinen angeschafft, neue Lager eingerichtet und Büropersonal eingestellt werden. Die Fixkosten steigen dann sprunghaft an, man spricht daher von **sprungfixen Kosten.**

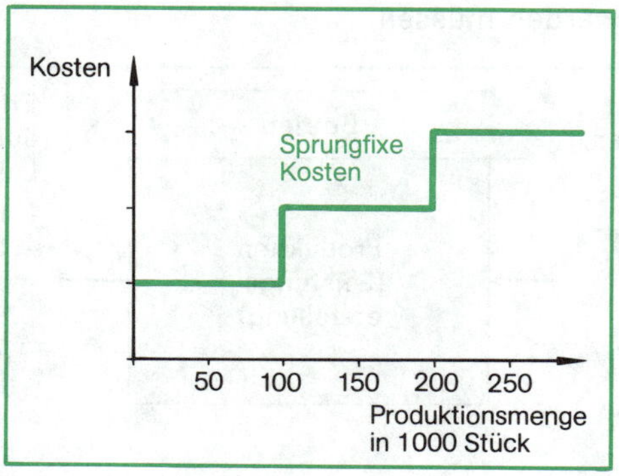

Variable Kosten verändern sich mit der Produktionsmenge. Wird die Produktion ausgedehnt, steigen sie an, bei zurückgehender Produktion verringern sie sich. Mit der produzierten Menge verändern sich z. B. der Rohstoffverbrauch, der Energieverbrauch, die Fertigungslöhne, der Hilfsstoffverbrauch und die Verpackungskosten.

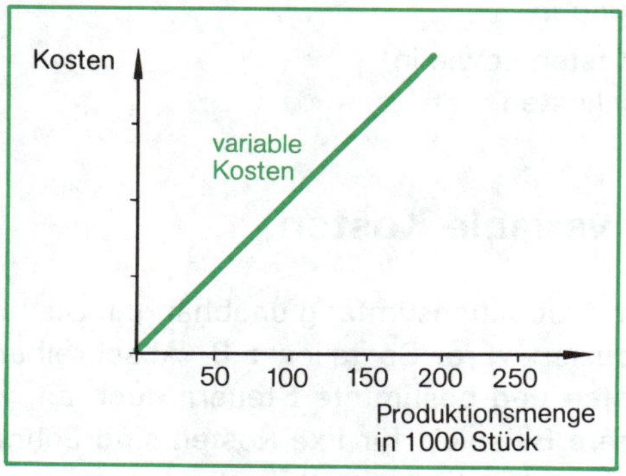

Fixe Kosten	Variable Kosten
bleiben – ob viel oder wenig produziert wird – gleich hoch.	steigen bei Ausdehnung der Produktion an und verringern sich, wenn die Produktionsmenge sinkt.

Die **Gesamtkosten** ergeben sich aus der Addition von fixen und variablen Kosten. Viele Betriebe streben danach, den Anteil der fixen Kosten möglichst klein zu halten, um vom Produktionsumfang unabhängiger zu werden. Sinkt in Betrieben mit hohem Fixkostenanteil die Produktionsmenge, steigen die **Stückkosten** rasch an.

Beispiel:

Bei der Herstellung von 50000 Stück fallen 50000,— DM Fixkosten und 50000,— DM variable Kosten an. Die Stückkosten belaufen sich demnach auf 2,— DM (100000,— DM : 50000 Stück).

Muß die Produktion auf 30000 Stück zurückgenommen werden, ergibt sich folgende Rechnung:

Fixkosten	= 50000,— DM
+ variable Kosten	= 30000,— DM
Gesamtkosten	80000,— DM

$$\text{Kosten pro Stück} = \frac{80000,\text{— DM}}{30000 \text{ Stück}} = \underline{\underline{2{,}67 \text{ DM}}}$$

Ergebnis: Auf Grund des hohen Fixkostenanteils sind die Stückkosten von 2,— DM auf 2,67 DM gestiegen.

Kann die Produktionsmenge jedoch erhöht werden, sinken die Kosten pro Stück. Aus diesem Zusammenhang ergibt sich das **Gesetz der Massenproduktion,** das besagt, daß die Kosten je Stück um so kleiner werden, je mehr die Produktionsmenge zunimmt. Entscheidende Größe dabei ist der Anteil der fixen Kosten. Je größer der Fixkostenanteil ist, je stärker kann sich das Gesetz der Massenproduktion auswirken.

Zu obigem Beispiel:

Wir nehmen an, daß die Produktion auf 80000 Stück ausgedehnt werden kann. Es ergibt sich nun folgende Rechnung:

Fixkosten	= 50000,— DM
+ variable Kosten	= 80000,— DM
Gesamtkosten	130000,— DM

$$\text{Kosten pro Stück} = \frac{130000,\text{— DM}}{80000 \text{ Stück}} = \underline{\underline{1{,}63 \text{ DM}}}$$

4.2.2 Einzel- und Gemeinkosten

Einzelkosten sind Kosten, die dem einzelnen Produkt direkt zugerechnet werden können, weil sie für jedes einzelne Erzeugnis genau feststellbar sind. So lassen sich die Kosten für das Fertigungsmaterial (Rohstoffe, bezogene Teile) für jedes Produkt weitgehend genau bestimmen. Weitere Einzelkosten sind Fertigungslöhne und Sondereinzelkosten der Fertigung (z. B. Kosten für besondere Werkzeuge, Schablonen oder die Konstruktion) oder des Vertriebs (spezielle Verpackungs- und Versandkosten u. a.).

Gemeinkosten sind Kosten, die dem einzelnen Produkt nicht direkt zugerechnet werden können, weil sie für alle oder mehrere Produkte gemeinsam entstehen. Die Zurechnung der Gemeinkosten erfolgt nach einem bestimmten Schlüssel. Zu den Gemeinkosten zählen u. a. Hilfsstoffe, Brennstoffe, Energiekosten, Hilfslöhne, Löhne und Gehälter in der Verwaltung, allgemeine Verwaltungskosten, Sozialkosten, Instandhaltungskosten, Steuern und Abschreibungen.

Einzelkosten	Gemeinkosten
lassen sich dem einzelnen Erzeugnis direkt zurechnen.	lassen sich nur über einen Schlüssel dem einzelnen Erzeugnis zurechnen.

Z

- *Für die Weiterverrechnung der Kosten ist die Einteilung nach Einzel- und Gemeinkosten sowie nach fixen und variablen Kosten besonders wichtig.*
- *Das Gesetz der Massenproduktion besagt, daß die Kosten je Stück um so kleiner werden, je mehr die Produktionsmenge zunimmt.*

A

1. **Erläutern Sie den Zusammenhang zwischen Kosten und Leistungen.**
2. **Welche Kosten können im Betrieb anfallen?**
3. **Unterscheiden Sie fixe und variable Kosten.**
4. **Was sind sprungfixe Kosten?**
5. **Weshalb streben viele Unternehmen danach, den Fixkostenanteil möglichst klein zu halten?**
6. **Bei der Herstellung von 6000 Stück Holzpuzzles sind folgende Kosten angefallen:**

Fertigungsmaterial	**6800,— DM**
Fertigungslöhne	**15000,— DM**
Gehälter (Verwaltung)	**10000,— DM**
Stromkosten	**100,— DM**
Zinskosten für Bankkredit	**800,— DM**
Miete für Werkräume	**500,— DM**
Abschreibungen	**2000,— DM**

   a) Unterscheiden Sie nach Einzel- und Gemeinkosten.
   b) Wie hoch sind die fixen, wie hoch die variablen Kosten?
   c) Ermitteln Sie die Stückkosten.
7. **Erläutern Sie das Gesetz der Massenproduktion.**
8. **Wodurch unterscheiden sich Einzel- und Gemeinkosten?**
9. **Nennen Sie zu Einzel- und Gemeinkosten je 3 Beispiele.**

4.3 Ziele und Erfolgsmaßstäbe

4.3.1 Ziele erwerbswirtschaftlicher Unternehmen

Privatunternehmen handeln nach dem **erwerbswirtschaftlichen Prinzip,** d.h. ihre oberste Zielsetzung liegt in der Erreichung eines möglichst hohen Gewinns. Gewinn entsteht, wenn der Erlös durch Verkauf der Güter höher ist als die zur Leistungserstellung aufgewendeten Kosten.

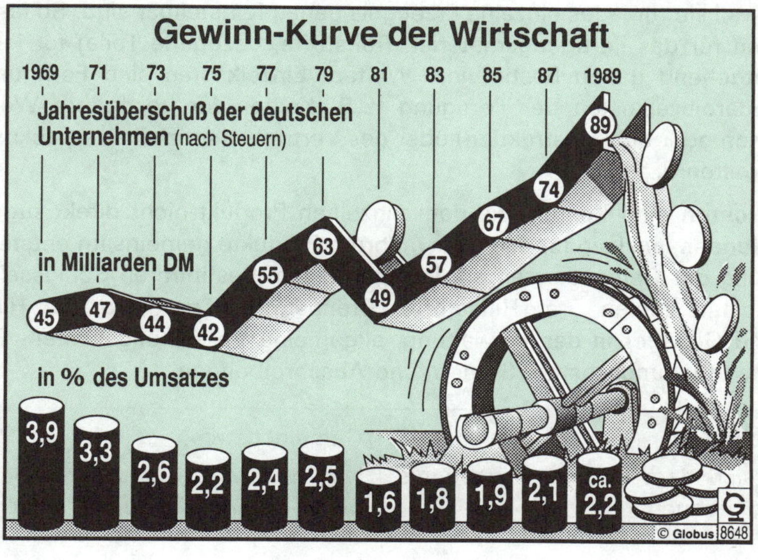

Gewinne sind in unserer Wirtschafts- und Gesellschaftsordnung notwendig, sie ermöglichen Investitionen und sind somit mitentscheidend für den zukünftigen Lebensstandard. Das Gewinnstreben führt zum Wettbewerb der Unternehmen und ist damit Motor des technischen Fortschritts. Dieser Wettbewerb sorgt gleichzeitig dafür, daß die Gewinne nicht ins Uferlose wachsen können. Es ist daher wichtig, daß die Unternehmen untereinander im Wettbewerb stehen; ist der Wettbewerb beeinträchtigt, muß das Bundeskartellamt einschreiten. Es kann z. B. Unternehmenszusammenschlüsse verbieten und unangemessene Preiserhöhungen untersagen. Um das oberste Ziel, die Erzielung eines möglichst hohen Gewinns, auf Dauer zu erreichen, müssen eine ganze Reihe weiterer Ziele verfolgt werden, z. B.:

- günstiger Einkauf von Rohstoffen,
- hohe Qualität der Erzeugnisse,
- optimale Betriebsorganisation und reibungsloser Arbeitsablauf,
- Gewinn und Verbleib leistungsfähiger Mitarbeiter,
- hohe Absatzzahlen und Erzielung angemessener Preise,
- Schaffung eines guten Namens (Firmenimage).

4.3.2 Ziele öffentlicher Unternehmen

Im Unterschied zu Privatunternehmen streben öffentliche Unternehmen nicht danach, einen möglichst hohen Gewinn zu erzielen. Ihr Ziel liegt vielmehr in einer **gleichmäßigen und preisgünstigen Versorgung der Bevölkerung mit wichtigen Gütern.** Viele öffentliche Unternehmen orientieren sich am Prinzip der **Kostendekkung.** Damit eine gleichmäßige und preisgünstige Versorgung sichergestellt ist, sind diese Unternehmen häufig mit einem gesetzlichen **Monopol** ausgestattet (z. B. Bundesbahn, Verkehrs-, Energie- oder Wasserversorgungsbetriebe). Es gibt aber auch öffentliche Unternehmen, die durch regelmäßige **Zuschüsse** des Staates gestützt werden müssen, weil keine Kostendeckung erreicht wird (z. B. Theater, Museen, Krankenhäuser).

Z

- *Privatunternehmen handeln nach dem erwerbswirtschaftlichen Prinzip; ihr Ziel liegt darin, einen möglichst hohen Gewinn zu erzielen.*
- *Das Ziel einer öffentlichen Unternehmung liegt in der preisgünstigen und gleichmäßigen Versorgung der Bevölkerung mit wichtigen Gütern. Öffentliche Unternehmen versuchen i. d. R. Kostendeckung zu erreichen.*

4.3.3 Wirtschaftliche Kennziffern

Die Höhe des Gewinns allein reicht für die Beurteilung dafür, ob ein Betrieb wirtschaftlich gearbeitet hat, noch nicht aus. Dies gilt insbesondere dann, wenn die Erreichung betrieblicher Teilziele überprüft oder Vergleiche mit den Ergebnissen anderer Betriebe oder anderen Unternehmungen durchgeführt werden sollen. Deshalb werden die wirtschaftlichen Kennziffern „Produktivität“, „Wirtschaftlichkeit“ und „Rentabilität“ ermittelt.

Produktivität

Die Produktivität ist eine Meßgröße für die **mengenmäßige Ergiebigkeit der** im Produktionsprozeß eingesetzten **Produktionsfaktoren.**

Allgemein läßt sich die Formel darstellen als:

$$\text{Produktivität} = \frac{\text{Produktionsmenge (z. B. kg, m, t, Stück)}}{\text{mengenmäßiger Einsatz an Produktionsfaktoren (Arbeitsstunden, Material, Betriebsmittel)}}$$

Diese allgemeine Formel kann jedoch keine Anwendung finden, weil der Einsatz verschiedener Produktionsfaktoren nicht einfach addiert werden kann. Es wird daher **für jeden eingesetzten Produktionsfaktor eine Produktivitätskennziffer** gebildet. Man unterscheidet:

$$\text{Arbeitsproduktivität} = \frac{\text{Erzeugte Menge}}{\text{Zahl der geleisteten Arbeitsstunden}}$$

Beispiel:

10 Arbeiter fertigen in einer 40-Std.-Woche 14000 Werkstücke.

$$\text{Arbeitsproduktivität} = \frac{\text{14000 Werkstücke}}{\text{400 Arbeitsstunden}} = \underline{\underline{\text{35 Stücke/Stunde}}}$$

Die Arbeitsproduktivität steigt, wenn es den 10 Arbeitern gelingt, in der nächsten Woche mehr als 14000 Werkstücke herzustellen. Im umgekehrten Falle sinkt sie.

$$\text{Materialproduktivität} = \frac{\text{Erzeugte Menge}}{\text{Materialeinsatz (z. B. kg, m, t, Stück)}}$$

$$\text{Betriebsmittelproduktivität} = \frac{\text{Erzeugte Menge}}{\text{Betriebsmitteleinsatz (z. B. Maschinenstunden)}}$$

Am häufigsten wird die Kennziffer „Arbeitsproduktivität" ermittelt. Eine Produktivitätssteigerung liegt vor, wenn die erzeugte Menge sich erhöht, ohne daß der Einsatz an Produktionsfaktoren gesteigert wird. Dies ist z. B. durch die Verwendung technisch verbesserter Geräte, Maschinen oder Vorrichtungen infolge des technischen Fortschritts oder durch effektivere Gestaltung des Arbeits- oder Fertigungsablaufs möglich.

Wirtschaftlichkeit

Die Wirtschaftlichkeit zeigt das Verhältnis der Leistungen zu den eingesetzten Kosten. Beide Größen werden in Geld (z. B. in DM) angegeben.

$$\text{Wirtschaftlichkeit} = \frac{\text{Leistungen (in DM)}}{\text{Kosten (in DM)}}$$

Beispiel:

Ein Unternehmen hatte im letzten Jahr Erlöse in Höhe von 256000,— DM und Kosten in Höhe von 244000,— DM.

$$\text{Wirtschaftlichkeit} = \frac{\text{256000,— DM}}{\text{244000,— DM}} = \underline{\underline{1{,}049\ldots}}$$

Liegt die Wirtschaftlichkeitskennziffer einer Unternehmung über „1", wurde mit Gewinn, liegt sie unter „1", wurde mit Verlust gearbeitet.

Rentabilität

Die Rentabilität zeigt das Verhältnis des erzielten Gewinns zum eingesetzten Kapital. Es ist eine Meßgröße für die Beurteilung der Ertragskraft einer Unternehmung.

$$\text{Rentabilität} = \frac{\text{Gewinn} \cdot 100}{\text{Kapital}}$$

Beispiel:
Der Gewinn eines Unternehmens betrug im letzten Jahr 16000,— DM, das eingesetzte Kapital belief sich auf 400000,— DM.

$$\text{Rentabilität} = \frac{16000,\text{— DM} \cdot 100}{400000,\text{— DM}} = \underline{\underline{4\%}}$$

In der Praxis kennt man u.a. die Rentabilität des Eigenkapitals und die Rentabilität des Gesamtkapitals:

$$\text{Rentabilität des Eigenkapitals} = \frac{\text{Gewinn} \cdot 100}{\text{Eigenkapital}}$$

$$\text{Rentabilität des Gesamtkapitals} = \frac{(\text{Gewinn} + \text{Fremdkapitalzinsen}) \cdot 100}{\text{Gesamtkapital}}$$

Rentabilitätskennziffern erhalten besonderen Aussagewert im Vergleich mit gleichartigen Unternehmen oder mit Branchendurchschnittswerten sowie im Vergleich über mehrere Jahre.

Z

- *Wirtschaftliche Kennziffern zeigen, ob ein Unternehmen wirtschaftlich gearbeitet hat. Man unterscheidet die Produktivität, die Wirtschaftlichkeit und die Rentabilität.*
- *Die Produktivität ist eine Meßgröße für die mengenmäßige Ergiebigkeit der im Produktionsprozeß eingesetzten Produktionsfaktoren.*
- *Die Wirtschaftlichkeit zeigt das Verhältnis von Leistungen und Kosten.*
- *Die Rentabilität setzt den erzielten Gewinn zum eingesetzten Kapital in Beziehung.*

A

1. **Erläutern Sie den Unterschied zwischen Betrieb und Unternehmung.**
2. **Warum kann man in planwirtschaftlich organisierten Staaten nicht von Unternehmungen sprechen?**
3. **Beschreiben Sie die Aufgaben einer Unternehmung.**
4. **Was versteht man unter dem erwerbswirtschaftlichen Prinzip?**
5. **Weshalb kann auf Unternehmensgewinne nicht verzichtet werden?**

6. **Worin unterscheidet sich die Zielsetzung eines öffentlichen Unternehmens von der Zielsetzung eines Privatunternehmens?**
7. **Wie heißt die allgemeine Formel zur Ermittlung der Produktivität?**
8. **30 Arbeiter fertigen in einer 40-Std.-Woche 49200 Werkstücke. Ermitteln Sie die Arbeitsproduktivität.**
9. **Zu Aufgabe 8: Infolge einer technischen Änderung ist es den 30 Arbeitern möglich, in der darauffolgenden Woche 61500 Werkstücke herzustellen.**
   Wie hoch ist nun die Arbeitsproduktivität, und um wieviel % ist sie im Vergleich zur Vorwoche angestiegen?
10. **Wie heißt die Formel zur Ermittlung der Wirtschaftlichkeit?**
11. **Ein Unternehmen hatte im letzten Jahr Erlöse in Höhe von 444000,— DM und Kosten in Höhe von 399600,— DM. Ermitteln Sie die Wirtschaftlichkeit.**
12. **Welche Bedeutung hat es, wenn die Wirtschaftlichkeitskennziffer eines Unternehmens unter „1" liegt?**
13. **Wie heißt die allgemeine Formel zur Ermittlung der Rentabilität?**
14. **Der Gewinn eines Unternehmens betrug im letzten Jahr 22400,— DM, es wurden 560000,— DM Kapital eingesetzt. Ermitteln Sie die Rentabilität.**
15. **Worin unterscheidet sich die Rentabilität des Eigenkapitals von der Rentabilität des Gesamtkapitals?**
16. **Der Reingewinn eines Unternehmens beträgt 392000,— DM, das Eigenkapital 5,6 Mio. DM, das Fremdkapital 1,4 Mio. DM (Jahreszinssatz für das Fremdkapital 8%). Berechnen Sie die Rentabilität des Eigenkapitals und die Rentabilität des Gesamtkapitals.**

5
Unternehmungsformen und Unternehmenszusammenschlüsse

Mit der Wahl einer Unternehmungsform ist eine Entscheidung darüber getroffen, nach welchen rechtlichen Vorschriften (insb. HGB, AktG, GmbHG, Genossenschaftsgesetz) eine Unternehmung zu gestalten ist.

Wichtige Unternehmungsformen sind die Einzelunternehmung, die offene Handelsgesellschaft (OHG), die Kommanditgesellschaft (KG), die Aktiengesellschaft (AG), die Gesellschaft mit beschränkter Haftung (GmbH) und die eingetragene Genossenschaft (eG).

Von Unternehmenszusammenschlüssen spricht man, wenn Unternehmen sich vertraglich oder über Kapitalbeteiligungen verbinden. Die wichtigsten Formen sind das Kartell, der Konzern und der Trust.

Die Kammern, wie z. B. Industrie- und Handelskammern, oder Handwerkskammern, vertreten die Interessen der Gewerbebetriebe ihres Bezirks, fördern die Betriebe und beraten sie in steuerlichen, betriebswirtschaftlichen und technischen Problemen.

5.1 Unternehmungsformen

Der **rechtliche Rahmen** einer Unternehmung ist durch **Gesetze** geregelt. Der Gesetzgeber hat u. a. festgelegt

- wie eine Unternehmung **gegründet** wird, was zur Gründung erforderlich ist und wieviel Personen notwendig sind;
- wer das **Kapital** für eine Unternehmung aufzubringen und wie die **Finanzierung** zu erfolgen hat;
- wer zur **Geschäftsführung** und **Vertretung** einer Unternehmung berechtigt und verpflichtet ist;
- wie ein **Gewinn** oder **Verlust** zu verteilen ist;
- wer für die Verbindlichkeiten **haften** muß, die in einer Unternehmung entstehen;
- wie eine Unternehmung **besteuert** wird und
- unter welchen Bedingungen eine Unternehmung **aufgelöst** werden kann.

Es gelten nicht für alle Unternehmungen die gleichen Gesetze. Von der **Unternehmungsform** ist es abhängig, ob die Bestimmungen des Handelsgesetzbuches (HGB), des Aktiengesetzes (AktG), des GmbH-Gesetzes (GmbHG), des Genossenschaftsgesetzes oder auch andere Gesetze angewendet werden.

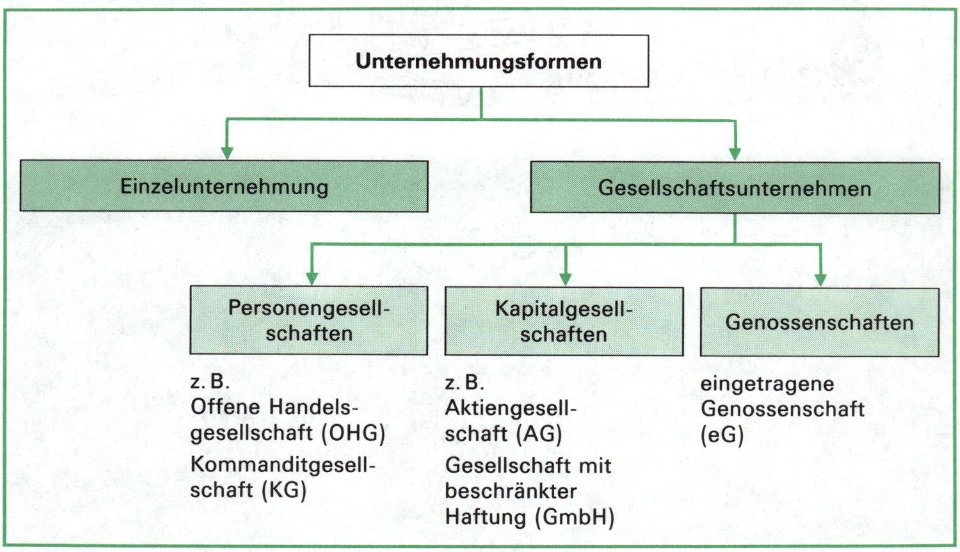

5.1.1 Einzelunternehmungen

Der Einzelunternehmer trifft alle **Entscheidungen allein** und trägt dafür die **Verantwortung.** Ist er erfolgreich und erwirtschaftet er Gewinn, entscheidet er allein über die Gewinnverwendung; für Fehlentscheidungen muß er mit seinem gesamten Vermögen – auch mit seinem Privatvermögen – einstehen. Das Kapital muß vom Einzelunternehmer aufgebracht werden. Wenn das vorhandene Eigenkapital zur Finanzierung der Unternehmung nicht ausreicht, müssen i. d. R. Bankkredite

aufgenommen werden. Die Möglichkeit, Kredite zu erhalten, sind für einen Einzelunternehmer jedoch beschränkt, weil die Kreditinstitute Sicherheiten verlangen. Eine weitere Möglichkeit zur Kapitalbeschaffung ist die Aufnahme eines stillen Gesellschafters in das Unternehmen. Der stille Gesellschafter leistet eine Kapitaleinlage und wird am Gewinn beteiligt. Rechtlich wird aus der Einzelunternehmung dann eine **stille Gesellschaft**, „still", weil sie von außen nicht als Gesellschaft zu erkennen ist. Die Unternehmung firmiert weiterhin als Einzelunternehmung.
Die Gründung einer Einzelunternehmung erfolgt formlos durch den Einzelunternehmer, die Unternehmung wird aber ins Handelsregister eingetragen. Der Firmenname muß den ausgeschriebenen Vor- und Zunamen des Unternehmers enthalten.
Die Auflösung der Einzelfirma erfolgt durch freiwilligen Entschluß (Liquidation), Konkurs oder durch den Tod des Inhabers.
Die Einzelunternehmung hat eine weite Verbreitung gefunden. In der Bundesrepublik Deutschland sind etwa 90% aller Unternehmungen Einzelunternehmen, und in ihnen werden ca. 40% aller Arbeitnehmer beschäftigt. Man findet Einzelunternehmungen bevorzugt im Handwerk, im Handel und in den Dienstleistungsbereichen.

Gründung:	Geschäftsführung:	Gewinn/Verlust:
formlos; Handelsregistereintrag	durch Einzelunternehmer allein	Einzelunternehmer erhält Gewinn und trägt Verlust
Haftung:	**Finanzierung:**	**Auflösung:**
Einzelunternehmer haftet unbeschränkt	Eigenkapital; Kredite; stille Gesellschafter	freiwilliger Entschluß; Konkurs; Tod des Inhabers

Z
- *Der Einzelunternehmer trifft alle Entscheidungen allein und trägt dafür das Risiko.*

5.1.2 Personengesellschaften am Beispiel der offenen Handelsgesellschaft (OHG)

Betreiben mehrere Personen eine Unternehmung gemeinsam und haftet wenigstens eine Person mit ihrem gesamten Geschäfts- und Privatvermögen, liegt eine **Personengesellschaft** vor.
Häufig wird eine Einzelunternehmung in eine Gesellschaftsunternehmung umgewandelt, um

- die Kreditwürdigkeit zu erhöhen und dadurch mehr Kredite zu erhalten;
- der Unternehmung neues Kapital zuzuführen;
- Risiko und Haftung auf mehrere Personen zu verteilen;
- Fachkräfte zu gewinnen oder Verwandte am Unternehmen zu beteiligen;
- steuerliche Vorteile auszunutzen, die bei bestimmten Gesellschaftsformen gegeben sind.

Die Personengesellschaften sind im Handelsgesetzbuch (HGB) geregelt.

Die wichtigsten Formen der Personengesellschaften sind die offene Handelsgesellschaft (OHG), die Kommanditgesellschaft (KG) und die stille Gesellschaft.

Die offene Handelsgesellschaft (OHG)

HGB § 105 (1):
„Eine Gesellschaft (...) ist eine offene Handelsgesellschaft, wenn bei keinem der Gesellschafter die Haftung gegenüber den Gesellschaftsgläubigern beschränkt ist."

Das wichtigste Merkmal der OHG ist die **uneingeschränkte Haftung** aller Gesellschafter. Der Gesellschafter haftet **unmittelbar** (d.h. jeder Gläubiger kann Zahlung unmittelbar von jedem beliebigen Gesellschafter verlangen), **unbeschränkt** (d.h. auch mit dem Privatvermögen) und **solidarisch** (d.h. auch für die Geschäfte, welche die anderen Gesellschafter abschließen). Die OHG besitzt wegen der uneingeschränkten Haftung der Gesellschafter eine hohe Kreditwürdigkeit.

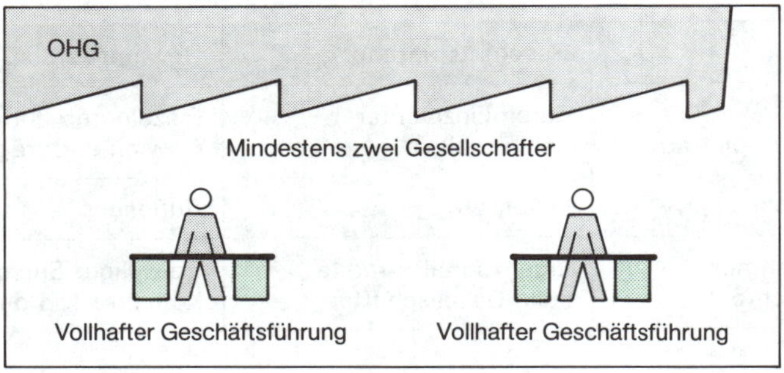

Die Gründung einer OHG erfolgt meist durch **Gesellschaftsvertrag** zwischen zwei oder mehreren Personen. Ist im Gesellschaftsvertrag nichts anderes festgelegt, gilt für die Geschäftsführungsbefugnis und die Gewinn- bzw. Verlustverteilung die gesetzliche Regelung. Danach sind zur Geschäftsführung alle Gesellschafter berechtigt und verpflichtet. Wurde ein Gewinn erwirtschaftet, erhält jeder Gesellschafter zunächst einen Gewinnanteil von 4% auf seine Kapitaleinlage, der Restgewinn wird nach Köpfen verteilt. Auch ein Verlust wird nach Köpfen aufgeteilt. Mit dieser Regelung will der Gesetzgeber eine angemessene Kapitalverzinsung sicherstellen und gleichzeitig berücksichtigen, daß jeder Gesellschafter zur Mitarbeit im Betrieb verpflichtet ist.

Beispiel:
Eine OHG hat einen Jahresgewinn von 40000,— DM erreicht. Falls im Gesellschaftsvertrag nichts anderes vereinbart wurde, wird der Gewinn wie folgt verteilt:

Gesellschafter	Kapitaleinlage	4% der Kapitaleinlage	Rest nach Köpfen	Gewinnanteil
Rudolf Moser	150000,—	6000,—	16000,—	22000,—
Harald Lang	50000,—	2000,—	16000,—	18000,—
Summe	200000,—	8000,—	32000,—	40000,—

Die Firmenbezeichnung der OHG muß die Namen aller Gesellschafter enthalten oder den Namen eines Gesellschafters mit einem Zusatz.

Beispiele:
Ferdinand Meier OHG, Gebrüder Moritz, Richard Kurz & Co.

Neue Gesellschaftsform

In der Europäischen Gemeinschaft (EG) wird es ab 1. Januar 1989 eine übernationale Gesellschaftsform geben. Notarkammern weisen darauf hin, daß diese „Europäische Wirtschaftliche Interessenvereinigung (EWIV)" besonders kleinen und mittleren Unternehmen, aber auch Freiberuflern die grenzüberschreitende Zusammenarbeit erleichtern soll. Einer EWIV, die einer offenen Handelsgesellschaft (oHG) vergleichbar ist, müssen Mitglieder aus mindestens zwei EG-Ländern angehören.

Quelle: Südkurier Konstanz

Z

- *Schließen sich mehrere Personen zum Betreiben eines Handelsgewerbes zusammen und haftet mindestens eine Person mit ihrem gesamten Geschäfts- und Privatvermögen, liegt eine Personengesellschaft vor.*
- *Bei der offenen Handelsgesellschaft sind alle Gesellschafter gleichberechtigt. Alle haften unbeschränkt und sind zur Geschäftsführung berechtigt und verpflichtet.*

5.1.3 Kapitalgesellschaften am Beispiel der Aktiengesellschaft (AG)

Kapitalgesellschaften besitzen eine eigene **Rechtspersönlichkeit,** d. h. sie werden vom Recht wie Menschen behandelt. Als **juristische Personen** können sie kaufen und verkaufen, mieten und vermieten, Eigentümer werden und vor Gericht klagen und verklagt werden (vgl. Kap. 3.1.1). Den Gläubigern haftet nur das Gesellschaftsvermögen, nicht das Privatvermögen der Gesellschafter. Die beiden bekanntesten Formen sind die Aktiengesellschaft (AG) und die Gesellschaft mit beschränkter Haftung (GmbH).

Die Aktiengesellschaft

AktG § 1:
(1) „Die Aktiengesellschaft ist eine Gesellschaft mit eigener Rechtspersönlichkeit. Für die Verbindlichkeiten haftet den Gläubigern nur das Gesellschaftsvermögen."
(2) „Die Aktiengesellschaft hat ein in Aktien zerlegtes Grundkapital."

Das Mindestgrundkapital[1] einer AG beträgt in der Bundesrepublik Deutschland 100000,— DM. Es muß bei Gründung von mindestens fünf Personen, den **Aktionäre,** aufgebracht werden. Für ihre Einlagen erhalten die Aktionäre **Aktien.** Der

[1] Das Grundkapital heißt in der Bilanz der AG „gezeichnetes Kapital".

Mindestnennbetrag einer Aktie beträgt 50,— DM. Falls die Aktien an der **Börse** gehandelt werden, können sie dort von den Aktionären weiterverkauft werden. Von den mehr als 2000 Aktiengesellschaften, die es in der Bundesrepublik Deutschland gibt, werden etwa 450 an der Börse notiert. Dort bildet sich auch der **Kurswert** einer Aktie, der meistens erheblich höher ist als der aufgedruckte **Nennwert.** Trotz der im Vergleich zu anderen Unternehmungsformen geringen Anzahl der Aktiengesellschaften sind diese für die Wirtschaft und für den Arbeitsmarkt der Bundesrepublik Deutschland von großer Bedeutung, denn nahezu alle Großfirmen sind Aktiengesellschaften. Wenn an einer AG zahlreiche Aktionäre beteiligt sind, spricht man von einer **Publikumsgesellschaft.** Zur Zeit haben 16 deutsche Aktiengesellschaften mehr als 100000 Aktionäre. Der Firmenname einer AG muß die Bezeichnung „Aktiengesellschaft" enthalten.

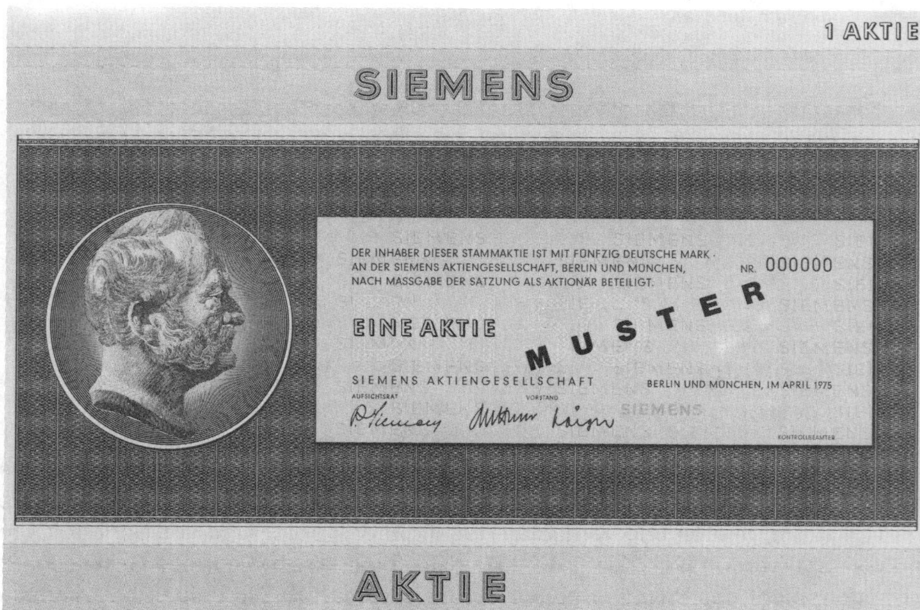

Eine AG hat drei Organe:

Der **Vorstand** leitet die Geschäfte der AG. Er wird vom Aufsichtsrat bestellt.

Vertreter der Aktionäre und Vertreter der Arbeitnehmer bilden den **Aufsichtsrat** (vgl. Kap. 11.4.5). Der Aufsichtsrat überwacht den Vorstand.

Einmal jährlich treten die Aktionäre zur Bildung der **Hauptversammlung** zusammen. Sie ist das oberste Organ der AG. Die Hauptversammlung wählt die Aktionärsvertreter in den Aufsichtsrat, entscheidet über die Gewinnverwendung, über Maßnahmen zur Kapitalbeschaffung, über Satzungsänderungen und entlastet Vorstand und Aufsichtsrat in ihrer geleisteten Arbeit.

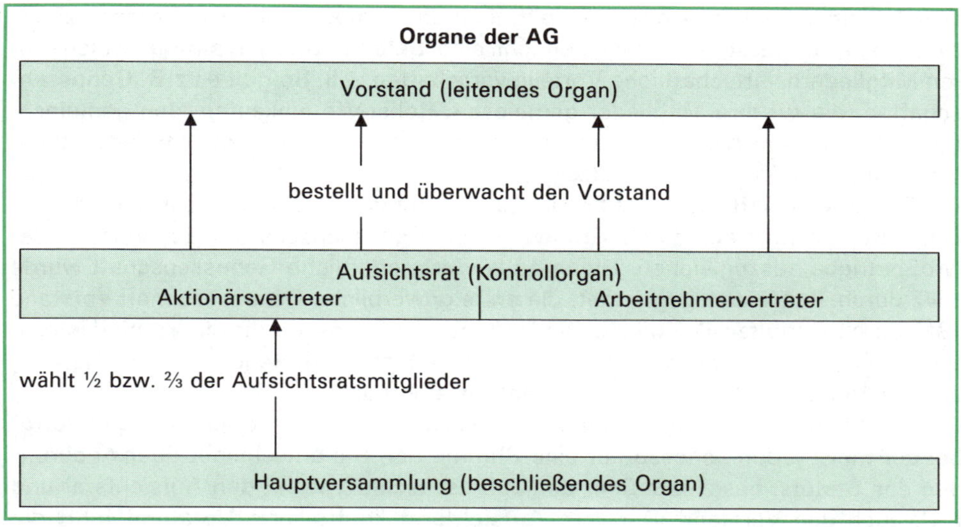

Nur ein kleiner Teil der ca. 4 Millionen Aktionäre in der Bundesrepublik Deutschland nehmen an den Hauptversammlungen teil. Die meisten beauftragen ein Kreditinstitut oder einen Rechtsanwalt mit der Ausübung ihres Stimmrechts.

Der an die Aktionäre ausgezahlte Gewinn einer AG wird als **Dividende** bezeichnet. Die Dividende wird gegen Dividendenschein ausbezahlt.

- *Bei Kapitalgesellschaften ist die Haftung gegenüber den Gläubigern auf das Gesellschaftsvermögen beschränkt.*
- *Die Aktiengesellschaft hat ein in Aktien zerlegtes Grundkapital.*
- *Falls die Aktien einer AG an der Börse gehandelt werden, können sie dort von den Aktionären weiterverkauft werden.*
- *Der Mindestnennbetrag einer Aktie beträgt 50,— DM.*
- *Die drei Organe der AG heißen Vorstand (Leitungsorgan), Aufsichtsrat (Kontrollorgan) und Hauptversammlung (beschließendes Organ).*
- *Die meisten Großunternehmen sind Aktiengesellschaften, weil die Aktiengesellschaft es ermöglicht, durch Beteiligung vieler Geldgeber große Mengen Kapital aufzubringen.*

5.1.4 Eingetragene Genossenschaft (eG)

Auch eine eingetragene Genossenschaft ist eine **juristische Person.** Sie erlangt Rechtsfähigkeit durch Eintragung ins **Genossenschaftsregister** (AG durch Eintragung ins Handelsregister). Die Firmenbezeichnung muß mindestens den Zusatz „eG" enthalten. Die Mindestmitgliederzahl einer Genossenschaft beträgt 7 Personen; die Mitglieder werden als **Genossen** bezeichnet.

Das Ziel einer Genossenschaft besteht nicht darin, möglichst hohe Gewinne zu erzielen; eine Genossenschaft ist vielmehr eine **Selbsthilfeorganisation,** welche ihren Mitgliedern wirtschaftliche Vorteile verschaffen will. So gibt es z. B. Genossenschaften, die für ihre Mitglieder gemeinsam Rohstoffe einkaufen, den gemeinsamen Verkauf der erzeugten Produkte übernehmen oder die ihre Mitglieder durch Errichtung von Bauten unterstützen.
Die Genossenschaftsidee entstand im 19. Jahrhundert. Kleingewerbetreibende und Landwirte versuchten, durch Gründung von Genossenschaften die Vorteile der Großbetriebe auszugleichen. Die erste landwirtschaftliche Genossenschaft wurde 1847 durch **Raiffeisen** gegründet, die erste gewerbliche Genossenschaft entstand 1849 durch **Schultze-Delitzsch.** Die Haftung der Genossen für die Verbindlichkeiten der Genossenschaft richtet sich nach dem **Statut.** Im Regelfall ist die Haftung auf die Höhe des **Genossenschaftsanteils** begrenzt.
Oberstes Organ der eingetragenen Genossenschaft ist die **Generalversammlung,** bei der meist jeder Genosse nur eine Stimme hat. Sie entscheidet über Änderungen des Statuts, beschließt über den Jahresabschluß, wählt den Aufsichtsrat und u. U. auch den Vorstand. Der vom **Aufsichtsrat** kontrollierte **Vorstand** führt die laufenden Geschäfte. Bei Genossenschaften mit mehr als 500 Arbeitnehmern ist der Aufsichtsrat – wie bei der AG – aus Mitgliedervertretern und Arbeitnehmervertretern zu bilden.

Organe der Genossenschaft

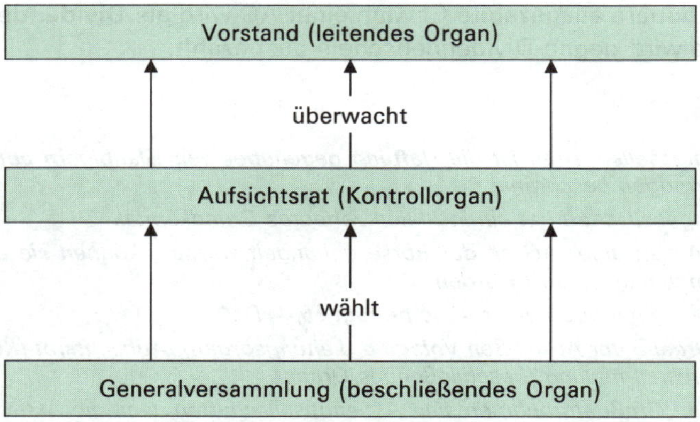

Nach dem wirtschaftlichen Zweck lassen sich folgende Genossenschaftsarten unterscheiden:

- Einkaufsgenossenschaften;
  Ziel: Preisgünstiger Großeinkauf von Rohstoffen, Waren, Maschinen oder Werkzeugen
- Produktionsgenossenschaften;
  Ziel: Gemeinsame Herstellung von Erzeugnissen (häufig zugleich gemeinsamer Versand)
- Absatzgenossenschaften;
  Ziel: Gemeinsamer Verkauf von Erzeugnissen

- Konsumgenossenschaften;
  Ziel: Günstiger Großeinkauf für Einzelhandelsgeschäfte, Weiterverkauf an die Verbraucher
- Betriebsgenossenschaften;
  Ziel: Gemeinsamer Einkauf und gemeinsame Nutzung von Maschinen, z. B. Mähdrescher oder Bagger
- Kreditgenossenschaften;
  Ziel: Günstige Kreditgewährung an die Genossen durch Genossenschaftsbanken
- Baugenossenschaften;
  Ziel: Bau von Wohnungen für die Genossen

Z

- *Genossenschaften sind Selbsthilfeorganisationen. Ihr Ziel besteht nicht in der Gewinnerzielung, sondern in der wirtschaftlichen Förderung ihrer Mitglieder.*
- *Die drei Organe der eG heißen Vorstand (Leitungsorgan), Aufsichtsrat (Kontrollorgan) und Generalversammlung (beschließendes Organ).*
- *Nach dem wirtschaftlichen Zweck unterscheidet man Einkaufs-, Produktions-, Absatz-, Konsum-, Betriebs-, Kredit- und Baugenossenschaften.*

Übersicht über die wichtigsten Unternehmungsformen

Unternehmungsform	Gründung	Geschäftsführung	Haftung
Einzelunternehmung	Einzelunternehmer	Einzelunternehmer	Einzelunternehmer unbeschränkt
OHG	Mindestens zwei Personen	Jeder Gesellschafter	Jeder Gesellschafter unbeschränkt
KG	Mindestens ein Vollhafter und mindestens ein Teilhafter	Nur Vollhafter	Vollhafter unbeschränkt, Teilhafter nur mit der Einlage
AG	Mindestens fünf Personen, Grundkapital mindestens 100000,— DM	Vorstand	Aktionäre haften nicht mit Privatvermögen
GmbH	Eine Person genügt, Stammkapital mindestens 50000,— DM	Geschäftsführung	Gesellschafter haften nicht mit dem Privatvermögen
Eingetragene Genossenschaft	Mindestens sieben Personen	Vorstand	Meist haften die Genossen nur bis zur Höhe ihres Geschäftsanteiles

A

1. **Welche Entscheidung ist mit der Wahl einer Unternehmungsform getroffen?**
2. **Nennen Sie die Kennzeichen einer Einzelunternehmung.**
3. **Welche Gründe können einen Einzelunternehmer dazu bewegen, seine Unternehmung in eine Gesellschaftsunternehmung umzuwandeln?**
4. **Wodurch unterscheiden sich Personen- und Kapitalgesellschaften?**
5. **Gruber, Gesellschafter einer OHG, schlägt den anderen Gesellschaftern vor, sein Privatvermögen von der Haftung auszuschließen. Als Gegenleistung bietet er an, seine Geschäftseinlage von 100000,— DM auf 250000,— DM zu erhöhen. Alle Gesellschafter stimmen daraufhin diesem Vorschlag zu und beschließen eine Änderung des Gesellschaftsvertrages. Wie beurteilen Sie diesen Fall?**
6. **Beschreiben Sie den Gründungsvorgang einer Aktiengesellschaft.**
7. **Welche Organe besitzt eine AG und wie wirken diese zusammen?**
8. **Erklären Sie die Begriffe:**
   a) Aktionär, **c) Dividende,**
   b) Aktie, **d) Kurswert einer Aktie.**
9. **Beschreiben Sie den Grundgedanken einer Genossenschaft.**
10. **Unterscheiden Sie sechs Genossenschaftsarten nach dem wirtschaftlichen Zweck und erklären Sie diese kurz.**
11. **Wie ist die Haftung der Genossen einer Genossenschaft geregelt?**

5.2 Unternehmenszusammenschlüsse

5.2.1 Lose Formen von Unternehmenszusammenschlüssen (Unternehmenszusammenarbeit)

Arbeitsgemeinschaften

Arbeitsgemeinschaften findet man vor allem bei **Großprojekten.** So kann z. B. der Bau eines Kraftwerkes oder einer Schule von einer Unternehmung allein nicht durchgeführt werden. Die Unternehmungen müssen nach einem Plan zusammenarbeiten und ihre Aktivitäten aufeinander abstimmen. Die Leistungen der einzelnen Unternehmen sind vertraglich festgelegt. Ist das Projekt fertiggestellt, endet die Arbeitsgemeinschaft.

Interessengemeinschaften

Unternehmungen derselben Branche schließen sich häufig zu Interessengemeinschaften zusammen. Im Unterschied zur Arbeitsgemeinschaft ist die Zusammenarbeit meist zeitlich nicht begrenzt. Es können **Interessen jeglicher Art** verfolgt werden, z. B. gemeinsame Rohstoffbeschaffung, gemeinsame Rationalisierungsbemühungen, gemeinsame Forschungs- und Entwicklungsvorhaben.
Der Interessengemeinschaft liegt ein Vertrag zugrunde.

Verbände

Verbände vertreten die Interessen ihrer Mitglieder.
Unternehmungen des gleichen Wirtschaftszweiges sind in **Fachverbänden** organisiert. So haben sich Handwerker der gleichen oder ähnlichen Berufe in den Städten und Kreisen zu **Innungen** zusammengeschlossen, Industriebetriebe haben sich zu **Wirtschaftsverbänden** organisiert. Auf Landesebene nehmen Landesinnungen bzw. Landesindustriefachverbände, auf Bundesebene Bundesinnungen bzw. Bundesindustriefachverbände die Interessen einzelner Berufsgruppen bzw. Industriezweige wahr (vgl. Kap. 5.3).

Erzeugerringe

Landwirtschaftliche Betriebe können sich in einzelnen Produktionsbereichen (z. B. Milch, Fleisch, Getreide) zu Erzeugerringen zusammenschließen. Das Ziel liegt darin, die Produktion zu vereinfachen und dadurch die Kosten zu senken.

- *In Arbeitsgemeinschaften, Interessengemeinschaften, Verbänden und Erzeugerringen haben sich die beteiligten Unternehmen nur lose, zum Zwecke der Zusammenarbeit zusammengeschlossen.*

5.2.2 Engere Formen von Unternehmenszusammenschlüssen

Die engeren Formen von Unternehmenszusammenschlüssen unterscheidet man danach, wieweit die beteiligten Unternehmen ihre rechtliche und/oder wirtschaftliche Selbständigkeit aufgeben.

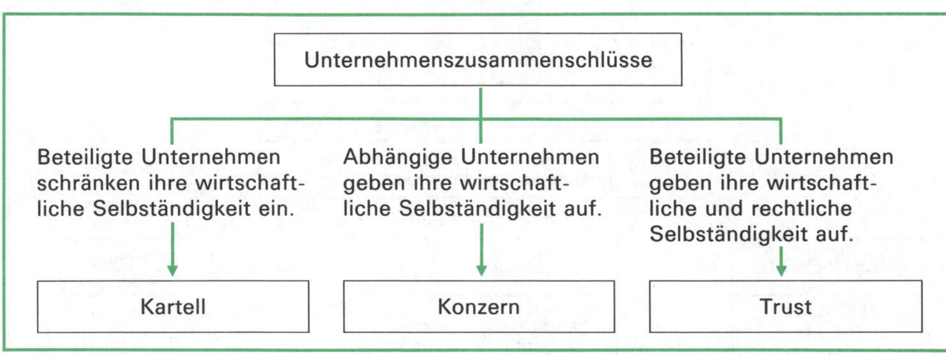

Kartelle

Schließen sich Unternehmen der gleichen Branche durch einen Vertrag mit dem Ziel zusammen, den **Wettbewerb** untereinander **auszuschließen** oder zumindest zu **beschränken,** liegt ein Kartell vor.
Eine Marktwirtschaft kann jedoch nur funktionieren, wenn auf dem Markt Wettbewerb herrscht. Das **Gesetz gegen Wettbewerbsbeschränkungen (Kartellgesetz)** verbietet daher zwar grundsätzlich die Bildung von Kartellen, es läßt jedoch Ausnahmen zu.

Kartellamt ermittelt gegen Zementhersteller

Das Bundeskartellamt hat auf Anfrage bestätigt, daß bei der Durchsuchung der Geschäftsräume von acht Zementherstellern Unterlagen sichergestellt wurden, die einen Verstoß gegen das Kartellgesetz (etwa Preis- und Quotenabsprachen) nahelegen könnten. Zwar wollte sich der Sprecher des Kartellamtes, Hubertus Schön, noch nicht zu der möglichen Höhe der Geldbußen äußern (hier und da wird bereits von über einer Milliarde DM gesprochen), doch fügte er hinzu: „Das sichergestellte Material sei von so hoher Qualität, daß wohl mit hohen Geldbußen gerechnet werden muß.“ Schon einmal hatte das Bundeskartellamt gegen acht süddeutsche Zementhersteller im Jahre 1972 ermittelt. Sie hatten damals für Baden-Württemberg ein Quotenkartell gebildet. Das Vergehen war mit Geldbußen von insgesamt 928 000 DM geahndet worden. Offensichtlich gehen diesmal die Absprachen der Firmen weit über den süddeutschen Raum hinaus.

Quelle: FAZ

Grundsätzlich verboten sind Absprachen über Preise, Produktionsmengen, Verkaufsquoten, Verkaufsgebiete und über die Kalkulation. Krisenkartelle (zur Erhaltung von Unternehmen in krisengefährdeten Branchen), Rationalisierungskartelle sowie Export- und Importkartelle müssen von der **Kartellbehörde** genehmigt werden. Andere Kartelle sind nur anzumelden. Zu ihnen gehören die Vereinbarung gleicher Lieferungs- und Zahlungsbedingungen (Konditionenkartell) sowie Vereinbarungen über einheitliche Verkaufsrabatte (Rabattkartelle). Die für die Genehmigung und Überwachung zuständige Behörde ist das **Bundeskartellamt in Berlin.** Jedes Jahr berichtet das Kartellamt über die Aufdeckung von verbotenen Absprachen und die Verhängung entsprechender Geldbußen.

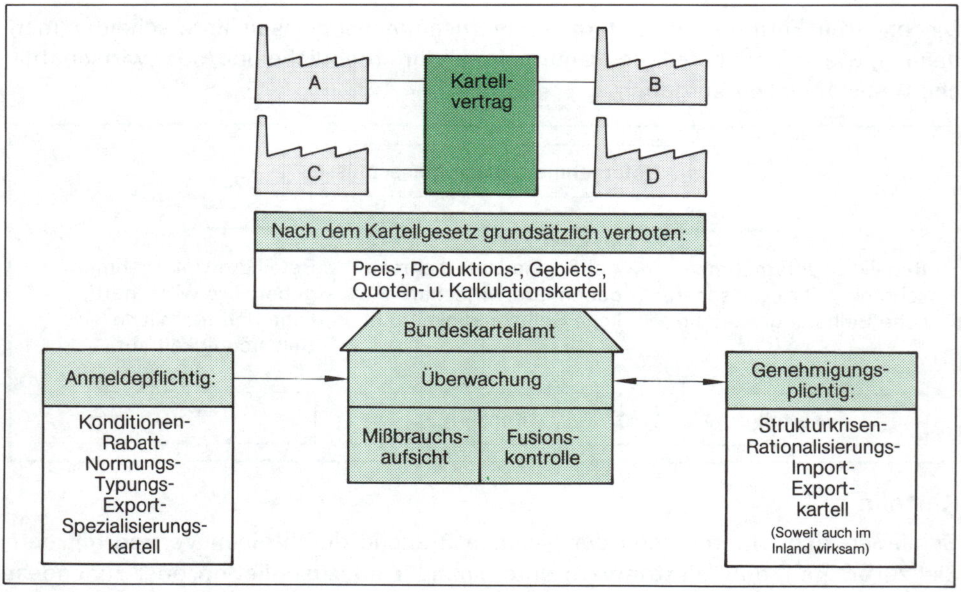

Eine besondere Form des Kartells ist das **Syndikat.** Es liegt vor, wenn die durch Kartellvertrag zusammengeschlossenen Unternehmen ihre Produkte gemeinsam über eine eigene Verkaufsgesellschaft vertreiben. Das Syndikat hat meist die Unternehmungsform einer AG oder GmbH.

Konzerne

Unter einem Konzern versteht man die Zusammenfassung rechtlich selbständiger Unternehmen unter **einheitlicher wirtschaftlicher Leitung.**

Die Vorstufe eines Konzerns ist meist eine einfache finanzielle Beteiligung an einem anderen Unternehmen. Wird die Beteiligung ausgebaut (z. B. durch Erwerb von Aktienmehrheiten oder durch Aktientausch) und kommen noch weitere Unternehmungen hinzu, entsteht ein Konzern. Die Unternehmung, welche andere Unternehmungen kapitalmäßig „beherrscht", wird als **Muttergesellschaft,** die abhängigen Unternehmungen werden als **Tochtergesellschaften** bezeichnet. Sind zwei oder mehrere Unternehmungen durch Austausch von Aktien in der Weise miteinander verknüpft, daß jede Unternehmung erhebliche Aktienanteile der anderen besitzt, liegen **Schwestergesellschaften** vor.

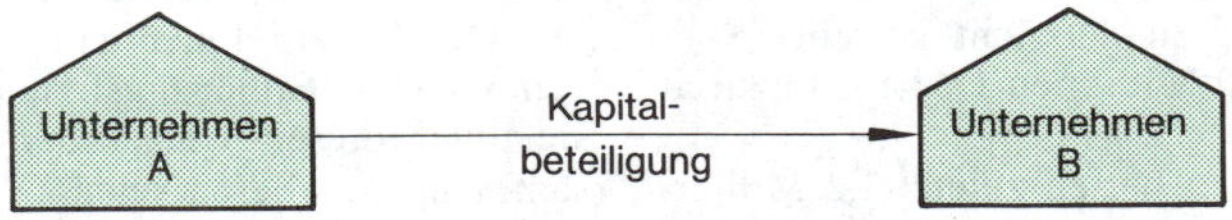

Vorstufe eines Konzerns

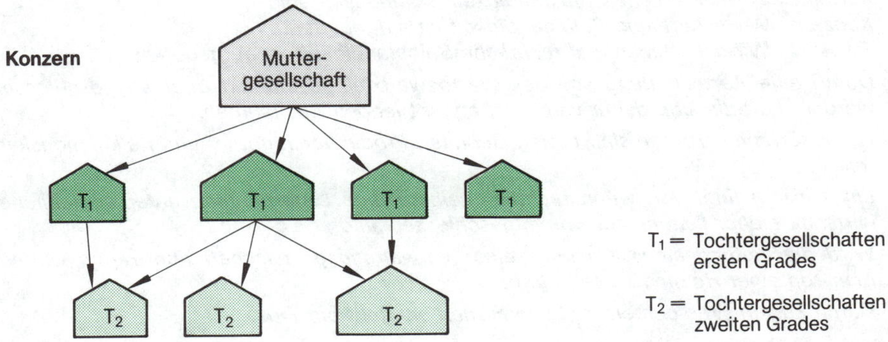

Es gibt horizontale, vertikale und laterale Konzerne. Von einem **horizontalen Konzern** wird gesprochen, wenn Betriebe der gleichen Branche zusammengeschlossen sind (z. B. Stahl-, Chemie-, Elektrokonzern). Ein **vertikaler Konzern** ist gegeben, wenn Unternehmungen mit aufeinanderfolgenden Produktionsstufen (Rohstoffgewinnung, Verarbeitung, Handel) vereinigt werden. Bei einem **lateralen Konzern** sind Unternehmungen der verschiedensten Branchen und Produktionsstufen miteinander verbunden.

Wird die Leitung eines Konzerns einer Verwaltungsgesellschaft übertragen, die alle Konzernmitglieder kapitalmäßig beherrscht, spricht man von einer **Holding-Gesellschaft.** Konzerne, die in mehreren Staaten Tochtergesellschaften unterhalten, werden als **Multis** (multinationale Konzerne) bezeichnet.

Trusts

Werden mehrere Unternehmen unter Aufgabe ihrer rechtlichen und wirtschaftlichen Selbständigkeit zu einer neuen Firma verschmolzen, entsteht ein Trust. Man sagt, die beteiligten Unternehmen **fusionieren.**

> **Stahlfusion Thyssen/Krupp gescheitert**
>
> **„Sonderhilfe von 500 Millionen DM unzureichend"**
>
> BONN (dpa) Der geplante Zusammenschluß der Firmen Thyssen Stahl AG und Krupp Stahl AG zu einer der größten und leistungsfähigsten europäischen Stahlgruppen wird nicht zustande kommen. Die beiden Unternehmen haben gestern das Bundeswirtschaftsministerium davon in Kenntnis gesetzt, daß die angestrebte Fusion nicht weiter verfolgt werde, weil Thyssen die von der Bundesregierung in Aussicht gestellte Sonderhilfe von 500 Millionen DM für unzureichend halte.
>
> Die Unternehmen hatten zuletzt 1,2 Milliarden DM als öffentliche Hilfe für das Zustandekommen des Zusammenschlusses verlangt. Die eine Hälfte des Betrages sollte als bedingt rückzahlbarer Zuschuß, die andere in Form einer Schuldbuchforderung vom Bund übernommen werden. Das Bundeskabinett hatte am vergangenen Mittwoch beschlossen, allenfalls einen bedingt rückzahlbaren Zuschuß bis zu 500 Millionen DM zu gewähren. Den Unternehmen wurde bis zum 2. November eine Erklärungsfrist eingeräumt, ob sie unter diesen Umständen zu einem Zusammengehen bereit seien.

Quelle: Südkurier Konstanz

Z

- *Kartell: Wirtschaftliche Selbständigkeit ist eingeschränkt.*
  Konzern: Wirtschaftliche Selbständigkeit ist aufgegeben.
  Trust: Wirtschaftliche und rechtliche Selbständigkeit ist aufgegeben.
- *Durch eine Kartellbildung soll der Wettbewerb eingeschränkt oder ausgeschlossen werden. Kartelle sind daher verboten, es gibt jedoch Ausnahmen.*
- *Grundsätzlich verboten sind Preis-, Gebiets-, Produktionsquoten- und Kalkulationskartelle.*
- *Ein Konzern liegt vor, wenn rechtlich selbständige Unternehmen unter einheitlicher wirtschaftlicher Leitung zusammengeschlossen sind.*
- *Wird die Leitung eines Konzerns einer Verwaltungsgesellschaft übertragen, spricht man von einer Holding-Gesellschaft.*
- *Durch Fusion (Verschmelzung) von Firmen entsteht ein Trust.*

5.2.3 Auswirkungen von Unternehmenszusammenschlüssen

Die Bildung von Kartellen, Konzernen oder von Trusts kann dazu führen, daß einzelne Unternehmen eine marktbeherrschende Position erreichen, der Wettbewerb beeinträchtigt wird oder daß bestimmte Produkte nur noch von wenigen Firmen angeboten werden. Das **Bundeskartellamt** kann daher Fusionen verbieten und ungerechtfertigte Preiserhöhungen untersagen.

Der Zusammenschluß von Unternehmungen kann jedoch auch gesamtwirtschaftliche Vorteile bringen, insbesondere wenn Unternehmungen durch Fusionen vor dem drohenden Konkurs gerettet werden können und dadurch Arbeitslosigkeit vermieden wird. Zudem können sich größere Unternehmen gegen die internationale Konkurrenz besser behaupten. Zuweilen werden Fusionen daher vom Staat sogar unterstützt.

Die **Unternehmenskonzentration** ist in der Bundesrepublik Deutschland bereits weit fortgeschritten (vgl. Schaubild).

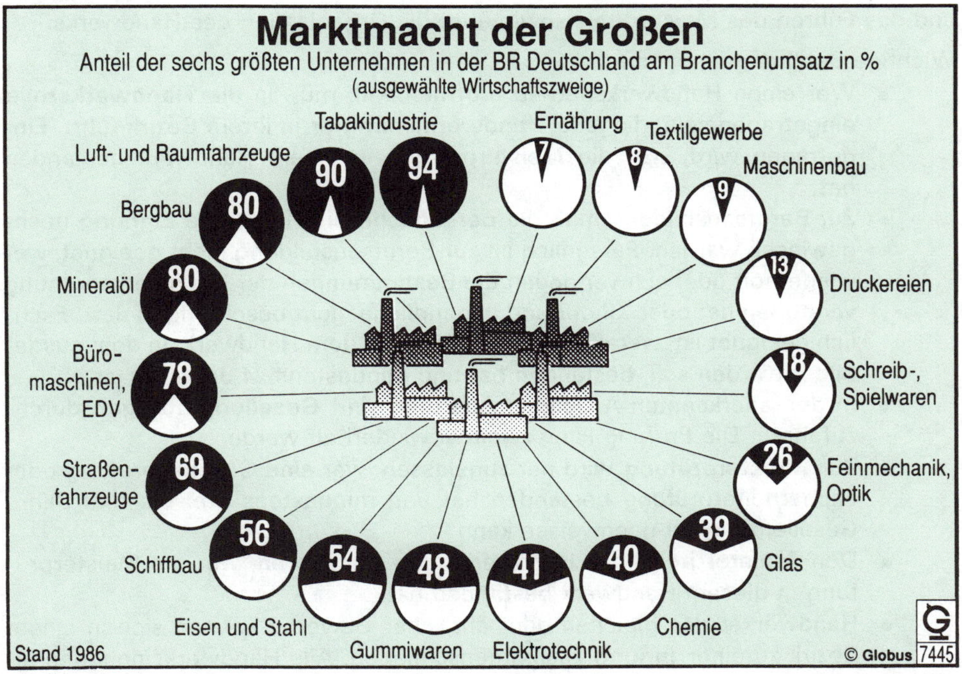

Z • *Unternehmenszusammenschlüsse können den Wettbewerb beeinträchtigen, das Bundeskartellamt kann daher Fusionen und ungerechtfertigte Preiserhöhungen untersagen.*

A

1. **Welche lose Formen von Unternehmenszusammenschlüssen (Unternehmenszusammenarbeit) lassen sich unterscheiden?**
2. **Welcher grundsätzliche Unterschied besteht zwischen einem Kartell, einem Konzern und einem Trust?**
3. **Was versteht man unter einem Syndikat?**
4. **Beschreiben Sie die Gefahren, die mit einer Kartellbildung verbunden sind.**
5. **Welche Kartelle sind grundsätzlich verboten, welche müssen genehmigt und welche nur angemeldet werden?**
6. **Erklären Sie die Begriffe**
   a) **Muttergesellschaft,**
   b) **Tochtergesellschaft,**
   c) **Schwestergesellschaft,**
   d) **Holding-Gesellschaft,**
   e) **horizontaler Konzern und**
   f) **vertikaler Konzern.**
7. **Welche Gefahren sind mit einer Unternehmenskonzentration verbunden, und warum werden Fusionen zuweilen trotzdem durch den Staat unterstützt?**

5.3 Berufsständische Organisationen

5.3.1 Handwerksorganisationen

Die Handwerksordnung

Die **Handwerksordnung** ist die gesetzliche Grundlage für das Handwerk. Sie enthält Bestimmungen über die Ausübung eines Handwerks, die Berufsausbildung, berufliche Fortbildung und Umschulung, die Durchführung von Meisterprüfungen und das Führen des Meistertitels sowie über die Organisation des Handwerks.

Wichtige Bestimmungen lauten:

- Wer einen Handwerksbetrieb eröffnen will, muß in die **Handwerksrolle** eingetragen sein, die jede **Handwerkskammer** in ihrem Bezirk führt. Eingetragen wird, wer die Meisterprüfung in einem Handwerk bestanden hat.
- Zur Berufsausbildung muß die **persönliche** und **fachliche Eignung** nachgewiesen werden. Persönlich ist zur Berufsausbildung nicht geeignet, wer wiederholt oder schwer gegen die Bestimmungen der Handwerksordnung verstoßen hat oder Kinder und Jugendliche nicht beschäftigen darf. Fachlich geeignet ist, wer die Meisterprüfung in dem Handwerk, in dem ausgebildet werden soll, bestanden hat und mindestens 24 Jahre alt ist.
- In den anerkannten Ausbildungsberufen sind **Gesellenprüfungen** durchzuführen. Die Prüfung kann zweimal wiederholt werden.
- Zur **Meisterprüfung** wird nur zugelassen, wer eine Gesellenprüfung oder Facharbeiterprüfung bestanden hat und mindestens drei bis fünf Jahre Gesellentätigkeit nachweisen kann.
- Den **Meistertitel** eines Handwerks darf nur führen, wer die Meisterprüfung in diesem Handwerk bestanden hat.
- Handwerker des gleichen oder ähnlicher Gewerbe können sich in einem Bezirk zu einer **Innung** zusammenschließen. Alle Handwerksinnungen eines Kreises bilden die **Kreishandwerkerschaft.**
- Die Interessen aller Handwerker eines Bezirkes nimmt die **Handwerkskammer** wahr.

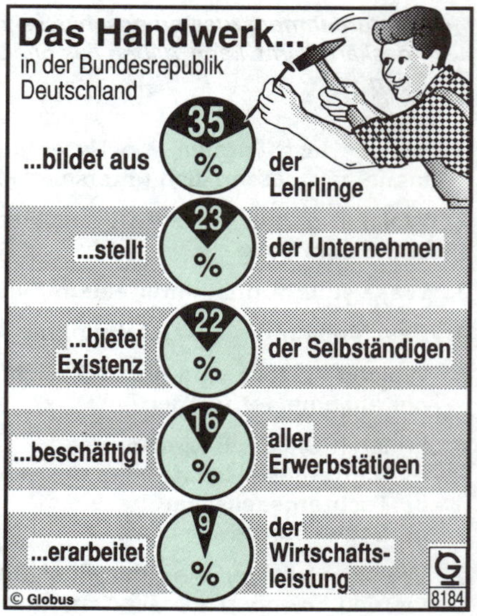

Die Handwerksordnung präzisiert diese generellen Vorschriften und nennt zahlreiche Ausnahmen. So können z. B. unter bestimmten Bedingungen auch Personen einen Handwerksbetrieb führen, welche die Meisterprüfung nicht abgelegt haben, und zur Berufsausbildung ist nicht in jedem Fall die Meisterprüfung erforderlich.

Die Anlage A der Handwerksordnung enthält ein Verzeichnis der Gewerbe, die als Handwerk betrieben werden können. Dort werden 126 Handwerksberufe genannt.

Z

- *Gesetzliche Grundlage des Handwerks ist die Handwerksordnung.*

5.3.1.1 Fachliche Handwerksorganisationen

Innungen

Für jedes Handwerk kann in einem Bezirk (meist Stadt- oder Landkreis) eine **Innung** gebildet werden, welche die gemeinsamen **Interessen** ihrer Mitglieder **fördern** soll. Die Mitgliedschaft der Handwerksbetriebe ist freiwillig. In der Bundesrepublik Deutschland gibt es fast 740000 Handwerksbetriebe, die sich in den alten Bundesländern zu ca. 6200 Innungen zusammengeschlossen haben. (In den neuen Bundesländern befinden sich die Innungen z.Z. im Aufbau.)

Die **Aufgaben** der Innungen sind in der Handwerksordnung festgelegt. Sie haben u.a.

- ein gutes Verhältnis zwischen Meistern, Gesellen und Auszubildenden anzustreben,
- die Berufsausbildung nach den Vorschriften der Handwerkskammer zu regeln und zu überwachen,
- Gesellenprüfungen abzunehmen, falls die Handwerkskammer sie dazu ermächtigt hat,
- das handwerkliche Können der Meister und Gesellen zu fördern (dazu können die Innungen Fachschulen errichten und Lehrgänge veranstalten),
- das Genossenschaftswesen im Handwerk zu fördern und
- die Vorschriften und Anordnungen der Handwerkskammer auszuführen.

Eine Handwerksinnung kann auch Tarifverträge abschließen, Unterstützungskassen für Notfälle der Mitglieder und ihrer Angehörigen einrichten und bei Streitigkeiten zwischen den Innungsmitgliedern vermitteln. Die Finanzierung der Innungsaufgaben erfolgt im wesentlichen durch Beiträge der Mitglieder.

Neujahrslied einer Innung

Kannst Du gut die Preise drücken
stehst Du überall in Gunst.
Staat und Bürger voll Entzücken
rühmen Deine große Kunst.
Gute Arbeit laß' beiseite,
quäl' Dich nicht mit Handwerksbrauch,
billige Preise nur bereite,
dann hast Du den Auftrag auch.
Baukunst ist nur öde Leere,
kalkulieren das ist Blech,
daß der Auftrag Dich beehre,
unterbiete immer frech.

Denn von unten bis nach oben
gutes Werk man nicht mehr kennt.
Überall hört man nur loben
stets den billigen Subtiment.
Brauchst auch keine Warenkunde,
Mensch, laß' das Studieren sein.
Nur mit allergrößtem Schunde
seif' den Auftraggeber ein!
Denn die Menschheit hier auf Erden –
sie verzeiht Dir jede List; sie will gern betrogen werden,
wenn Du nur recht billig bist.

Kann gesungen werden nach der Melodie: „Strömt herbei ihr Völkerscharen"

Quelle: Deutsche Handwerkszeitung

Qualität hat ihren Preis. Handwerksbetriebe und Innungen beklagen häufig, daß „nur" die billigsten Produkte gekauft werden und auf Qualität zu wenig geachtet wird.

Innungsverbände

Innerhalb eines Bundeslandes nehmen **Landesinnungsverbände** die Interessen eines Handwerks wahr. In einem Landesinnungsverband (Landesfachverband) sind alle Handwerksinnungen des gleichen Handwerks, die es in einem Bundesland gibt, zusammengeschlossen.
Ein **Bundesinnungsverband** nimmt die Interessen eines Handwerks auf Bundesebene wahr. Zur Zeit gibt es in den alten Bundesländern 63 „Bundesinnungsverbände" (52 Zentralfachverbände und 11 Regionalvereinigungen) des Handwerks.

Z

- *Innungen bestehen aus Handwerkern des gleichen oder ähnlicher Gewerbe.*
- *Auf Landesebene nehmen Landesinnungs- und auf Bundesebene Bundesinnungsverbände die Interessen eines Handwerks wahr.*

5.3.1.2 Überfachliche Handwerksorganisationen

Kreishandwerkerschaft

Die Handwerksinnungen eines Stadt- oder Landkreises bilden zusammen die **Kreishandwerkerschaft.** Die Mitgliedschaft der Innungen ist Pflicht.

Die Kreishandwerkerschaft hat die **Aufgabe,**

- die Gesamtinteressen des Handwerks auf Kreisebene zu vertreten,
- die Handwerksinnungen in ihren Aufgaben zu unterstützen und auf Wunsch ihre Geschäfte zu führen,
- Anregungen, Auskünfte und Gutachten zu erteilen,
- Vorschriften und Anordnungen der Handwerkskammer auszuführen.

Handwerkskammern

Die Aufsicht über die Innungen und die Kreishandwerkerschaften liegt bei den **Handwerkskammern.** Zur Handwerkskammer gehören neben den selbständigen Handwerkern eines Bezirks auch die Gesellen und Auszubildenden. Es besteht Pflichtmitgliederschaft. Zur Zeit gibt es in der Bundesrepublik Deutschland (alte Bundesländer) 42 Handwerkskammern.

Nach der **Handwerksordnung** haben die Handwerkskammern Beratungs- bzw. Betreuungs-, Bildungs- und Überwachungsaufgaben.

Beratungs- und Betreuungsaufgaben: Die Handwerkskammern müssen

- die Interessen des Handwerks fördern;
- Anregungen, Vorschläge und Gutachten für Betriebe und Behörden erteilen;
- die Handwerksrolle führen;
- das Genossenschaftswesen fördern;
- bei Streitigkeiten vermitteln und
- notleidende Handwerker und Gesellen unterstützen.

Bildungsaufgaben: Die Handwerkskammern haben

- die Berufsausbildung im Handwerk zu regeln und Vorschriften hierfür zu erlassen;
- Gesellenprüfungsordnungen zu erlassen und Prüfungsausschüsse zu bilden bzw. die Innungen dazu zu ermächtigen;
- Meisterprüfungsordnungen zu erlassen und Vorbereitungskurse durchzuführen sowie
- Fortbildungslehrgänge und Umschulungskurse zu veranstalten.

Überwachungsaufgaben: Die Handwerkskammern müssen

- die Berufsausbildung im Handwerk und die ordnungsgemäße Durchführung der Gesellenprüfungen überwachen;
- die Ausbildungsbetriebe kontrollieren sowie
- die Aufsicht über die Innungen und die Kreishandwerkerschaften führen; besonders müssen sie darauf achten, daß die ihnen übertragenen Aufgaben ordnungsgemäß erfüllt werden.

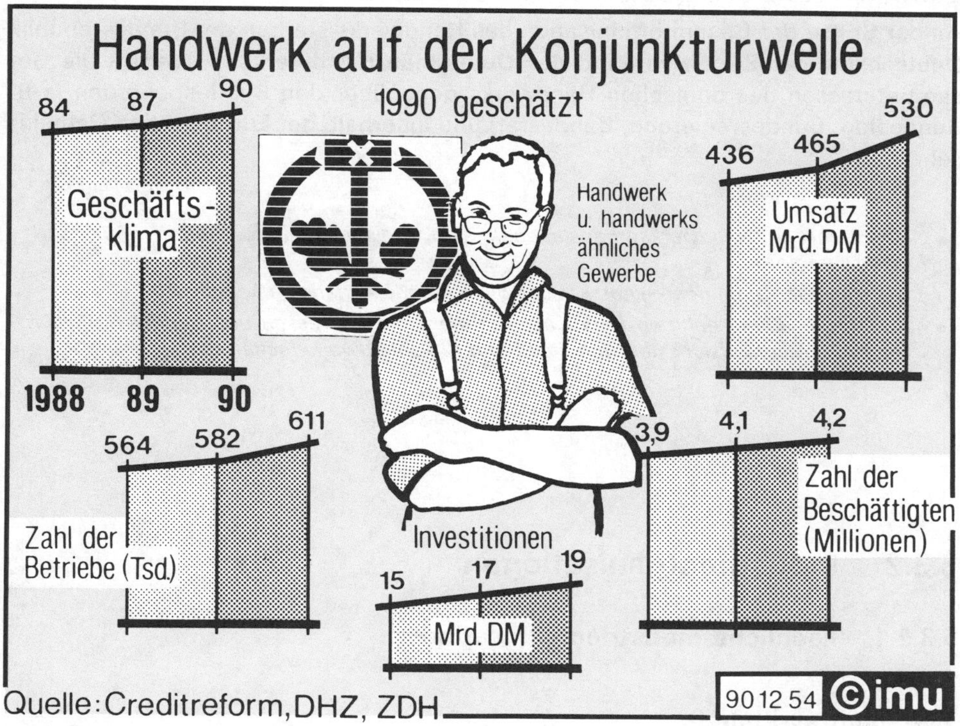

Auf Bundesebene bilden die Handwerkskammern den **Deutschen Handwerkskammertag.** Dieser hat alle Aufgaben und Anliegen der Handwerkskammern gegenüber Bundesbehörden zu vertreten.

Zentralverband des Deutschen Handwerks

Bund	Deutscher Handwerkskammertag	Bundesvereinigung der Fachverbände Bundesinnungsverbände bzw. Zentralfachverbände	Bund
Land	Landeshandwerks-vertretungen	Landesinnungsverbände bzw. Landesfachverbände	Land
Bezirk	Handwerkskammern		Bezirk
Kreis	Kreishandwerker-schaften	Handwerksinnungen	Kreis
	überfachliche Organisation	fachliche Organisationen	

Organisation des Deutschen Handwerks

Zentralverband des Deutschen Handwerks

An der Spitze der Gesamtorganisation des Handwerks steht in der Bundesrepublik Deutschland der **Zentralverband des Deutschen Handwerks.** Er vertritt die Gesamtinteressen des deutschen Handwerks gegenüber den Bundesbehörden (z. B. Bundestag, Bundesregierung, Bundesrat) und innerhalb der Europäischen Gemeinschaft.

Z

- *Überfachliche Handwerksorganisationen sind Kreishandwerkerschaften und Handwerkskammern.*
- *Die Handwerksinnungen eines Kreises bilden die Kreishandwerkerschaft.*
- *Auf Bezirksebene nehmen Handwerkskammern die Interessen des Handwerks wahr. Sie führen die Aufsicht über Innungen und Kreishandwerkerschaften.*

5.3.2 Industrieorganisationen

5.3.2.1 Fachliche Industrieorganisationen

Wirtschaftsverbände

Wirtschaftsverbände sind Vereinigungen, welche ausschließlich **wirtschaftliche Ziele** verfolgen und fachlich gegliedert sind. Jeder Industriezweig hat seinen eigenen Wirtschaftsverband, welcher die Unternehmen wirtschaftlich fördert, Unternehmen und ganze Industriezweige in rechtlichen, wirtschaftlichen und technischen Fragen berät und auch Hilfen in Notfällen leistet.

Wirtschaftsverbände sind z. B. der Verband der Automobilindustrie, der Verein der Zuckerindustrie, der Fachverband Metall oder der Fachverband Maschinenbau.

Auf der untersten Ebene schließen sich Industrieunternehmen der gleichen Branche zu **Orts**- oder **Bezirksfachverbänden** zusammen. In den einzelnen Bundesländern bestehen **Landesfachverbände**, und auf Bundesebene (alte Bundesländer) nehmen 37 **Spitzenfachverbände** die Interessen einzelner Industriezweige wahr. Dachorganisation der Wirtschaftsverbände ist der **Bundesverband der Deutschen Industrie (BDI)**. Er sieht seine Aufgabe darin, die wirtschaftspolitischen Interessen der deutschen Industrie gegenüber Bundestag, Regierung, Bundesrat, Parteien und internationalen Organisationen (z. B. EG) zu vertreten. Hinzu kommen Beratungs-, Informations- und Koordinationsaufgaben für die Mitgliedsverbände.

Die Mitgliedschaft in Wirtschaftsverbänden ist freiwillig; z. Zt. sind ca. 80 000 Industrieunternehmen (alte Bundesländer) in Wirtschaftsverbänden organisiert.

Arbeitgeberverbände

Arbeitgeberverbände wollen nicht – wie die Wirtschaftsverbände – die angeschlossenen Unternehmen wirtschaftlich fördern, sie verfolgen vielmehr **arbeits- und sozialpolitische Ziele.** Als Partner der Gewerkschaften handeln sie mit diesen **Tarifverträge** aus und wirken – wie die Gewerkschaften – durch Vertreter in den Arbeits- und Sozialgerichten und in den Selbstverwaltungsorganen der Sozialversicherungen mit. Neben diesen traditionellen Aufgaben leisten die Arbeitgeberverbände Aufklärungs- und Bildungsarbeit, unterstützen die Berufsausbildung und -fortbildung und unterbreiten Vorschläge zur Humanisierung der Arbeitswelt aus unternehmerischer Sicht.

Arbeitgeberverbände sind z. B. der Verband der deutschen Bauindustrie, der Arbeitgeberverband der Ernährungsindustrie sowie der Verband der Metallindustrie. Die Mitgliedschaft in einem Arbeitgeberverband ist freiwillig, liegt aber im Interesse der Betriebe.

Bundesvereinigung der Deutschen Arbeitgeberverbände

Mitgliedsverbände sind 47 Fachverbände (alte Bundesländer)

Industrie	29	Banken	1
Handel	4	Versicherungen	1
Verkehrsgewerbe	4	Sonstige Gewerbe	4
Handwerk	2	Gastmitglied	1
Landwirtschaft	1	+12 Landesverbände	

Arbeitgeberverbände gibt es auf Orts-, Kreis-, Bezirks-, Landes- und Bundesebene. 1950 entstand aus Landes- und Bundesarbeitgeberverbänden die **Bundesvereinigung der Deutschen Arbeitgeberverbände (BDA).** Der Bundesvereinigung gehören 47 Bundesfachverbände an, davon sind 29 industrielle Fachverbände (Angaben für alte Bundesländer). Sie kann selbst keine Tarifverträge aushandeln, nimmt aber zu grundsätzlichen arbeits- und sozialpolitischen Fragen Stellung und leistet Bildungs-, Beratungs- und Aufklärungsarbeit für ihre Mitglieder.

Z

- *Industriebetriebe können sich zu Wirtschaftsverbänden und Arbeitgeberverbänden zusammenschließen.*
- *Wirtschaftsverbände wollen die angeschlossenen Industriebetriebe wirtschaftlich fördern.*
- *Arbeitgeberverbände haben arbeits- und sozialpolitische Ziele. Ihre Hauptaufgabe besteht als Partner der Gewerkschaften im Aushandeln von Tarifverträgen.*

5.3.2.2 Überfachliche Industrieorganisationen

Industrie- und Handelskammern

Sie sind nicht nur für Industriebetriebe zuständig, sondern nehmen die Interessen mehrerer Wirtschaftszweige (z. B. Industrie, Groß- und Einzelhandel, Versicherungen, Banken, Hotel- und Gaststättengewerbe, Transportgewerbe, Verlage) wahr. Für alle Gewerbebetriebe innerhalb des Kammerbezirks, für welche die Industrie- und Handelskammer zuständig ist, besteht **Zwangsmitgliedschaft.** Die IHK hat – wie die Handwerkskammer – Beratungs-, Betreuungs-, Bildungs- und Überwachungsaufgaben.

Sie hat

- die Interessen der Gewerbetreibenden zu vertreten;
- die gewerbliche Wirtschaft zu fördern, zu beraten und zu unterstützen;
- Berichte und Gutachten für Behörden zu erstellen;
- ein Verzeichnis der Berufsausbildungsverhältnisse zu führen;
- die Berufsausbildung zu überwachen und Abschlußprüfungen abzunehmen;
- Ausbildungsrichtlinien und Berufsausbildungsverträge aufzustellen;
- Industriemeisterprüfungen abzunehmen und
- Fortbildungslehrgänge zu veranstalten.

Die Industrie- und Handelskammern sind in den Bundesländern zu **Landesarbeitsgemeinschaften** vereinigt. Als Spitzenorganisation bilden die 69 Industrie- und Handelskammern (alte Bundesländer) auf Bundesebene den **Deutschen Industrie- und Handelstag**. Er fördert und sichert die Zusammenarbeit der einzelnen Industrie- und Handelskammern und wahrt die Interessen der gewerblichen Wirtschaft gegenüber Behörden und Bundesorganen.

Bund	Bundesverband der Deutschen Industrie (BDI)	Bundesvereinigung der Deutschen Arbeitgeberverbände	Deutscher Industrie- und Handelstag	Bund
	Bundesfachverbände (Spitzenverbände)	Bundesarbeitgeberverbände		
Land	Landesfachverbände	Landesarbeitgeberverbände	Landesarbeitsgemeinschaften	Land
Ort, Kreis, Bezirk	Orts-, Kreis- und Bezirksfachverbände	Orts-, Kreis- und Bezirksarbeitgeberverbände	Industrie- und Handelskammern	Bezirk
	fachliche Organisationen		überfachliche Organisation	

Organisation der Deutschen Industrie

- *Als überfachliche Organisationen nehmen die Industrie- und Handelskammern Beratungs-, Betreuungs- und Bildungsaufgaben für die angeschlossenen Gewerbebetriebe wahr. Sie überwachen die Berufsausbildung und achten auf die Einhaltung der gesetzlichen Bestimmungen.*

5.3.3 Organisationen der Haus- und Landwirtschaft

5.3.3.1 Landwirtschaftliche Organisationen

Zentralausschuß der Deutschen Landwirtschaft

Die vier Organisationen – **Deutscher Bauernverband, Verband der Landwirtschaftskammern, Deutsche Landwirtschaftliche Gesellschaft** und **Deutscher Genossenschafts- und Raiffeisenverband** – haben sich auf Bundesebene zur Spitzenorganisation der Landwirtschaft, dem Zentralausschuß der Deutschen Landwirtschaft, zusammengeschlossen.

Zentralausschuß der Deutschen Landwirtschaft			
Deutscher Bauernverband	Verband der Landwirtschaftskammern	Deutsche Landwirtschaftliche Gesellschaft	Deutscher Genossenschafts- und Raiffeisenverband

Der Zentralausschuß nimmt die Interessen der Landwirtschaft gegenüber den Bundesbehörden und der Europäischen Gemeinschaft wahr.

Deutscher Bauernverband

Der Deutsche Bauernverband ist ein freiwilliger Zusammenschluß von 15 Landesbauernverbänden und 28 anderen Fachverbänden (alte Bundesländer), wie z. B. Deutscher Imkerbund, Bundesverband Deutscher Tabakpflanzer, Verband deutscher Hopfenbauern und Arbeitsgemeinschaft Deutscher Tierzüchter.

Deutscher Bauernverband	
Landesverbände	Kreisverbände
Bezirksverbände	Ortsverbände

Die 15 Landesbauernverbände erfassen über die angeschlossenen Bezirks-, Kreis- und Ortsbauernverbände fast alle landwirtschaftlichen Betriebe in den alten Bundesländern.
Wichtigste Aufgabe des Deutschen Bauernverbandes ist nach seiner Satzung „die Vertretung und Förderung der Landwirtschaft und der verwandten Berufszweige sowie deren Angehörige im Dienste der deutschen Gesamtwirtschaft und des deutschen Volkes".

Zu diesem Zweck

- berät und betreut der Bauernverband die Angehörigen der Landwirtschaft wirtschaftlich, rechtlich und kulturell;
- vertritt ihre Interessen gegenüber Landes- und Bundesbehörden und
- pflegt enge Beziehungen zu anderen Organisationen der Wirtschaft.

Deutscher Genossenschafts- und Raiffeisenverband

Volks- und Raiffeisenbanken und andere Genossenschaften (z. B. Molkerei-, Eierverwertungs-, Viehverwertungs-, Winzer-, Dienstleistungsgenossenschaften und gewerbliche Genossenschaften haben sich zum deutschen Genossenschafts- und Raiffeisenverband zusammengeschlossen, um das Genossenschaftswesen zu fördern, die Interessen der Genossenschaften zu vertreten, sie zu beraten und über wirtschaftliche Entwicklungen zu informieren.

Deutsche Landwirtschaftliche Gesellschaft (DLG)

Sie führt Versuche und Forschungen durch und sammelt wissenschaftliche Forschungsergebnisse, um in Fragen der landwirtschaftlichen Betriebsführung, des Ackerbaus, der Viehzucht, des Geräte- und Maschinenwesens informieren und beraten zu können. Außerdem bemüht sich die Gesellschaft um Qualitätsverbesserungen, führt Ausstellungen durch und fördert die Aus- und Weiterbildung in landwirtschaftlichen Berufen.

Verband der Landwirtschaftskammern

Die Landwirtschaftskammern entsprechen in Aufgaben und Organisation weitgehend den Handwerks- und den Industrie- und Handelskammern. Insbesondere haben sie

- die Interessen der Landwirte zu vertreten, sie zu beraten und zu unterstützen;
- die Ausbildung zu überwachen und Prüfungen abzunehmen sowie
- landwirtschaftliche Fortbildungsveranstaltungen durchzuführen.

Für die Landwirtschaftsbetriebe besteht Zwangsmitgliedschaft. Vielfach sind den Landwirtschaftskammern Untersuchungs- und Forschungsanstalten angeschlossen.

Z

- *Wichtige Organisationen der Landwirtschaft sind der Deutsche Bauernverband, der Deutsche Genossenschafts- und Raiffeisenverband, die Deutsche Landwirtschaftliche Gesellschaft und der Verband der Landwirtschaftskammern.*
- *Spitzenorganisation der deutschen Landwirtschaft ist der Zentralausschuß der Deutschen Landwirtschaft.*
- *Die landwirtschaftliche Aus- und Fortbildung regeln Landwirtschaftskammern oder Landwirtschaftsämter.*

5.3.3.2 Hauswirtschaftliche Organisationen

Deutscher Hausfrauenbund (DHB)

Dieser Berufsverband der Hausfrauen mit Sitz in Bonn

- berät und informiert seine Mitglieder über Fragen des Einkaufs, der Wohnung, Haushaltsführung und Ernährung;
- fördert die hauswirtschaftliche Berufsausbildung;
- schließt als Arbeitgebervereinigung Tarifverträge für die Erwerbstätigen im Haushalt ab und
- vertritt die Interessen der Hausfrauen bei Behörden und gegenüber staatlichen Organen.

Hausfrauenvereinigung des Katholischen Deutschen Frauenbundes (Köln)

Die konfessionelle Orientierung steht bei diesem Verband im Vordergrund, ansonsten verfolgt er ähnliche Ziele wie der Deutsche Hausfrauenbund. Wie der Deutsche Hausfrauenbund kann auch der Katholische Deutsche Frauenbund (KDFB) Tarifverträge für die Erwerbstätigen im Haushalt abschließen. Verhandlungspartner für die Arbeitnehmerseite können z. B. die Gewerkschaft Nahrung, Genuß, Gaststätten oder der Berufsverband hauswirtschaftlicher Fach- und Führungskräfte sein.

Deutsche Gesellschaft für Hauswirtschaft (DGH)

Zu dieser Gesellschaft haben sich hauswirtschaftliche Verbände, Firmen und Einzelpersonen zusammengeschlossen, um die hauswirtschaftlichen Interessen bei zuständigen Stellen besser vertreten zu können. Sitz der Gesellschaft ist in Essen.

Landwirtschaftskammern/Landwirtschaftsämter

Für die Berufsaus- und Berufsfortbildung in der ländlichen Hauswirtschaft sind die Landwirtschaftskammern/Landwirtschaftsämter in Baden-Württemberg, Bayern und Hessen zuständig.

Z

- *Wichtige Organisationen der Hauswirtschaft sind der Deutsche Hausfrauenbund, die Hausfrauenvereinigung des Katholischen Deutschen Frauenbundes und die Deutsche Gesellschaft für Hauswirtschaft.*
- *Die Landwirtschaftskammern/Landwirtschaftsämter regeln die Berufsaus- und Berufsfortbildung in der ländlichen Hauswirtschaft.*

A

1. Welche wichtigen Bestimmungen enthält die Handwerksordnung?
2. Unter welchen Voraussetzungen sind Handwerksbetriebe zur Berufsausbildung befugt?
3. Warum schließen sich die meisten Handwerksbetriebe zu Innungen zusammen, obwohl die Mitgliedschaft freigestellt ist und zur Finanzierung der Innungen Beiträge geleistet werden müssen?
4. Was versteht man unter Innungsverbänden?
5. Welche Funktion hat eine Kreishandwerkerschaft?
6. Zählen Sie jeweils drei Beratungs- bzw. Betreuungs-, Bildungs- und Überwachungsaufgaben der Handwerkskammern auf.
7. Warum besteht für die Handwerksbetriebe Pflichtmitgliedschaft in der Handwerkskammer?
8. Welche Organisation vertritt die Gesamtinteressen des Handwerks auf Bundesebene?
9. Unterscheiden Sie Wirtschafts- und Arbeitgeberverbände nach ihrer Zielsetzung.
10. Für welche Betriebe sind die Industrie- und Handelskammern zuständig?
11. Nennen Sie wichtige Aufgaben der Industrie- und Handelskammern.
12. Welche Organisationen vertreten die Gesamtinteressen der Industrie auf Bundesebene?
13. Welche vier Organisationen haben sich zum Zentralausschuß der Deutschen Landwirtschaft zusammengeschlossen?
14. Nennen Sie drei Aufgaben des Deutschen Bauernverbandes.
15. Welche Aufgaben übernimmt die Deutsche Landwirtschaftliche Gesellschaft (DLG)?
16. Welche Aufgaben hat der Deutsche Hausfrauenbund?
17. Wer regelt und überwacht die Berufsausbildung in der ländlichen Hauswirtschaft?

6
Zahlungsverkehr

Es gibt mehrere Möglichkeiten

Die zahlreichen Zahlungsmöglichkeiten lassen sich zu drei Gruppen (Zahlungsarten) zusammenfassen: Barzahlungen, halbbare Zahlungen und bargeldlose Zahlungen.

*

Wird zur Zahlung kein Konto benutzt, liegt Barzahlung vor; von halbbarer Zahlung spricht man, wenn entweder der Zahler oder der Zahlungsempfänger ein Konto benutzt; bei bargeldloser Zahlung erfolgt lediglich eine Umbuchung von Konto zu Konto.

*

Durch die Abwicklung des Zahlungsverkehrs leisten die Geldinstitute (Banken, Sparkassen, Bundespost) für Haushaltungen und Betriebe wertvolle Dienste.

6.1 Zahlungsarten

Je nachdem, ob eine Zahlung ausschließlich mit Bargeld, mit Bargeld **und** Buchgeld oder nur mit Buchgeld durchgeführt wird, unterscheidet man die Zahlungsarten: **Barzahlung, halbbare Zahlung** und **bargeldlose (unbare) Zahlung.**
Barzahlung liegt vor, wenn für den Zahlungsvorgang kein Konto benutzt wird. Der Zahler gibt und der Zahlungsempfänger erhält Bargeld. Dies ist bei der **persönlichen Geldübergabe** der Fall, aber auch wenn ein **Bote** (Geldübergabe durch Boten) oder die **Post** (Postanweisung, Wertbrief) als **„Überbringer"** des Geldes eingeschaltet wird.

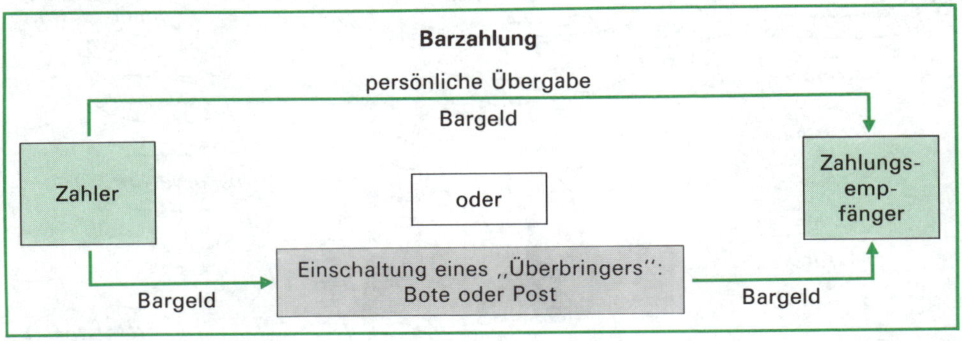

Halbbare Zahlung ist gegeben, wenn einer der am Zahlungsvorgang Beteiligten (Zahler oder Zahlungsempfänger) ein Konto hat und dieses benutzt. Formen der halbbaren Zahlung sind bei Banken und Sparkassen Zahlungen mittels **Zahlschein** oder **Barscheck,** bei der Bundespost Zahlungen durch den **Zahlschein** oder den **Postbarscheck.**

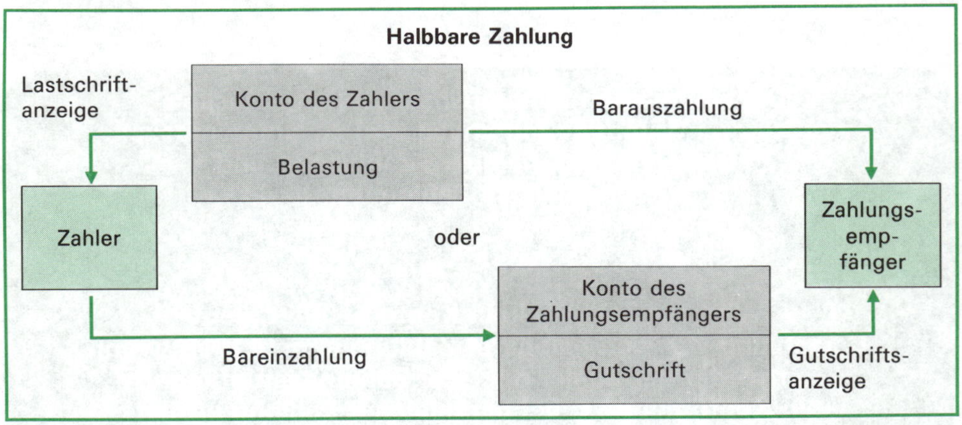

Voraussetzung für die Teilnahme am halbbaren bzw. bargeldlosen Zahlungsverkehr ist ein **Girokonto.** Wer ein Girokonto eröffnen will, muß sich persönlich ausweisen, die Unterschrift hinterlegen und geschäftsfähig sein. Beschränkt geschäftsfähige Personen bedürfen der Zustimmung des gesetzlichen Vertreters (Eltern oder Vormund). Die Zustimmung kann jedoch unterstellt werden, wenn das Konto z.B. in Verbindung mit der Berufsausübung benötigt wird. Das Girokonto erfaßt die laufenden Gutschriften und Belastungen. Über die Veränderung des Kontostandes wird der Kontoinhaber durch Kontoauszüge informiert. Darf auf dem Konto bis zu einer von dem Geldinstitut bestimmten Höhe Kredit in Anspruch genommen werden, spricht man von einem **Kontokorrentkonto.**

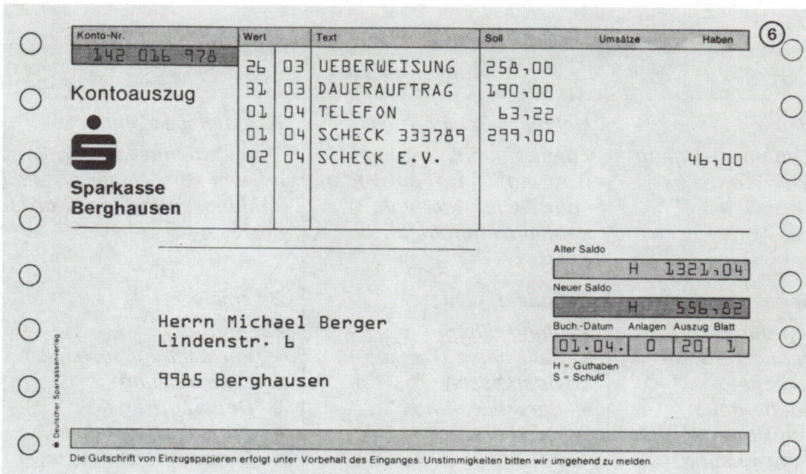
Konto-Nr. 142 016 978

Kontoauszug

Sparkasse Berghausen

Wert		Text	Soll	Haben
26	03	UEBERWEISUNG	258,00	
31	03	DAUERAUFTRAG	190,00	
01	04	TELEFON	63,22	
01	04	SCHECK 333789	299,00	
02	04	SCHECK E.V.		46,00

Alter Saldo H 1321,04

Neuer Saldo H 556,82

Buch.-Datum	Anlagen	Auszug	Blatt
01.04.	0	20	1

H = Guthaben
S = Schuld

Herrn Michael Berger
Lindenstr. 6

9985 Berghausen

© Deutscher Sparkassenverlag

Die Gutschrift von Einzugspapieren erfolgt unter Vorbehalt des Einganges. Unstimmigkeiten bitten wir umgehend zu melden.

Für ein Guthaben auf einem Girokonto wird nur ein geringer Zins bezahlt. Höhere Zinsen erhält man für Guthaben auf einem **Sparkonto.** Das Sparkonto dient nicht dem Zahlungsverkehr, sondern der Geldanlage.
Bargeldlose Zahlung erfordert, daß sowohl der Zahler als auch der Zahlungsempfänger ein Konto besitzen und diese Konten für die Zahlung benutzen. Der zu zahlende Betrag wird einfach von Konto zu Konto umgebucht. Der Zahlungsempfänger erhält eine Gutschrift, der Zahler eine Lastschrift. Zu bargeldlosen Zahlungen zählen Zahlungen durch Überweisung, Verrechnungsscheck, Dauerauftrag, das Lastschriftverfahren und mit Kreditkarte.

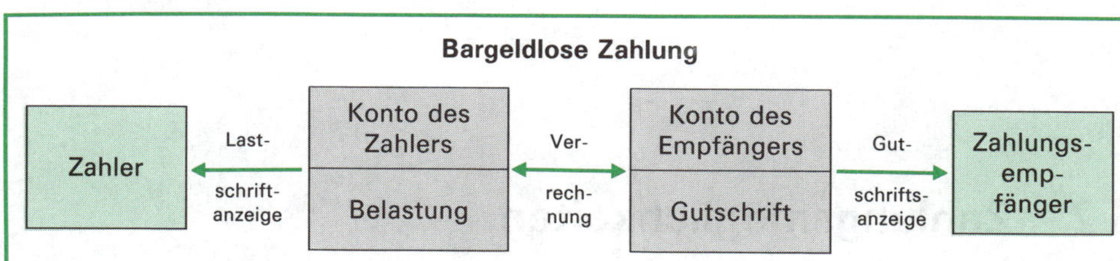

Damit alle Geldinstitute untereinander in Kontenverbindung stehen, haben sie sich zu fünf **Gironetzen** zusammengeschlossen, die untereinander wieder verbunden sind. Es sind dies

- die Sparkassen mit ihren Girozentralen,
- die Großbanken mit ihren Filialen,
- die Kreditgenossenschaften mit ihren Zentralkassen,
- die 14 Postgiroämter mit den angeschlossenen Postämtern als Kassenstellen und
- die Deutsche Bundesbank mit 11 Landeszentralbanken und über 250 Geschäftsstellen (alte Bundesländer). Für Geschäftsstellen in den neuen Bundesländern wurde die „Vorläufige Verwaltungsstelle Berlin" eingerichtet.

So kann z. B. ohne Schwierigkeiten von der Sparkasse in Neckarsulm an die Deutsche Bank in Saarbrücken oder vom Postgiroamt Stuttgart an die Bayrische Hypotheken- und Wechselbank in Amberg überwiesen werden.

Z

Zahlungsarten		
Barzahlung *Zum Zahlungsvorgang wird **kein Konto** benutzt.*	*Halbbare Zahlung* *Zum Zahlungsvorgang wird **ein Konto,** entweder vom Zahler oder vom Zahlungsempfänger, benutzt.*	*Bargeldlose Zahlung* *Zum Zahlungsvorgang werden sowohl vom Zahler als auch vom Zahlungsempfänger **Konten** benutzt.*
Beispiele: *Zahlung durch* • *persönliche Geldübergabe* • *Geldübergabe durch Boten* • *Postanweisung* • *Wertbrief*	*Beispiele:* *Zahlung durch* • *Zahlschein (Banken, Sparkassen, Post)* • *Barscheck und Postbarscheck*	*Beispiele:* *Zahlung durch* • *Verrechnungsscheck* • *Überweisung* • *Dauerauftrag* • *Lastschriftverfahren (Einzugsermächtigung)* • *Benutzung einer Kreditkarte*

A

1. **Erläutern Sie die Begriffe Barzahlung, halbbare Zahlung und bargeldlose Zahlung.**
2. **Welche Voraussetzung ist zur Teilnahme am bargeldlosen Zahlungsverkehr notwendig?**
3. **Warum haben sich gleichartige Geldinstitute zu Gironetzen zusammengeschlossen?**
4. **Unterscheiden Sie zwischen einem Giro-, Kontokorrent- und Sparkonto.**
5. **Beschreiben Sie den Vorgang zur Eröffnung eines Girokontos.**

6.2 Zahlungsmöglichkeiten

6.2.1 Barzahlungsmöglichkeiten

Persönliche Geldübergabe und Geldübergabe durch einen Boten

Übergibt man das Geld persönlich oder durch einen Boten, ist es sinnvoll, als Zahlungsnachweis eine **Quittung** zu verlangen. Im Einzelhandel erhält man meist einen **Kassenbon.** Werden Rechnungen bar bezahlt, wird der Empfang des Geldes häufig durch **Stempelaufdruck,** z. B. „Betrag dankend erhalten" unter Hinzufügung des Datums und der Unterschrift des Geldempfängers quittiert. In anderen Fällen muß eine Quittung ausgestellt werden, meistens dient dazu ein **Quittungsvordruck.**

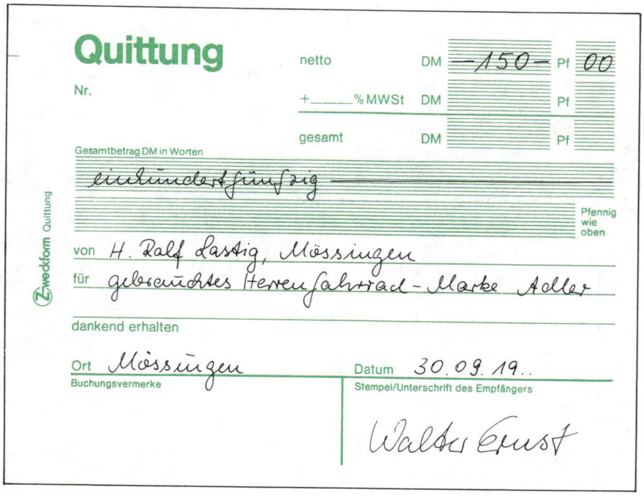

Quittung

Nr.

netto DM –150– Pf 00

+ ____ % MWSt DM Pf

gesamt DM Pf

Gesamtbetrag DM in Worten

einhundertfünfzig

Pfennig wie oben

von H. Ralf Lastig, Mössingen

für gebrauchtes Herrenfahrrad – Marke Adler

dankend erhalten

Ort Mössingen Datum 30.09.19..

Buchungsvermerke

Stempel/Unterschrift des Empfängers

Walter Ernst

Zweckform Quittung

MARKTKAUF
OLDENTRUP
02/07

WERKZEUGE	2.50	I
WERKZEUGE	2.20	I
WERKZEUGE	2.20	I
ZW-SUMME	6.90	
MWST14	.85	
TOTAL	6.90	
BARGELD	7.00	
ZURUECK	.10	

DANKE AUF WIEDERSEHEN
712320 C001 R01 T08:35

Eine Quittung ist als Zahlungsnachweis erforderlich

- bei betrieblichen Ausgaben (Buchungsbeleg!),
- aus steuerlichen Gründen gegenüber dem Finanzamt,
- damit ein Umtauschrecht oder sonstige Ansprüche bei Sachmängeln wahrgenommen werden können.

Postanweisung

Besitzt weder der Zahlungspflichtige noch der Zahlungsempfänger ein Konto und sind die beiden räumlich voneinander getrennt, bietet sich die Zahlung durch eine Postanweisung an. Der Absender des Geldes zahlt den Geldbetrag auf einem Postamt bar ein, und dem Zahlungsempfänger wird der Betrag durch den Postzusteller bar ausbezahlt. Das Einzahlungspostamt bescheinigt auf dem Einlieferungsschein (rechter Teil der Postanweisung) dem Einzahlenden die Einzahlung des Geldes. Der Zustellungsbeamte läßt sich auf der Rückseite der Postanweisung vom Geldempfänger den Empfang des Geldes quittieren. Die Postanweisungsgebühr ist hoch. Falls Konten vorhanden sind, sollte man daher immer andere Zahlungsmöglichkeiten wählen.

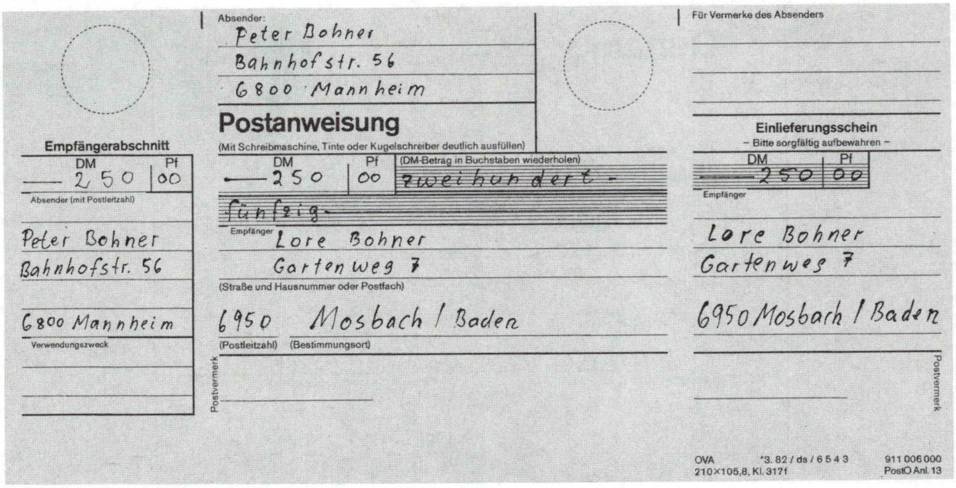

Empfängerabschnitt

DM	Pf
—— 2 5 0	00

Absender (mit Postleitzahl)

Peter Bohner
Bahnhofstr. 56
6800 Mannheim

Verwendungszweck

Absender:
Peter Bohner
Bahnhofstr. 56
6800 Mannheim

Postanweisung
(Mit Schreibmaschine, Tinte oder Kugelschreiber deutlich ausfüllen)

DM	Pf	(DM-Betrag in Buchstaben wiederholen)
—— 2 5 0	00	zweihundert -

fünfzig -

Empfänger Lore Bohner
Gartenweg 7
(Straße und Hausnummer oder Postfach)
6950 Mosbach / Baden
(Postleitzahl) (Bestimmungsort)

Postvermerk

Für Vermerke des Absenders

Einlieferungsschein
– Bitte sorgfältig aufbewahren –

DM	Pf
—— 2 5 0	00

Empfänger
Lore Bohner
Gartenweg 7
6950 Mosbach / Baden

Postvermerk

OVA '3.82 / ds / 6 5 4 3 911 006 000
210×105,8, Kl. 3171 PostO Anl. 13

Wertbrief

Eine nur noch selten genutzte Möglichkeit, Bargeld zu übermitteln, ist die Versendung in einem Wertbrief. In erster Linie werden heute in einem Wertbrief Wertpapiere, Dokumente und wertvolle Urkunden versandt. Der Wert der Briefsendung ist auf der Vorderseite des Wertbriefes anzugeben, bei Verlust haftet die Bundespost für den angegebenen Betrag. Bei einer Wertangabe über 500,— DM muß der Wertbrief versiegelt werden. Der Höchstbetrag der Wertangabe beträgt 100000,— DM. Die Gebühren für die Versendung eines Wertbriefes sind hoch.

Z

- *Barzahlungsmöglichkeiten sind Zahlungen durch persönliche Geldübergabe, Geldübergabe durch einen Boten, durch Postanweisung oder durch einen Wertbrief.*
- *Kassenbons, quittierte Rechnungen und Quittungsvordrucke dienen bei Barzahlung als Quittungen.*
- *Die Zahlung durch Postanweisung ist teuer und sollte daher nur gewählt werden, wenn sowohl der Zahler als auch der Zahlungsempfänger keine Konten besitzen.*

6.2.2 Halbbare Zahlungsmöglichkeiten

Zahlschein

Besitzt nur der Zahlungsempfänger ein Konto, kann der Absender des Geldes bei der Post oder bei Banken und Sparkassen einen Zahlschein zur Zahlung benutzen. Der Zahler zahlt das Geld bar ein, und dem Empfänger wird der Betrag auf seinem Bank- oder Postgirokonto gutgeschrieben.

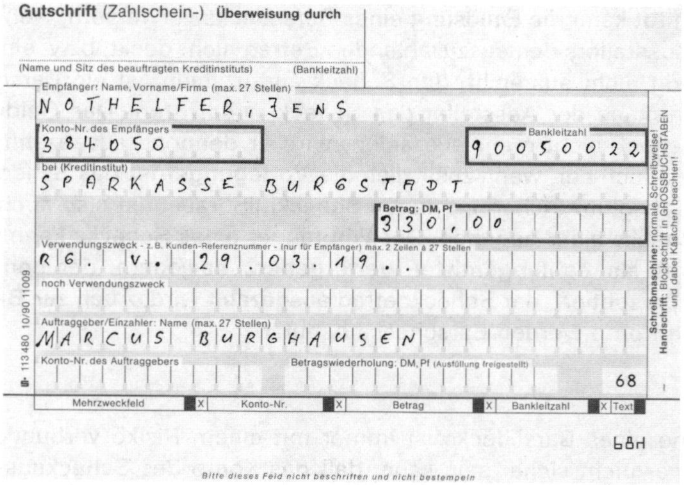

Gutschrift (Zahlschein-) **Überweisung durch**

(Name und Sitz des beauftragten Kreditinstituts) (Bankleitzahl)

Empfänger: Name, Vorname/Firma (max. 27 Stellen)

NOTHELFER, JENS

Konto-Nr. des Empfängers: 384050 — Bankleitzahl: 90050022

bei (Kreditinstitut): SPARKASSE BURGSTADT

Betrag: DM, Pf: 330,00

Verwendungszweck - z.B. Kunden-Referenznummer - (nur für Empfänger) max. 2 Zeilen à 27 Stellen

RG. V. 29.03.19..

noch Verwendungszweck

Auftraggeber/Einzahler: Name (max. 27 Stellen)

MARCUS BURGHAUSEN

Konto-Nr. des Auftraggebers — Betragswiederholung: DM, Pf (Ausfüllung freigestellt)

68

Schreibmaschine: normale Schreibweise! Handschrift: Blockschrift in GROSSBUCHSTABEN und dabei Kästchen beachten!

113 480 10/90 11009

Mehrzweckfeld | X | Konto-Nr. | X | Betrag | X | Bankleitzahl | X | Text

68H

Bitte dieses Feld nicht beschriften und nicht bestempeln

Häufig werden Waren gegen **Nachnahme** versandt. Der Postzusteller kann die Waren dann nur gegen Zahlung des Nachnahmebetrages ausliefern. Der Empfänger der Sendung ist jedoch nicht zur Annahme verpflichtet. Damit der Betrag der Nachnahme dem Absender der Waren auf seinem Konto gutgeschrieben werden kann, ist ein Zahlschein notwendig. Die Gebühr hat der Empfänger der Waren bei Aushändigung der Sendung zu entrichten. Die Zahlscheingebühr erhöht also den Nachnahmebetrag.

Barscheck

Besitzt der Zahlungsverpflichtete ein Konto, der Geldempfänger jedoch nicht, kann die Zahlung mittels Barscheck (bei der Post: Postbarscheck) geleistet werden. Das Geldinstitut zahlt den Scheckbetrag dem Überbringer des Barschecks am Kassenschalter bar aus; es wird dabei nicht überprüft, ob der Inhaber des Schecks zum Empfang des Geldes berechtigt ist. Das bedeutet, daß bei Verlust eines Barschecks ein unehrlicher Finder den Scheck problemlos einlösen kann. Barschecks sollten daher wie Bargeld aufbewahrt werden.

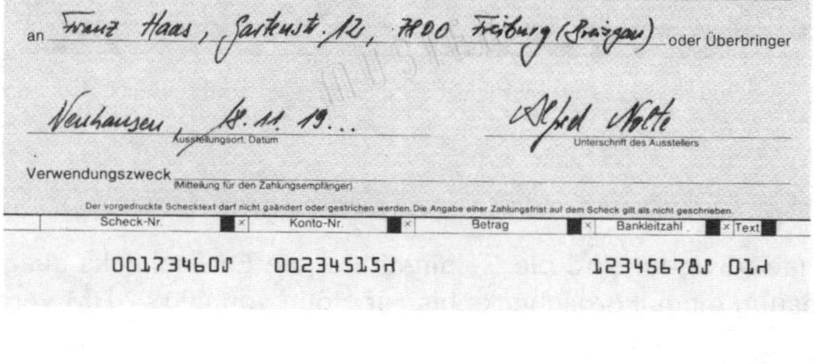

Bankleitzahl 123 456 78

BANK IN NEUHAUSEN

Zahlen Sie gegen diesen Scheck aus meinem/unserem Guthaben

fünfhundertsechzig — Deutsche Mark in Buchstaben — DM 560,00

Pf wie nebenstehend

an Franz Haas, Gartenstr. 12, 7800 Freiburg (Breisgau) oder Überbringer

Neuhausen, 18.11.19... — Ausstellungsort, Datum — Alfred Nolte — Unterschrift des Ausstellers

Verwendungszweck (Mitteilung für den Zahlungsempfänger)

Der vorgedruckte Schecktext darf nicht geändert oder gestrichen werden. Die Angabe einer Zahlungsfrist auf dem Scheck gilt als nicht geschrieben.

Scheck-Nr. | X | Konto-Nr. | X | Betrag | X | Bankleitzahl | X | Text

001734604 002345154 123456784 014

Das Geldinstitut kann die Einlösung eines Barschecks verweigern, wenn das Konto des Scheckausstellers den auszuzahlenden Betrag nicht deckt, bzw. ein evtl. eingeräumter Kredit nicht ausreicht, den Scheck auszuzahlen. Ist ein Barscheck verlorengegangen, kann der Aussteller den Scheck **widerrufen.** Das Geldinstitut wird dann den Scheck nicht mehr auszahlen; wird er dennoch ausgezahlt, haftet das Geldinstitut jedoch nur, wenn zusätzlich die **Vorlegungsfrist** des Schecks abgelaufen ist. Eine absolute Sicherheit gegen Scheckmißbrauch ist also auch bei Widerruf eines Schecks nicht gegeben. Der Empfänger eines Schecks kann den Scheck ohne weiteres als **Zahlungsmittel weitergeben,** da jedem, der den Scheck im Geldinstitut präsentiert, der Scheckbetrag ausgezahlt wird. Auch zur **Barabhebung** vom eigenen Konto werden Barschecks benutzt.

Die Annahme eines Barschecks ist immer mit einem Risiko verbunden, weil der Schecknehmer nicht sicher sein kann, daß das Konto des Scheckausstellers eine ausreichende Deckung aufweist und ihm der Scheckbetrag tatsächlich ausgezahlt wird. Um dieses Risiko zu vermeiden, wurden der **Euroscheck** und die **Euroscheck-Karte** eingeführt.

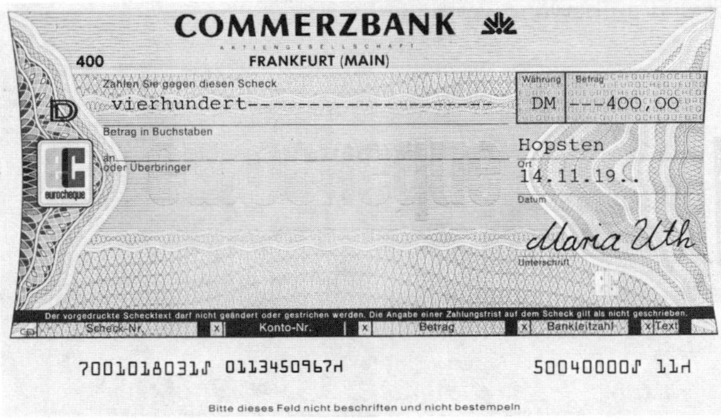

Beim Euroscheck-System sind die Geldinstitute, die Euroschecks ausgegeben haben, zur Einlösung eines Euroschecks bis zur Höhe von 400,— DM verpflichtet.

Garantie/Garantievoraussetzungen für den Euroscheck
Garantie: Für in Europa und in den an das Mittelmeer grenzenden Staaten ausgestellte Schecks bis 400,— DM oder bis zu dem in dem jeweiligen Land geltenden ec-Garantiehöchstbetrag.
Es müssen übereinstimmen: Name des Kreditinstituts, Unterschrift, Konto- und Karten-Nr. auf ec-Scheck und eurocheque-Karte.
Garantiefrist ab Ausstellungsdatum: Inlandsschecks 8 Tage, Auslandsschecks 20 Tage; Einreichung bei einem inländischen Geldinstitut oder der deutschen eurocheque-Zentrale genügt.

Da Euroschecks nicht nur im Inland, sondern auch im Ausland von allen Geldinstituten mit dem Scheibenaufkleber „ec-eurocheque" bis zum Gegenwert von 400,— DM akzeptiert werden, ist das Euroscheck-System zu einer beliebten Geldbeschaffungsmöglichkeit auf Reisen geworden. Euroschecks können in fast allen europäischen Ländern und in den meisten Mittelmeeranrainerstaaten verwendet werden. Bei der Einlösung wird geprüft, ob Kontonummer und Unterschrift auf dem Scheck und auf der Scheck-Karte übereinstimmen. Um einen Mißbrauch verlorengegangener Euroschecks bzw. der Euroscheck-Karte zu erschweren, sind Karte und Schecks unbedingt getrennt aufzubewahren.
Da mit der Ausgabe von Euroschecks eine Einlösungsgarantie verbunden ist, geben Geldinstitute Euroschecks nur an vertrauenswürdige Kunden aus.

Z

- *Zahlungen durch Zahlschein oder mittels Barscheck zählen zu den halbbaren Zahlungsmöglichkeiten.*
- *Mit einem Zahlschein wird auf ein Postgirokonto oder auf ein Girokonto bei einer Bank oder Sparkasse eingezahlt.*
- *Barschecks werden an jede Person ausgezahlt, die den Scheck vorlegt.*
- *Die Einlösung eines Euroschecks ist durch das ausgebende Geldinstitut bis zur Höhe von 400,— DM garantiert.*
- *Euroschecks werden in nahezu allen europäischen Staaten und Mittelmeeranrainerstaaten akzeptiert.*

6.2.3 Bargeldlose Zahlungsmöglichkeiten

Verrechnungsscheck

Ein Verrechnungsscheck wird nicht bar ausgezahlt, sondern dem Konto des Zahlungsempfängers gutgeschrieben. Sowohl Zahler als auch Zahlungsempfänger müssen also für die Zahlung durch Verrechnungsscheck ein Konto besitzen. Geht ein Verrechnungsscheck verloren, ist ein Mißbrauch weitgehend ausgeschlossen, weil der Scheckbetrag nur einem Konto gutgeschrieben werden kann und so leicht nachzuprüfen ist, wer den Scheck eingelöst hat. Verrechnungsschecks können daher auch gefahrlos in einem Briefumschlag verschickt werden. Man kann aus jedem Barscheck einen Verrechnungsscheck machen; dazu muß nur in der linken oberen Ecke des Schecks der Vermerk **„Nur zur Verrechnung"** eingetragen werden.

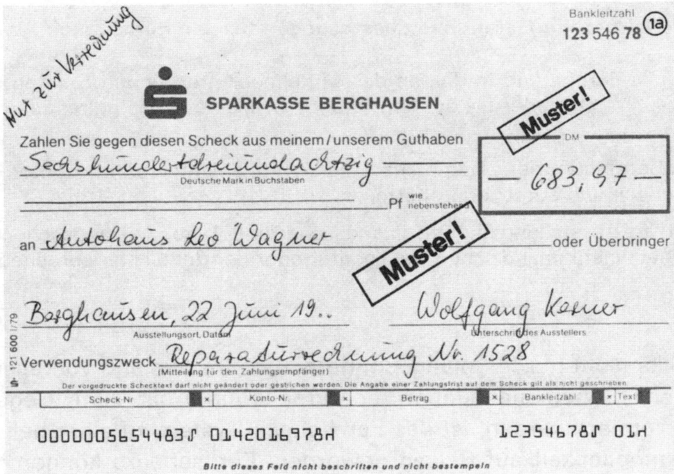
Bankleitzahl
123 546 78 (1a)
Nur zur Verrechnung
SPARKASSE BERGHAUSEN
Zahlen Sie gegen diesen Scheck aus meinem / unserem Guthaben
Sechshundertdreiundachtzig
Deutsche Mark in Buchstaben
Pf wie nebenstehend
DM
— 683,97 —
Muster!
an Autohaus Leo Wagner oder Überbringer
Muster!
Berghausen, 22 Juni 19..
Ausstellungsort, Datum
Wolfgang Kerner
Unterschrift des Ausstellers
121 600 I/79
Verwendungszweck Reparaturrechnung Nr. 1528
(Mitteilung für den Zahlungsempfänger)
Der vorgedruckte Schecktext darf nicht geändert oder gestrichen werden. Die Angabe einer Zahlungsfrist auf dem Scheck gilt als nicht geschrieben
Scheck-Nr. | Konto-Nr. | Betrag | Bankleitzahl | Text
0000005654483⑈ 0142016978⑆ 12354678⑈ 01⑆
Bitte dieses Feld nicht beschriften und nicht bestempeln

Überweisung

Mit einer Überweisung kann der Aussteller einen Geldbetrag von seinem Konto auf ein anderes Konto umbuchen lassen. Dazu dient ein dreiteiliges Überweisungsformular. Die drei Belege, die im Durchschreibeverfahren beschriftet werden, sind leicht zu trennen. Das **Original** dient als Buchungsbeleg und bleibt bei der beauftragten Bank, Sparkasse oder der Post, die **1. Durchschrift** verbleibt beim Absender, die **2. Durchschrift** (Gutschrift) erhält der Zahlungsempfänger.

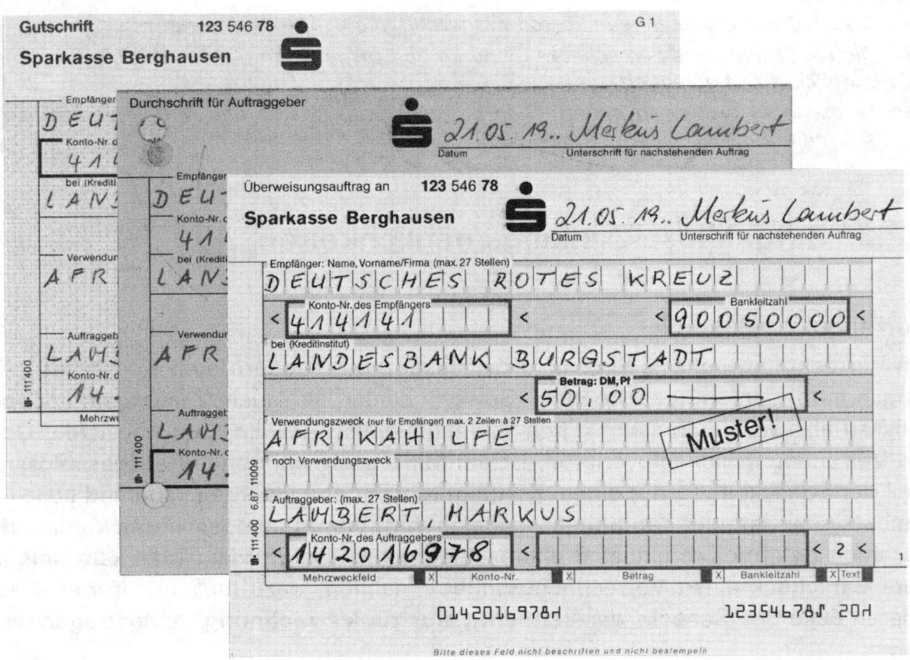
Gutschrift 123 546 78 G 1
Sparkasse Berghausen
Durchschrift für Auftraggeber
21.05. 19.. Markus Lambert
Datum Unterschrift für nachstehenden Auftrag
Überweisungsauftrag an 123 546 78
Sparkasse Berghausen
21.05. 19.. Markus Lambert
Datum Unterschrift für nachstehenden Auftrag
Empfänger: Name, Vorname/Firma (max. 27 Stellen)
DEUTSCHES ROTES KREUZ
Konto-Nr. des Empfängers
414141
Bankleitzahl
90050000
bei (Kreditinstitut)
LANDESBANK BURGSTADT
Betrag: DM, Pf
50,00
Verwendungszweck (nur für Empfänger) max. 2 Zeilen à 27 Stellen
AFRIKAHILFE
Muster!
noch Verwendungszweck
Auftraggeber: (max. 27 Stellen)
LAMBERT, MARKUS
Konto-Nr. des Auftraggebers
1420169 78
2
111 400 6.87 11009
Mehrzweckfeld | Konto-Nr. | Betrag | Bankleitzahl | Text
0142016978⑆ 12354678⑈ 20⑆
Bitte dieses Feld nicht beschriften und nicht bestempeln

Wenn der Aussteller der Überweisung und der Zahlungsempfänger Konten bei verschiedenen Geldinstituten haben, erfolgt die Umbuchung des Geldes über die Girozentralen.

Dauerauftrag

Zahlungen, die regelmäßig und in gleicher Höhe geleistet werden müssen, können durch einen Dauerauftrag ausgeführt werden. Der Zahlungspflichtige beauftragt zu diesem Zweck sein Kreditinstitut, zu einem bestimmten Termin einen bestimmten Betrag auf das Konto des Zahlungsempfängers zu überweisen. Ein Dauerauftrag eignet sich z. B. für Mietzahlungen, Zahlungen von Versicherungsprämien, Beitragszahlungen an Vereine und Überträge auf Sparkonten.

Lastschriftverfahren

Telefongebühren, Strom-, Wasser- und Gasrechnungen können nicht mit Daueraufträgen bezahlt werden, weil die Zahlungen in unterschiedlicher Höhe anfallen. In diesen Fällen kann der Zahlungspflichtige dem Zahlungsempfänger eine **Einzugsermächtigung** erteilen, d. h. dieser darf fällige Beträge vom Konto des Zahlungspflichtigen abbuchen lassen. Der Zahlungspflichtige erhält über die Abbuchung eine Lastschrift seines Geldinstituts. Man kann eine ungerechtfertigte Belastung innerhalb einer bestimmten Frist beim Kreditinstitut beanstanden, dann wird der belastete Betrag wieder gutgeschrieben.

Das Lastschriftverfahren hat für den Zahlungspflichtigen den Vorteil, daß die Gebühren für Abbuchungen vom Zahlungsempfänger zu tragen sind, es erfordert jedoch eine genaue und ständige Kontrolle der Kontobelastungen.

Kreditkarte

Eine weitere Möglichkeit, bargeldlos zu bezahlen, ist die Benutzung einer Kreditkarte.

In Restaurants, Fachgeschäften, Werkstätten, Kaufhäusern, Hotels, bei Fluggesellschaften u. a. zahlt man durch Kreditkarte und Abzeichnen der Rechnung. Kreditkarte und Rechnung werden dabei in ein Druckgerät eingeführt und Kreditkartennummer sowie der Name des Kreditkarten-Inhabers auf die Rechnung übertragen. Anschließend wird die Rechnung durch den Kreditkarten-Inhaber unterzeichnet.

Die Abrechnung des Vertragsunternehmens mit der Kreditkarten-Gesellschaft erfolgt bargeldlos durch Übersendung der Rechnung und Gutschrift auf dem Konto.

Der Kreditkarten-Inhaber erhält monatlich eine Abrechnung über alle Ausgaben, die er mittels Kreditkarte vornahm. Diese enthält jeden Ausgabeposten mit Datum und Namen des Geschäfts, bei welchem die Ausgabe vorgenommen wurde, außerdem den Betrag jeder Ausgabe.

Darüber hinaus bietet eine Kreditkarte die Möglichkeit, sich Bargeld zu besorgen. Dazu stehen weltweit Bargeld-Automaten und Vertrags-Banken zur Verfügung.

- *Bargeldlose Zahlungsmöglichkeiten sind Zahlungen durch Verrechnungsscheck, Überweisung, durch Dauerauftrag, Lastschriftverfahren und durch Kreditkarte.*
- *Der Betrag eines Verrechnungsschecks wird nicht bar ausgezahlt, sondern dem Konto des Zahlungsempfängers gutgeschrieben.*
- *Durch eine Überweisung läßt der Auftraggeber einen Geldbetrag von seinem Konto auf ein anderes Konto umbuchen.*
- *Ein Dauerauftrag eignet sich für Zahlungen, die in gleicher Höhe und in gleichen Abständen anfallen.*
- *Für Zahlungen, die in unterschiedlicher Höhe oder/und zu unterschiedlichen Zeitpunkten fällig werden, kann eine Einzugsermächtigung erteilt werden.*
- *Unter den bargeldlosen Zahlungsmöglichkeiten gewinnt die Zahlung durch Kreditkarte eine immer größere Bedeutung.*

6.2.4 Kostenvergleich der Zahlungsmöglichkeiten

Grundsätzlich gilt, daß eine Zahlung um so teurer wird, je mehr persönliche Dienstleistungen (Barzahlungsvorgänge) mit der Zahlung verbunden sind. Eine reine Barzahlung ist daher am teuersten, falls man diese nicht selbst durchführt, eine bargeldlose Zahlung ist am günstigsten. Die halbbare Zahlung steht kostenmäßig in der Mitte. Diese Regel gilt grundsätzlich bei jeder Zahlungshöhe, auch wenn sich die Gebühren – wie bei vielen Zahlungsmöglichkeiten – mit der Höhe des Betrages ändern.

Bundespost (Gebührenstand Inland 1989)

Zahlungsform	**Gebührenhöhe**			
	bis 100,— DM	100,— bis 500,— DM	über 500,— DM	Bemerkungen
Postanweisung	6,80	9,50	13,50 15,— (ü. 1000,— DM)	Höchstbetrag 3000,— DM
Zahlschein	2,—	2,—	2,—	bis 10,— DM Gebühr 0,90 DM
Postüberweisung (Kontoführungsgebühren)	0– 5 Buchungen 1,80 DM 6– 15 Buchungen 2,50 DM 16– 30 Buchungen 4,50 DM 31–100 Buchungen 9,— DM		101 bis 300 Buchungen 18,— DM mehr als 300 Buchungen 35,— DM	

Für besondere Leistungen müssen besondere Gebühren bezahlt werden. Die wichtigsten sind:

telegraphische Postanweisung – zusätzlich Telegrammgebühren
telegraphischer Zahlschein – zusätzlich Telegrammmgebühren

telegraphische Überweisung – zusätzlich	10,— DM
Eilzahlschein/Eilzahlkarte – zusätzlich	5,— DM
Eilüberweisung – zusätzlich	5,— DM
Einschreibgebühr	2,50 DM
Wertgebühr (bei Wertbrief) bis 500,— DM	6,— DM
(jede weiteren 500,— DM	1,20 DM

Kreditinstitute

Die Gebühren sind bei Banken und Sparkassen aus Wettbewerbsgründen nicht einheitlich.

Beispiel für die Gebührenordnung einer Sparkasse
Je Buchung 0,50 DM, 6 Buchungen pro Monat sind gebührenfrei.
Bei Zahlung mittels Zahlschein werden für jede Zahlung zusätzlich 2,— DM berechnet.

Es ergeben sich demnach bei einer Zahlung von 1 000,— DM folgende Kosten:

Zahlung mittels Zahlschein:	0,50 DM + 2,— DM = 2,50 DM
Zahlung mittels Überweisung/Dauerauftrag:	= 0,50 DM

Die grundsätzliche Feststellung, daß eine Zahlung immer preiswerter wird, je weniger Bargeldvorgänge mit der Zahlung verbunden sind, gilt demnach auch bei Banken und Sparkassen.

Z

- *Für die Höhe der Kosten gilt: Eine Barzahlung ist grundsätzlich teurer als eine bargeldlose Zahlung. Die halbbare Zahlungsform steht kostenmäßig in der Mitte zwischen barer und bargeldloser Zahlung.*

A

1. **Welche Barzahlungsmöglichkeiten lassen sich unterscheiden?**
2. **Warum ist es sinnvoll, sich bei Barzahlungen eine Quittung geben zu lassen?**
3. **Sie nehmen am Zahlungsverkehr der Bundespost teil. Wann würden Sie die Zahlung durch eine Postanweisung, wann durch einen Zahlschein und wann durch eine Überweisung vornehmen? Begründen Sie Ihre Ansicht.**
4. **Warum ist die Annahme eines Barschecks mit einem Risiko verbunden?**
5. **Wodurch unterscheidet sich ein Euroscheck von einem normalen Barscheck?**
6. **Besorgen Sie sich Überweisungs-, Scheck- und Zahlscheinvordrucke und füllen Sie diese aus.**
7. **Wozu dienen die drei Teile eines Überweisungsformulars?**
8. **Erläutern Sie, was man unter einem Verrechnungsscheck versteht.**
9. **Wie zahlt man am zweckmäßigsten**
   a) Miete, **c) Versicherungsbeiträge,**
   b) Strom, **d) Telefonrechnung?**
10. **Beschreiben Sie die Zahlung durch Benutzung einer Kreditkarte.**
11. **Begründen Sie, warum eine Barzahlung, falls man die Bundespost oder ein Kreditinstitut in Anspruch nimmt, teurer ist als eine bargeldlose Zahlung.**

7
Geld und Währung

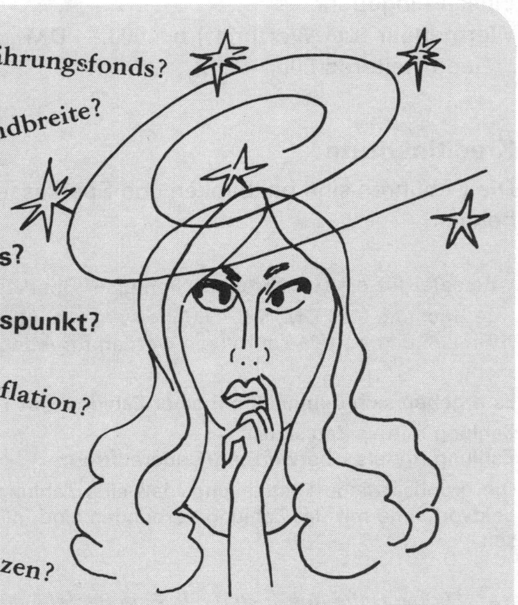

Geld hat in unserer arbeitsteiligen Wirtschaft unverzichtbare Funktionen zu erfüllen. Es dient als Tauschmittel, als Wertmesser, als Wertübertragungsmittel, als Wertspeicher und als gesetzliches Zahlungsmittel.

*

Damit die Kaufkraft des Geldes erhalten bleibt, muß die Bundesbank die umlaufende Geldmenge der gehandelten Gütermenge ständig anpassen.

*

Währung bezeichnet die gesetzliche Ordnung des Geldwesens eines Staates. Der Außenwert einer Währung (Wechselkurs) ergibt sich durch Angebot und Nachfrage an den Devisenbörsen.

7.1 Wirtschaften mit Geld

7.1.1 Entstehung und Arten des Geldes

Ursprünglich versorgten sich die Menschen durch Eigenproduktion. Geld wurde hierzu nicht benötigt; selbst Tausch war unbekannt, da innerhalb der Großfamilien allen alles „gehörte". Diese Form des Wirtschaftens nennt man **geschlossene Hauswirtschaft.**

Erst als sich die Familien und Sippen zu Dorfgemeinschaften zusammenschlossen, erwarb man durch Tausch auch Dinge, die im eigenen Haushalt nicht hergestellt wurden. Eine solche Wirtschaftsform, bei der Ware gegen Ware getauscht wird, bezeichnet man als **Naturaltauschwirtschaft.**

Naturaltauschwirtschaft

Ein Naturaltausch war häufig mit Schwierigkeiten verbunden, denn damit es zum Tausch kommen konnte, mußten sich zwei Tauschpartner finden, die jeweils ein Gut entbehren konnten, welches der Partner wünschte. Die Tauschgüter mußten zudem im Wert vergleichbar sein, und darüber mußten sich die Tauschpartner einigen. Ein Tausch kam auch häufig nicht zustande, weil viele Waren nicht teilbar sind (z. B. Lebewesen) oder weil die Ware verdorben war, bis man einen geeigneten Tauschpartner gefunden hatte.

Z

Nachteile der Naturaltauschwirtschaft:

- *Man mußte geeignete Tauschpartner finden.*
- *Über den Wert der Tauschgüter konnte man sich häufig nicht einigen.*
- *Viele Waren verdarben, bevor man einen Tauschpartner gefunden hatte.*
- *Manche Waren konnten nicht geteilt werden.*

Noch Anfang des 15. Jahrhunderts gab es beispielsweise eine englisch-isländische Marktordnung mit folgenden „Preisen" (Tauschwerten):

48 Ellen Tuch	=	*120 Stockfische*
eine Tonne Wein	=	*100 Stockfische*
1/8 Tonne Honig	=	*15 Stockfische*
1/2 Tonne Tran	=	*15 Stockfische*
Hufeisen für 5 Pferde	=	*20 Stockfische*

Infolge der zahlreichen Nachteile der Naturaltauschwirtschaft suchte man nach allgemein anerkannten Wertmitteln, die sich zum Tauschen besser eigneten, da sie begehrt waren und so von jedem „in Zahlung" genommen wurden. Diese Mittel wurden schließlich in Salz, Fellen und Waffen **(=Nutzgeld)** oder in Perlen, Muscheln und Ketten **(=Schmuckgeld)** gefunden. Man tauschte so seine Waren nicht mehr gegen Waren, die man unmittelbar benötigte, sondern zunächst z. B. in Perlen, da diese jederzeit gegen andere Waren wieder eingetauscht werden konnten.

Warengeld

Solch eine Ersatzgeldwirtschaft bestand bei uns noch nach dem 2. Weltkrieg. Damals waren Zigaretten allgemein anerkanntes Tauschmittel. Man sprach von einer Zigarettenwährung, da Zigaretten dem Geld vorgezogen wurden. Geld verlor ständig an Wert, Zigaretten nicht.

Allmählich setzten sich Edelmetalle als allgemeines Tauschmittel durch. Sie waren wertvoll, haltbar, teilbar, wertbeständig, leicht zu befördern und allgemein begehrt.

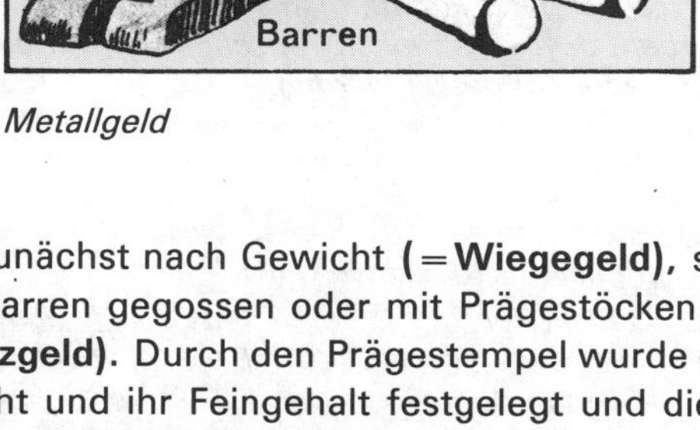

Metallgeld

Man verwendete sie zunächst nach Gewicht **(=Wiegegeld)**, später wurden sie zu Ringen, Stäben und Barren gegossen oder mit Prägestöcken zu Münzen geprägt **(=Zählgeld oder Münzgeld)**. Durch den Prägestempel wurde der Wert der Münze, ihre Größe, ihr Gewicht und ihr Feingehalt festgelegt und die Echtheit durch ein Zeichen (z. B. Wappen oder Kopf des Herrschers) garantiert. Das alleinige Recht des Staates, Münzen prägen zu lassen **(Münzregal)**, entwickelte sich aus dieser

Garantie. Zunächst wurden Münzen geprägt, bei denen der Metallwert dem aufgeprägten Wert entsprach (=**Kurantmünzen**), später zumeist unterwertige Münzen (=**Scheidemünzen**).

Pegasus, Silber-Stater aus Korinth. Um 480 v. Chr. Der Stater war Münz- und Gewichtsbezeichnung und zwei Drachmen wert.

Kopf der Pallas Athene in ihrer Rüstung als Schutzherrin der Städte. Gold-Stater Alexanders von Makedonien. Um 336 v. Chr.

Kopf Konstantins, Gold-Solidus aus der Zeit 317–361 n. Chr. Der Solidus war lange Zeit die bedeutendste Handelsmünze in Europa.

Aus Quittungen, die von Geldwechslern und Goldschmieden über bei ihnen hinterlegtes Geld ausgestellt wurden, entwickelte sich im Mittelalter das **Papiergeld.** Bankiers, Geldwechsler und Goldschmiede händigten jedem gegen Vorlage eines Hinterlegungsscheines die hinterlegten Goldstücke wieder aus. Bald wurden daher bei Zahlungen die Quittungen anstelle des Geldes weitergegeben. Das Papiergeld war entstanden. Da die Geldscheine heute von Banken ausgegeben werden, spricht man von Banknoten.

Interims-Banknote

Die

Deutsch-Ostafrikanische Bank

zahlt bei ihren Kassen im D. O. A. Schutzgebiet dem Einlieferer dieser Banknote ohne Legitimationsprüfung

1 Eine Rupie 1

Daressalam/Tabora Deutsch-Ostafrikanische Bank

1. Februar 1916. Zweigniederlassung Daressalam

Gebucht von: In Vollmacht:

Geldscheine wurden lange Zeit nicht als „richtiges" Geld angesehen. Gegen Vorlage der Banknote erhielt man „richtiges" Geld ausbezahlt.

Das meiste Geld ist heute sogar stofflos. Man spricht von **Buchgeld,** weil es nur in Büchern, z. B. auf Bankkonten, existiert. Es ist einfach, über dieses Geld mittels Scheck oder Überweisung zu verfügen; so kann man z. B. Rechnungen bezahlen, ohne daß Geld weitergegeben wird; es werden lediglich die Konten geändert.

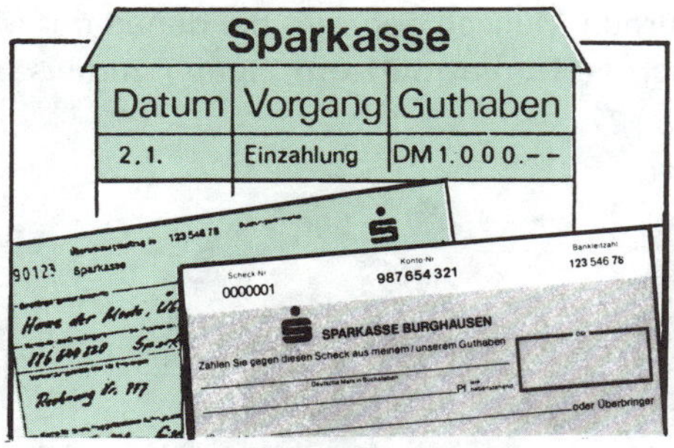

Buchgeld

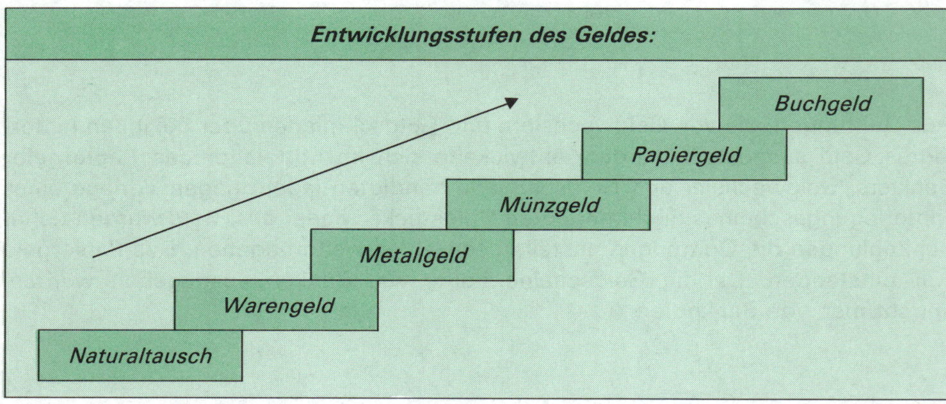

7.1.2 Funktionen des Geldes

Das Geld hat im Wirtschaftsleben wichtige Funktionen zu erfüllen.

Geld ist **Tauschmittel**

Geld kann man gegen Güter eintauschen. Täglich laufen solche Tauschvorgänge ab; z. B. beim Einkauf von Waren oder wenn man Geld gegen Dienstleistungen eintauscht (Haareschneiden, Taxifahrt usw.).

Geld ist **Wertmesser**

Man kann den Wert eines Gutes in Geld ausdrücken und so die Güter durch ihre Preise vergleichbar machen. Ebenso werden durch Geld Gewinne, Verluste, Kosten, Erträge, Arbeitsleistungen u.a. vergleichbar.

Geld ist **Wertübertragungsmittel**

Es gibt auch Geldübertragungsvorgänge ohne direkte Gegenleistung. Dies ist z.B. beim Taschengeld für Schüler, bei einer Schenkung oder Erbschaft, aber auch bei Steuerzahlungen der Fall. Mit Geld wird dann Wert (= Kaufkraft) übertragen.

Geld ist **Wertspeicher**

Geld kann gespart werden, und man kann zu einem späteren Zeitpunkt darüber verfügen. In diesem Fall dient Geld als Wertaufbewahrungsmittel oder Wertspeicher.

Geld ist **gesetzliches Zahlungsmittel**

Damit das Geld seine wirtschaftlichen Funktionen jederzeit erfüllen kann, hat der Staat Bargeld zum gesetzlichen Zahlungsmittel bestimmt und hat eine Annahmepflicht festgelegt. Auf Pfennig lautende Münzen (1, 2, 5, 10, 50 Pfennig) müssen bis 5,— DM angenommen werden, auf DM lautende Münzen bis zum Gegenwert von 20,— DM. Für Banknoten besteht unbegrenzte Annahmepflicht.

Z

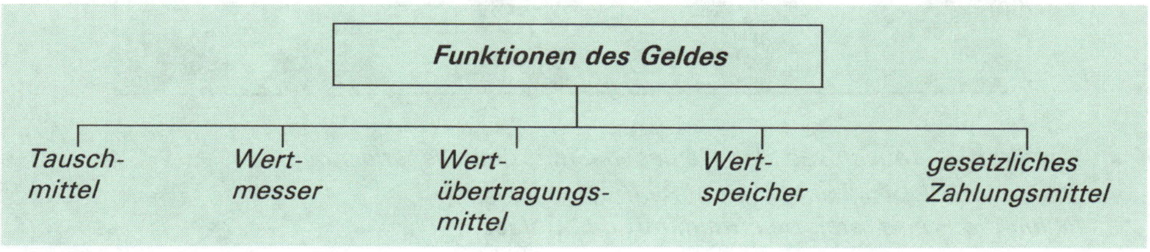

A

1. Welche Probleme sind mit der Naturaltauschwirtschaft verbunden?
2. Worin unterscheiden sich Kurant- und Scheidemünzen?
3. Was versteht man unter Münzregal?
4. Erläutern Sie die Entwicklungsstufen des Geldes.
5. Könnte man in einer arbeitsteiligen Wirtschaft auf Buchgeld verzichten?
6. Erklären Sie die Funktionen des Geldes an je einem Beispiel.

7.2 Binnenwert des Geldes

7.2.1 Kaufkraft (Geldwert)

Geld hat soviel Wert, wie man dafür kaufen kann. Diesen Geldwert bezeichnet man als Kaufkraft. Die Kaufkraft gibt demnach an, welche Gütermenge man für einen bestimmten Geldbetrag kaufen kann.

Der Wert des Geldes verändert sich ständig. Steigen die Warenpreise, dann sinkt der Geldwert, d. h. die Kaufkraft des Geldes vermindert sich. Umgekehrt steigt die Kaufkraft, wenn die Preise sinken. In der Bundesrepublik Deutschland hat die Kaufkraft seit Einführung der DM im Jahr 1948 fast ständig abgenommen, d. h. die Preise sind seit dieser Zeit stets angestiegen (Ausnahmen: 1949, 1950, 1953 und 1986). Dies gilt allerdings nur für den Durchschnitt aller Güter; es gibt in der Preisentwicklung einzelner Waren erhebliche Unterschiede. Eier und Spirituosen sind beispielsweise billiger geworden. Das Problem der Preissteigerungen teilt die Bundesrepublik Deutschland allerdings mit fast allen Staaten. In den meisten Staaten steigen die Preise sogar noch schneller an.

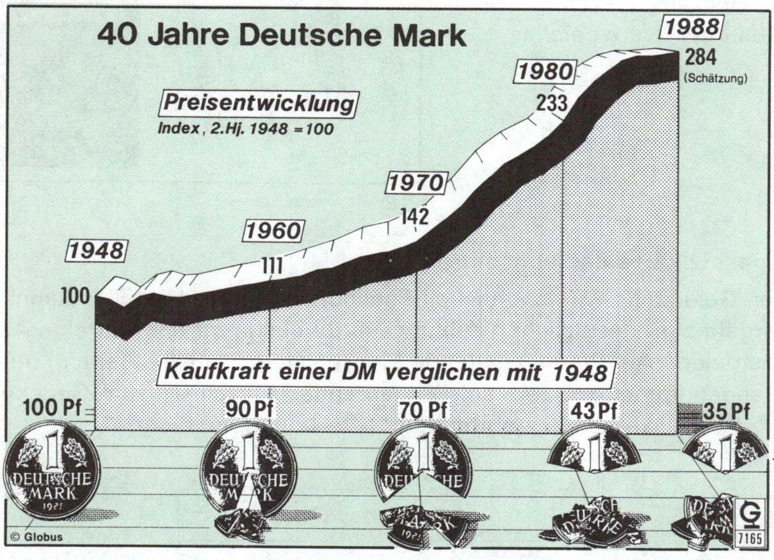

Z

- *Kaufkraft = Tauschwert des Geldes in Güter und Dienstleistungen.*
- *Steigen die Preise, sinkt die Kaufkraft des Geldes.*
  Fallen die Preise, steigt die Kaufkraft des Geldes.

Obwohl die Kaufkraft der DM sich verringert hat, heißt das nicht, daß sich der einzelne heute weniger leisten kann. 1948 betrug der Stundenlohn eines Industriearbeiters brutto 1,14 DM, heute liegt er etwa bei 19,— DM.

7.2.2 Preisindex der Lebenshaltung

Um die Kaufkraftänderungen der DM messen zu können, hat das Statistische Bundesamt in Wiesbaden den **Lebenshaltungskostenindex** entwickelt. Dieser Index erfaßt die Preisänderungen ausgewählter Güter und Dienstleistungen über mehrere Jahre.

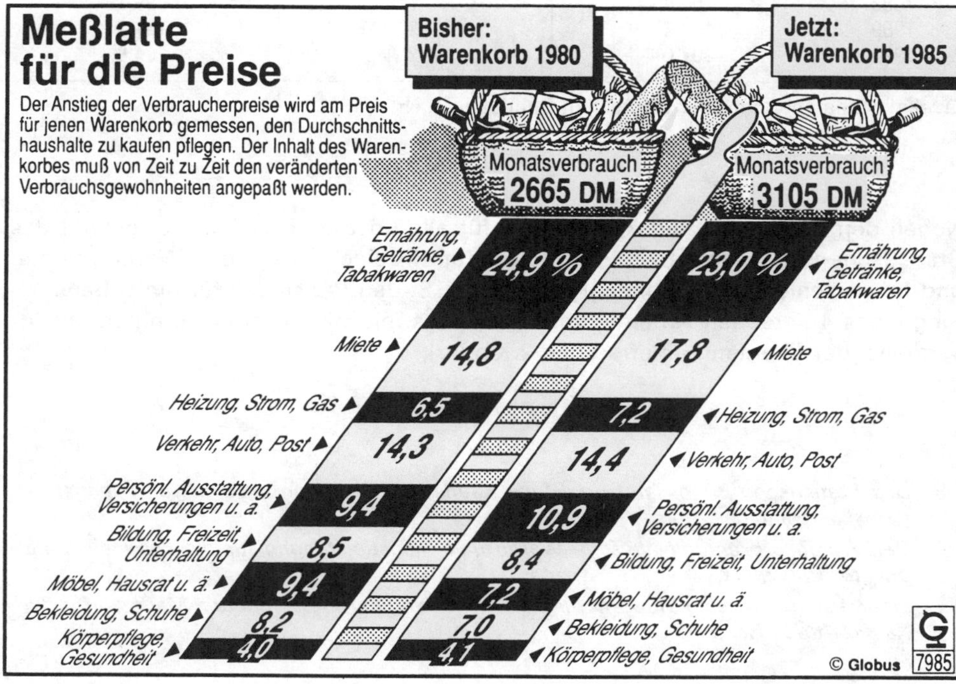

Zu diesem Zweck wird zunächst ermittelt, welche Güter in welcher Anzahl vom Normalverbraucher gekauft werden, bzw. welche Dienstleistungen dieser in Anspruch nimmt. Auf diese Weise erhält das Statistische Bundesamt den **„Warenkorb"**, welcher z. Zt. ca. 800 verschiedene Güter und Dienstleistungen enthält. Anschließend werden die Durchschnittspreise für die Güter des Warenkorbs ermittelt und mit 100 (= Index) angesetzt. Zu späteren Zeitpunkten (z. B. in Jahresabständen) werden erneut die Preise derselben Waren und Dienstleistungen festgestellt und die Veränderung in Prozenten errechnet. Die Indexzahl des Vorjahres erhöht oder vermindert sich dann um den auf diese Weise ermittelten Prozentsatz. Werden z. B. 3% Preissteigerungen festgestellt, so verändert sich der Preisindex von 100 auf 103.

Zeit	Preisindex für die Lebenshaltung aller privaten Haushalte		
	insgesamt:		Nahrungsmittel
	Index 1985 = 100	Veränderungen gegenüber Vorjahr in %	
1981	88,0	+6,3	92,0
1982	92,6	+5,2	96,5
1983	95,7	+3,3	98,0
1984	98,0	+2,4	99,8
1985	100	+2,0	100
1986	99,9	−0,1	99,6
1987	100,1	+0,2	99,1
1988	101,4	+1,3	99,1
1989	104,2	+2,8	101,3
1990	107,0	+2,7	104,9

Quelle: Monatsberichte der Deutschen Bundesbank Nr. 1/1991

Neben dem Lebenshaltungskostenindex für alle privaten Haushalte errechnet das Statistische Bundesamt auch Preisindizes für einzelne Waren bzw. Warengruppen und für verschiedene Personengruppen; so z. B. den Preisindex für die Lebenshaltung eines 4-Personen-Arbeitnehmerhaushaltes mit mittlerem Einkommen (alleinverdienender Ehemann, Ehefrau und 2 Kinder).

Z

- *Das Statistische Bundesamt erfaßt die Kaufkraftänderungen in Form von Lebenshaltungskostenindices.*
- *Der Warenkorb enthält typische Waren und Dienstleistungen für die Lebenshaltung privater Haushalte.*
- *Ein Preisindex ist eine Meßzahl für die Entwicklung der Preise und ein Maßstab für die Kaufkraft des Geldes.*

7.2.3 Nominal- und Reallohn

Wenn einem Arbeitnehmer z. B. aufgrund einer tarifvertraglichen Vereinbarung zu Beginn eines Jahres ein höherer Lohn ausbezahlt wird, heißt das nicht unbedingt, daß er sich dafür mehr kaufen kann, inzwischen können auch die Preise gestiegen sein. Werden dem Arbeitnehmer beispielsweise 4% mehr Lohn ausbezahlt und sind die Preise seit der letzten Lohnerhöhung um 3% gestiegen, bleibt ihm lediglich ein Prozent **Kaufkraftgewinn.**

Anstieg der Bruttoverdienste
– gesetzliche Lohnabzüge

= Anstieg der Nettoverdienste
– Preissteigerungsrate

= Reallohnzuwachs oder -verlust

Um eine Aussage über die Entwicklung der **Lohnkaufkraft** machen zu können, ermittelt das Statistische Bundesamt in Wiesbaden jährlich die **Reallohnveränderungen,** d. h. den Anstieg der Nettoverdienste verringert um die Preissteigerungsrate. Erst der Reallohn zeigt, ob sich ein Kaufkraftzuwachs oder ein Kaufkraftverlust ergeben hat.

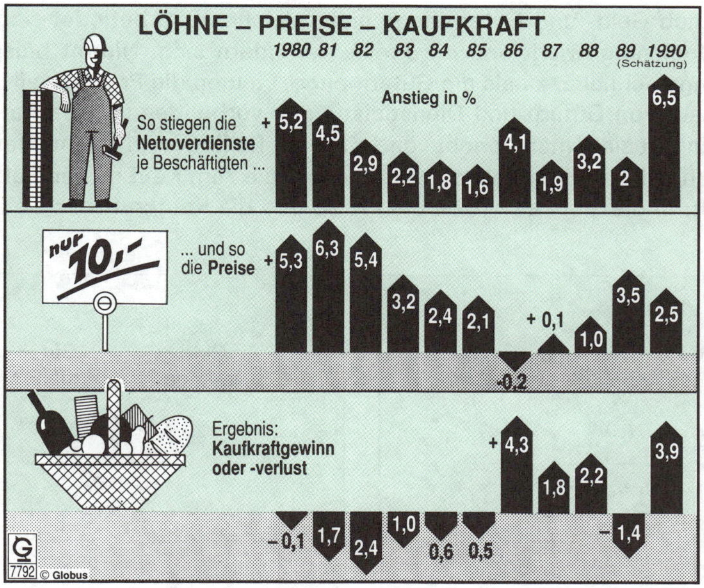

Ⓩ

- *Reallohnveränderungen geben an, wie sich die Kaufkraft der Löhne entwickelt hat. Man errechnet sie aus dem Anstieg der Nettoverdienste abzüglich der Preissteigerungsrate.*

7.2.4 Inflation und Deflation

In einem Staat wird in jedem Jahr eine bestimmte Menge Güter und Dienstleistungen verkauft. Diese müssen mit Geld (Münzen, Banknoten, Buchgeld) bezahlt werden. Entscheidend für die Stabilität des Geldes ist nun, daß das Gesamtangebot an Gütern (und Dienstleistungen) und die gesamte Geldmenge im richtigen Verhältnis zueinander stehen. Entsprechen sich Güter- und Geldmenge oder entwickeln sich beide gleichmäßig, d.h. nehmen beide gleichmäßig zu oder ab, dann bleiben die Preise stabil. Die Kaufkraft des Geldes ändert sich nicht und die Wirtschaft befindet sich im Gleichgewicht.

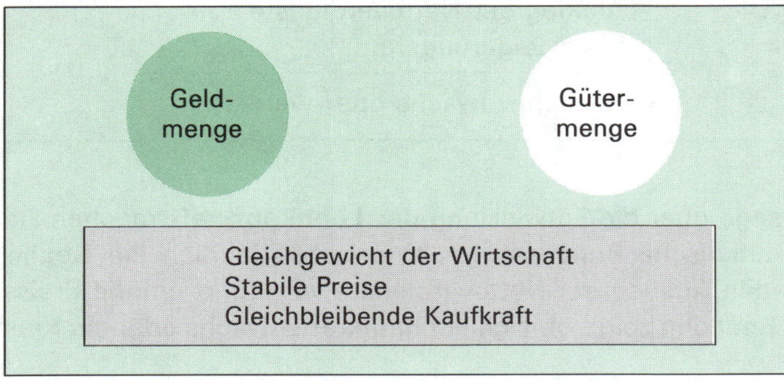

Entwickeln sich Geld- und Gütermenge nicht gleichmäßig, befindet sich die Wirtschaft im Ungleichgewicht und die Preise verändern sich. Nimmt beispielsweise die Geldmenge schneller zu als die Gütermenge, steigen die Preise, weil dann mehr Geld zum Kauf von Gütern und Dienstleistungen vorhanden ist. Die Kaufkraft des Geldes verringert sich, man spricht von **Inflation. Deflation** entsteht, wenn die Gütermenge schneller zunimmt als die Geldmenge, die zum Kauf dieser Güter zur Verfügung steht. In diesem Fall sinken die Preise und die Kaufkraft des Geldes erhöht sich.

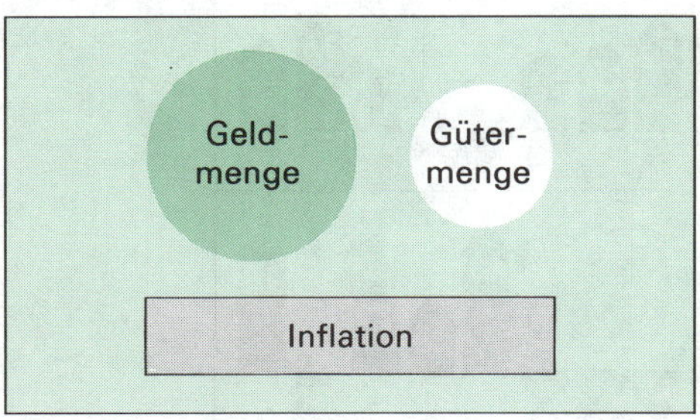

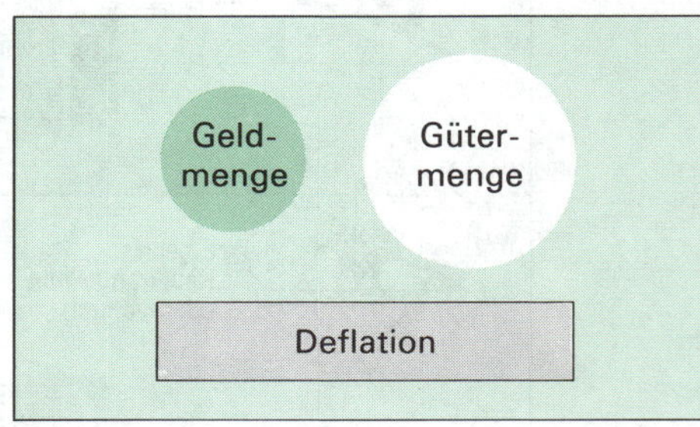

Ein gutes Beispiel für die Verschlechterung des Geldwertes bietet die große Inflation des Jahres 1923. Franzosen und Belgier besetzten zur Sicherung ihrer Reparationsforderungen das Ruhrgebiet. Die deutsche Regierung rief zum passiven Widerstand auf und sah sich gezwungen, die streikenden Bergleute und Eisenbahner finanziell zu unterstützen. Die Notenpresse lief auf Hochtouren. Dieser Ausdehnung der Geldmenge stand eine rapide Abnahme des Warenhandels gegenüber. Die Folge war eine beispiellose Inflation. Banknoten lauteten schließlich über Millionen, Milliarden, ja sogar über Billionen Reichsmark.

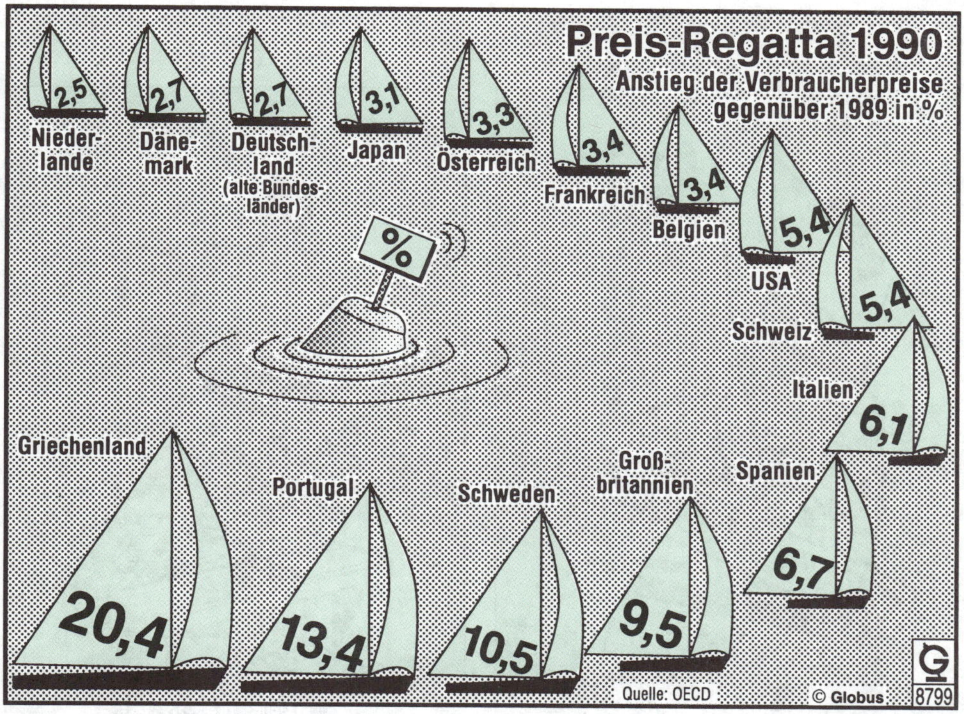

- *Inflation = fortlaufende Geldentwertung durch steigende Preise*
- *Deflation = fortlaufende Geldwertsteigerung durch sinkende Preise*

Die Geldmenge eines Staates muß sich also im Verhältnis der gehandelten Gütermenge entwickeln bzw. dieser entsprechen, wenn die Preise stabil bleiben sollen. Daß dies nicht immer gelingt, liegt u. a. daran, daß das gleiche Geld während des Jahres mehrmals als Zahlungsmittel verwendet wird. Man sagt, das Geld läuft mehrmals um, und nennt die Zahl der Umläufe des Geldes innerhalb eines Jahres die **Umlaufgeschwindigkeit des Geldes.** Diese Umlaufgeschwindigkeit kann sich jedoch ändern, so steigt sie beispielsweise durch „Hamsterkäufe" an, und dies bewirkt dasselbe wie eine Erhöhung der Geldmenge.

Die Geldmenge unter Berücksichtigung der Wirtschaftsentwicklung und der zu erwartenden Umlaufgeschwindigkeit auf die gehandelte Gütermenge **(=Handelsvolumen)** abzustimmen, ist in der Bundesrepublik Deutschland Aufgabe der **Deutschen Bundesbank;** eine Aufgabe, die infolge der zahlreichen Unsicherheiten z. B. Konjunkturentwicklung, Konsum, Außenhandel, Umlaufgeschwindigkeit des Geldes, Tarifabschlüsse) nie ganz gelingen kann. Damit können jedoch auch die Preise niemals völlig stabil sein.

Um den Bargeldumlauf regulieren zu können, hat die Bundesbank das alleinige Recht, Banknoten auszugeben **(Notenprivileg).**

Auch die Buchgeldmenge kann sie steuern. Die wichtigsten Mittel dazu sind:

- Diskontpolitik,
- Offenmarktpolitik,
- Mindestreservepolitik.

Die Bundesbank kann Banknoten machen.

§ 14 des Gesetzes über die Deutsche Bundesbank:
„Die Deutsche Bundesbank hat das ausschließliche Recht, Banknoten ... auszugeben. Ihre Noten lauten auf Deutsche Mark."

Die Bundesbank kann die Geldmenge regulieren.

§ 3 des Gesetzes über die Deutsche Bundesbank:
„Die Deutsche Bundesbank regelt ... den Geldumlauf der Wirtschaft und die Kreditversorgung der Wirtschaft mit dem Ziel, die Währung zu sichern ..."

Wirkungen von Inflation und Deflation

Eine Deflation begünstigt das Sparen, man kann für die gleiche Geldmenge zu einem späteren Zeitpunkt (z. B. nach einem Jahr) mehr kaufen. Wenn mehr gespart wird, bleibt weniger Geld zum Ausgeben. Es wird weniger gekauft und folglich wird auch weniger hergestellt. Entlassungen, Arbeitslosigkeit und eine Wirtschaftskrise sind daher die Folgen einer Deflation.

Aber auch eine Inflation bringt langfristig gesehen Nachteile für die wirtschaftliche Entwicklung. Zwar wird zunächst viel gekauft und die Produktion läuft auf Hochtouren, die Unternehmen investieren jedoch häufig nicht im notwendigen Umfang, weil hohe Lohnforderungen und hohe Zinsen sie davon abhalten. Das Risiko ist vielen Unternehmen besonders bei langandauernder und hoher Inflation zu groß. Langfristig gesehen sind Investitionen jedoch unumgänglich; mit veralteten Maschinen kann man nach einigen Jahren (auch mit dem Ausland) nicht mehr konkurrieren. Auch eine Inflation kann so zur Wirtschaftskrise führen. Zusätzlich kommt es bei langandauernder Inflation zu einem Vertrauensschwund in die Währung. Die Folge kann eine Flucht in Sachwerte sein.

Z

- *Die Umlaufgeschwindigkeit des Geldes gibt an, wie oft das Geld innerhalb eines Jahres zum Kauf von Gütern und Dienstleistungen verwendet wird.*
- *Die Bundesbank hat die Aufgabe, den Geldwert stabil zu halten.*
- *Eine Deflation führt zur Wirtschaftskrise durch mangelnden Konsum.*
- *Eine langandauernde Inflation führt zu Investitionsrisiken und zu einem Vertrauensschwund in die Währung. Sparen lohnt sich nicht, häufig erfolgt eine Flucht in Sachwerte.*

A

1. **Was versteht man unter der Kaufkraft des Geldes?**
2. **1990 betrug der Preisindex der Lebenshaltung 107,0; 1985 betrug er 100. Was sagen diese Zahlen aus?**
3. **Erklären Sie den Begriff Warenkorb. Wozu werden Warenkörbe benötigt?**
4. **Wie werden Reallohnveränderungen ermittelt?**
5. **Wann spricht man von Inflation, wann von Deflation?**
6. **Beschreiben Sie die Auswirkungen einer Inflation auf die Kauf- und Sparneigung der Bevölkerung, auf das Zinsniveau der Banken, das Investitionsvolumen der Betriebe und die Lohnforderungen der Gewerkschaften.**
7. **Wer hat in der Bundesrepublik Deutschland die Aufgabe, darauf zu achten, daß Güter- und Geldmenge im richtigen Verhältnis stehen und somit der Geldwert stabil bleibt?**
8. **Erläutern Sie den Begriff Notenprivileg.**

7.3 Außenwert der Währung

7.3.1 Währung, Wechselkurse, Auf- und Abwertung

7.3.1.1 Währung

Im engeren Sinne versteht man unter Währung das Geld eines Staates. So spricht man von der Dollar-Währung, von der Franc-Währung oder der DM-Währung und meint damit das gesetzliche Zahlungsmittel in den USA, in Frankreich und in der Bundesrepublik Deutschland.

Im weiteren Sinne bezeichnet Währung die Geldverfassung (gesetzliche Ordnung des Geldwesens) eines Staates. Für die Bundesrepublik Deutschland wurde z. B. gesetzlich festgelegt:

1. Die **Währungseinheit ist die Deutsche Mark,** gestückelt in 100 Deutsche Pfennige.
2. Banknoten und Münzen sind das **gesetzliche Zahlungsmittel.** Geldersatzmittel (z. B. Schecks) müssen nicht in Zahlung genommen werden.
3. Nur die Deutsche Bundesbank darf Banknoten ausgeben **(Notenprivileg).** Das Recht, Münzen prägen zu lassen, steht der Bundesregierung zu **(Münzregal).**
4. Die **Währungsparität** (das Austauschverhältnis zum Geld anderer Staaten) kann festgelegt werden.
5. Nur die Bundesbank und die Bundesregierung dürfen währungspolitische Maßnahmen treffen.

Diese **gesetzliche Ordnung des Geldwesens** ist unsere Währung.

Z

- *Währung im engeren Sinne ist das Geld eines Staates (gesetzliches Zahlungsmittel).*
- *Im weiteren Sinne versteht man unter Währung die gesetzliche Ordnung des Geldwesens (Geldverfassung) in einer Volkswirtschaft.*

7.3.1.2 Wechselkurs, Auf- und Abwertung

Der Preis für eine ausländische Währung (=**Wechselkurs)** ändert sich. Diese Erfahrung macht jeder, der z. B. häufig im Ausland Urlaub macht. Wer bestimmt, wieviel Schweizer Franken, wieviel US-Dollar oder wieviel Französische Franc wir beispielsweise für 100,— DM erhalten? Es gibt grundsätzlich zwei Möglichkeiten: Entweder legt ein Staat die Wechselkurse fest, oder die Kurse bilden sich durch Angebot und Nachfrage an den Devisenbörsen **(Devisen = Zahlungsmittel in ausländischer Währung).**

Devisenhändler bei der Arbeit

Wird das Wertverhältnis zweier Währungen amtlich festgelegt (man spricht dann von **Parität**), bilden sich innerhalb des Staates „schwarze" Märkte, weil der Preis für die Währung nicht der Angebots- und Nachfragesituation entspricht. Wechselkursänderungen sind dann nur durch Änderung des amtlich festgelegten Kurses **(Auf- oder Abwertung)** möglich. Bilden sich die Wechselkurse dagegen frei durch Angebot und Nachfrage an den Devisenbörsen (man spricht dann von **Floaten**), können starke Wechselkursschwankungen eintreten. Die Auf- und Abwertung einer Währung vollzieht sich „fließend". Schwanken die Wechselkurse stark, steigt für Importeure und Exporteure das Risiko, weil sie nicht sicher sein können, daß sie beim Umtausch des fremden Geldes den Preis erhalten, den sie kalkuliert haben.

Devisen und Noten

19. 2. 91	Frankfurter Devisen Geld	Brief	Noten-verk.* (DM)	19. 2. 91	Frankfurter Devisen Geld	Brief	Noten-verk.* (DM)
Am. Dollar[1])	1.4872	1.4952	1.54	Jap. Yen	1.1360	1.1390	1.155
Aust. Dollar[1])*)	1.1695	1.1815	1.23	K. Dollar[1])	1.2894	1.2947	1.35
Belg. Franc.	4.849	4.869	4.95	Neus. Dollar*)	0.8965	0.9085	1.10
Brit. Pfund[1])	2.903	2.917	2.99	Norw. Kronen	25.515	25.635	26.35
Dän. Kronen	25.955	26.075	26.80	Öst. Schill.	14.195	14.235	14.35
D-Mark	—	—	—	Port. Escudos	1.130	1.150	1.30
Finnmark	41.155	41.355	42.05	Südaf. Rd. F[1])*)	0.4590	0.4750	0.66
Fr. Franc	29.31	29.47	30.30	Südaf. Rd. H[1])*)	0.5805	0.5925	—
Gr. Drach.*)	0.9150	0.9550	1.18	Schw. Kron.	26.695	26.855	27.40
Holl. Gulden	88.655	88.875	89.90	Schw. Frank.	116.49	116.69	118.10
Hongk. Dollar*)	19.04	19.24	—	Span. Pes.	1.600	1.610	1.665
Ir. Pfund[1])	2.656	2.670	2.76	Türk. Lira*)	0.045	0.047	0.068
It. Lire[2])	1.3275	1.3375	1.379				

100 Einh.; [1]) 1 Einh.; [2]) 1000 Einh.; *) nicht amtl.

Quelle: FAZ vom 20. 02. 1991

Die EG-Staaten haben sich daher zum **Europäischen Währungssystem** zusammengeschlossen und lassen ihre Währungen nur innerhalb bestimmter Grenzen **(Bandbreiten)** frei schwanken. Erreicht der Kurs die obere oder untere Grenze der vereinbarten Bandbreite **(oberer und unterer Interventionspunkt)**, dann müssen die Notenbanken als Großkunden am Devisenmarkt eingreifen **(intervenieren)**, um den Kurs wieder zu stabilisieren. Für diesen Fall haben sich die Notenbanken verpflichtet, fremde Währungen in großen Mengen aufzukaufen oder zu verkaufen. Zwar bilden sich die Kurse innerhalb des Europäischen Währungssystems auch nach Angebot und Nachfrage, die Notenbanken versuchen jedoch, die Kursschwankungen in Grenzen zu halten. Bei länger andauerndem Auf- oder Abwertungsdruck werden neue Paritäten bzw. Bandbreiten vereinbart. Die Staaten beschließen eine Auf- oder Abwertung.

Beispiel: Parität zwischen dem holländischen Gulden und der DM; 100 hfl = 88,— DM

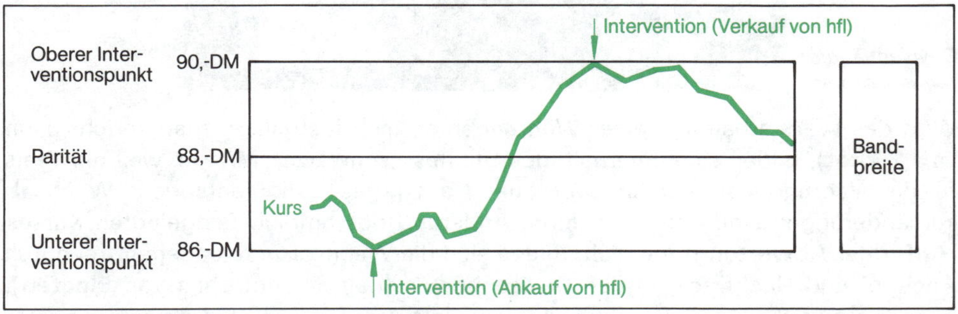

- *Wechselkurs:* *Preis einer ausländischen Währung in DM*
- *Devisen:* *Zahlungsmittel in ausländischer Währung (Schecks, Wechsel, ausländische Guthaben)*
- *Sorten:* *Ausländisches Bargeld (Noten und Münzen)*
- *Parität:* *Wertverhältnis zweier Währungen aufgrund festgelegter Wechselkurse*
- *Floaten:* *Bildung der Wechselkurse durch Angebot und Nachfrage*
- *Aufwertung:* *Verbesserung des Austauschverhältnisses einer Währung*
- *Abwertung:* *Verschlechterung des Austauschverhältnisses einer Währung*
- *Bandbreite:* *Vereinbarter Schwankungsbereich zweier Währungen*
- *Interventionspunkt:* *Obere und untere Grenze der Bandbreite. Bei diesem Punkt müssen die Notenbanken zur Kursstützung eingreifen.*
- *Im Europäischen Währungssystem haben sich eine Reihe von Staaten verpflichtet, ihre Währungen gegenseitig zu stützen und so Kursschwankungen in Grenzen zu halten.*

7.3.2 Internationale Währungssituation

Die Staaten der **Europäischen Gemeinschaft** haben sich zum **Europäischen Währungssystem (EWS)** zusammengeschlossen. Innerhalb dieses Systems wurden feste Wechselkurse vereinbart; Kursschwankungen werden nur innerhalb bestimmter Bandbreiten (meist ±2,25%) zugelassen. Die relativ stabilen Wechselkurse sollen den Handel und den Kapitalverkehr zwischen den EWS-Staaten erleichtern und eine Zone wirtschaftlicher Stabilität schaffen. Um die Zusammenarbeit im Europäischen Währungssystem zu vereinfachen, wurde die **Europäische Währungseinheit ECU (European Currency Unit)** geschaffen, die sich aus den Währungen der EG-Staaten zusammensetzt. Der ECU soll einmal die europäische Währung werden. Seit 1985 geben einige europäische Großbanken ECU-Reiseschecks aus. Belgien hat als erstes EG-Land ECU-Münzen ausgegeben, die offizielles Zahlungsmittel sind. Trotz dieser bescheidenen Anfänge ist die Europäische Gemeinschaft von einer Währungsunion noch weit entfernt, und der ECU dient in erster Linie immer noch als Verrechnungseinheit und als Zahlungsmittel zwischen den Staaten des Europäischen Währungssystems. Jede am Europäischen Währungssystem beteiligte Währung ist über einen Leitkurs mit dem ECU verbunden. Ein ECU entsprach z. B. am 19. 2. 1991 2,04 DM oder 6,97 Französischen Franc oder 2,30 Holländischen Gulden usw.

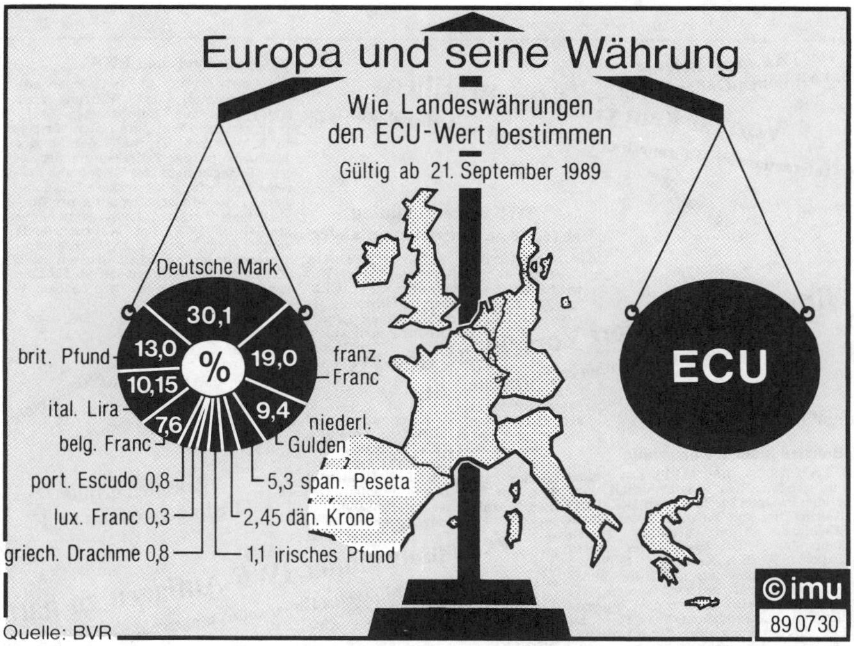

Gegenüber den übrigen Staaten lassen die EWS-Länder ihre Währungen frei schwanken (floaten), auch gegenüber den USA.

Planwirtschaftlich ausgerichtete Staaten setzen ihre Wechselkurse staatlich fest. Dadurch entstehen in diesen Staaten **„schwarze" Märkte**, auf denen die einheimische Währung günstiger als zum offiziellen Kurs eingetauscht werden kann. Obwohl ein illegaler Umtausch streng bestraft wurde, gelang es z. B. den früheren sozialistischen Ostblockstaaten (COMECON-Länder) nicht, die illegalen Märkte zu beseitigen. Diese Staaten gingen daher nach einiger Zeit dazu über, bei der Einreise in ihr Land einen **Zwangsumtausch** zu verlangen.

Einen offiziellen Devisenhandel mit östlichen Währungen im Westen gab es nicht. Zwar konnte man an manchen Bankplätzen im Westen östliche Währungen kaufen, die Einfuhr dieser im Westen gekauften Ost-Währungen war jedoch verboten und wurde hart bestraft. Der Wechselkurs lag im Westen zwischen einem Viertel und einem Siebtel des offiziellen Kurses, war also sehr günstig. Der Weg, auf dem die östlichen Währungen in den Westen kamen, führte über Devisenschwarzhändler, welche die östlichen Währungen im Westen umtauschten und mit der umgetauschten Währung in ihrem eigenen Land Geschäfte machten, nachdem sie die West-Währungen in die östlichen Staaten eingeschmuggelt hatten.

International versucht der **Internationale Währungsfonds (IWF)** die Währungen der Staaten unter Kontrolle zu halten. Der IWF oder IMF **(International Monetary Fund)** gibt u. a. Kredite an seine 151 Mitgliedsländer zur Finanzierung zeitweiliger Zahlungsbilanzdefizite.

Besonders Entwicklungsländer sind teilweise hoch verschuldet und können ihren Zahlungsverpflichtungen nicht immer nachkommen. Der IWF verlangt jedoch von den kreditnehmenden Staaten einen Wechsel ihrer Wirtschaftspolitik, um die Zahlungsbilanzprobleme zu beseitigen.

Der IWF sperrt Belgrad 600-Millionen-Dollar-Kredit

Vorerst kein Geld für Brasilien

Internationaler Währungsfonds will die Lage noch einmal prüfen

Kredite für Brasilien

IWF begrenzt künftig Kredite an Entwicklungsländer

WASHINGTON, 26. September (AP). Der Internationale Währungsfonds (IWF) wird künftig seine Kredite an Entwicklungsländer begrenzen, gleichzeitig je- … für besonders bedürftige Länder … Keditrahmen zulas- … schlusses, … der Nacht zum … getroffen hat. Die Kompro… beruht auf einem britischen Vorschlag … liegt zwischen den ursprünglichen …stellungen der europäischen Indu…länder und der sehr viel härteren …ition der Vereinigten Staaten. Ge… den Beschluß des Interimskomitees …ten … Indien, später auch …na, … ihren …spru… …der …eils …uß auf der … an diesem Dienstag beg…, …r revidiert werden. (Siehe Wirt…aftsteil.)

Währungsfonds lobt EWS

WASHINGTON, 20. Juni (dpa/vwd). Der Internationale Währungsfonds (IWF) hat dem Europäischen Währungssystem (EWS) gute Noten für seine Erfolge bei der Stabilisierung der Wechselkurse der Teilnehmerländer erteilt. Dagegen habe das EWS keine klaren Zeichen für eine stärkere Harmonisierung der Wirtschaftspolitik der Mitgliedstaaten gesetzt, heißt es in einer Studie des IWF. Der Währungsfonds hebt hervor, daß die Wechselkursschwankungen zwischen den am EWS beteiligten Ländern seit dessen Einführung im März 1979 merklich nachgelassen ha…

Brasilien akzeptiert Vorschläge des IWF

Kampf gegen Inflation erst im nächsten Jahr

Manila und Währungsfonds einig

Mexiko: Kredit rei…

Argentinien mit IWF einig

Bolivien braucht Finanzhilfe

LA PAZ, 20. Juni (AFP). Das Defizit im bolivianischen Staatshaushalt wird in diesem Jahr 800 Millionen Dollar betragen. Dies gab Finanzminister Flavio Machicado Saravia bekannt. Danach kann das Defizit des Landes, dessen Exporte jährlich kaum 900 Millionen Dollar erreichen, nur mit Hilfe „äußerer Ressourcen" gedeckt werden. Am Sonntag traf eine Mission des „Internationalen Währungsfonds" (IWF) in La Paz ein, um Vorschläge für Einsparungen im Staatshaushalt zu machen.

Brasilien erfüllt Bedingungen des IWF

Venezuela findet IWF-Auflagen zu hart

Knapp 16 Milliarden Dollar sollen umgeschuldet werden

Quelle: FAZ

- *Der ECU setzt sich aus den Währungen der EG-Staaten zusammen und soll einmal die europäische Währung werden.*
- *Planwirtschaftlich ausgerichtete Staaten setzen die Wechselkurse staatlich fest.*
- *International versucht der Internationale Währungsfonds (IWF), die Währungen der Staaten unter Kontrolle zu halten.*

1. **Unterscheiden Sie zwischen Währung im engeren und im weiteren Sinne.**
2. **Erklären Sie folgende Begriffe:**
   a) Wechselkurs **b) Devisen** **c) Sorten** **d) Parität** **e) Floaten** **f) Aufwertung** **g) Abwertung**
3. **Warum bevorzugt die Exportwirtschaft stabile Wechselkurse?**
4. **Welche Rolle spielen die Notenbanken im Europäischen Währungssystem?**
5. **Weshalb wurde die Europäische Währungseinheit (ECU) geschaffen?**
6. **Aus welchem Grund verlangten die früheren sozialistischen Ostblockstaaten bei der Einreise in ihr Land einen Zwangsumtausch?**
7. **Was leistet der Internationale Währungsfonds in New York?**

8
Markt und Preisbildung

Wo Anbieter und Nachfrager von Gütern aufeinandertreffen, liegt ein Markt vor.

*

In einem marktwirtschaftlichen Wirtschaftssystem bestimmen Angebot und Nachfrage den Preis. Um existieren zu können, muß ein privatwirtschaftliches Unternehmen längerfristig jedoch höhere Verkaufspreise als Kosten haben.

*

Man nennt den Preis, bei dem Angebot und Nachfrage zum Ausgleich kommen und der größte Umsatz erzielt wird, den Gleichgewichtspreis.

8.1 Markt

8.1.1 Volkswirtschaftlicher Marktbegriff

Der Begriff **Markt** hat in der Volkswirtschaft eine weitgehendere Bedeutung als in der Umgangssprache. Man versteht darunter jedes Zusammentreffen von Angebot und Nachfrage. Dies geschieht auf einem Wochen- oder Fischmarkt, aber auch wenn Wertpapiere auf einer Börse erworben werden oder wenn eine Zeitung an einem Kiosk gekauft wird, treffen Angebot und Nachfrage aufeinander, entsteht also für Sekunden ein Markt.

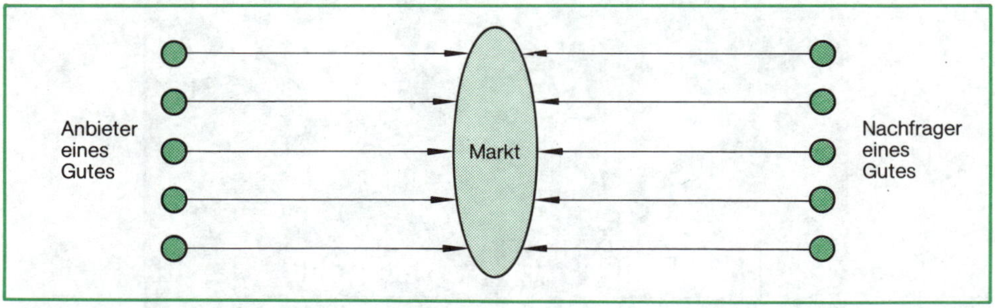

Z

- *Überall, wo Anbieter und Nachfrager von Gütern aufeinandertreffen, liegt volkswirtschaftlich gesehen ein Markt vor.*

8.1.2 Marktarten

Märkte lassen sich nach den **Güterarten** unterscheiden, die auf ihnen angeboten und nachgefragt werden. Sie werden so u. a. eingeteilt in den

- Konsumgütermarkt (Markt der Güter, die für den Endverbraucher bestimmt sind),
- Investitionsgütermarkt (Markt für Güter, die zur Herstellung anderer Güter dienen),
- Arbeitsmarkt (Markt für Arbeitskräfte),
- Finanzmarkt (Markt für Kredite und finanzielle Beteiligungen),
- Immobilienmarkt (Markt für Grundstücke, Wohnungen und Gebäude),
- Dienstleistungsgütermarkt (Markt für Versicherungen, Transporte, Reparaturen usw.).

Jede dieser Marktarten ist jedoch nur Oberbegriff für eine Vielzahl von **Teilmärkten.** So läßt sich der Finanzmarkt in einen **Geldmarkt** für kurzfristige Kredite und einen **Kapitalmarkt** für langfristige Kredite und finanzielle Beteiligungen unterscheiden, oder der Konsumgütermarkt unterteilt sich in einen **Gebrauchsgütermarkt** und einen **Verbrauchsgütermarkt.** Doch selbst diese Märkte lassen sich weiter untergliedern. Zum Gebrauchsgütermarkt zählt z. B. der Markt für Fernsehgeräte, und dieser teilt sich in einen Markt für Schwarz-Weiß-Geräte und Farbgeräte, für tragbare und nicht tragbare Fernsehgeräte. Man könnte diese Aufteilung noch weiterführen, indem Märkte nach verschiedenen Bildschirmgrößen unterschieden werden.

Es gibt verschiedene Märkte.

Auch nach **räumlichen** Gesichtspunkten werden die Märkte eingeteilt. Man spricht vom Markt einer Gemeinde, vom Markt eines Gebietes, eines Landes oder eines Staates, vom Markt eines Erdteils (z. B. Europäischer Markt) und vom Weltmarkt.

Üblich ist es, die sachliche und räumliche Gliederung der Märkte miteinander zu verbinden. In vielen Fällen reicht es nicht aus, z. B. allein vom amerikanischen Markt zu reden, exakt wird die Marktbezeichnung erst, wenn die Güterart hinzugefügt wird. So wird in der Wirtschaftspraxis vom amerikanischen Markt für Kleinlastwagen, vom Stuttgarter Markt für 4-Zimmer-Wohnungen oder vom Markt für Ausbildungsplätze in Offenburg gesprochen.

Schließlich lassen sich die Märkte auch nach **Funktionen** in Beschaffungs- und Absatzmärkte einteilen.

Marktarten

Märkte

lassen sich

sachlich gliedern

z. B. **Arbeitsmarkt** in
- Markt für weibliche Arbeitskräfte
- Markt für männliche Arbeitskräfte
- Markt für jugendliche Arbeitskräfte
- Markt für ausländische Arbeitskräfte

u. a.

räumlich gliedern

z. B. **Arbeitsmarkt**
- einer Gemeinde
- eines Gebietes
- eines Staates
- in der EG
- in einem Erdteil
- in der Welt

u. a.

funktional gliedern

- Beschaffungsmärkte
- Absatzmärkte

- *Märkte lassen sich sachlich nach der Güterart, räumlich und nach Funktionen gliedern. Man spricht von Marktarten.*
- *Eine genaue Marktbezeichnung erfordert häufig eine Verknüpfung von sachlichen und räumlichen Angaben. Beispiel: Pkw-Gebrauchtwagenmarkt für Mittelklassewagen in Freiburg/Breisgau.*

8.1.3 Marktformen

Zur Beurteilung der Preisbildung ist es wichtig, die Märkte nach der Anzahl der Anbieter und der Anzahl der Nachfrager nach einem Gut einzuteilen. Man spricht von **Marktformen** und unterscheidet

- Polypole,
- Oligopole und
- Monopole.

Stehen sich auf einem Markt viele Anbieter und viele Nachfrager eines Gutes gegenüber, ist ein **Polypol** gegeben. Man sagt, es herrscht auf diesem Markt **„vollständige Konkurrenz"**, weil kein Anbieter oder Nachfrager so groß ist, daß er den Marktpreis beeinflussen kann, bzw. jeder Marktteilnehmer sich am Marktpreis orientieren muß. Vollständige Konkurrenz ist weitgehend auf dem Wertpapiermarkt und auf einigen Märkten für landwirtschaftliche Erzeugnisse gegeben.

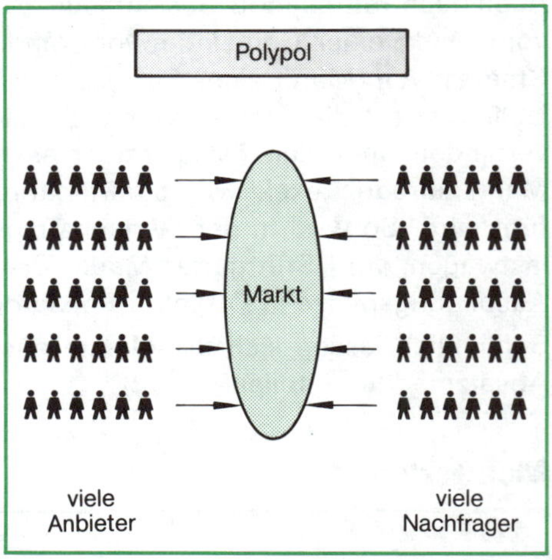

Wenn nur wenige Anbieter oder nur wenige Nachfrager auf einem Markt vorhanden sind, spricht man von einem **Oligopol.** In der Wirtschaftspraxis findet man Oligopole häufig auf der Angebotsseite **(Angebotsoligopole).** Ändert bei einem Angebotsoligopol ein Oligopolist seine Marktpreise, reagieren die anderen Anbieter auf diese Preisänderung. Dies zeigt sich z. B. auf dem Mineralölmarkt, wenn bei Preisänderungen einer Gesellschaft die anderen Mineralölgesellschaften die Preise ebenfalls erhöhen oder senken.

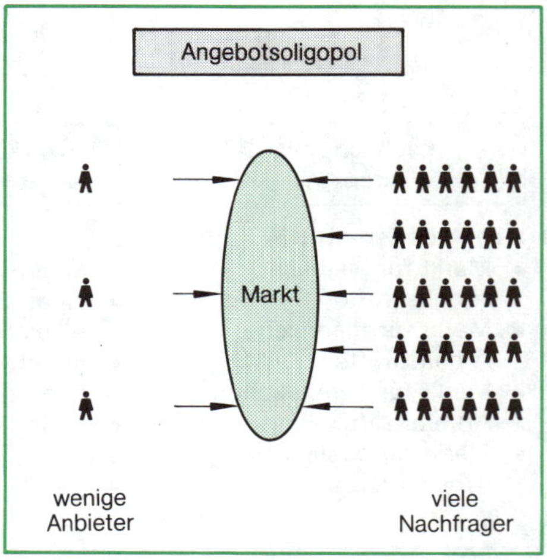

Ein **Monopol** liegt vor, wenn nur ein Anbieter **(Angebotsmonopol)** oder nur ein Nachfrager **(Nachfragemonopol)** nach einem Gut am Markt vorhanden ist. Einige öffentliche Betriebe besitzen ein Angebotsmonopol (z. B. Bahn), ein Nachfragemonopol hat der Staat, wenn er Rüstungsgüter nachfragt. Stehen sich auf einem Markt nur ein Anbieter und nur ein Nachfrager gegenüber, liegt ein **zweiseitiges Monopol** vor. Ein privates Monopolunternehmen kann den Marktpreis weitgehend selbst festlegen. Das Bundeskartellamt kann allerdings ungerechtfertigte Preiserhöhungen untersagen.

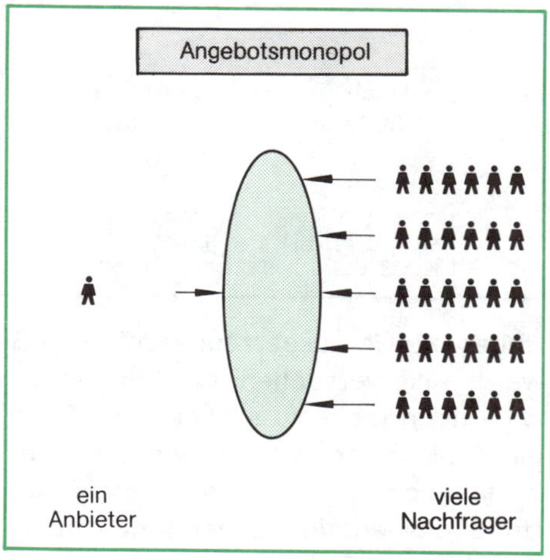

Marktformen		
Polypol *Kennzeichen:* *Viele Nachfrager und viele Anbieter*	***Oligopol*** *Kennzeichen:* *Wenige Nachfrager und/ oder wenige Anbieter*	***Monopol*** *Kennzeichen:* *Ein Anbieter und/oder ein Nachfrager*

1. **Was versteht man volkswirtschaftlich unter dem Begriff Markt?**
2. **Wie lassen sich die Märkte sachlich, räumlich und funktional gliedern?**
3. **Zeigen Sie an Beispielen, daß eine exakte Marktbeschreibung sowohl sachliche als auch räumliche Angaben erfordert.**
4. **Suchen Sie je zwei Beispiele für ein Polypol, für ein Angebotsoligopol und für ein Angebotsmonopol.**
5. **Welche Marktform halten Sie aus der Sicht des Verbrauchers, welche aus der Sicht des Anbieters für am günstigsten? Begründen Sie Ihre Ansicht.**

8.2 Preisbildung

8.2.1 Preisbildung durch Angebot und Nachfrage

Während der Haupterntezeit liegt der Blumenkohlpreis niedriger als in der Nebensaison. Dies wird leicht verständlich, wenn man berücksichtigt, daß in der Haupterntezeit das Angebot groß ist und die Anbieter nur zu einem niedrigen Preis genügend Blumenkohlkäufer finden können, die das ganze Angebot aufkaufen. Außerhalb der Haupterntezeit ist das Blumenkohlangebot gering. Da jedoch auch zu dieser Jahreszeit Blumenkohl gewünscht wird, können die Erzeuger den Preis heraufsetzen. Sie werden das meist gerade soweit tun, daß noch genügend Kaufwillige übrigbleiben, die das im Vergleich zur Hauptsaison nun kleinere Blumenkohlangebot aufkaufen.

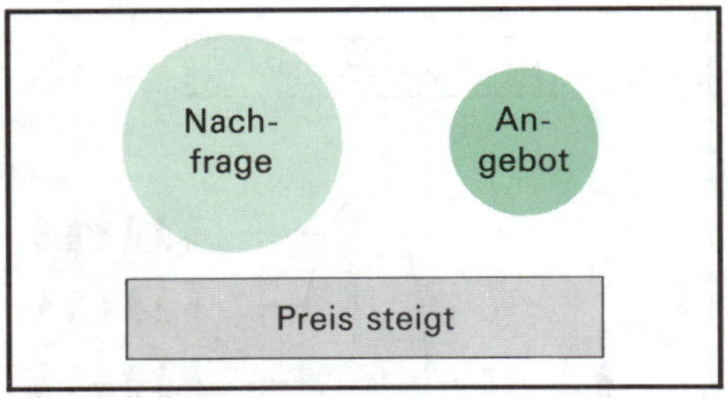

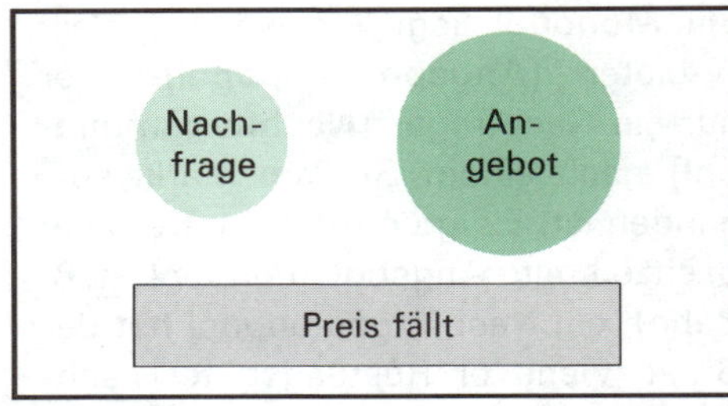

Haben die Gemüseerzeuger mit dem Blumenkohlverkauf gute Geschäfte gemacht, werden sie versuchen, die Produktion von Blumenkohl zu steigern, um ihren Gewinn noch mehr zu erhöhen. Neue Anbieter werden hinzukommen. Dies wird für die Kohlanbieter jedoch eine unerwünschte Wirkung haben: Das größere Blumenkohlangebot wird den Marktpreis senken, falls die Nachfrage nicht im gleichen Umfang ebenfalls zugenommen hat. Wenn der Marktpreis infolge des größeren Angebotes gesunken ist, wird dies in der nachfolgenden Saison wieder zu einem knapperen Angebot und damit wieder zu höheren Preisen führen.

„Grünhandel"

Aus diesem einfachen Beispiel lassen sich folgende Einsichten gewinnen:

1. Angebot und Nachfrage bestimmen den Preis eines Gutes.
2. Ist das Angebot eines Gutes größer als die Nachfrage, sinkt der Preis; ist das Angebot kleiner als die Nachfrage, steigt der Preis.
3. Der Preis wird meist gerade soweit steigen oder fallen, bis der Markt gerade noch geräumt wird. Man nennt diesen Preis den **Gleichgewichtspreis.**
4. Ein hoher Preis regt die Produktion eines Gutes an, erhöht also das Angebot.
5. Die Nachfrage nach einem Gut nimmt bei sinkendem Preis zu und bei steigendem Preis ab.

Es gibt eine **Preisuntergrenze,** unter der die Erzeuger auf Dauer nicht verkaufen werden; sie ist durch die Produktionskosten bestimmt. Kein Unternehmen kann längerfristig diese Grenze unterschreiten, ohne das Risiko eines Konkurses einzugehen. Die Produktionskosten sind jedoch von Unternehmung zu Unternehmung verschieden hoch. Preisbildung durch Angebot und Nachfrage erfolgt so meist nur über den Herstellungskosten, denn um existieren zu können, muß ein Anbieter wenigstens die Produktionskosten durch die Preise abdecken können. Nur kurzfristig oder bei Veräußerung von verderblichen Gütern wird er diese Grenze unterschreiten.

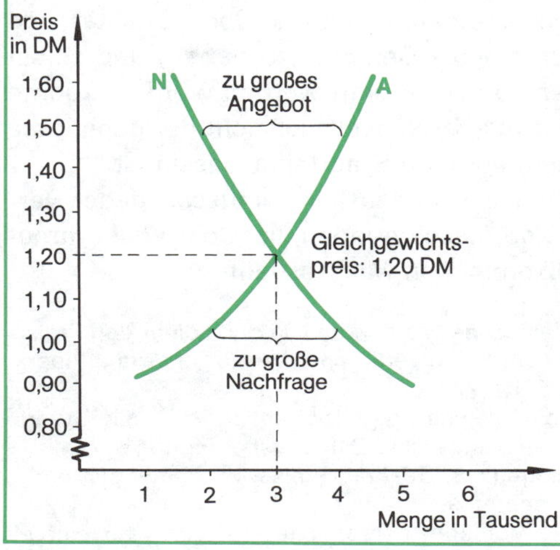

Preisbildung auf dem Markt

Marktpreis in DM	angebotene Menge	nachgefragte Menge	verkaufte Menge
0,90	1600	5040	1600
1,00	2160	4240	2160
1,10	2560	3520	2560
1,20	2960	2960	2960
1,30	3280	2480	2480
1,40	3600	2080	2080
1,50	3840	1760	1760
1,60	4080	1440	1440

Der Preis muß sich im vorstehenden Beispiel bei 1,20 DM je Gut einpendeln. Nur zu diesem Preis wird der Markt geräumt und der größte Umsatz erzielt. Bei einem niedrigeren Preis würden viele Nachfrager kein Gut erhalten. Würde das Gut teurer veräußert werden, müßten die Anbieter auf einem Teil der Waren ,,sitzenbleiben'', weil zu diesem Preis nicht genügend Käufer gefunden werden. Man nennt den Preis, bei dem Angebot und Nachfrage zum Ausgleich kommen und der größte Umsatz erzielt wird, den **Gleichgewichtspreis.**

- *In einer Marktwirtschaft bestimmen Angebot und Nachfrage den Preis eines Gutes.*
- *Der Preis eines Gutes steigt, wenn die Nachfrage nach diesem Gut größer ist als das Angebot, im umgekehrten Fall sinkt er.*
- *Kein Anbieter wird auf Dauer seine Güter unter den Kosten verkaufen.*
- *Ein hoher Preis regt die Hersteller zu größerer Produktion an, ein niedriger Preis erhöht die Nachfrage nach einem Gut.*
- *Der Gleichgewichtspreis ist der Preis, bei dem Nachfrage und Angebot zum Ausgleich kommen, der größtmögliche Umsatz erzielt und der Markt geräumt wird.*

8.2.2 Preisbildung auf dem vollkommenen Markt

Das zuvor beschriebene Modell einer Gleichgewichtspreisbildung ist ein stark vereinfachtes Modell, mit dem die Preisbildung zwar gut erklärt werden kann, das in der Wirtschaftspraxis jedoch so nicht vorkommt. Es geht davon aus, daß jeder Anbieter, der einen höheren Preis als den Gleichgewichtspreis verlangt, keinen Umsatz machen würde, und ein Nachfrager, der weniger zahlen möchte, könnte das

Gut zu einem geringeren Preis nicht erwerben. In der Realität werden jedoch für das gleiche Gut nicht nur unterschiedliche Preise verlangt, sondern auch bezahlt, und das nicht nur in verschiedenen Gemeinden. Dies wird leicht verständlich, wenn man bedenkt, daß z. B. nicht jeder Blumenkohlkopf gleich groß ist und daß auch qualitative Unterschiede bestehen. Es ist auch denkbar, daß persönliche Bekanntschaften vorliegen und Hausfrauen immer bei bestimmten Anbietern ihren Blumenkohl einkaufen, selbst wenn diese teurer als andere Anbieter sind. Schließlich ist es für den einzelnen unmöglich, einen vollständigen Überblick über Qualität und Preise des gesamten Blumenkohlangebotes eines Gebietes zu haben; und selbst wenn ihm Qualitäts- und Preisänderungen sofort bekannt werden würden, könnte er nicht sofort oder überhaupt nicht darauf reagieren, weil vielleicht der günstigere Anbieter in einer anderen Stadt oder einem anderen Stadtteil ansässig ist.
Damit sich ein Gleichgewichtspreis für ein Gut bilden kann, müssen daher verschiedene Voraussetzungen erfüllt sein. Sind diese gegeben, liegt ein **vollkommener Markt** vor. Die Bedingungen des vollkommenen Marktes lauten:

1. Für ein Gut sind sehr viele Anbieter und Nachfrager vorhanden, so daß keiner den Preis selbständig verändern kann, ohne seinen Umsatz zu verlieren bzw. als Nachfrager leer auszugehen (Polypol).
2. Alle angebotenen Güter müssen vollkommen gleichartig (homogen) sein. Für alle Güter gelten gleiche Aufmachung und gleiche Lieferungs- und Zahlungsbedingungen.
3. Alle Marktteilnehmer sind über die Marktlage (z. B. Qualität, Preise, Kaufbedingungen) jederzeit vollständig informiert (Markttransparenz).
4. Weder Käufer noch Verkäufer haben eine Vorliebe (persönliche Präferenz) für einen Marktteilnehmer; auch aus zeitlichen (zeitliche Präferenz) oder aus Entfernungsgründen (räumliche Präferenz) wird niemand vorgezogen.
5. Alle Marktteilnehmer können auf Marktänderungen (z. B. Preise, Mengen, Bedürfnisse) unendlich schnell reagieren und haben zu allen Märkten sofortigen Zugang.

Rheinisch-Westfälische Börse in Düsseldorf

Nur die Wertpapierbörse kommt diesem Ideal nahe. Die gehandelten Wertpapiere sind gleichartig, es herrscht weitgehende Markttransparenz (Punktmarkt), und es wird niemand persönlich, zeitlich oder räumlich bevorzugt. Auch die Reaktionsgeschwindigkeiten sind sehr schnell. Für alle anderen Güter kann sich ein Gleichgewichtspreis nicht bilden.

- *Der Gleichgewichtspreis ist ein idealer Preis. Er kann nur dort entstehen, wo die Bedingungen eines vollkommenen Marktes gegeben sind.*
- *In der Wirtschaftspraxis gibt es keinen vollkommenen Markt, ein Gleichgewichtspreis kann daher nicht entstehen (Ausnahme: Börse).*
- *Das Modell der Preisbildung auf einem vollkommenen Markt dient nur als Erklärungsmodell für die Preisbildung in einer Marktwirtschaft.*

8.2.3 Preisbildung auf dem unvollkommenen Markt

Ein unvollkommener Markt liegt bereits vor, wenn nur eine der Voraussetzungen des vollkommenen Marktes fehlt. In der Wirtschaftspraxis gibt es nahezu ausschließlich unvollkommene Märkte. Nicht nur, daß Monopole und Oligopole in unserer Volkswirtschaft existieren, bei denen die Anbieter oder Nachfrager den Preis beeinflussen können, auch auf Märkten mit **vollständiger Konkurrenz** (Polypol) versuchen die Anbieter von Gütern durch verschiedene Maßnahmen Sonderstellungen zu erreichen, um so den Preis ein wenig zu ihren Gunsten verändern zu können. Solche Maßnahmen sind z. B.

- Aufbau eines Firmennamens (z. B. Mercedes), häufig durch Werbemaßnahmen;
- unterschiedliche Verpackung oder Ausstattung von Gütern;
- Aufbau eines Kundendienstnetzes oder Bereitstellung von Zusatzleistungen;
- Verbesserung der Güterqualität;
- Ausnutzung von persönlichen Bindungen, wie Freundschaften oder Geschäftsbeziehungen;
- Wahl eines günstigen Standortes.

Viele Firmen versuchen durch Qualitätswerbung einen begrenzten Spielraum in der Preisgestaltung zu erreichen.

Die Tatsache, daß vollkommene Märkte in der Wirtschaftspraxis so gut wie nicht vorkommen, bedeutet nicht, daß das „Grundgesetz" der Marktwirtschaft (Angebot und Nachfrage bestimmen den Preis) nicht mehr gilt. Die Anbieter von Gütern können durch Aufbau von Sonderstellungen zumeist nur geringfügig vom Durchschnittspreis abweichen. Selbst ein Monopolist kann seinen Preis nicht beliebig wählen. Wird der Preis zu hoch angesetzt, werden die Käufer auf Ersatzprodukte ausweichen, oder neue Anbieter des gleichen Produktes werden auf dem Markt erscheinen. Schließlich wacht der Staat über die Preisgestaltung der Monopole und Oligopole. Das **Bundeskartellamt** kann ungerechtfertigte Preiserhöhungen untersagen.

Z

- *Ein unvollkommener Markt liegt vor, wenn mindestens eine der Voraussetzungen des vollkommenen Marktes fehlt.*
- *Anbieter von Gütern tendieren dazu, am Markt Sonderstellungen zu erreichen, um so die Preise zu ihren Gunsten verändern zu können.*
- *Auch auf unvollkommenen Märkten bildet sich der Preis eines Gutes nach Angebot und Nachfrage.*

A

1. **„Angebot und Nachfrage bestimmen den Preis." Weisen Sie durch ein Beispiel nach, daß dieser Satz zutrifft.**
2. **Wie wirken sich Preisänderungen eines Gutes auf die angebotene und nachgefragte Menge aus?**
3. **Weshalb kann bei privatwirtschaftlichen Unternehmen der Preis eines Gutes nur kurzfristig unter die Produktionskosten sinken?**
4. **Was versteht man unter dem Gleichgewichtspreis?**
5. **Zählen Sie die Bedingungen eines vollkommenen Marktes auf.**
6. **Wozu dient ein Modell der Preisbildung auf einem vollkommenen Markt? Beantworten Sie diese Frage unter Berücksichtigung der Tatsache, daß vollkommene Märkte in der Wirtschaftspraxis nicht existieren.**
7. **Wann liegt ein unvollkommener Markt vor?**
8. **Durch welche Maßnahmen versuchen Anbieter von Gütern Sonderstellungen am Markt zu erreichen, um dadurch die Preise zu ihren Gunsten verändern zu können?**
9. **Warum kann auch ein Monopolist seine Preise nicht beliebig wählen?**

9
Wirtschaftsordnungen

Freie Marktwirtschaft

David Ricardo (1772–1823)

Zentralverwaltungswirtschaft

Karl Marx (1818–1883)

Soziale Marktwirtschaft

Ludwig Erhard (1897–1977)

In einer freien Marktwirtschaft plant jeder Unternehmer selbständig Beschaffung, Produktion und Absatz und trägt dafür das Risiko. Der Staat greift in das Wirtschaftsgeschehen nicht ein.

*

Kennzeichen einer Zentralverwaltungswirtschaft ist das Wirtschaften nach Wirtschaftsplänen einer staatlichen Planungsstelle. Oberstes Ziel wirtschaftlichen Handelns ist die Planerfüllung.

*

Von einer sozialen Marktwirtschaft spricht man, wenn das wirtschaftliche Geschehen nach den Regeln der freien Marktwirtschaft abläuft, der Staat jedoch zugunsten des wirtschaftlich Schwachen und zur Wettbewerbssicherung durch wirtschaftspolitische Maßnahmen eingreift.

9.1 Idealtypische Wirtschaftsordnungen

9.1.1 Freie Marktwirtschaft

Im 19. Jahrhundert waren die Wirtschaftsordnungen der Industriestaaten am Leitbild der freien oder liberalen Marktwirtschaft orientiert. Das alles beherrschende Prinzip hieß: **Freiheit der Wirtschaftsteilnehmer.** Die geistigen Grundlagen der freien Marktwirtschaft liegen im **Liberalismus.** Der Franzose **Quesnay** war der Auffassung: Solange man die wirtschaftlichen Kräfte sich frei entfalten ließe, sei es um den Wohlstand gut bestellt. Nach dem Grundsatz „Laissez faire, laissez aller, le monde va de lui-même!" (laßt alles laufen, die Welt ordnet sich von allein) sollte sich der größte Nutzen für alle Bevölkerungsgruppen einstellen. **Adam Smith (1723–1790)** und **David Ricardo (1772–1823)** haben die Gedanken von Quesnay später weiterentwickelt und gelten als Hauptvertreter des „klassischen Wirtschaftsliberalismus". Sie traten für freie Konsumwahl und für Privateigentum an Produktionsmitteln ein. Durch Angebot, Nachfrage und Preisbildung auf den Märkten sollte die Wirtschaft sich selbst steuern und so zur optimalen Entfaltung gelangen. Der einzelne Unternehmer hat dabei das Risiko einer falschen Planung zu tragen; werden seine Güter nicht nachgefragt, hat er als Unternehmer aus dem Wirtschaftsprozeß auszuscheiden. Motor einer solchen Wirtschaftsordnung ist der Gewinn. Der Staat steht außerhalb der wirtschaftlichen Entwicklung. Er hat in einer freien Marktwirtschaft lediglich die Aufgabe, den persönlichen Schutz und das Eigentum des einzelnen sowie die freiheitliche Ordnung zu garantieren. Man spricht daher in der freien Marktwirtschaft vom „Nachtwächterstaat".

Kennzeichen einer freien Marktwirtschaft sind:

- **Freie Preisbildung auf allen Märkten:** Angebot und Nachfrage regeln den Preis auf dem Kapital-, Sachgüter-, Dienstleistungs- und Arbeitsmarkt. Die einzelnen Unternehmen ,,kämpfen'' um die Konsumenten. Wer am Bedarf vorbeiproduziert, muß sein Unternehmen schließen.
- **Produktionsmittel sind alle in privater Hand:** Das Eigentumsrecht ist uneingeschränkt gewährleistet.
- **Rentabilitätsstreben:** Die Unternehmen zielen darauf ab, hohe Gewinne zu erzielen. Die Nachfrager versuchen, möglichst hohe Löhne zu erreichen und die Güter günstig zu erwerben.
- **Planung durch die Wirtschaftsteilnehmer:** Jeder Unternehmer plant selbständig Beschaffung, Produktion, Absatz und Investitionen. Dies eröffnet ihm die Möglichkeit, Gewinne zu erwirtschaften, gleichzeitig trägt er jedoch auch das Risiko falscher Planung.

- **Freie wirtschaftliche Betätigung:** Jeder Wirtschaftsteilnehmer kann
  - Verträge jeder Art zu einem beliebigen Zeitpunkt mit jedem Vertragspartner abschließen (Vertragsfreiheit);
  - zu jeder Zeit einen Gewerbebetrieb jeglicher Art gründen (Gewerbefreiheit);
  - als Unternehmer den betrieblichen Standort frei wählen (Niederlassungsfreiheit);
  - als Arbeitnehmer den Beruf und Arbeitsplatz frei wählen (Berufsfreiheit und freie Arbeitsplatzwahl);
  - als Verbraucher die Konsumgüter frei auswählen (freie Konsumwahl).
- **Freier Handel:** Einfuhr und Ausfuhr sind keinen Beschränkungen unterworfen.
- **Der Staat ist ohne Einfluß auf das Wirtschaftsgeschehen:** Er hat nur die Aufgabe, die freie Wirtschaftsordnung zu garantieren.

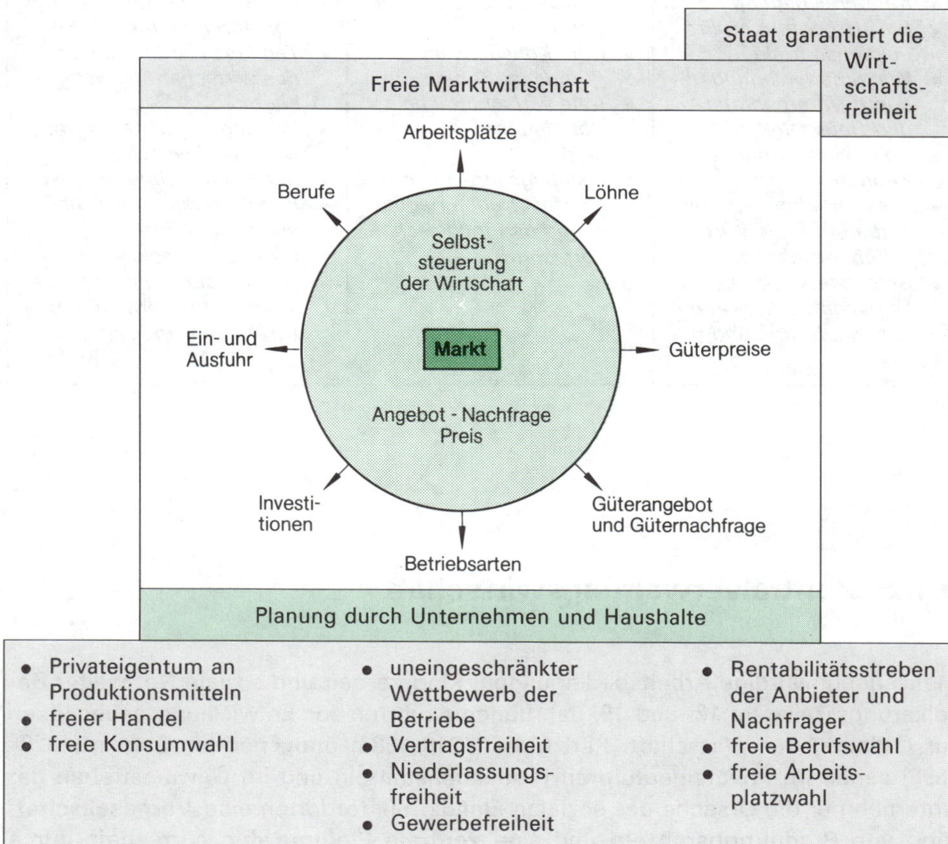

Die freie Marktwirtschaft führte im 19. Jahrhundert einerseits zu einem kräftigen Wirtschaftswachstum, andererseits zu sozialen und wirtschaftlichen Mißständen, zu Not und Elend in weiten Teilen der Bevölkerung. Die Welt hat „sich nicht von allein geordnet", wie die Liberalisten es annahmen, vielmehr führte diese Wirtschaftsordnung zur Ausbeutung des wirtschaftlich Schwächeren, zu Kinderarbeit, menschenunwürdigen Arbeitsbedingungen, langen Arbeitszeiten und zu wirtschaftlicher Not von Arbeitsunfähigen und arbeitslosen Menschen. Hinzu kamen Konjunkturschwankungen, in denen erhebliche Arbeitslosigkeit entstand. Die Unternehmer versuchten den Wettbewerb durch Preisabsprachen zu umgehen. Die Forderungen nach staatlichem Eingreifen wurden immer lauter.

Z

Freie Marktwirtschaft		
Kennzeichen:	***Vorteile:***	***Nachteile:***
• *freie Preisbildung* • *Privateigentum an Produktionsmitteln* • *Wirtschaftsplanung durch Unternehmen und Haushalte* • *freie wirtschaftliche Betätigung* • *Staat ist ohne direkten Einfluß auf das Wirtschaftsgeschehen* • *Selbststeuerung der Wirtschaft durch Angebot, Nachfrage und Preis*	• *freie Arbeitsplatz- und Berufswahl* • *freie Konsumwahl (Kunde ist König)* • *freie wirtschaftliche Betätigung des einzelnen* • *Leistungsanreiz und Gewinnstreben begünstigen den technischen Fortschritt*	• *keine soziale Absicherung der Arbeitnehmer* • *Tendenz zur Ausbeutung des wirtschaftlich Schwächeren* • *Vermögensanhäufung bei wenigen Menschen* • *Konjunkturschwankungen* • *Rechtlosigkeit der Arbeitnehmer* • *Wettbewerbseinschränkungen durch Preisabsprachen und Unternehmenszusammenschlüsse*

9.1.2 Zentralverwaltungswirtschaft

Menschenunwürdige Arbeitsbedingungen, Kinderarbeit und soziale Not weiter Bevölkerungskreise im 18. und 19. Jahrhundert führten zur Entwicklung neuer Ideen zur Ordnung der Wirtschaft. Karl Marx (1818–1883) und Friedrich Engels (1820–1895) sahen im Privateigentum an Produktionsmitteln und im Gewinnstreben der Unternehmer die Ursache des sozialen Elends. Sie forderten eine **Vergesellschaftung von Produktionsmitteln** und eine **zentrale Planung der Wirtschaft** durch den Staat, welche die Selbststeuerung der wirtschaftlichen Aktivitäten durch Markt und Preisbildung ersetzen sollte. Die zentralistische Wirtschaftsplanung des Staates sorge dafür, daß anstelle des Gewinnstrebens das Allgemeinwohl der Bevölkerung als wirtschaftliches Leitprinzip treten könne.

Friedrich Engels Buch „Die Lage der arbeitenden Klassen in England" fand weite Verbreitung und rüttelte das „Weltgewissen" wach.

Karl Marx

Das Kapital

Kritik der politischen Ökonomie

Gemeinverständliche Ausgabe
Besorgt von Julian Borchardt

Ungekürzte Sonderausgabe

1 · 9 · 2 · 5

Verlagsgesellschaft
des Allgemeinen Deutschen Gewerkschaftsbundes, GmbH.
Berlin S 14
Zentralvertrieb zeitgeschichtlicher Bücher, GmbH.
Berlin W 30

„Das Kapital" ist das Hauptwerk von Karl Marx. Mit diesem Werk begründete er den „wissenschaftlichen Sozialismus" und entwickelte die geistigen Grundlagen der Zentralverwaltungswirtschaften.

Die Ideen von Marx und Engels wirkten für die damaligen Lebensverhältnisse überzeugend und versprachen eine bessere Zukunft. Die spätere Entwicklung der sog. „kapitalistischen" Staaten und die reale Praxis in den sozialistischen Staaten haben Marx und Engels jedoch in vielen Punkten widerlegt.

Ausgangspunkt allen Wirtschaftens in einer Zentralverwaltungswirtschaft (zentralen Planwirtschaft) ist das Aufstellen von Wirtschaftsplänen durch eine staatliche Planungsstelle. Der Staat entscheidet, welche Güter von welchen Unternehmen produziert werden, und legt den Preis der Güter fest. Er bestimmt, welche Berufe in der Wirtschaft benötigt werden, welche Arbeitsplätze zu besetzen sind und wieviel Lohn zu zahlen ist. Einfuhr und Ausfuhr unterliegen ebenso staatlicher Regelung wie Art und Umfang der Investitionen. Der Markt- und Preismechanismus ist aufgehoben, Berufs- und Arbeitsplatzwahl sowie freie wirtschaftliche Betätigung des einzelnen gibt es in diesem System nicht. Die Planung ist allumfassend. Es gibt nicht nur einen Wirtschaftsplan, sondern auch das Sozialwesen, die Volksbildung, die Kultur, die Wissenschaft, kurz alle Gebiete des öffentlichen Lebens sind in die staatliche Planung einbezogen.

Diese umfangreiche Planung erfordert verschiedene Plantypen. Man unterscheidet langfristige Perspektivpläne, mittelfristige Fünf- oder Siebenjahrespläne und kurzfristige Pläne für ein Jahr. Wichtigstes Ziel ist die Planerfüllung. Durch Orden, Auszeichnungen, Ehrentitel, öffentliches Lob und Prämien sollen die Betriebe und die Belegschaft zur Planerfüllung oder zur Planübererfüllung angeregt werden.

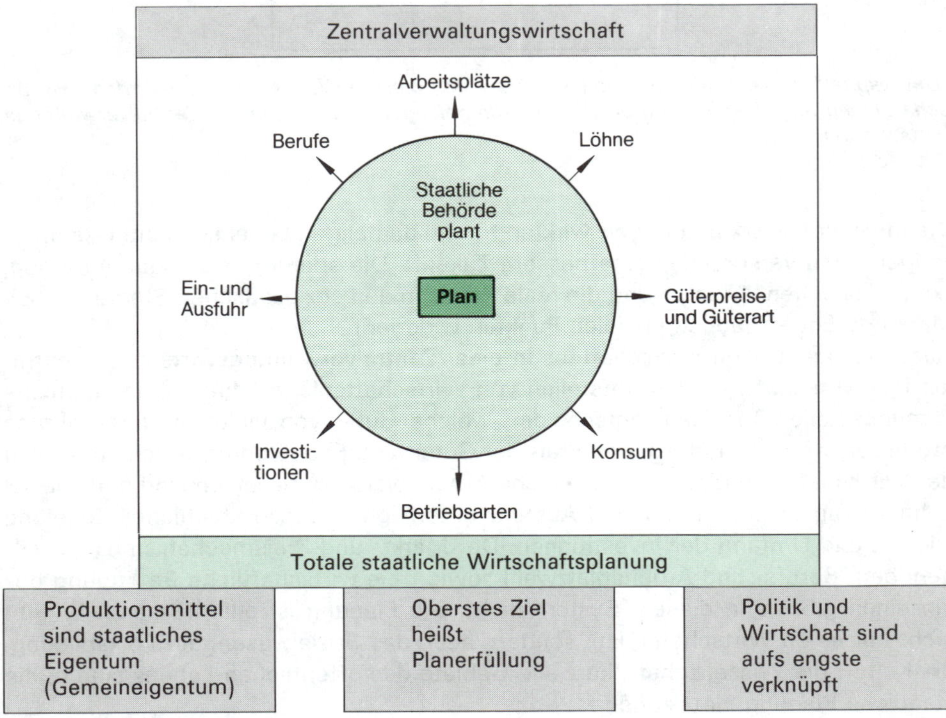

In der Praxis einer Planwirtschaft schlichen sich immer wieder Planungsfehler ein. Kritiker behaupten, daß solche auch nicht zu vermeiden seien. Mit zunehmendem Planungsumfang würden zwangsläufig immer mehr Fehlerquellen auftreten, und das Planungssystem würde immer schwerfälliger werden. Die Praxis in den ehemaligen sozialistischen Planwirtschaftsstaaten hat diese Annahmen bestätigt. Immer wieder auftretende Käuferschlangen, Ladenhüter und Versorgungsmängel führten zu einer Unzufriedenheit in der Bevölkerung und schufen damit allerdings auch die Voraussetzung für einen umfassenden ökonomischen und politischen Wandel.

In den meisten der früher planwirtschaftlich organisierten Staaten hat man inzwischen Konsequenzen gezogen. Unter dem Begriff „Perestroika" (= Umgestaltung) fand in der Sowjetunion und im Gefolge auch in anderen Staaten ein Umwandlungsprozeß statt. In die Wirtschaft dieser Staaten fanden mehr und mehr marktwirtschaftliche Elemente Eingang. Unrentable Betriebe wurden geschlossen oder nach Rentabilitätsgesichtspunkten umorganisiert. Mit dem Ziel, die betrieblichen Verwaltungs- und Entscheidungsprozesse zu demokratisieren, die Versorgung der Bevölkerung zu verbessern und den wirtschaftlichen Anschluß an die marktwirtschaftlich organisierten westlichen Staaten zu finden, wurde der Einfluß der Kommunistischen Partei zurückgedrängt und die Mitverwaltung sowie die Mitverantwortung der Mitarbeiter gestärkt.

Inzwischen wurde jedoch klar, daß diese Maßnahmen unzureichend sind. Zur Verwirklichung eines den westlichen Staaten vergleichbaren Lebensstandards reichen mehr Mitbestimmung der Arbeitnehmer und organisatorische Änderungen in Betrieben allein nicht aus. Zahlreiche ehemals planwirtschaftlich organisierten Staaten haben daher die Einführung der Sozialen Marktwirtschaft beschlossen.

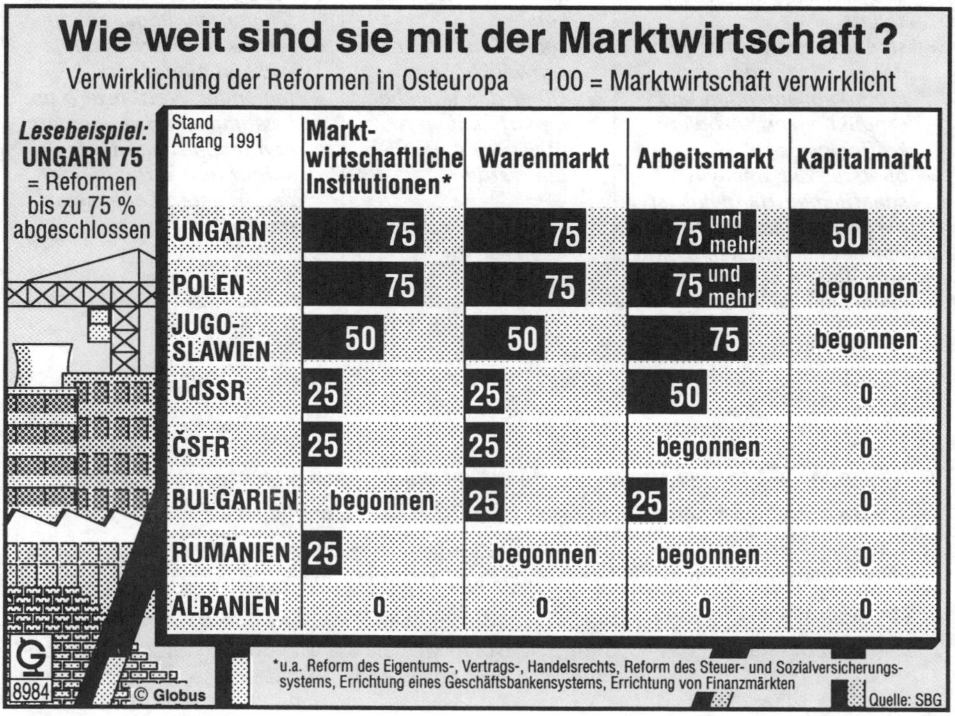

Ungarn am weitesten

Die friedliche Revolution im ehemaligen Ostblock wurde nicht nur vom Drang nach Freiheit bewegt; sie war auch vom Wunsch nach einem besseren Leben, nach Wohlstand angetrieben, so wie man ihn bei den westlichen Nachbarn sehen konnte. Das sozialistische System der Planwirtschaft hatte versagt; nun sollte der Weg der Marktwirtschaft beschritten werden – ein Weg der kleinen Schritte, denn die bestehenden Systeme konnten nur Stück für Stück umgebaut werden. So müssen marktwirtschaftliche Institutionen geschaffen werden, zum Beispiel ein System von Geschäftsbanken oder ein marktwirtschaftlich orientiertes Steuersystem. Statt der zentralwirtschaftlichen Planung von oben, die die Menschen bevormundet, setzen die Reformer nun auf das freie Spiel der Kräfte von Angebot und Nachfrage. So auch auf den Märkten für Kapital, Arbeit und Waren, die künftig wie beim ehemals „kapitalistischen Klassenfeind" ohne staatliche Bevormundung auskommen sollen. – Von allen Ländern des ehemaligen Ostblocks sind die Reformen in Ungarn am weitesten gediehen (unser Schaubild auf S. 171), während sich Rumänien und Albanien bisher nur wenig in Richtung Marktwirtschaft bewegt haben. *(Quelle: Globus)*

Z

Zentralverwaltungswirtschaft		
Kennzeichen:	***Vorteile:***	***Nachteile:***
• *Staatseigentum (Gemeineigentum) an Produktionsmitteln* • *totale staatliche Planung und Lenkung der Wirtschaft* • *staatlich festgesetzt werden u. a.: Preise, Löhne, Produktionsmengen und Produktionsart, Arbeitskräfteeinsatz* • *oberstes Ziel des wirtschaftlichen Handelns ist die Planerfüllung* • *Politik und Wirtschaft sind aufs engste verknüpft*	• *keine privatwirtschaftliche Ausbeutung des wirtschaftlich Schwachen* • *keine Arbeitslosigkeit* • *keine Konjunkturschwankungen* • *Güter des täglichen Bedarfs können preiswert angeboten werden*	• *Ladenhüter, Versorgungsmängel, Käuferschlangen* • *geringe Auswahl an Konsumgütern* • *kostspieliger und schwerfälliger Planungsapparat* • *Berufs- und Arbeitsplatzwahl ist eingeschränkt* • *fehlender Wettbewerb und Leistungsanreiz behindern den technischen Fortschritt und verhindern einen höheren Lebensstandard*

A

1. **Warum spricht man in einer freien Marktwirtschaft vom ,,Nachtwächterstaat''?**
2. **Welches sind die Kennzeichen einer freien Marktwirtschaft?**
3. **Nehmen Sie zu folgender Aussage Stellung: In der freien Marktwirtschaft erfolgt eine Selbststeuerung der Wirtschaft durch Markt und Preis.**
4. **Warum kann man sagen: ,,In einer freien Marktwirtschaft ist der Kunde König.''?**
5. **Die Industriestaaten des 19. Jahrhunderts hatten als Wirtschaftsordnung weitgehend die freie Marktwirtschaft verwirklicht. Welche Folgen brachte diese Wirtschaftsordnung den Menschen?**

6. **Nennen Sie die Merkmale einer Zentralverwaltungswirtschaft.**
7. **Nehmen Sie zu folgender Aussage Stellung: In einer Marktwirtschaft plant der Unternehmer, in einer Planwirtschaft der Staat.**
8. **Beschreiben Sie den Vorgang staatlicher Wirtschaftsplanung in einer Zentralverwaltungswirtschaft durch ein selbstgewähltes Beispiel.**
9. **Warum ist es unmöglich, Bedürfnisse und Kaufwünsche des Verbrauchers über Jahre vorauszuplanen?**
10. **Wie läßt es sich erklären, daß in der Praxis einer Zentralverwaltungswirtschaft immer wieder Versorgungsschwierigkeiten auftreten?**

9.2 Soziale Marktwirtschaft als Wirtschaftsordnung der Gegenwart

9.2.1 Soziale Marktwirtschaft: Merkmale und Maßnahmen

In reiner Form gab es im 20. Jahrhundert weder eine freie Marktwirtschaft noch eine Zentralverwaltungswirtschaft. Überall, wo die Zentralverwaltungswirtschaft eingeführt wurde, enthielt sie auch marktwirtschaftliche Elemente. So gab es z. B. in der ehemaligen DDR neben staatlichen (volkseigenen) und genossenschaftlichen auch halbstaatliche und private Betriebe, wenn auch in geringem Umfang. Andere Staaten, welche auf die Vorteile der freien Marktwirtschaft nicht verzichten, andererseits jedoch die schwerwiegenden Nachteile vermeiden oder zumindest abschwächen wollten, suchten nach einer neuen Wirtschaftsordnung.
Man fand diese neue Wirtschaftsordnung in Form der sozialen Marktwirtschaft. Die wirtschaftlichen Aktivitäten laufen dabei nach den Grundregeln der freien Marktwirtschaft ab, der Staat greift jedoch zugunsten des wirtschaftlich Schwachen (insbesondere des Verbrauchers) und zur Wettbewerbssicherung in das Wirtschaftsgeschehen ein. In der Bundesrepublik Deutschland gilt Ludwig Erhard (1897–1977) als „Vater“ der sozialen Marktwirtschaft. Als Bundeswirtschaftsminister im Kabinett Adenauer von 1949–1963 führte er diese Wirtschaftsordnung in unserem Staat ein.

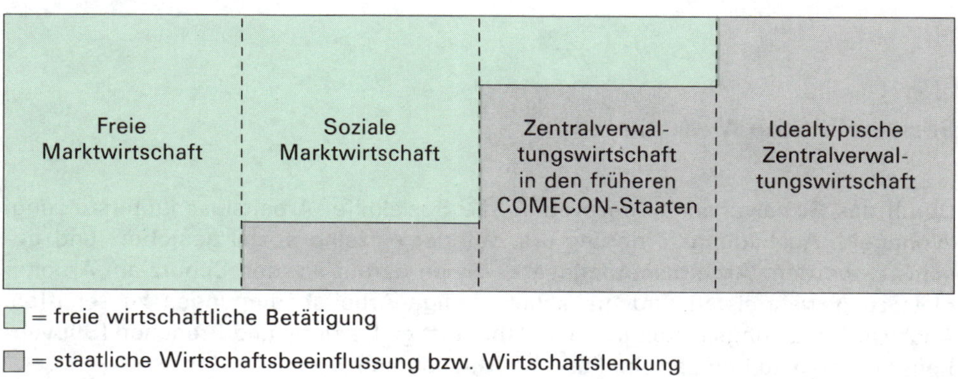

Die wirtschaftspolitischen Maßnahmen des Staates erstrecken sich in einer sozialen Marktwirtschaft insbesondere auf die Gebiete Sozialpolitik, Konjunkturpolitik, Strukturpolitik, Wettbewerbspolitik, Einkommens- und Vermögenspolitik sowie auf den Bereich der öffentlichen Unternehmungen.

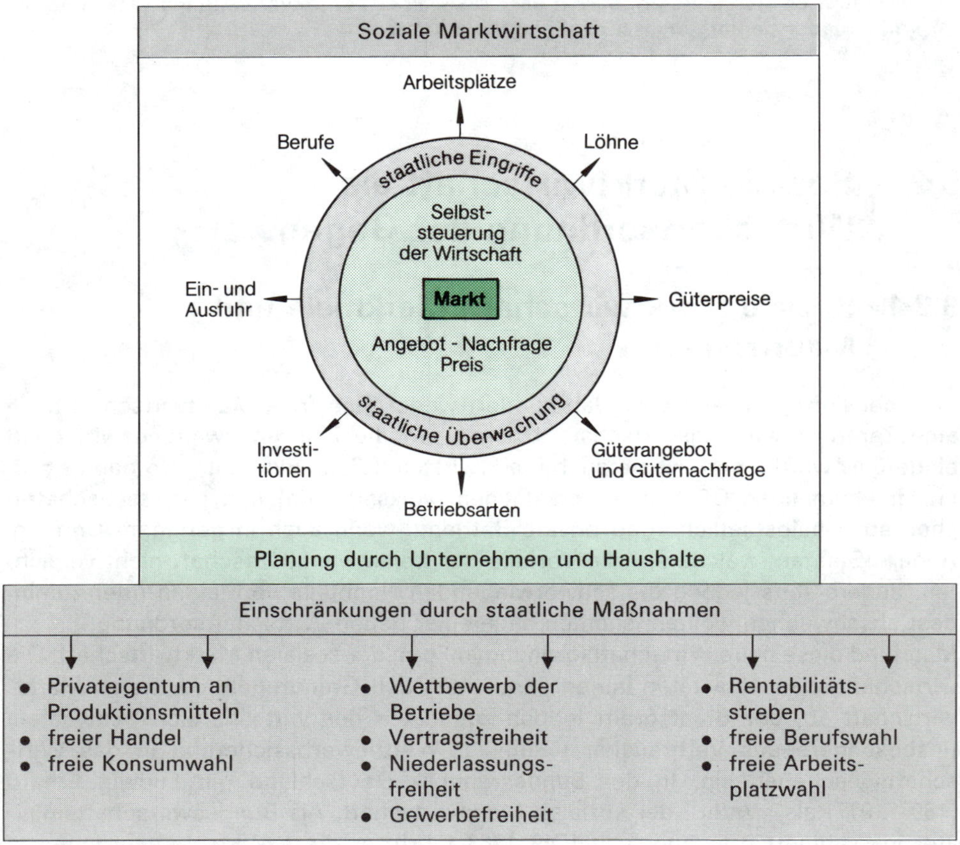

Sozialpolitische Maßnahmen

Durch das Sozialversicherungssystem, die Sozialhilfe, Arbeitslosenunterstützung, Wohngeld, Ausbildungsförderung u. a. soll der einzelne **sozial gesichert** und **geschützt** werden. **Arbeitsschutzgesetze** zielen darauf ab, den Schutz am Arbeitsplatz zu gewährleisten und menschenwürdige Arbeitsbedingungen zu schaffen. Auch Unterstützungsleistungen an hilfsbedürftige Betriebe und Branchen (Subventionen) zählen zu den sozialpolitischen Maßnahmen.

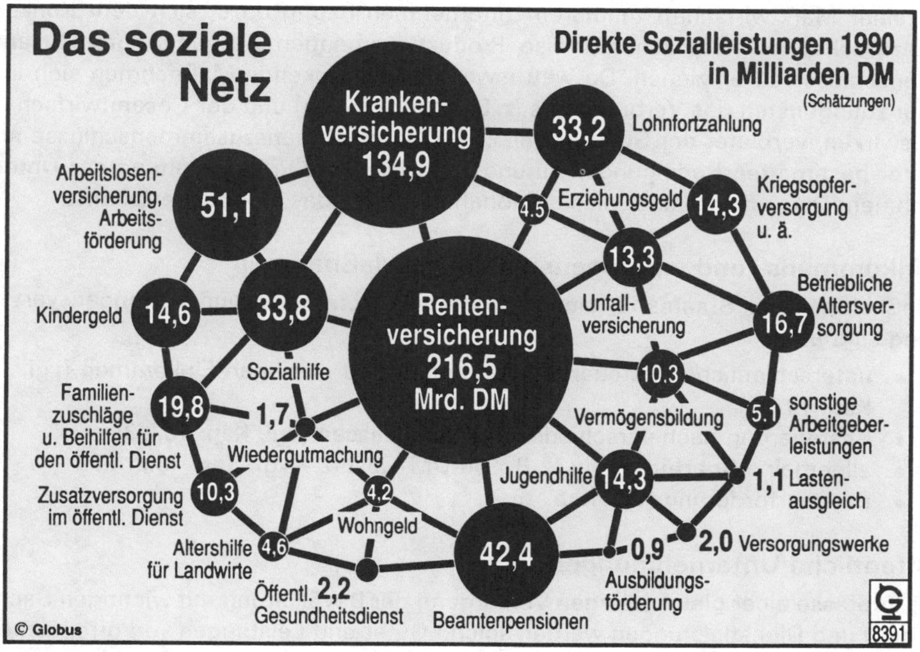

Konjunkturpolitische Maßnahmen

Die Konjunkturpolitik soll Wirtschaftskrisen mit Arbeitslosigkeit und Betriebsstillegungen vermeiden. Zu diesem Zweck kann der Staat (Bund, Länder, Gemeinden) **Staatsausgaben** und **Steuern bzw. Abgaben** erhöhen oder senken. Auch die Deutsche Bundesbank kann den Wirtschaftsablauf beeinflussen. Mittel dazu sind u. a. **Diskont-, Lombard-, Mindestreserve- und Offenmarktpolitik.**

Strukturpolitische Maßnahmen

Um einen ausgeglichenen Lebensstandard und gleiche Entwicklungs- und Lebenschancen zu gewährleisten, fördert der Staat wirtschaftlich weniger entwickelte Gebiete. Zu diesen Maßnahmen zählen Zuschüsse und Kredite für Betriebsgründungen und Betriebserweiterungen.

Wettbewerbspolitische Maßnahmen

54 Millionen Mark Bußgeld wegen unerlaubter Absprachen

Gz. BERLIN, 29. September. Bußgelder in Höhe von 54 Millionen Mark hat das Bundeskartellamt gegen 77 Bauunternehmen wegen verbotener Preisabsprachen in den Jahren zwischen 1977 und 1980 verhängt. Es sind dies die höchsten Strafgelder, die das Amt jemals verhängt hat. 15 Unternehmen, darunter alle großen, bekannten Firmen der Branche, müssen mehr als eine Million Mark bezahlen. Die meisten Unternehmen haben Einspruch eingelegt, aber offenbar nicht alle. Die betroffenen Unternehmen haben sich jahrelang bei öffentlichen und privaten Bauvorhaben darüber abgesprochen, welches Unternehmen zu welchem Preis den jeweiligen Auftrag erhalten solle; zum Teil haben die geschützten Unternehmen dafür Ausgleichszahlungen geleistet. Die Bauwirtschaft hat die nicht bestrittenen Absprachen als Folge der besonderen Verhältnisse auf dem Baumarkt und des Verhaltens der öffentlichen Auftraggeber bezeichnet. (Siehe auch Wirtschaft.)

Quelle: FAZ

In einer Marktwirtschaft tendieren Unternehmen häufig dazu, sich dem Konkurrenzdruck durch Absprachen (Preise, Produktionsmengen u. a.) oder durch Zusammenschlüsse zu entziehen. Da wettbewerbseinschränkende Maßnahmen sich immer zuungunsten des Verbrauchers (z. B. höhere Preise) und der Gesamtwirtschaft auswirken, verbietet der Staat Kartelle, läßt Unternehmenszusammenschlüsse nur unter bestimmten Bedingungen zu und kontrolliert die Preisgestaltung der Unternehmen. Die Aufsicht über diese Maßnahmen führt das **Bundeskartellamt.**

Einkommens- und vermögenspolitische Maßnahmen

Maßnahmen des Staates für eine gerechtere Einkommens- und Vermögensverteilung sind u. a.:

- unterschiedliche Besteuerung von hohen und niedrigen Einkommen (vgl. Kap. 13.2.3),
- Besteuerung nach verschiedenen Steuerklassen (vgl. Kap. 13.2.3),
- allgemeine Sparförderung (z. B. 936-DM-Gesetz – vgl. Kap. 15.2) und
- Bausparförderung (vgl. Kap. 15.2).

Öffentliche Unternehmungen

Im Interesse einer gleichmäßigen Versorgung der Bevölkerung mit wichtigen Sachgütern und Dienstleistungen werden solche Güter und Leistungen von öffentlichen Unternehmungen angeboten. Zu den öffentlichen Unternehmungen zählen Elektrizitäts-, Gas- und Wasserwerke, Nahverkehrsbetriebe, Bundesbahn und (in Teilbereichen) Bundespost. Hinzu kommen Verwaltungsmonopole, wie z. B. die Bundesanstalt für Arbeit, Schulen, Hochschulen, Krankenhäuser, öffentliche und kulturelle Einrichtungen. Würde beispielsweise die Bundesbahn als Privatunternehmung betrieben werden, könnten unrentable Nebenstrecken möglicherweise nicht bedient werden, und die Bundespost könnte als Privatunternehmen für einen Brief in ein abgelegenes Dorf sehr viel mehr Porto verlangen als für die Briefbeförderung von Stuttgart nach Karlsruhe.

Zustellung eines Briefes an eine Almbäuerin

Die soziale Marktwirtschaft existiert heute in allen westlichen Industriestaaten.

Wirtschaftspolitische Maßnahmen des Staates in einer sozialen Marktwirtschaft					
Sozialpolitik	*Konjunkturpolitik*	*Strukturpolitik*	*Wettbewerbspolitik*	*Einkommens- und Vermögenspolitik*	*Öffentliche Unternehmen*
z. B.:	*z. B.:*	*z. B.:*	*z. B.:*	*z. B.:*	*z. B.:*
Sozialversicherungen, Kindergeld	*öffentliche Ausgaben, Diskontpolitik*	*Kredite für Unternehmensgründungen*	*Preiskontrolle, Kartellverbote*	*Sparförderung, Steuerpolitik*	*Verkehrsbetriebe, Bundesbahn*

9.2.2 Grenzen der sozialen Sicherung

Seit Bestehen der Bundesrepublik Deutschland ist unser Staat seiner sozialen Verpflichtung in immer stärkerem Maße nachgekommen, indem das soziale Netz immer enger geknüpft wurde. Nach und nach wurden **immer mehr soziale Leistungen** eingeführt, andere, die bereits bestanden, wurden leistungsmäßig verbessert, oder man hat weitere Bevölkerungsgruppen in die Leistungen einbezogen.
Soziale Leistungen müssen jedoch finanziert werden, sie kosten Geld, und mit dem Ausbau der sozialen Leistungen sind auch die Kosten hierfür ständig gestiegen. Seit Ende der 70er Jahre wurden einige Anstrengungen unternommen, den Anstieg der Kosten zu bremsen (Kostendämpfungsgesetze). Bestimmte soziale Leistungen wurden eingeschränkt, Kostenbeteiligungen der Empfänger sozialer Leistungen wurden eingeführt (z. B. Krankenversicherung). Bisher zeigten diese Maßnahmen jedoch nur begrenzten Erfolg.

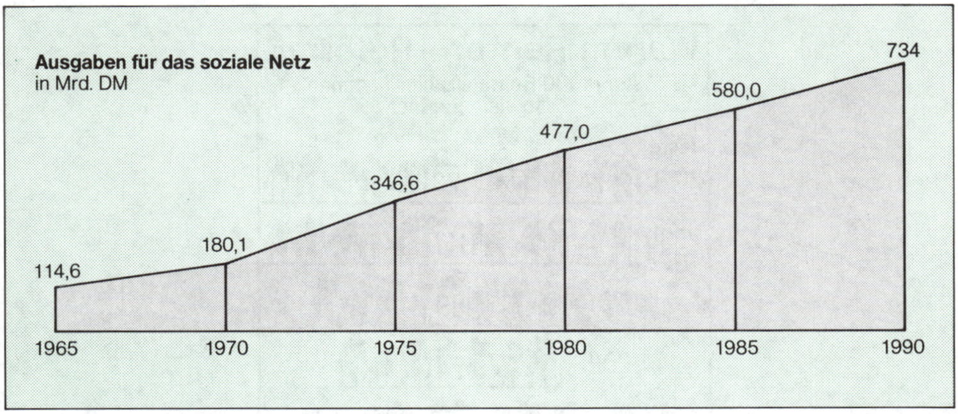

Wer finanziert diese sozialen Leistungen? Den größten Teil (ca. 40%) bringt der **Staat** (Bund, Länder, Gemeinden) auf. Der Rest verteilt sich fast zu gleichen Teilen auf **Unternehmen** und **private Haushalte.** Es scheint zunächst so, daß die Bürger nur einen Teil der Sozialleistungen, die sie erhalten, selbst bezahlen müssen. Aber das täuscht. Die Unternehmen müssen ihre Sozialleistungen in die Preise einkalkulieren, und der Anteil des Staates wird über Steuern und Gebühren finanziert, oder der Staat muß Schulden machen. Schulden müssen jedoch getilgt werden, und das kann unser Staat nur über höhere Steuern und Gebühren oder über neue Schulden finanzieren. Letztlich werden die sozialen Leistungen also immer vom Bürger bezahlt.

Der Ausbau der sozialen Leistungen hat bereits heute zu erheblichen Belastungen des Staates, der Unternehmen und der Bürger geführt.

- Die Schulden des Staates sind von 126 Mrd. DM im Jahre 1970 auf 923 Mrd. DM im Jahre 1989 gewachsen. Dafür müssen bereits ca. 80 Mrd. DM Zinsen bezahlt werden.
- Die Durchschnittsbelastung der Arbeitnehmerverdienste ist von 23% (1970) auf 36,6% (geschätzt für 1990) angestiegen.
- Im Jahre 1990 mußten die Unternehmen der Bundesrepublik Deutschland für 100,— DM ausgezahlten Arbeitslohn noch einmal 82,90 DM für soziale Leistungen aufbringen. Je Arbeitsstunde entstanden den Unternehmen so 37,88 DM Personalkosten, davon konnte jedoch nur etwas mehr als die Hälfte ausbezahlt werden.

Noch schwerwiegender sind die Probleme, die infolge der Abnahme und Überalterung unserer Bevölkerung auf unser Sozialsystem zukommen. Seit Mitte der 60er Jahre ist die Geburtenhäufigkeit drastisch gesunken, gleichzeitig hat sich aber die Lebenserwartung der Bevölkerung erhöht. Diese Situation belastet besonders die Rentenversicherung. Bereits heute kommen auf 100 Beitragszahler 48 Rentner. Schätzungen besagen, daß bis zum Jahr 2030 die Zahl der Rentner die der Beitragszahler überschreiten wird. Wenn die Beitragssätze nicht auf eine unzumutbare Höhe steigen sollen, ist also eine Reform der Rentenversicherung unumgänglich.

Für eine solche Reform wurden bereits einige Vorschläge unterbreitet:

- Eine staatliche **Grundrente** soll im Alter einen Mindestlebensstandard ermöglichen. Wer sich besser absichern will, muß private Versicherungen abschließen, Sparen oder Nutzen aus einer betrieblichen Altersversorgung ziehen können.

- Die Renten dürfen nur noch **nettolohnbezogen** steigen, oder sie müssen voll der Einkommensteuer unterliegen. Gleichzeitig müssen die **Beitragssätze** zur Rentenversicherung ,,angemessen" **erhöht** werden.

- In den Unternehmen sollen neben den Arbeitnehmern auch **Maschinen** zur Finanzierung der Sozialversicherung herangezogen werden. ,,Kollege Computer" soll die Soziallasten mitfinanzieren. Grundlage der Berechnung eines solchen **Maschinenbeitrags** wäre das im Betrieb eingesetzte Kapital oder sogar alle im Unternehmen erwirtschafteten Einkommen **(Wertschöpfungsabgabe).**

Die Überalterung unserer Bevölkerung bringt auch Finanzierungsprobleme für die **Krankenversicherung** (z. B. mehr Heil- und Hilfsmittel sowie Krankenhauspflege) und für die **Sozialhilfe** durch eine Zunahme der Pflegekosten.

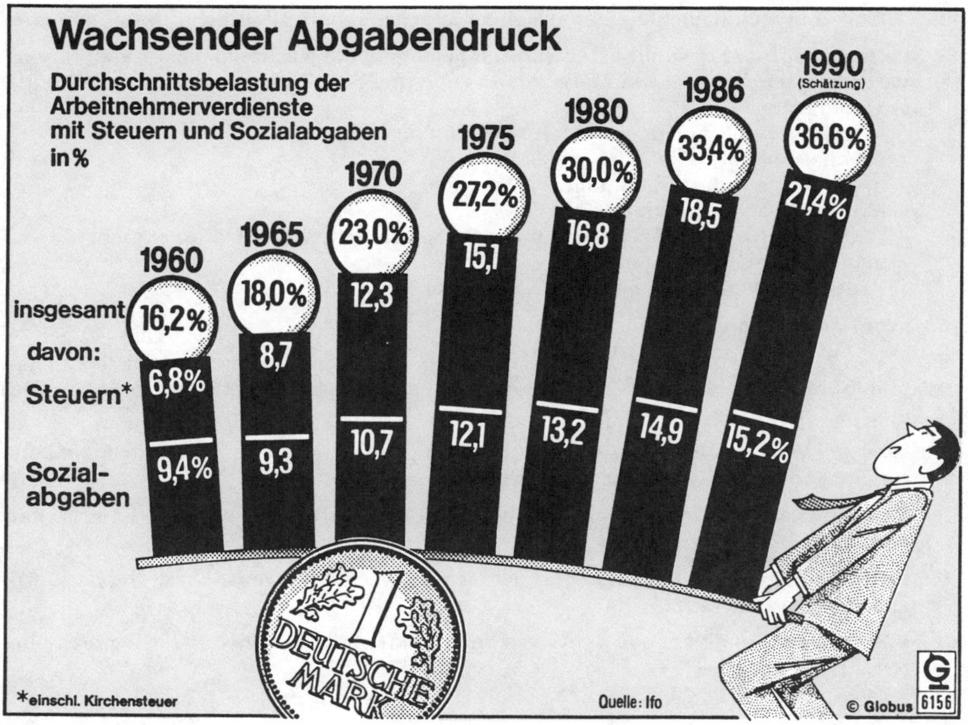

In der Zukunft wird sich ein weiteres Ansteigen von Steuern und Sozialabgaben vermutlich nicht vermeiden lassen, wenn die Sozialleistungen auf dem bisherigen

Niveau gehalten werden oder sogar weiter ausgebaut werden sollen. Eine steigende Abgabenlast erhöht aber für viele Menschen den Anreiz, in die **Schattenwirtschaft** (z. B. Schwarzarbeit) auszuweichen. Je mehr ausgewichen wird, um so größer ist dann wiederum der Ausfall an Steuern und Sozialabgaben und um so stärker erwächst daraus wieder der Zwang, Sozialleistungen über steigende Abgaben zu finanzieren.
Das ursprüngliche Problem wird dadurch nur verschärft.

Z

- *Die Ausgaben für die sozialen Leistungen sind in der Vergangenheit stark gewachsen. Dies führte zu erheblichen Belastungen für Arbeitnehmer, Unternehmen und Staat.*
- *In der Zukunft werden die Sozialleistungen durch die Abnahme und die Überalterung der Bevölkerung noch schwieriger zu finanzieren sein.*
- *Eine Reform der Rentenversicherung ist unumgänglich, wenn die Beitragssätze nicht auf eine unzumutbare Höhe steigen sollen.*

A

1. **Was versteht man unter einer sozialen Marktwirtschaft?**
2. **Auf welche Bereiche erstrecken sich in einer sozialen Marktwirtschaft die wirtschaftspolitischen Maßnahmen des Staates?**
3. **Welchen Zweck haben in einer sozialen Marktwirtschaft öffentliche Unternehmen?**
4. **Ist es in der Bundesrepublik Deutschland gelungen, die Nachteile einer freien Marktwirtschaft durch staatliche Maßnahmen zu vermeiden? Untersuchen Sie zur Beantwortung dieser Frage:**
   - **soziale Not und Ausbeutung der Arbeitnehmer,**
   - **Arbeitslosigkeit,**
   - **Rechtlosigkeit der Arbeitnehmer,**
   - **Kunjunkturschwankungen,**
   - **Wettbewerbseinschränkungen durch Preisabsprachen und Unternehmenszusammenschlüsse,**
   - **Vermögensbildung bei einzelnen Personen.**
5. **Wer finanziert die sozialen Leistungen?**
6. **In den 70er Jahren wurden viele soziale Leistungen neu eingeführt, andere leistungsmäßig verbessert. Das soziale Netz wurde enger geknüpft. Welche Probleme brachte dies mit sich?**
7. **Weshalb wirft die Überalterung und Abnahme der deutschen Bevölkerung besonders für die staatliche Altersversorgung Probleme auf?**
8. **Erörtern Sie die Vorschläge, die für eine Reform der Altersversorgung unterbreitet wurden.**
9. **Erläutern Sie, warum ein geringeres Wirtschaftswachstum die Finanzierung der Sozialleistungen erschwert.**
10. **Weshalb kann zunehmende Schwarzarbeit zu einer Erhöhung der Sozialabgaben führen?**

9.3 EG-Märkte

In der Europäischen Gemeinschaft wurde am 1. 7. 1968 die **Zollunion** verwirklicht. Das bedeutet, daß beim Warenverkehr zwischen den EG-Staaten keine Zölle mehr erhoben werden dürfen und daß keine Mengenbeschränkungen erlaubt sind. Gegenüber Drittländern wurde ein **gemeinsamer Außenzoll** geschaffen und wird eine **gemeinsame Handelspolitik** betrieben. Damit ist innerhalb der EG ein binnenmarktähnlicher Zustand für mehr als 340 Millionen Menschen entstanden, in dem es jedoch immer noch Behinderungen und Schwierigkeiten gibt.

Beispiele:

- Es gibt keine einheitliche Wirtschaftspolitik, u. a. weil man sich über die Mittel zur Erreichung von Wirtschaftswachstum, höherer Beschäftigung, Inflationsbekämpfung und Wettbewerbssicherung nicht einig ist.
- An den Grenzen stehen immer noch Zollbeamte, die Steuerausgleichsbeträge erheben, weil die Mehrwertsteuersätze unterschiedlich hoch sind.
- Kapitalverkehr, Niederlassungsfreiheit und Dienstleistungssektor sind immer noch Beschränkungen und Kontrollen unterworfen.

In Griechenland wird eine Schachtel Zigaretten à 20 Stück mit umgerechnet 62 Pfennig, in Frankreich mit 69 Pfennig, in der Bundesrepublik Deutschland mit 2,27 Mark und in Dänemark gar mit 4,37 Mark besteuert.
Beim Liter Bier ist der Fiskus in Frankreich mit ganzen sieben Pfennig, in Irland aber mit 2,54 Mark Verbrauchssteuern dabei, während der Staat für Wein in der Bundesrepublik Deutschland, Griechenland und Italien nichts, in Irland dagegen 6,11 Mark pro Liter kassiert.
Beim Schnaps schwankt die Steuer zwischen 36 Pfennig in Griechenland und 21,36 Mark in Dänemark je Dreiviertelliter-Flasche.

Quelle: Der Spiegel

Diese Schwierigkeiten und Behinderungen sollen bis Ende 1992 verringert bzw. teilweise beseitigt werden. Man spricht vom Ausbau und sogar von der Vollendung des EG-Binnenmarktes. Im einzelnen sind u. a. geplant:

- die Mehrwertsteuersätze zu vereinheitlichen (es soll nur noch eine Bandbreite von 15–20% erlaubt sein);
- Handelshemmnisse (z. B. unterschiedliche Lebensmittelvorschriften) zu beseitigen und
- den Kapitalverkehr zwischen den EG-Staaten vollständig zu liberalisieren.

Dadurch sollen die letzten Zoll- und Grenzformalitäten wegfallen, der Wettbewerb zunehmen, und es soll allen EG-Bürgern beispielsweise freistehen, im Ausland einen Kredit aufzunehmen oder dort ein Konto zu unterhalten.
Der EG-Binnenmarkt wird aber auch 1993 noch nicht „vollendet" sein. So gelten für manche Staaten über 1992 hinaus in verschiedenen Bereichen Übergangsregelungen, auch bleiben wichtige Unterschiede und Behinderungen (z. B. unterschiedliche Verbrauchssteuern, keine einheitliche Wirtschaftspolitik) bestehen.
Bisher sind am weitesten die Versuche fortgeschritten, die Währungen und den Agrarsektor zu ordnen.

EG-Agrarmarkt

Um den Landwirten in der EG ein angemessenes Einkommen zu sichern und gleichzeitig angemessene Verbraucherpreise und eine ausreichende Versorgung der Bevölkerung sicherzustellen, wurden für die wichtigsten landwirtschaftlichen Erzeugnisse **Marktordnungen** festgesetzt, die auf vier Grundsätzen beruhen:

1. Es werden den Landwirten für ihre Erzeugnisse **feste Preise** garantiert.
2. Es besteht eine **Abnahmegarantie.** Alle wichtigen Erzeugnisse, wie Getreide, Milch und Rindfleisch, werden den Landwirten zu garantierten Preisen abgekauft.
3. Es besteht **Außenschutz** gegenüber Drittländern. Ist der Weltmarktpreis für landwirtschaftliche Erzeugnisse niedriger als in der EG, wird Exporteuren die Differenz erstattet, damit sie in jedem Fall den höheren EG-Preis erzielen können. Landwirtschaftliche Importe werden durch einen zollähnlichen Aufschlag (Abschöpfung) so verteuert, daß Importerzeugnisse genauso viel kosten wie die entsprechenden Erzeugnisse in der EG.
4. Unabhängig davon, welches Land die Kosten verursacht, werden alle Kosten aus dem EG-Haushalt finanziert **(finanzielle Solidarität)**.

Die **Folgen** dieser EG-Agrarpolitik werden überwiegend negativ beurteilt.

- Die Produktion überstieg den Verbrauch. Es entstand ein „Milch- und Weinsee", ein „Butter-, Zucker-, Getreide- und Fleischberg", deren Lager- und Beseitigungskosten ständig anstiegen und die EG-Kasse belasteten (der Agrarbereich umfaßt etwa ⅔ der EG-Ausgaben).
- Die Verbraucher in der EG mußten überhöhte Preise für landwirtschaftliche Produkte zahlen.
- Trotz der hohen Produktion blieben die Einkommen der EG-Landwirte hinter der allgemeinen Einkommensentwicklung zurück.

▷ Ende des Jahres 1986 stapelten sich in den EG-Lagerhäusern 1,37 Millionen Tonnen Butter. In 250-g-Päckchen aufgeteilt, ließe sich so ein 1,05 m breites Butterband um den Äquator legen.

Bei Wein sieht es nicht viel besser aus:

▷ Um den gesamten Weinüberschuß der EG abzufüllen, würden 13 Milliarden 1-Liter-Flaschen gebraucht. Nebeneinander aufgestellt, wird daraus eine Reihe, die 2,7mal um die Erde reicht.

Quelle: Iwd, Köln, 3. Sept. 1987

Angesichts dieser Probleme und Schwierigkeiten wurden z. B. große Mengen Butter zu Schleuderpreisen ins Ausland – vor allem in die UdSSR – verkauft, zu Tierfutter verarbeitet und für industrielle Zwecke bereitgestellt. Es wurde auch erörtert, die Überschüsse an notleidende Entwicklungsländer zu verteilen. Produkte wie Obst, Milch, Wein und Butter sind dafür jedoch wenig geeignet, außerdem würden sich fast unlösbare Transport-, Lagerungs- und Verteilungsprobleme ergeben.
1987 sah ein erfolgversprechender Reformansatz vor:

- die Überschüsse durch verbilligte Exporte und stufenweise Preissenkungen immer mehr abzubauen sowie die Übernahmegarantien einzuschränken, gleichzeitig jedoch auch

– die benachteiligten landwirtschaftlichen Betriebe durch direkte Einkommenshilfen zu unterstützen. Zu solchen Finanzhilfen gehören Anreize zu Stillegung von Anbauflächen und von Betrieben.

Diese Reformen wurden verwirklicht und brachten zunächst auch Erfolge. Die Überschüsse wurden reduziert, teilweise konnten auch Lagerbestände abgebaut werden. Geringere Nachfrage auf dem Weltmarkt nach Agrarprodukten und ein Verfall des Dollarkurses lassen die Halden seit 1990 jedoch wieder kräftig wachsen. Milchpulver-, Rindfleisch- und Getreideberge erreichten bereits neue Rekordhöhen. Die Agrarreformen drohen zu scheitern.

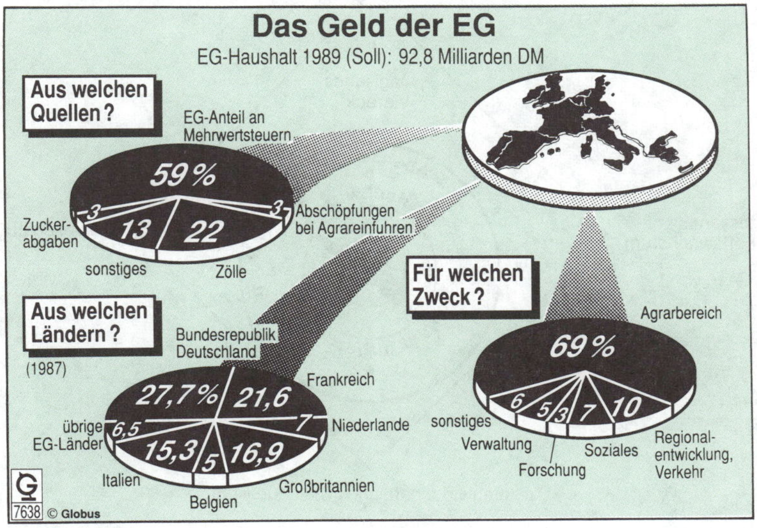

Z

- *In der Europäischen Gemeinschaft wurde durch die Verwirklichung der Zollunion ein binnenmarkt-ähnlicher Zustand geschaffen, in dem es noch viele Probleme gibt.*
- *Viele Behinderungen und Schwierigkeiten sollen bis Ende 1992 verringert oder ganz beseitigt werden.*
- *Für die wichtigsten landwirtschaftlichen Erzeugnisse wurden Marktordnungen erlassen, die den Erzeugern feste Preise garantieren und sie vor der Konkurrenz des Weltmarktes schützen.*
- *Folgen der EG-Marktordnungen waren eine zu große Produktion und ein starker Anstieg der EG-Agrarausgaben.*

A

1. **Weshalb kann man sagen: In der EG gibt es eine Zoll-, aber noch keine Wirtschafts- und Währungsunion?**
2. **Welche Gründe führten zur Einführung von Marktordnungen für die wichtigsten landwirtschaftlichen Erzeugnisse der EG?**
3. **Auf welchen vier Grundsätzen beruht eine EG-Marktordnung?**
4. **Welche negativen Folgen stellten sich aufgrund der EG-Marktordnungen ein?**
5. **Auf welche Weise konnten die Überschüsse in der EG-Landwirtschaft vorübergehend verringert werden?**

10
Ziele der staatlichen Wirtschaftspolitik

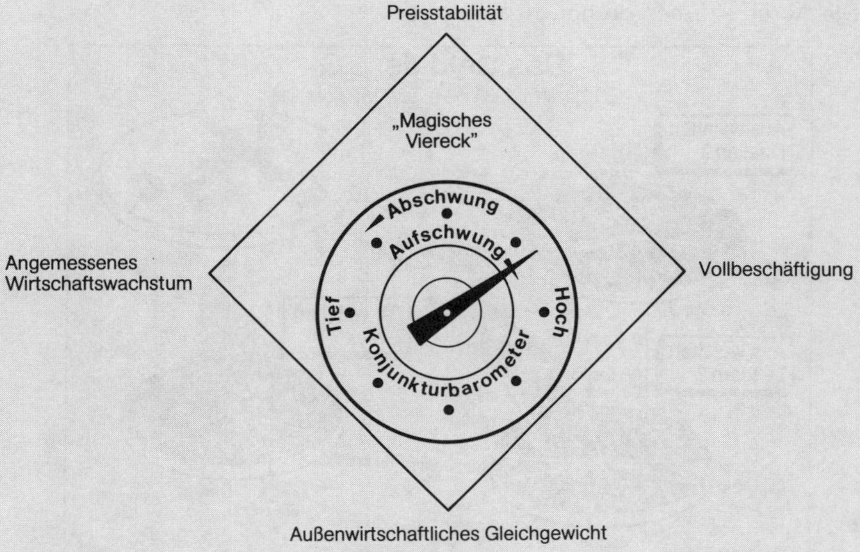

Die wirtschaftliche Leistung eines Landes – das Sozialprodukt – wird als Summe aller innerhalb eines Jahres in einer Volkswirtschaft erzeugten Sachgüter und geleisteten Dienste errechnet.

*

Nach dem Stabilitätsgesetz lauten die Hauptziele der staatlichen Wirtschaftspolitik: Preisstabilität, Vollbeschäftigung, angemessenes Wirtschaftswachstum und außenwirtschaftliches Gleichgewicht.

*

In einer Marktwirtschaft verläuft die Wirtschaftsentwicklung nicht gleichförmig; sie ist neben kurz- und langfristigen Schwankungen auch mehr oder weniger gleichmäßigen mittelfristigen Schwankungen unterworfen, die als Konjunkturzyklen bezeichnet werden.

10.1 Sozialprodukt als wirtschaftliche Meßgröße

Rechnet man alle Sachgüter, die in einer Volkswirtschaft jährlich erzeugt, und alle Dienste, die geleistet werden, zusammen, erhält man das Sozialprodukt eines Landes. Für die Addition dieser Sachgüter und Dienstleistungen braucht man einen einheitlichen Maßstab, den Marktpreis. Das **Sozialprodukt,** genauer das **Bruttosozialprodukt zu Marktpreisen,** drückt demnach die wirtschaftliche Gesamtleistung eines Staates aus, es ist der in Geld ausgedrückte Wert aller innerhalb eines Jahres in einer Volkswirtschaft veräußerten Sachgüter und Dienstleistungen. Der Begriff „Sozial-" ist hier im Sinne von „Gemeinschafts-" zu verstehen, das Sozialprodukt ist also das Gemeinschaftsprodukt.

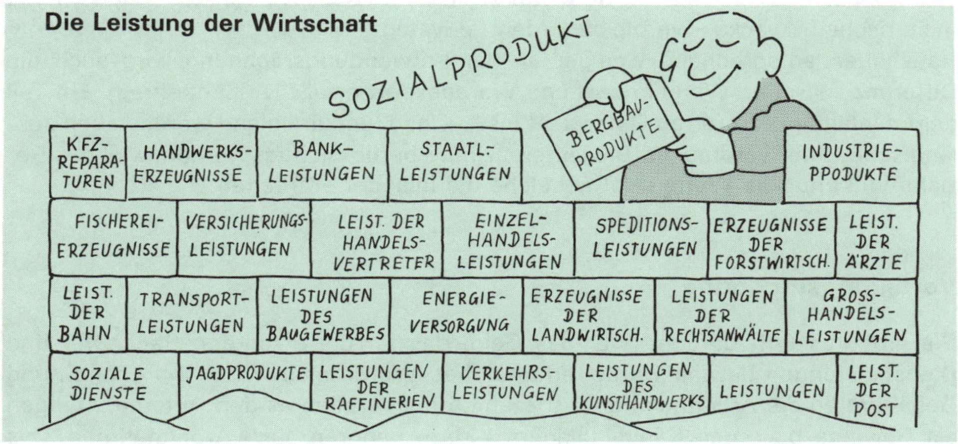

Man kann das Sozialprodukt auf drei verschiedene Weisen ermitteln. Entsprechend spricht man von der **Entstehungs**-, der **Verwendungs**- und **Verteilungsrechnung.**

Z *Das Sozialprodukt ist die in Geld ausgedrückte wirtschaftliche Gesamtleistung eines Landes.*

10.1.1 Entstehung, Verwendung und Verteilung des Sozialprodukts

Entstehungsrechnung

Sie fragt danach, in welchen Bereichen der Wirtschaft das Sozialprodukt erarbeitet wurde.

Im Jahre 1990 belief sich das Bruttosozialprodukt der Bundesrepublik Deutschland auf 2426 Mrd. DM. An dieser Gesamtleistung waren verschiedene Wirtschaftszweige beteiligt. Nebenstehendes Schaubild zeigt, daß das warenproduzierende Gewerbe (Industrie und Handwerk) den größten Beitrag zum Sozialprodukt leistet, relativ klein ist der Anteil der Land- und Forstwirtschaft.

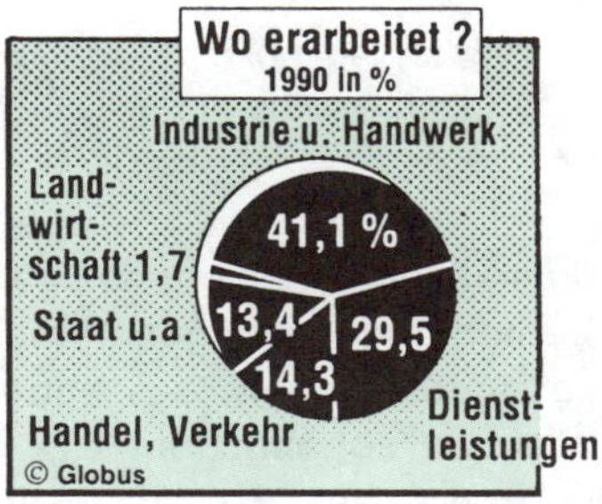

Sozialprodukt 1990: 2426 Mrd. DM

Verwendungsrechnung

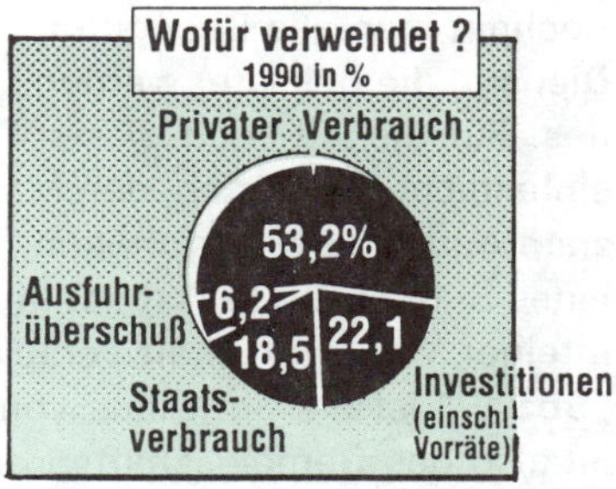

Sozialprodukt 1990: 2426 Mrd. DM

Sie fragt nach der Verwendung der erzeugten Sachgüter und Dienstleistungen. Grundsätzlich können diese konsumiert (verbraucht) werden, oder sie dienen zu Investitionszwecken. Man spricht von Konsum- und Investitionsgütern. Der Anteil der Investitionsgüter bestimmt entscheidend den zukünftigen Lebensstandard einer Bevölkerung. Aber auch die Frage, wer die Konsumgüter verbraucht, ist wichtig. Verbraucht der Staat selbst einen großen Teil der Güter für zivile oder militärische Zwecke, verbleiben den privaten Haushalten entsprechend weniger. In der Verwendungsrechnung wird auch die Differenz zwischen Warenimport und Warenexport erfaßt (Außenbeitrag). Ein Teil der im Inland produzierten Güter geht ins Ausland, und im Inland werden auch ausländische Güter verbraucht. Die Differenz muß berücksichtigt werden, weil das Sozialprodukt nur die Werte erfaßt, welche die Inländer erarbeiten.

Verteilungsrechnung

Sie gibt Auskunft darüber, wer das Geld, das für die erzeugten Sachgüter und Dienstleistungen bezahlt wurde, erhalten hat. Wurde es in Form von Löhnen und Gehältern an die Arbeitnehmer ausbezahlt, oder verblieb es den Unternehmungen als Gewinne bzw. den Kapitalanlegern – dazu gehören auch Arbeitnehmer – als Vermögenserträge?

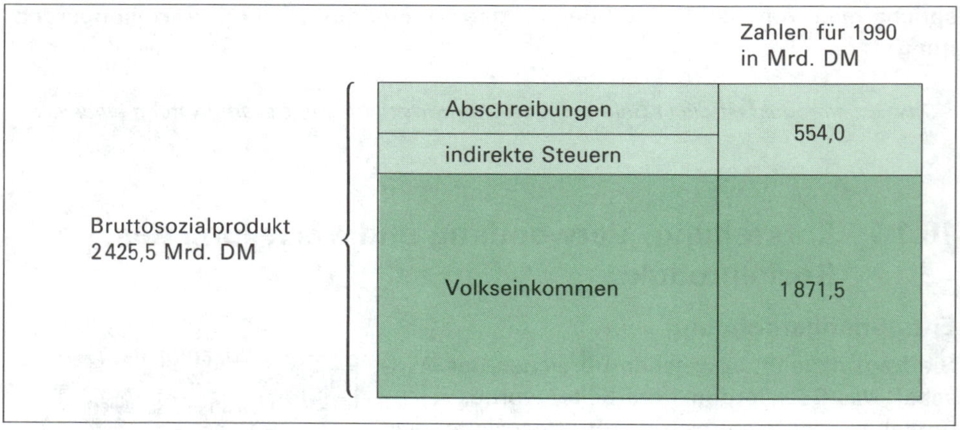

Es kann allerdings nicht das ganze Geld, das durch Veräußerung der Güter von den Unternehmungen eingenommen wird, verteilt werden. Ein Teil des Geldes dient für **Ersatzinvestitionen,** das sind Aufwendungen, die notwendig sind, um die bei der Produktion abgenutzten bzw. aufgebrauchten Gebäude, Maschinen, Werkzeuge usw. zu ersetzen. Ersatzinvestitionen werden in Form von **Abschreibungen** erfaßt. Bevor verteilt werden kann, müssen die Unternehmen weiterhin einen Teil ihrer

Verkaufserlöse an den Staat in Form von **indirekten Steuern** abführen. Zu diesen Steuern zählen z. B. die Mineralöl-, die Bier- und Kaffeesteuer. Als Restgröße verbleibt schließlich das **Volkseinkommen.**

Das Volkseinkommen wird unter den Arbeitnehmern, Unternehmern und Kapitalanlegern aufgeteilt. Über die Anteile der einzelnen Gruppen entscheiden nicht zuletzt Tarifverhandlungen, die alljährlich von Arbeitgeberverbänden und Gewerkschaften geführt werden.
Nach den bisherigen Ausführungen kann festgehalten werden: Das Volkseinkommen ist kleiner als das Bruttosozialprodukt eines Staates. Man versteht unter dem Volkseinkommen die Summe der Arbeitseinkommen (Löhne, Gehälter, Heuer, Sold u. a.) und der Besitzeinkommen (Gewinne, Zinsen, Mieten, Pachten, Dividenden u. a.) einer Volkswirtschaft.

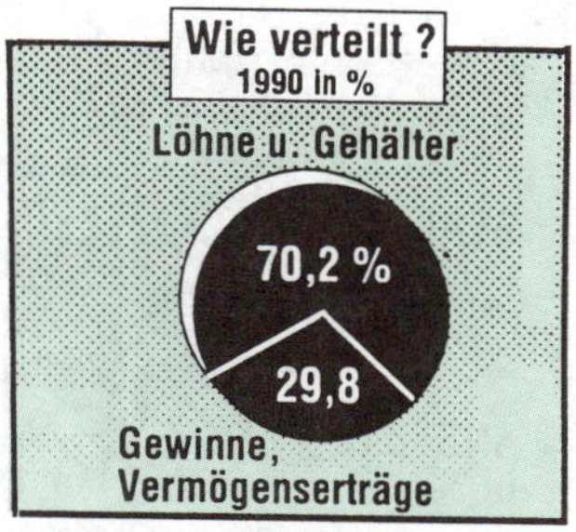

Volkseinkommen 1990: 2426 Mrd. DM

Die Verteilung des Volkseinkommens ist zwischen Arbeitnehmern und Unternehmern umstritten. Die Gewerkschaften fordern eine Erhöhung der **Lohnquote,** das ist der Anteil des Volkseinkommens, den die Arbeitnehmer in Form von Löhnen und Gehältern erhalten. Die Höhe der Unternehmensgewinne wird kritisiert. So berechtigt eine solche Forderung sein kann, so klar ist festzustellen: Gewinne sind notwendig. Der größte Teil der Unternehmensgewinne wird von den Unternehmern nicht für den privaten Konsum, sondern für Investitionen verwendet.

Z

- *Die Entstehungsrechnung des Sozialproduktes zeigt, wieviel die einzelnen Wirtschaftsbereiche zum Sozialprodukt beigetragen haben.*
- *Die Verwendungsrechnung des Sozialproduktes zeigt, für welche Zwecke (Investitionen, Verbrauch, Export u. a.) die erzeugten Güter verwendet wurden.*
- *Die Verteilungsrechnung des Sozialproduktes zeigt, wer das Geld, das für die Erstellung der Sachgüter und Dienstleistungen bezahlt wurde, erhalten hat.*
- *Das Volkseinkommen gliedert sich in die Summe der Arbeitseinkommen und der Summe der Einkommen aus Unternehmertätigkeit und Vermögen.*
- *Die Lohnquote gibt den Anteil der Arbeitseinkommen (Löhne und Gehälter) am Volkseinkommen durch eine Prozentzahl an.*

10.1.2 Nominales und reales Sozialprodukt

Wenn das Sozialprodukt eines Staates im Vergleich zum Vorjahr gewachsen ist, heißt das nicht unbedingt, daß die Güterproduktion zugenommen hat. Der Anstieg kann auch auf Preissteigerungen zurückzuführen sein. Um einen „echten" Maßstab für die Veränderung der Wirtschaftsleistung eines Staates zu erhalten, müssen demnach die Preisänderungen berücksichtigt werden. Man spricht dann vom **realen Sozialprodukt,** während das **nominale Sozialprodukt** die Veränderung der Wirtschaftsleistung zu „jeweiligen Preisen" zeigt, also die Preissteigerungen oder Preissenkungen nicht berücksichtigt.

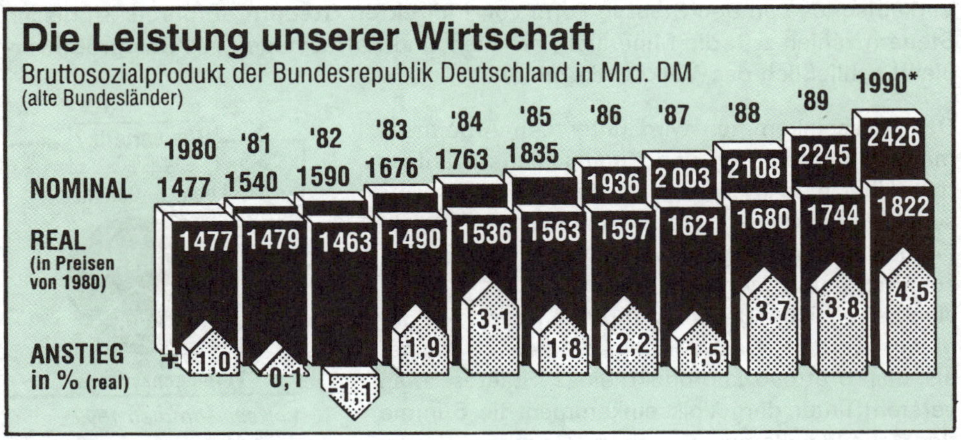

* für 1990 vorläufige Berechnung

Das Schaubild zeigt, daß das Bruttosozialprodukt der Bundesrepublik Deutschland seit 1980 nominal ständig zugenommen hat. Rechnet man die Preissteigerungsraten ab, fällt der Anstieg wesentlich geringer aus. 1982 ist das Sozialprodukt im Vergleich zum Vorjahr sogar geringfügig gesunken, d.h. die Güterproduktion hat abgenommen.

Z

- *Das nominale Sozialprodukt zeigt die Wirtschaftsleistung „zu jeweiligen Preisen".*
- *Die tatsächliche Veränderung der Wirtschaftsleistung eines Staates läßt sich nur mit dem realen Sozialprodukt erfassen. Beim realen Sozialprodukt sind Preisänderungen berücksichtigt.*

10.1.3 Aussagekraft des realen Sozialprodukts

Wenn das reale Sozialprodukt eines Staates im Vergleich zum Vorjahr z.B. um 4% gestiegen ist, heißt das nicht unbedingt, daß sich auch der Lebensstandard der Bevölkerung verbessert hat. Zwar wurden im Vergleich zum Vorjahr mehr Sachgüter erzeugt und Dienstleistungen erbracht, aber die Steigerung könnte allein auf einer Zunahme der Bevölkerung (Geburtenüberschuß, Zuwanderung u.a.) beruhen. Es ist für einen genaueren Vergleich des Lebensstandards also notwendig, das **reale Sozialprodukt pro Kopf der Bevölkerung** zu ermitteln. Für internationale Vergleiche des Lebensstandards ist zudem die Umrechnung auf einen **einheitlichen Vergleichsmaßstab** erforderlich. Meist dient dazu der US-$.

Doch auch Veränderungen des realen Sozialprodukts pro Kopf der Bevölkerung sind noch kein zuverlässiger Indikator für die Beurteilung des Lebensstandards bzw. von Lebensstandardveränderungen.

- Die Produktionsleistungen der Haushalte und der Heimgärtner werden statistisch nicht erfaßt und gehen somit auch nicht in die Sozialproduktberechnung ein.
- Ebensowenig können die Leistungen der legalen (z.B. Nachbarschaftshilfe) und illegalen (z.B. Schwarzarbeit) Schattenwirtschaft ermittelt und in die Berechnung einbezogen werden. Schätzungen über den Umfang der Schwarzarbeit sind sehr unterschiedlich, sie reichen von 1/10 bis zu 1/4 des gemessenen Sozialprodukts.

- Der Staat kann einen großen Teil der erzeugten Güter selbst verbrauchen (z. B. Rüstungsgüter).
- Die Güter können sehr unterschiedlich auf die verschiedenen Bevölkerungsgruppen verteilt werden.
- In den Entwicklungsländern sind Nachbarschafts- und Bekanntenhilfe weit verbreitet. Viele erfaßbare Leistungen (z. B. der Kleingewerbetreibenden, Straßenverkäufer, Schuhputzer) werden in der Regel nicht ermittelt. Zudem sind klimatisch bedingt andere Bedürfnisse vorhanden; man braucht z. B. keine dicke Kleidung und besonders isolierte Wohnungen. Lebensstandardvergleiche zwischen Industrie- und Entwicklungsländern sind daher besonders problematisch.

Z

- *Um Aussagen über die Entwicklung des Lebensstandards einer Bevölkerung machen zu können, muß das reale Sozialprodukt je Einwohner ermittelt werden.*

A

1. **Was versteht man unter dem Sozialprodukt eines Staates?**
2. **Wonach fragt die Entstehungsrechnung, die Verwendungsrechnung und die Verteilungsrechnung des Sozialproduktes?**
3. **Warum ist das Volkseinkommen kleiner als das Bruttosozialprodukt?**
4. **Erklären Sie den Begriff „Lohnquote".**
5. **Welcher Unterschied besteht zwischen dem nominalen und dem realen Sozialprodukt?**
6. **Welche beiden Rechenoperationen müssen am realen Sozialprodukt eines Staates vorgenommen werden, damit ein internationaler Vergleich des Lebensstandards möglich ist?**
7. **Welche Leistungen werden bei der Berechnung des Sozialprodukts nicht erfaßt?**

10.2 Staatliche Wirtschaftspolitik

10.2.1 Wirtschaftspolitische Ziele des Stabilitätsgesetzes: Das „Magische Viereck"

Das **Stabilitätsgesetz** (Gesetz zur Förderung der Stabilität und des Wachstums der Wirtschaft) vom 8. Juni 1967 verpflichtet Bund und Länder, ihre wirtschaftspolitischen Maßnahmen so aufeinander abzustimmen, daß vier Hauptziele erreicht werden: stabile Preise, Vollbeschäftigung, außenwirtschaftliches Gleichgewicht sowie ein stetiges und angemessenes Wirtschaftswachstum.
In der wirtschaftlichen Praxis ist es schwierig, alle vier Ziele gleichzeitig zu erreichen. Unter Maßnahmen, die ein Ziel fördern, leidet häufig ein anderes. Man spricht daher vom **„Magischen Viereck"**.
Weil es nicht einfach ist, alle Ziele gleichzeitig zu verfolgen, ist es häufig notwendig, einem Ziel Priorität einzuräumen. Welchem Ziel Vorrang vor den anderen eingeräumt wird, hängt von der wirtschaftlichen Situation ab. In einer Wirtschaftskrise wird der Staat in erster Linie versuchen, die Wirtschaft anzukurbeln, um die Arbeitslosigkeit zu verringern; in einer Hochkonjunktur dagegen ist die Preisstabilität besonders gefährdet.

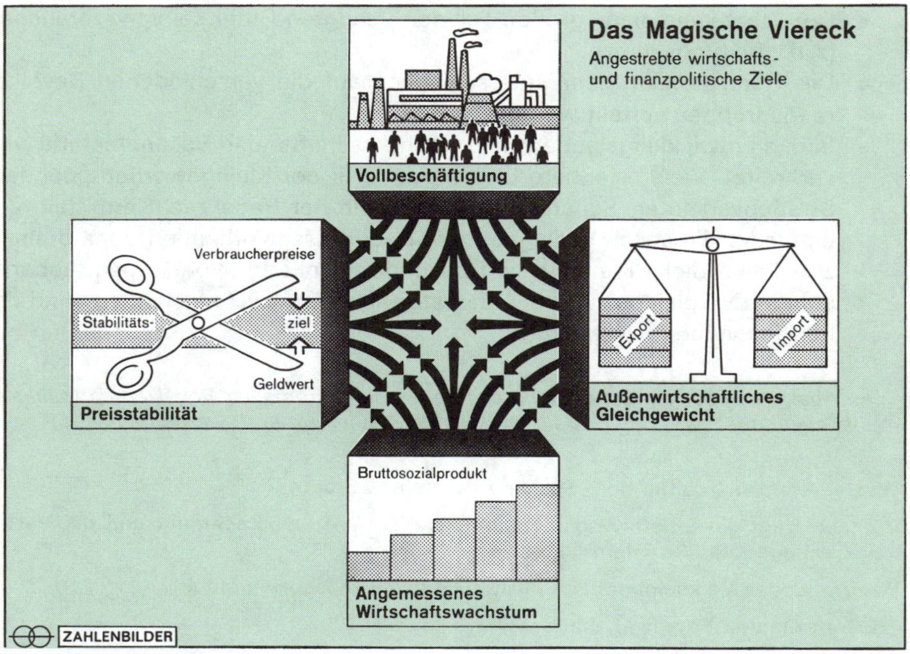

Preisstabilität

Eine **Inflation** läßt die Sparer ihr Geld verlieren, treibt die Zinsen in die Höhe und verhindert wegen des hohen Kostenrisikos Investitionen der Unternehmen; eine **Deflation** führt zur Wirtschaftskrise (vgl. Kap. 7.2.4). Stabile Preise werden daher heute in vielen Staaten als Voraussetzung für ein langfristiges Wachstum der Wirtschaft und Vollbeschäftigung angesehen. Betragen die Preissteigerungen im Durchschnitt pro Jahr nicht mehr als 1–2%, gilt das Ziel der Preisstabilität als erreicht.

Vollbeschäftigung

Massenarbeitslosigkeit führt gesamtwirtschaftlich zu einem Absinken des Lebensstandards, vermindert die Einnahmen des Staates (Steuern u. a.) und belastet die öffentlichen Kassen mit Unterstützungszahlungen (z. B. Arbeitslosenhilfe, Sozialhilfe). Für den einzelnen bringt Arbeitslosigkeit nicht nur ein geringeres Einkommen, häufig führt sie auch zu einem verminderten Selbstwertgefühl und anderen seelischen Belastungen. Absolute Vollbeschäftigung ist in einer Volkswirtschaft nicht erreichbar. Aus den verschiedensten Gründen werden immer wieder Arbeitnehmer selbst kündigen oder ihren Arbeitsplatz verlieren und nicht sofort wieder eine neue geeignete Arbeitsstelle finden. Von **Vollbeschäftigung** spricht man daher bereits, wenn die Arbeitslosenquote zwischen 1 und 2% liegt, beträgt sie weniger als 1%, spricht man von **Überbeschäftigung**, liegt sie über 2%, von **Unterbeschäftigung**.

Außenwirtschaftliches Gleichgewicht

Zahlungsbilanz

Handelsbilanz	= Ergebnisse des Warenhandels	Leistungsbilanz
Dienstleistungsbilanz	z. B. Einnahmen und Ausgaben im Reiseverkehr	Leistungsbilanz
Übertragungsbilanz	z. B. Überweisungen der ausländ. Arbeitnehmer	Leistungsbilanz
Kapitalverkehrsbilanz	z. B. Kauf ausländischer Unternehmen, Aktienerwerb	
Devisenbilanz	Zu- oder Abgang von Gold und Devisen	

Außenwirtschaftliches Gleichgewicht ist gegeben, wenn die **Zahlungsbilanz,** die alle Zahlungen vom Ausland und ins Ausland erfaßt, ausgeglichen ist. Je nachdem, ob Überschüsse oder Defizite in der Zahlungsbilanz auftreten, spricht man von einer **aktiven** oder **passiven Zahlungsbilanz.** Beides kann negative Auswirkungen haben. So können z. B. steigende Exporte zu einer inflationären Entwicklung im Inland führen, weil die Güternachfrage zunimmt bzw. das Angebot sich verringert. Zunehmende Importe dagegen beunruhigen die heimische Wirtschaft, weil sie im Inland dann weniger absetzen kann. Zahlungen vom Ausland bzw. ans Ausland ergeben sich jedoch nicht nur aus dem Export und Import von Gütern, auch Heimatüberweisungen der ausländischen Arbeitnehmer, Reiseausgaben, Aktienkäufe im Ausland u. a. werden in der Zahlungsbilanz erfaßt. Weil die Zahlungen verschiedene Ursachen haben, setzt sich die Zahlungsbilanz aus mehreren Teilbilanzen zusammen (vgl. Schaubild „Zahlungsbilanz"). Die Bundesrepublik Deutschland ist auf Überschüsse im Warenhandel (Handelsbilanz) angewiesen, um die Defizite im Reiseverkehr, die Geldüberweisungen der ausländischen Arbeitnehmer in ihre Heimatländer und deutsche Zahlungen an internationale Organisationen – insbesondere an die EG-Kasse – ausgleichen zu können.

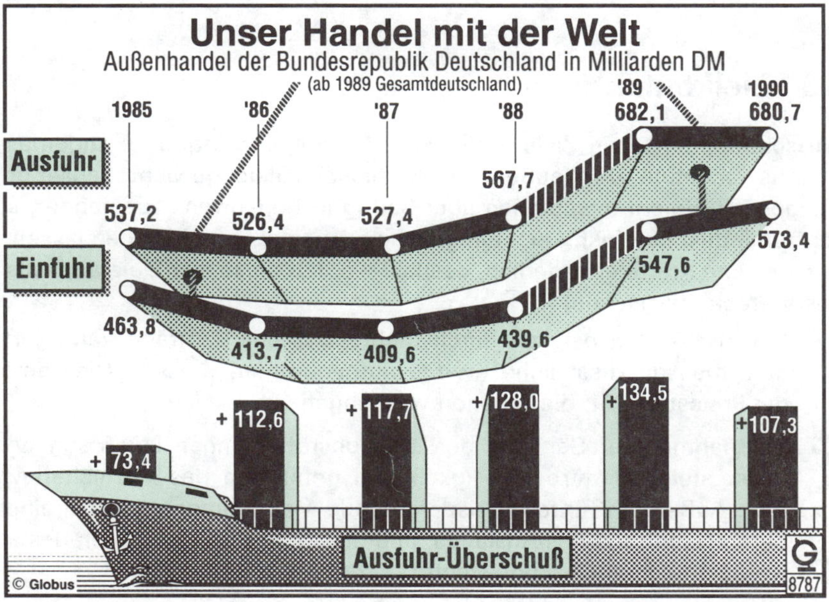

Angemessenes Wirtschaftswachstum

Es gilt als erreicht, wenn das **Bruttosozialprodukt** pro Jahr um mindestens 3% zunimmt. Diese Zunahme ist erforderlich, damit die durch den technischen Fortschritt freiwerdenden Arbeitskräfte an anderer Stelle in der Wirtschaft wieder benötigt werden.

Z

- *Die Hauptziele der Wirtschaftspolitik lauten: Preisstabilität, Vollbeschäftigung, außenwirtschaftliches Gleichgewicht und angemessenes Wirtschaftswachstum.*
- *Weil es schwierig ist, alle Ziele gleichzeitig zu erreichen, spricht man vom ,,Magischen Viereck''.*

10.2.2 Weitere wirtschaftspolitische Ziele

Der Zielkatalog der Wirtschaftspolitik läßt sich noch ausdehnen. Weitere bedeutsame Ziele sind u. a.

- gerechte Einkommensverteilung,
- Mitbestimmung der Arbeitnehmer,
- Förderung der Vermögensbildung breiter Schichten,
- Sicherung des Wettbewerbs der Unternehmen und
- Arbeitszeitverkürzung.

Die enge Verbundenheit wirtschaftspolitischer Ziele mit anderen Bereichen zeigt sich besonders auf dem Gebiet der Umweltverschmutzung/Umweltgefährdung. Vollbeschäftigungspolitik und Wachstum der Wirtschaft sollten nur durch Maßnahmen angestrebt werden, welche die Umwelt nicht noch mehr als bisher belasten.

Z

- *Vollbeschäftigungs- und Wachstumspolitik dürfen nicht zur Umweltgefährdung bzw. Umweltverschmutzung führen.*

10.2.3 Zielkonflikte

Die wirtschaftspolitischen Ziele Preisstabilität, Vollbeschäftigung, angemessenes Wirtschaftswachstum und außenwirtschaftliches Gleichgewicht schließen sich zwar gegenseitig nicht aus, stehen aber häufig in Konkurrenz zueinander, so daß sie sich zumindest kurzfristig nicht in gleichem Ausmaß verwirklichen lassen. Dazu wären magische Kräfte erforderlich, deshalb werden diese vier Ziele auch als ,,magisches Viereck'' bezeichnet.

- Soll die Arbeitslosigkeit durch mehr staatliche Aufträge verringert werden, müssen zusätzliche Kredite aufgenommen werden. Dies gefährdet die Preisstabilität, die Inflation wird angeheizt.
- Maßnahmen zur Senkung der Inflationsrate bringen kurzfristig gesehen meist steigende Arbeitslosigkeit und gefährden das Wirtschaftswachstum. Außerdem führen preisdämpfende Maßnahmen meist zu einer größeren Nachfrage des Auslands, und dies geht dann zu Lasten des außenwirtschaftlichen Gleichgewichts.

- Ein außenwirtschaftliches Ungleichgewicht führt bei erheblichen Ausfuhrüberschüssen zu Preissteigerungen im Inland, weil sich das Güterangebot im eigenen Land verringert, die Geldmenge jedoch nicht. Umgekehrt führen Einfuhrüberschüsse zum Verlust von Arbeitsplätzen und beeinträchtigen so das Wirtschaftswachstum.
- Übertriebene Wachstumspolitik kann sich negativ auf den internationalen Güteraustausch auswirken.

Andererseits können sich Ziele auch ergänzen: So kommt Vollbeschäftigungspolitik auch dem Wirtschaftswachstum zugute.

Die Tatsache, daß beschäftigungswirksame Maßnahmen die Inflation anheizen, hat in den 70er Jahren viele Staaten nicht daran gehindert, solche Maßnahmen in großem Umfang durchzuführen und hohe Inflationsraten in Kauf zu nehmen. Der Erfolg dieser Politik ist jedoch ausgeblieben. Kurzfristig waren solche „Beschäftigungsprogramme" – häufig über zunehmende Verschuldung finanziert – zwar beschäftigungswirksam, langfristig jedoch nicht, weil die Unternehmen wegen der hohen Zinsen und der ungewissen Wirtschaftsentwicklung nicht in ausreichendem Maße investiert haben.
Heute werden die Ziele Preisstabilität und Vollbeschäftigung nur noch auf kurze Sicht als sich ausschließende Ziele angesehen, langfristig gelten stabile Preise als Voraussetzung für ein wirtschaftliches Klima, in dem Vollbeschäftigung und Wachstum gedeihen können.

Z

- *Die wirtschaftspolitischen Ziele Preisstabilität, Vollbeschäftigung, angemessenes Wirtschaftswachstum und außenwirtschaftliches Gleichgewicht lassen sich nicht gleichzeitig in gleichem Ausmaß verwirklichen. Wird ein Ziel durch politische Maßnahmen verfolgt, leidet häufig ein anderes darunter.*

A

1. **Auf welche Wirtschaftsziele verpflichtet das Stabilitätsgesetz Bund und Länder?**
2. **Warum bezeichnet man das „Magische Viereck" als magisch?**
3. **Weshalb ist die Preisstabilität ein wichtiges wirtschaftspolitisches Ziel?**
4. **Welche Auswirkungen hat Arbeitslosigkeit für den einzelnen und für die Gesamtwirtschaft?**
5. **Wann ist ein außenwirtschaftliches Gleichgewicht erreicht?**
6. **Weshalb kann auf ein Wirtschaftswachstum nicht verzichtet werden?**
7. **Welche Beziehungen bestehen zwischen den Hauptzielen der Wirtschaftspolitik?**
8. **Wie beurteilen Sie den Satz: „Vollbeschäftigung und Preisstabilität schließen sich gegenseitig aus."?**

10.3 Konjunktur

10.3.1 Konjunkturzyklen, Konjunkturphasen, Konjunkturauswirkungen

Das Wort **Konjunktur** wird verwendet, um die wirtschaftliche Lage oder Entwicklung eines Landes auszudrücken. So spricht man von einer **Hochkonjunktur,** von einem **Konjunkturtief** oder auch von einer **guten** oder **schlechten konjunkturellen Entwicklung.**
Die Wirtschaft entwickelt sich in einer Marktwirtschaft nicht gleichmäßig, auf wirtschaftlich gute Zeiten folgen schlechtere, und nachfolgend stellt sich wieder eine bessere Wirtschaftslage ein. Die recht gleichmäßig wiederkehrenden Wellenbewegungen nennt man **Konjunkturzyklen,** von Wirtschaftshoch zu Wirtschaftshoch dauert ein Konjunkturzyklus etwa 4–7 Jahre. Ein Konjunkturzyklus läßt sich in vier **Konjunkturphasen** einteilen: Aufschwung (Expansion), Hochkonjunktur (Boom oder Prosperität), Abschwung (Rezession) und Konjunkturtief (Depression oder Krise).
Neben diesen mittelfristigen Schwankungen der Wirtschaftsentwicklung unterscheidet man auch langfristige Schwankungen (20–30 Jahre) und kurzfristige Änderungen der Wirtschaftslage, die jahreszeitlich bedingt sind und meist nur einzelne Wirtschaftszweige betreffen **(Saisonschwankungen).**

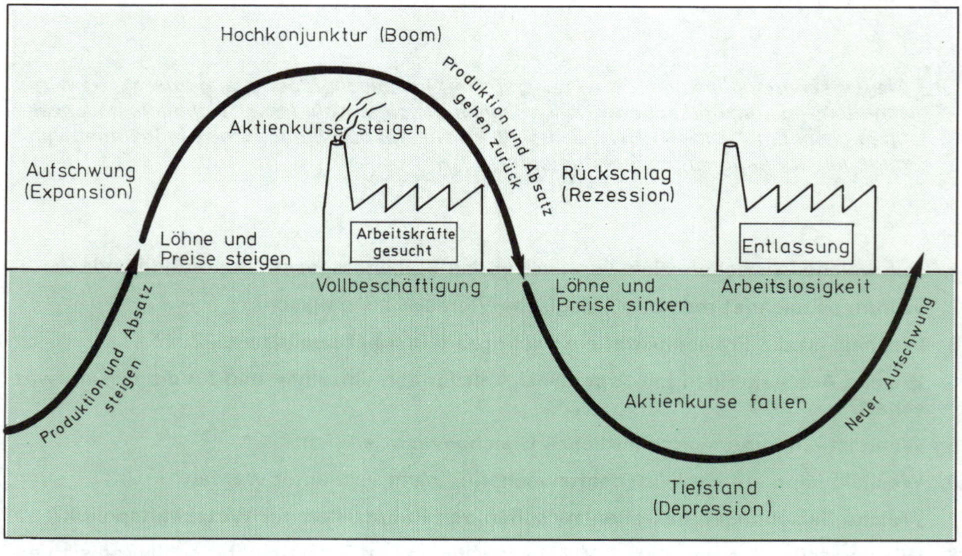

Ausgangspunkt einer konjunkturellen Wirtschaftsbewegung ist fast immer eine Zunahme der Nachfrage. Steigt die Nachfrage, nimmt auch die Produktion zu, und es können mehr Beschäftigte eingestellt werden. Der **Aufschwung** setzt ein. Es werden Arbeitskräfte benötigt, also steigt der Preis für die Arbeit, der Lohn. Die hohe Nachfrage treibt die Preise in die Höhe, und die Gewinne der Unternehmen werden ebenso wie die Investitionen und Zinssätze steigen.

Baukonjunktur gewinnt an Fahrt

28. August. Die Baukonjunktur hat in wichtigen Sparten weiter an Fahrt gewonnen. Wie der Zentralverband des Deutschen Baugewerbes in seiner jüngsten Konjunkturübersicht schreibt, seien im Mai die Aufträge für Hochbauten um 15, davon für Wohnungen um 32 Prozent höher gewesen als im Mai 1987. Die Baugenehmigungen für Wohngebäude hätten um 10, die für Nichtwohngebäude um 15 Prozent zugenommen. Es seien im Mai 14 Prozent mehr Wohngebäude fertiggestellt worden als vor einem Jahr. Wegen des sich hier abzeichnenden Schwungs werde das Bauvolumen insgesamt (Wohnungsbau, Wirtschaftsbau, öffentlicher Bau), das im vergangenen Jahr noch stagniert hatte, 1988 voraussichtlich um „mindestens 3 Prozent" zunehmen. Die Konkurse von Bauunternehmen, schreibt der Verband, seien in den vier Monaten bis April gegenüber der gleichen Vorjahreszeit um rund 25 Prozent zurückgegangen.

Quelle: FAZ

In der **Hochkonjunktur** erreichen die Lohnzuwächse ihren höchsten Stand und die Nachfrageausdehnung erreicht ihren Höhepunkt. Die Kapazitäten der Unternehmen sind voll ausgelastet. Es herrscht Vollbeschäftigung. Investitionen, Gewinne, Preise und Zinssätze bewegen sich auf einem hohen Stand.
Allmählich wird einigen Unternehmen das Risiko hoher Kosten (Zinsen, Löhne u. a.) für Betriebserweiterungen zu groß. Die zukünftige Entwicklung wird pessimistischer eingeschätzt, die ersten Zeichen des **Abschwungs** setzen ein. Es wird nicht mehr so viel investiert, die Zinsen beginnen zu fallen. Langsam verringern sich auch die Lohnzuwächse und die Gewinne. Die Nachfrage geht zurück und in der Folge auch die Produktion der Betriebe. Entlassungen werden immer zahlreicher, Arbeitslosigkeit entsteht.
Der **Tiefstand der Konjunktur** ist erreicht, wenn sich Nachfrage, Produktion, Preise, Zinssätze, Investitionsvolumen und Beschäftigungslage auf dem niedrigsten Stand befinden. Statt Gewinnen werden überwiegend Verluste erwirtschaftet und die Reallöhne sinken bzw. befinden sich auf dem tiefsten Stand. Der Tiefstand der Konjunktur geht zu Ende, wenn neue Nachfrageimpulse einsetzen.

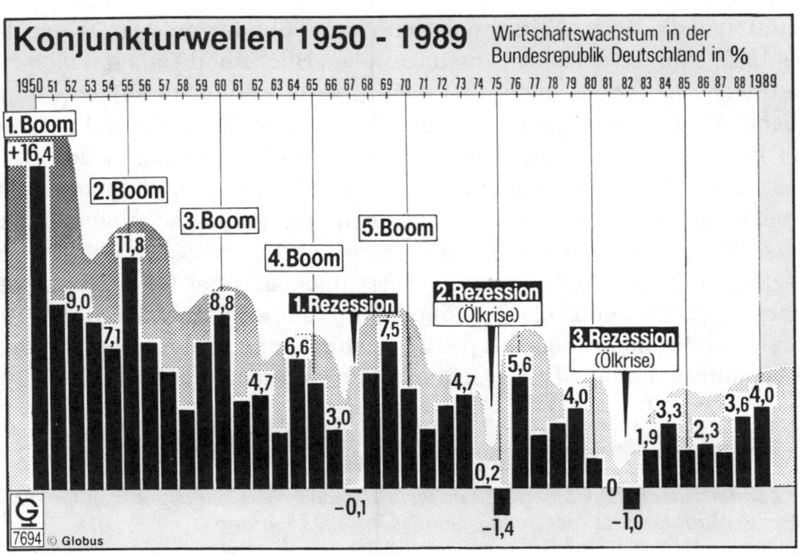

Z

- *Gleichmäßig wiederkehrende Wellenbewegungen in der wirtschaftlichen Entwicklung nennt man Konjunkturzyklen.*
- *Ein Konjunkturzyklus läßt sich in vier Konjunkturphasen einteilen: Aufschwung, Hochkonjunktur, Abschwung und Tiefstand.*
- *Löhne, Gewinne, Nachfrage, Preise, Zinssätze, Produktion, Investitionen und Beschäftigung steigen in der Aufschwungsphase, erreichen in der Hochkonjunktur ihren Höhepunkt, sind in der Abschwungsphase rückläufig und erreichen im Konjunkturtief ihren Tiefstand.*

10.3.2 Ursachen der konjunkturellen Schwankungen

Für die Konjunkturschwankungen gibt es mehrere Ursachen. Dazu gehören:

- Schwankungen der Inlands- oder Auslandsnachfrage,
- Kostensteigerungen (z. B. bei Rohstoffen),
- Kauf- und Sparverhalten der Verbraucher,
- Investitions- und Produktionsentscheidungen der Unternehmer,
- Besteuerungs- und Ausgabepolitik des Staates,
- Geld- und Kreditpolitik der Deutschen Bundesbank und nicht zuletzt
- Ansichten, Meinungen, Vermutungen und Gerüchte über die zukünftige Wirtschaftsentwicklung.

Nicht ganz zu Unrecht sind viele der Auffassung, daß man sowohl Konjunkturkrisen als auch eine positive Wirtschaftsentwicklung „herbeireden" kann.

Betrachtet man die Wirtschaftsentwicklung in der Bundesrepublik Deutschland von 1950 bis 1990, sind die einzelnen konjunkturellen Hochs und Tiefs deutlich zu erkennen. Auffallend ist jedoch auch, daß nahezu jeder Konjunkturaufschwung schwächer ausfiel als der vorhergehende und daß sich jedes Konjunkturtal tiefer einkerbte. Man führt diese Entwicklung darauf zurück, daß einerseits in der Wiederaufbauphase der 50er Jahre besonders günstige Wachstumsbedingungen der Wirtschaft bestanden und andererseits inzwischen Sättigungserscheinungen der privaten Haushalte auftreten. Als weitere Gründe werden auch die Verschärfung des Wettbewerbs auf den Weltmärkten und der Rückgang der Gesamtbevölkerung in der Bundesrepublik Deutschland angegeben. Man hofft, daß durch den Anschluß der neuen Bundesländer neue starke Wachstumsimpulse ausgelöst werden, da in diesen Ländern ein erheblicher Nachholbedarf an Konsumgütern besteht.

Z

- *Für Konjunkturschwankungen gibt es viele Ursachen. Ausgangspunkt einer konjunkturellen Veränderung ist fast immer eine Nachfrageänderung.*

10.3.3 Staatliche Konjunkturpolitik

Staatliche Konjunktursteuerung soll Unregelmäßigkeiten in der wirtschaftlichen Entwicklung vermeiden und die Konjunkturzyklen abschwächen. Man spricht daher von **antizyklischer Konjunkturpolitik.** Ein Wirtschaftsaufschwung wird abgebremst, ein starker Abschwung verhindert, die Wirtschaftsentwicklung soll in ruhigeren Bahnen verlaufen.

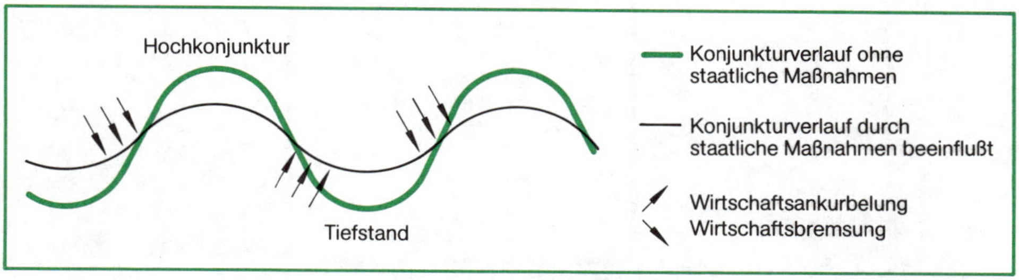

Zur Konjunkturbeeinflussung hat der Staat grundsätzlich zwei Möglichkeiten: Er kann **entweder seine Einnahmen oder seine Ausgaben verändern.**

In einer **Aufschwungsphase** kommt es darauf an, die Konsumausgaben und die Investitionen zu verringern, damit der Anstieg der Konjunktur abgebremst wird. Zu diesem Zweck kann der Staat u. a.

- die Steuern erhöhen, damit die Betriebsgewinne geringer ausfallen bzw. die Verbraucher weniger Geld ausgeben können;
- die Verbraucher durch Sparzulagen zu vermehrtem Sparen anregen – was gespart wird, kann nicht ausgegeben werden;
- seine Aufträge an die Wirtschaft verringern, z. B. weniger Straßen, Krankenhäuser und Schulen bauen lassen;
- die Abschreibungsmöglichkeiten der Betriebe verschlechtern;
- Investitionen der Betriebe mit einer Sondersteuer belegen.

In einer **Abschwungsphase** ist es Aufgabe des Staates, die Konjunktur anzukurbeln. Die wichtigsten Mittel dazu sind

- Steuersenkungen für Betriebe und Verbraucher;
- Verringerung der Sparförderung;
- Steigerung der öffentlichen Aufträge an die Wirtschaft;
- Verbesserung der betrieblichen Abschreibungsmöglichkeiten;
- Beseitigung von Investitionshemmnissen bzw. Zahlung von Investitionszulagen an die Betriebe.

Problematisch ist es für den Staat, ausgerechnet in einer Phase, in der die Steuereinnahmen zurückgehen, zusätzliche Steuererleichterungen zu beschließen bzw. die staatlichen Ausgaben zu erhöhen. Maßnahmen zur Konjunkturdämpfung fallen dem Staat so meist leichter als Maßnahmen, welche die Konjunktur anregen sollen. Nicht selten bleibt die antizyklische Konjunkturpolitik eine Absichtserklärung, und der Staat beschließt in einer konjunkturellen Abschwungsphase Steuererhöhungen, um seinen Verpflichtungen nachkommen zu können.

Der Straßenbau zählt zu den klassischen Mitteln des Staates, um die Konjunktur anzukurbeln oder abzubremsen.

Neben der staatlichen Konjunkturpolitik beeinflussen auch die Maßnahmen der **Bundesbank** zur Erhaltung der Geldwertstabilität die konjunkturelle Entwicklung (vgl. Kap. 7.2.4). Die Bundesbank kann ihre Entscheidungen zwar selbständig treffen, sie stimmt jedoch meist die geldpolitischen Entscheidungen mit der Bundesregierung ab, um so den größten Erfolg zu erreichen.

Z

- *Staatliche Konjunkturbeeinflussung soll starke Schwankungen der Wirtschaftsentwicklung vermeiden.*
- *Der Staat kann zu diesem Zweck seine Einnahmen (z. B. Steuern) oder seine Ausgaben erhöhen oder senken.*

A

1. **Erklären Sie die Begriffe Konjunktur, Konjunkturzyklus und Konjunkturphase.**
2. **Wie verändern sich Preise, Löhne, Zinssätze, Nachfrage, Produktion, Investitionen und Beschäftigungslage innerhalb eines Konjunkturzyklus?**
3. **Worauf sind Konjunkturschwankungen zurückzuführen?**
4. **Gibt es auch in einer Zentralverwaltungswirtschaft Konjunkturschwankungen?**
5. **Worauf ist es zurückzuführen, daß die Wachstumsraten in der Bundesrepublik Deutschland bis zum Anschluß der neuen Bundesländer immer geringer wurden?**
6. **Erläutern Sie den Begriff ,,antizyklische Konjunkturpolitik".**
7. **Welche Maßnahmen stehen dem Staat zur Konjunkturbeeinflussung zur Verfügung**
   a) in der Aufschwungsphase;
   b) in der Abschwungsphase?
8. **Warum fallen dem Staat Maßnahmen zur Konjunkturdämpfung meist leichter als Maßnahmen zur konjunkturellen Anregung?**

11
Arbeitsrecht

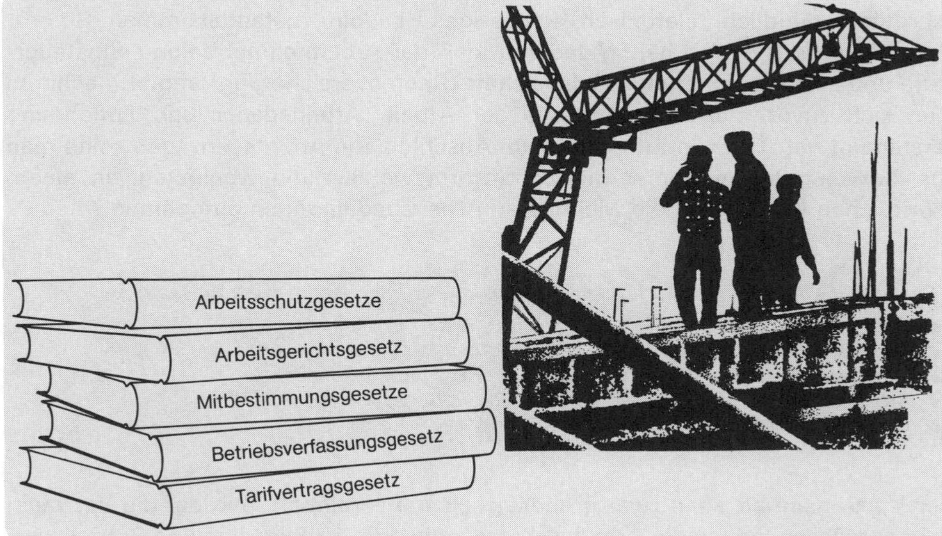

Ein Arbeitsvertrag wird zwischen Arbeitnehmer und Arbeitgeber abgeschlossen und regelt die Arbeitsbedingungen des Arbeitnehmers im Betrieb.

*

Es können im Arbeitsvertrag nicht alle Arbeitsbedingungen ausgehandelt werden. Betriebsvereinbarungen legen daher Arbeitsbedingungen für die Arbeitnehmer eines bestimmten Betriebes fest, Tarifverträge für die Arbeitnehmer ganzer Wirtschaftsbereiche.

*

Zur Durchsetzung ihrer Rechte und Forderungen können die Arbeitnehmer eines Betriebes unter bestimmten Bedingungen zahlreiche Vertretungsorgane bilden. Das wichtigste Vertretungsorgan des Arbeitnehmers ist der Betriebsrat.

*

Die Rechtsprechung für Streitigkeiten aus dem Arbeitsleben obliegt den Arbeitsgerichten.

11.1 Einzelarbeitsvertrag

11.1.1 Form und Inhalt des Arbeitsvertrages

Vertragspartner eines Arbeitsvertrages sind **Arbeitnehmer und Arbeitgeber.** Der Arbeitnehmer verpflichtet sich unter Leitung und Weisung des Arbeitgebers zur Leistung von **Arbeitsdiensten** und erhält dafür eine **Vergütung.**
Der Abschluß eines Arbeitsvertrages ist **formfrei,** d. h. er kann in jeder Form (z. B. schriftlich, mündlich, telefonisch, schlüssiges Handeln) zustandekommen. So entsteht ein Arbeitsvertrag häufig dadurch, daß der Arbeitnehmer seine Lohnsteuerkarte und sein Versicherungsnachweisheft (Rentenversicherung) abgibt, nachdem man sich zuvor mündlich über Art der Arbeit, Arbeitsdauer und Entlohnung verständigt hat. Trotz Formfreiheit beim Abschluß von Arbeitsverträgen sollte man aus **Beweisgründen** immer die Schriftform wählen und wenigstens in einem schriftlichen Kurzvertrag die wichtigsten Arbeitsbedingungen aufnehmen.

Gesetze, die für die Festlegung des Vertragsinhalts beachtet werden müssen:

- *Bürgerliches Gesetzbuch*
- *Handelsgesetzbuch*
- *Gewerbeordnung*
- *Arbeitszeitordnung*
- *Bundesurlaubsgesetz*
- *Jugendarbeitsschutzgesetz*
- *Schwerbehindertengesetz*
- *Mutterschutzgesetz*
- *Kündigungsschutzgesetz*

u. a.

Der **Vertragsinhalt** kann zwar grundsätzlich frei vereinbart werden, die Vertragspartner müssen jedoch die Arbeitsgesetze, geltende Tarifverträge und Betriebsvereinbarungen beachten. Dabei gilt der Grundsatz der **Unabdingbarkeit** der besten Regelung zugunsten des Arbeitnehmers, d. h., die Vertragspartner dürfen nur Vereinbarungen treffen, die den Arbeitnehmer günstiger (oder mindestens gleich gut) stellen wie dies die Arbeitsgesetze, geltende Tarifverträge oder Betriebsvereinbarungen vorsehen. Werden diese Bestimmungen beachtet, können im Arbeitsvertrag z. B. Regelungen über die Entlohnung, die Art der zu verrichtenden Arbeit, die Arbeitsdauer, Arbeitszeit, Pausen, Urlaub, Kündigung und über soziale Leistungen, wie Weihnachtsgeld, Urlaubsgeld, 13. Monatsgehalt, Umzugskostenvergütung, private Nutzung eines Firmenwagens, Essenszuschuß, vereinbart werden.

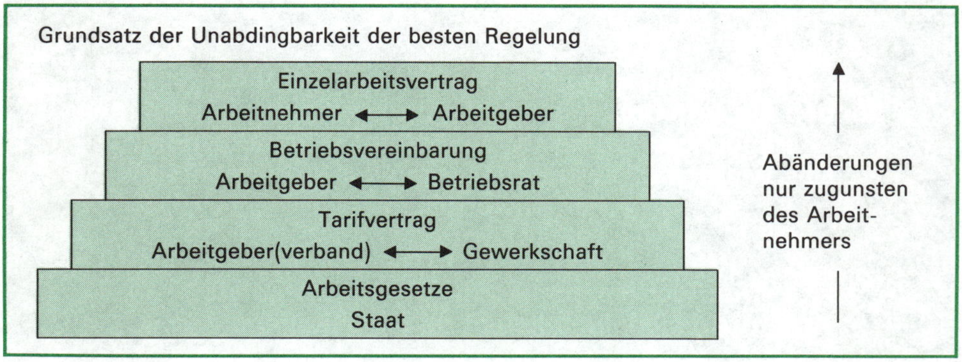

Auch wenn bezüglich des Vertragsinhalts keine Vereinbarungen getroffen werden, entstehen allein durch den Vertragsabschluß für den Arbeitnehmer und für den Arbeitgeber **Pflichten.**

Für den **Arbeitnehmer** sind das die

- Arbeitspflicht (Pflicht zur gewissenhaften und pünktlichen Ausführung der übertragenen Arbeiten nach Weisung des Arbeitgebers),
- Sorgfaltspflicht (Pflicht zur pfleglichen Behandlung von Maschinen, Arbeitsgeräten und Betriebseinrichtungen),
- Treuepflicht (Wahrung von Betriebsgeheimnissen und Verbot der Kundenabwerbung).

Die Pflichten des **Arbeitgebers** lauten:

- Zahlung eines Arbeitsentgeltes. Fehlt eine einzelvertragliche Vereinbarung und ist ein Tarifvertrag nicht anwendbar, ist eine angemessene Vergütung zu zahlen.
- Fürsorgepflicht. Er muß alles tun, um die Gesundheit des Arbeitnehmers zu schützen.
- Zeugnispflicht. Bei Beendigung des Arbeitsverhältnisses muß der Arbeitgeber dem Arbeitnehmer ein Zeugnis ausstellen, das über Art und Dauer der Beschäftigung Auskunft gibt und nur auf Wunsch des Arbeitnehmers Angaben über Führung und Leistung enthalten darf.

Z

- *Durch den Arbeitsvertrag verpflichtet sich der Arbeitnehmer zur Arbeitsleistung, der Arbeitgeber zur Zahlung eines Arbeitsentgeltes.*
- *Der Abschluß eines Arbeitsvertrages ist an keine Form gebunden.*
- *Im Arbeitsvertrag dürfen keine Regelungen getroffen werden, die den Arbeitnehmer ungünstiger stellen, als es die gesetzlichen Bestimmungen, ein gültiger Tarifvertrag oder eine Betriebsvereinbarung vorsehen.*
- *Selbst wenn keine Vereinbarungen über den Vertragsinhalt getroffen werden, hat der Arbeitnehmer eine Arbeits-, Sorgfalts- und Treuepflicht. Der Arbeitgeber hat seinerseits eine Pflicht zur Zahlung eines Arbeitsentgeltes sowie eine Fürsorge- und Zeugnispflicht.*

11.1.2 Beendigung des Arbeitsverhältnisses

Ein Arbeitsverhältnis kann durch Zeitablauf, Aufhebungsvertrag, Kündigung, Tod des Arbeitnehmers oder durch Erreichen einer Altersgrenze (Rentenalter) beendet werden.
Durch **Zeitablauf** endet das Arbeitsverhältnis, wenn der Arbeitsvertrag befristet abgeschlossen wurde. So ist z. B. die Tätigkeit eines Entwicklungshelfers von vornherein vertraglich auf zwei oder drei Jahre befristet.
Zur Beendigung eines Arbeitsverhältnisses durch **Aufhebungsvertrag** kommt es häufig, wenn dem Arbeitnehmer für das Ausscheiden aus der Unternehmung eine finanzielle Abfindung angeboten wird.
Von beiden Seiten kann das Arbeitsverhältnis auch durch **Kündigung** beendet werden. Die Kündigung ist ein einseitiges Rechtsgeschäft (vgl. Kap. 3.2.1). Sie ist nur rechtswirksam, wenn sie dem Vertragspartner zugegangen ist. Schriftform ist zu empfehlen, aber nicht vorgeschrieben.

Man unterscheidet die ordentliche und die außerordentliche (fristlose) Kündigung.

Bei der **ordentlichen Kündigung** sind gesetzliche Kündigungsfristen und Kündigungstermine zu beachten.

Für Arbeiter gilt eine Kündigungsfrist von 14 Tagen, die Kündigung kann auf jeden Werktag erfolgen. Für Angestellte besteht eine Kündigungsfrist von 6 Wochen (42 Tagen) auf Vierteljahresende (Quartalsende). Gehören Arbeiter bzw. Angestellte länger als 5 Jahre einem Betrieb an, verlängern sich die Kündigungsfristen (Einzelheiten siehe Kapitel 2.2.3: Sozialer Arbeitsschutz).

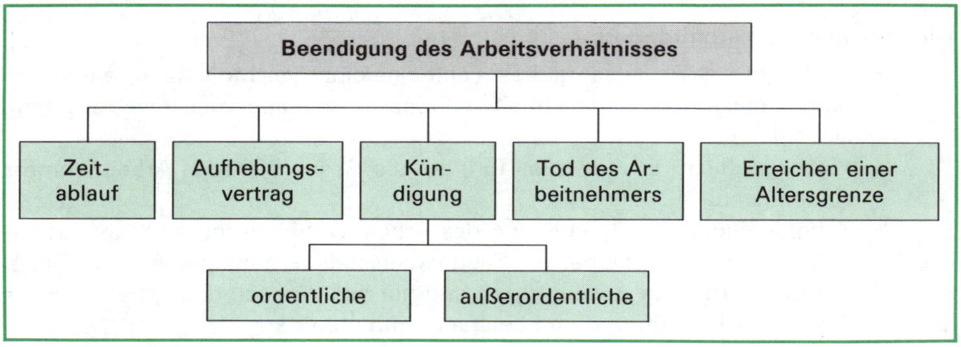

Die **außerordentliche (fristlose) Kündigung** ist nur möglich, wenn ein wichtiger Grund vorliegt. Wichtige Gründe können u. a. sein:

für den Arbeitgeber	für den Arbeitnehmer
• Tätlichkeiten oder grobe Beleidigungen durch den Arbeitnehmer • Diebstahl, Unterschlagung, Betrug • Arbeitsverweigerung des Arbeitnehmers • Vorlage falscher Zeugnisse • Vorsätzliche Beschädigung von Betriebseinrichtungen, Maschinen oder Werkzeugen • Verrat von Betriebsgeheimnissen	• Tätlichkeiten oder grobe Beleidigungen durch den Arbeitgeber • Verweigerung des Arbeitsentgeltes • Verletzung der Fürsorgepflicht

Eine fristlose Kündigung kann nur innerhalb von 2 Wochen nach Eintritt des wichtigen Grundes erfolgen, bzw. nachdem der Vertragspartner den wichtigen Grund erfahren hat.

- *Bei der ordentlichen Kündigung sind Kündigungsfristen und Kündigungstermine zu beachten.*
- *Die außerordentliche (fristlose) Kündigung ist nur möglich, wenn ein wichtiger Grund vorliegt.*

11.1.3 Kündigungsschutz

Allgemeiner Kündigungsschutz

- Alle Arbeitnehmer, die 18 Jahre alt sind und die 6 Monate lang in derselben Firma arbeiten, sind vor **sozial ungerechtfertigten Kündigungen** geschützt. Eine Kündigung darf dann vom Arbeitgeber nur noch ausgesprochen werden, wenn der Arbeitnehmer einen Kündigungsgrund gibt oder wenn eine betriebliche Notwendigkeit vorliegt.
- Vor jeder Kündigung ist der **Betriebsrat** zu hören. Unterbleibt die Anhörung, ist die Kündigung unwirksam.
- Hat der Betriebsrat einer Kündigung **widersprochen,** ist der gekündigte Arbeitnehmer weiterzubeschäftigen, bis das Arbeitsgericht über die Rechtmäßigkeit der Kündigung entschieden hat.
- **Massenentlassungen** müssen dem Arbeitsamt mindestens einen Monat vorher mitgeteilt und mit dem Betriebsrat beraten werden. Das Landesarbeitsamt kann eine zeitlich begrenzte Entlassungssperre festlegen.

Besonderer Kündigungsschutz

Für bestimmte Personengruppen besteht ein besonderer Kündigungsschutz.

Unkündbar sind:	
Betriebsratsmitglieder sowie Jugend- und Auszubildendenvertreter	während ihrer Amtszeit und innerhalb eines Jahres nach ihrer Amtszeit. Ausnahme: Es liegt ein wichtiger Grund vor.
Frauen	während der Schwangerschaft und bis vier Monate nach der Entbindung bzw. während des Erziehungsurlaubs (auch für Väter möglich).
Wehrpflichtige	während des Grundwehrdienstes oder einer Wehrübung.
Schwerbehinderte	ohne Zustimmung der Hauptfürsorgestelle.
Auszubildende	nach der Probezeit. Ausnahme: Es liegt ein wichtiger Grund vor.

Z

- *Vor einer Kündigung ist der Betriebsrat zu hören. Sozial ungerechtfertigte Kündigungen sind unzulässig.*
- *Einen besonderen Kündigungsschutz genießen Betriebsratsmitglieder, Jugend- und Auszubildendenvertreter, Auszubildende, Frauen, Wehrpflichtige und Schwerbehinderte.*

A

1. In welcher Form kann ein Arbeitsvertrag abgeschlossen werden?
2. Welche Arbeitsbedingungen können in einem Arbeitsvertrag vereinbart werden?
3. Erklären Sie folgenden Satz: Werden Vereinbarungen über den Inhalt des Arbeitsvertrages getroffen, ist die beste Regelung zugunsten des Arbeitnehmers unabdingbar.
4. Nennen Sie die Pflichten, die für Arbeitgeber und Arbeitnehmer aus dem Arbeitsvertrag entstehen, auch wenn keine Regelung über den Inhalt getroffen wird.
5. Auf welche Weise kann ein Arbeitsvertrag beendet werden?
6. Worin unterscheiden sich die ordentliche und außerordentliche Kündigung?
7. Welche Gründe berechtigen den Arbeitgeber bzw. den Arbeitnehmer zur Aussprache einer fristlosen Kündigung?
8. Was versteht man unter dem allgemeinen Kündigungsschutz?
9. Welche Personengruppen genießen einen besonderen Kündigungsschutz?

11.2 Kollektivverträge

11.2.1 Tarifverträge

Schon aus zeitlichen Gründen wäre es nahezu unmöglich, mit jedem einzelnen Arbeitnehmer alle Arbeitsbedingungen auszuhandeln. Die Arbeitsbedingungen für die Arbeitnehmer ganzer Wirtschaftsbereiche werden daher in Tarifverträgen geregelt. Tarifverhandlungen werden sowohl in der privaten Wirtschaft wie auch im öffentlichen Dienst geführt. Es gibt **Bundestarifverträge** (z. B. den Bundesangestelltentarif), **Landestarifverträge, Regionaltarifverträge** und **Betriebstarifverträge** (z. B. VW-Tarifvertrag). Üblicherweise beziehen sich Tarifverträge jedoch auf Bundesländer oder Teile von ihnen (Tarifbezirke). Der Inhalt eines Tarifvertrages kann frei ausgehandelt werden, allerdings sind die Vertragspartner an die bestehenden Arbeitsgesetze gebunden. Die Vereinbarungen dürfen den einzelnen Arbeitnehmer nicht schlechter stellen als es die Arbeitsgesetze vorsehen. Andererseits sind auch die Bestimmungen eines Tarifvertrages zwingend. Durch Einzelarbeitsverträge und – falls zulässig – durch Betriebsvereinbarungen können die Arbeitsbedingungen nur zugunsten des Arbeitnehmers abgeändert werden. Anderslautende Vereinbarungen, z. B. die Zahlung untertariflichen Lohns, sind unwirksam.

MANTELTARIFVERTRAG

für **Arbeiter und Angestellte (Arbeitnehmer)**
in der Metallindustrie in Nordwürttemberg/Nordbaden

Zwischen dem **Verband der Metallindustrie Baden-Württemberg e. V., Stuttgart**
und der **Industriegewerkschaft Metall für die Bundesrepublik Deutschland, Bezirksleitung Stuttgart, Stuttgart**
wird folgender **Manteltarifvertrag**
für **Arbeiter und Angestellte (Arbeitnehmer)**
in der Metallindustrie in Nordwürttemberg/Nordbaden abgeschlossen:
⋮

§ 7 Regelmäßige Arbeitszeit

Die tarifliche wöchentliche Arbeitszeit ohne Pausen beträgt
ab 1. 4. 1988 37½ Stunden
ab 1. 4. 1989 37 Stunden
Die Arbeitszeit im Betrieb wird im Rahmen des Volumens, das sich aus der für den Betrieb festgelegten wöchentlichen Arbeitszeit von 37½ Stunden (ab 1. 4. 1989 von 37 Stunden) im Durchschnitt aller Vollzeitbeschäftigten ergibt, durch Betriebsvereinbarung geregelt. Dabei können für Teile des Betriebes, für einzelne Beschäftigte oder für Gruppen von Beschäftigten unterschiedliche wöchentliche Arbeitszeiten festgelegt werden.
Leitende Führungskräfte werden in den Kreis der Vollzeitbeschäftigten zur Berechnung des Durchschnitts der Arbeitszeit nicht einbezogen.
Im übrigen kann bei Vollzeitbeschäftigten die individuelle regelmäßige wöchentliche Arbeitszeit zwischen 37 und 39½ Stunden (ab 1. 4. 1989 zwischen 36½ und 39 Stunden) betragen.
Die Spanne zwischen 37 und 39½ Stunden (ab 1. 4. 1989 zwischen 36½ und 39 Stunden) soll angemessen ausgefüllt werden. Dabei sind die betrieblichen Bedürfnisse zu berücksichtigen.
Wenn keine Regelung getroffen wird, beträgt für Vollzeitbeschäftigte die regelmäßige tägliche Arbeitszeit ⅕ der individuellen regelmäßigen wöchentlichen Arbeitszeit.
Der Arbeitgeber teilt dem Betriebsrat jeweils monatlich schriftlich die Anzahl der Vollzeitbeschäftigten im Betrieb mit einer regelmäßigen Wochenarbeitszeit zwischen 37 und 39½ Stunden (ab 1. 4. 1989 zwischen 36½ und 39 Stunden) insgesamt, deren Aufschlüsselung nach vereinbarter unterschiedlicher regelmäßiger Wochenarbeitszeit sowie den sich hieraus ergebenden Durchschnitt der Wochenarbeitszeit der Vollzeitbeschäftigten im Betrieb mit.
Weicht der Durchschnitt von 37½ Stunden (ab 1. 4. 1989 37 Stunden) ab, so ist mit dem Betriebsrat eine Anpassung unverzüglich zu vereinbaren.
⋮

Stuttgart, den 24. April 1987

Verband der Metallindustrie Baden-Württemberg e. V.

gez.: Hans Peter Stihl
gez.: Herfried Heisler

Industriegewerkschaft Metall für die Bundesrepublik Deutschland Bezirksleitung Stuttgart

gez.: Ernst Eisenmann
gez.: Walter Riester

Quelle: Verband der Metallindustrie Baden-Württemberg e. V., Stuttgart

11.2.1.1 Tarifpartner

Tarifverhandlungen werden durch die Tarifpartner (Sozialpartner, Tarifvertragsparteien) geführt. Tarifpartner sind für die Arbeitnehmerseite die **Gewerkschaften** und für die Unternehmerseite die **Arbeitgeberverbände** oder auch der einzelne **Arbeitgeber.** Das Recht, sich zu Arbeitgeberverbänden bzw. zu Gewerkschaften zusammenzuschließen, ergibt sich aus Artikel 9 des Grundgesetzes (Vereinigungsfreiheit).

Arbeitgeberverbände

Um als Verhandlungspartner der Gewerkschaften auftreten zu können, haben sich in der Bundesrepublik Deutschland Unternehmen der gleichen Branche zu Arbeitgeberverbänden zusammengeschlossen. Dachverband der Landes- und Bundesarbeitgeberverbände ist die **Bundesvereinigung der Deutschen Arbeitgeberverbände** (Näheres zu den Arbeitgeberverbänden siehe Kapitel 5.3.2.1).

Gewerkschaften

Bereits im 19. Jahrhundert schlossen sich die Arbeitnehmer zu Gewerkschaften zusammen, um ihre wirtschaftlichen, sozialen und gesellschaftlichen Interessen wirkungsvoller vertreten zu können. Gewerkschaften treten nicht nur als Partner der Arbeitgeberverbände beim Aushandeln von Tarifverträgen auf, sie versuchen auch Einfluß auf die Gesetzgebung zu gewinnen (Öffentlichkeitsarbeit, Beeinflussung von Abgeordneten und Parteien), schaffen gewerkschaftliche Bildungs- und Erholungseinrichtungen, vertreten ihre Mitglieder bei Streitigkeiten vor den Arbeits- und Sozialgerichten und leisten finanzielle Hilfen in Notfällen.

Tarifverhandlungen werden von Einzelgewerkschaften (z. B. IG Metall; IG Bau, Steine, Erden) geführt, die in Orts-, Kreis-, Bezirks-, Landes- und Bundesverbände untergliedert sind.

Ca. 42% der Arbeitnehmer in der Bundesrepublik Deutschland (alte Bundesländer) sind gewerkschaftlich organisiert.

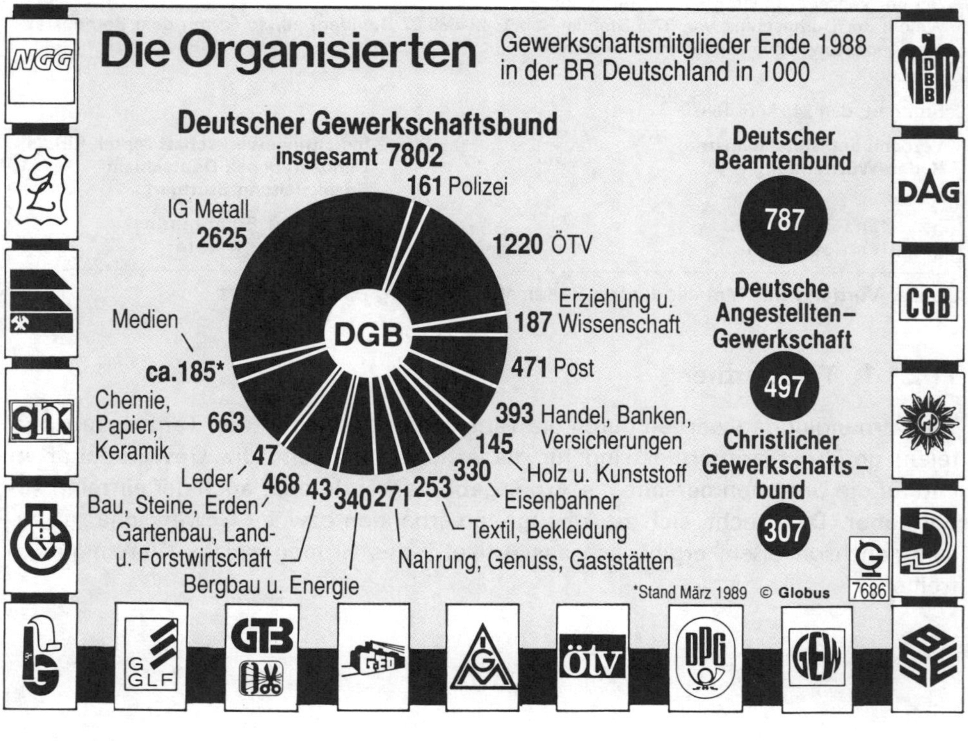

Als Dachverband von inzwischen 16 selbständigen Einzelgewerkschaften mit allein in den alten Bundesländern annähernd 8 Millionen Mitgliedern wurde 1949 der **Deutsche Gewerkschaftsbund (DGB)** gegründet. Innerhalb des DGB sind die mitgliederstärksten und einflußreichsten Gewerkschaften der Industriegewerkschaft Metall (IG Metall) und die Gewerkschaft Öffentliche Dienste, Transport und Verkehr (ÖTV).

Drei Gewerkschaften bzw. Gewerkschaftsvereinigungen haben sich nicht dem DGB angeschlossen. Unter ihnen ist der **Deutsche Beamtenbund** mit etwa 800000 Mitgliedern (alte Bundesländer) die mitgliederstärkste Gewerkschaft. Die **Deutsche Angestellten-Gewerkschaft** vertritt die Interessen der Angestellten. Zum **Christlichen Gewerkschaftsbund,** der sich zu den Grundsätzen des Christentums bekennt, haben sich sieben Arbeiter- und fünf Angestelltengewerkschaften sowie fünf Gewerkschaften des öffentlichen Dienstes zusammengeschlossen.

Z

- *Gewerkschaften und Arbeitgeberverbände handeln Tarifverträge aus.*
- *Dachorganisation von 16 Einzelgewerkschaften ist der Deutsche Gewerkschaftsbund.*

11.2.1.2 Tarifvertragsarten, Tarifautonomie und Allgemeinverbindlichkeit von Tarifverträgen

Man unterscheidet zwei Tarifvertragsarten:

- Lohn- oder Gehaltstarifverträge und
- Manteltarifverträge.

Lohn- oder Gehaltstarifverträge werden normalerweise nur für die Dauer eines Jahres abgeschlossen. Sie regeln die **Höhe des Lohnes** oder des **Gehalts.** Auch die **Ausbildungsvergütungen** zählen dazu.

Ein **Manteltarifvertrag** hat eine längere Laufzeit als ein Lohn- oder Gehaltstarifvertrag, meist wird er auf 5 Jahre oder auf unbestimmte Dauer abgeschlossen. Er regelt **allgemeine Arbeitsbedingungen.** Zeit und Ort der Lohnzahlung, Zuschläge bei Nacht-, Sonn- und Feiertagsarbeit sowie für Überstunden, Arbeitszeit und Pausen, Urlaub, Kündigungstermine, Kündigungsfristen, soziale Leistungen und vieles mehr können in einem Manteltarifvertrag festgelegt werden. Ist ein Manteltarifvertrag auf unbestimmte Dauer angelegt, muß er zunächst gekündigt werden, wenn über eine Änderung der Arbeitsbedingungen verhandelt werden soll.

Tarifverträge

Lohn- oder Gehaltstarifvertrag	Manteltarifvertrag
• Laufzeit meist nur ein Jahr • festgelegt werden Löhne und Gehälter	• längere Laufzeit, z.T. 5 Jahre oder unbestimmte Dauer • festgelegt werden allgemeine Arbeitsbedingungen

Gewerkschaften und Arbeitgeberverbände können die Tarifvereinbarungen selbständig – ohne staatliche Beeinflussung – treffen. Sie handeln dabei in autonomer Verantwortung; man bezeichnet diese Unabhängigkeit als **Tarifautonomie.**

Während der Laufzeit eines Tarifvertrages besteht **Friedenspflicht,** d.h. während dieser Zeit dürfen keine Arbeitskämpfe (Streik, Aussperrung) geführt werden.

Grundsätzlich gelten die in Tarifverträgen ausgehandelten Arbeitsbedingungen nur für Arbeitnehmer und Arbeitgeber, die den vertragsschließenden Parteien, also den Gewerkschaften und Arbeitgeberverbänden, angehören. Der Bundesminister für Arbeit und Sozialordnung kann jedoch den Tarifvertrag für **allgemeinverbindlich** erklären lassen. Der Tarifvertrag bindet dann alle Arbeitnehmer und Arbeitgeber des betreffenden Wirtschaftszweiges. Die Allgemeinverbindlichkeitserklärung ist zulässig, wenn

- die den Tarifvertrag abschließenden Arbeitgeber **mindestens 50%** der Arbeitnehmer im Geltungsbereich des Tarifvertrages beschäftigen;
- ein **öffentliches Interesse** vorliegt (z.B. um gleichmäßige Arbeitsbedingungen zu gewährleisten);
- die Arbeitsbedingungen der nichtorganisierten Arbeitnehmer **unsozial** erscheinen.

Für die Erklärung ist es ausreichend, wenn eine der drei vorstehenden Voraussetzungen vorliegt. Meist arbeiten jedoch alle Arbeitnehmer, ob der Tarifvertrag für allgemeinverbindlich erklärt wurde oder nicht, unter den Bedingungen des Tarifvertrages.

- *Man unterscheidet Lohn- oder Gehaltstarifverträge und Manteltarifverträge.*
- *Die Tarifautonomie sichert den Tarifvertragsparteien zu, daß sie die Tarifverträge unabhängig und selbständig aushandeln können.*
- *Tarifverträge können für allgemeinverbindlich erklärt werden, sie gelten dann für alle Arbeitnehmer und alle Arbeitgeber des entsprechenden Wirtschaftszweiges.*

11.2.2 Betriebsvereinbarungen

Betriebsvereinbarung Nr. R11/. .

Zwischen der Geschäftsleitung der XXXXX AG, Radolfzell, und den Betriebsräten der XXXXX AG, Hauptwerk Radolfzell sowie Zweigwerke Stockach, Engen, Salem-Mimmenhausen, Rielasingen, Titisee-Neustadt und Waldshut, wird folgende Betriebsvereinbarung zur Ergänzung bzw. Änderung des Tarifvertrages Arbeits- und Betriebsordnung vom 15. 6. . . . . geschlossen:

1. Alle Mitarbeiter, die gleitende Arbeitszeit haben, haben beim Verlassen des Betriebes anstelle des Passierscheines gemäß Betriebsvereinbarung über gleitende Arbeitszeit ihre Schlüsselkarte unaufgefordert vorzuzeigen.
2. Arbeitnehmer, die nicht in Schicht arbeiten, dürfen sich frühestens ¼ Stunde vor Arbeitsbeginn in den Arbeitsräumen aufhalten.
   Arbeitnehmer, die in Schicht arbeiten, dürfen sich frühestens 5 Min. vor Arbeitsbeginn in den Arbeitsräumen aufhalten und sollen die Ablösung innerhalb von längstens 10 Minuten vorgenommen haben.
3. In den Zweigwerken erfolgt der Aushang von Bestimmungen entweder an den Anschlagtafeln oder durch Auslage bei der Betriebsleitung.
4. Die Lohnzahlung erfolgt bargeldlos bis spätestens 15. des nachfolgenden Monats.
5. Zuständig zur Entgegennahme von Kündigungen ist im Hauptwerk ausschließlich die Personalabteilung und in den Zweigwerken der Betriebsleiter bzw. sein Vertreter.
6. a) Coupons der Zeitvorgabe oder ähnliche Abschnitte, die der Berechnung des Lohnes dienen, sind täglich bzw. im Rahmen der bestehenden Richtlinien abzugeben (Betriebsvereinbarung Nr. 2 vom 22. 3. . . . .).
   b) Arbeitnehmer dürfen keine Geschenke oder sonstige Zuwendungen und Vergünstigungen unmittelbar oder auch nur mittelbar von solchen Personen annehmen, die zum Betrieb in Geschäftsverbindung stehen oder treten wollen.
7. Diese Betriebsvereinbarung tritt am 1. 1. . . . . in Kraft. Sie kann gemäß § 75 Abs. 2 TVABO gekündigt werden.

Radolfzell, den 12. Dezember . . . .

XXXXX AG
Geschäftsleitung

Betriebsräte

Hauptwerk Radolfzell
Zweigwerk Stockach
Zweigwerk Engen
Zweigwerk Salem-Mimmenhausen
Zweigwerk Rielasingen
Zweigwerk Titisee-Neustadt
Zweigwerk Waldshut

Quelle: Verband der Baden-Württembergischen Textilindustrie e.V. (Hrsg.): Tarifvertrag Arbeits- und Betriebsordnung, S. 31 f.

Betriebsvereinbarungen werden zwischen dem **Betriebsrat** und der **Unternehmensleitung** eines Betriebes geschlossen. Sie dürfen den Bestimmungen des Tarifvertrages nicht entgegenstehen, sondern sollen diese ergänzen und den besonderen Verhältnissen des Betriebes anpassen. Betriebsvereinbarungen über Arbeitsentgelte oder sonstige Arbeitsbedingungen, die üblicherweise in Tarifverträgen geregelt werden, sind unwirksam, es sei denn, daß der Tarifvertrag den Abschluß ergänzender Betriebsvereinbarungen ausdrücklich zuläßt. Die einzelnen Regelungen einer Betriebsvereinbarung dürfen den Arbeitnehmer nicht ungünstiger stellen als die Arbeitsgesetze. Betriebsvereinbarungen können die Lohn- und Arbeitsbedingungen, den Beginn und das Ende der täglichen Arbeitszeit und der Pausen, Zeit und Ort der Lohnzahlung, den Urlaubsplan, die Kündigungstermine, die Maßnahmen zur Verhütung von Betriebsunfällen und zur Unfallmeldung, das Verhalten der Arbeitnehmer im Betrieb, das Rauchverbot, die Kantinenbenutzung und andere soziale Maßnahmen regeln.

Auch die **Betriebsordnung** entsteht durch eine Betriebsvereinbarung. Sie muß an geeigneter Stelle im Betrieb ausgehängt oder ausgelegt werden. Neue Mitarbeiter sind auf die Betriebsordnung ausdrücklich hinzuweisen.

Z

- *Unternehmensleitung und Betriebsrat können Betriebsvereinbarungen abschließen, in denen Arbeitsbedingungen für die Betriebsangehörigen festgelegt werden.*
- *Auch die Betriebsordnung entsteht durch Betriebsvereinbarung.*

A

1. **Erklären Sie den Begriff Tarifpartner.**
2. **Wie heißt die Dachorganisation von 16 deutschen Einzelgewerkschaften?**
3. **Worin unterscheidet sich ein Lohn- bzw. Gehaltstarifvertrag von einem Manteltarifvertrag?**
4. **Was versteht man unter**
   a) Tarifautonomie,
   b) Friedenspflicht,
   c) Allgemeinverbindlichkeit von Tarifverträgen?
5. **Unter welchen Voraussetzungen kann ein Tarifvertrag für allgemeinverbindlich erklärt werden?**
6. **Wer kann eine Betriebsvereinbarung abschließen?**
7. **Welche Regelungen dürfen in einer Betriebsvereinbarung nicht getroffen werden?**
8. **Wozu dient eine Betriebsordnung?**

11.3 Tarifverhandlungen und Arbeitskampf

Wird ein bestehender Tarifvertrag **gekündigt** oder ist die **Laufzeit** nahezu **abgelaufen,** werden von den Tarifvertragsparteien (Gewerkschaften und Arbeitgeberverbände) Tarifkommissionen gebildet, die mit **Tarifverhandlungen** beginnen. Zunächst werden beide Seiten ihre Forderungen vortragen und begründen. Können sich die Tarifpartner auf einen Kompromißvorschlag einigen, entsteht ein neuer Tarifvertrag. Ist eine Einigung nicht möglich, werden die Verhandlungen von einer Partei (meist von der Gewerkschaftsseite) für **gescheitert** erklärt.
Beide Seiten werden nun in der Folgezeit versuchen, die Öffentlichkeit von der Rechtmäßigkeit ihrer Forderungen zu überzeugen und Arbeitskampfmaßnahmen vorzubereiten. Dazu dienen Protestversammlungen, Demonstrationen, Anzeigenkampagnen, Plakataktionen, Drohungen mit Streik oder Aussperrung und kurze Warnstreiks. Falls die Tarifvertragsparteien es beantragen, kann nun ein **Schlichtungsverfahren** eingeleitet werden. Ziel des Schlichtungsverfahrens ist es, eine Einigung zwischen den Sozialpartnern herbeizuführen. Zu diesem Zweck wird eine von beiden Seiten paritätisch besetzte Schlichtungskommission gebildet und eine unabhängige Persönlichkeit, die das Vertrauen beider Seiten besitzt, als Schlichter bestellt. Er soll die Standpunkte abklären und einen Einigungsvorschlag (Schiedsspruch) vorlegen. Wird dieser akzeptiert, ist der Weg zu einem neuen Tarifvertrag frei. Schlichtungsverhandlungen sind nicht öffentlich. In vielen Fällen führen sie zu einer Einigung, weil es den Tarifpartnern verhältnismäßig leicht fällt, den Kompromißvorschlag einer unabhängigen Stelle vor ihren Mitgliedern zu vertreten. Auch wenn keine Einigung zustandekommt und der Schlichterspruch abgelehnt wird, ist ein Streik noch nicht möglich.

Quellen: Dr. Adalbert Kitsche/Dr. Heinz Merkmann (Hrsg.): Über das Geld, Wiesbaden, S. 22, und Landeszentrale für politische Bildung in Baden-Württemberg (Hrsg.): Der Bürger im Staat

Erst wenn eine **Urabstimmung** durchgeführt wurde, in der 75% der Gewerkschaftsmitglieder in einer geheimen Abstimmung für einen Streik gestimmt haben, darf er ausgerufen werden. Für die Dauer des Streiks ruht die Pflicht zur Lohnzahlung, die Gewerkschaftsmitglieder erhalten von ihrer Gewerkschaft Streikgeld.
Auch zur Beendigung eines Streiks ist eine Urabstimmung erforderlich, in der 25% der Gewerkschaftsmitglieder einem Kompromiß zustimmen müssen.
Als Antwort auf einen Streik können die Arbeitgeber eine **Aussperrung** beschließen. Der Betrieb wird geschlossen, auch Arbeitswillige (meist nichtorganisierte Arbeitnehmer) können dann nicht mehr arbeiten und erhalten keinen Lohn.

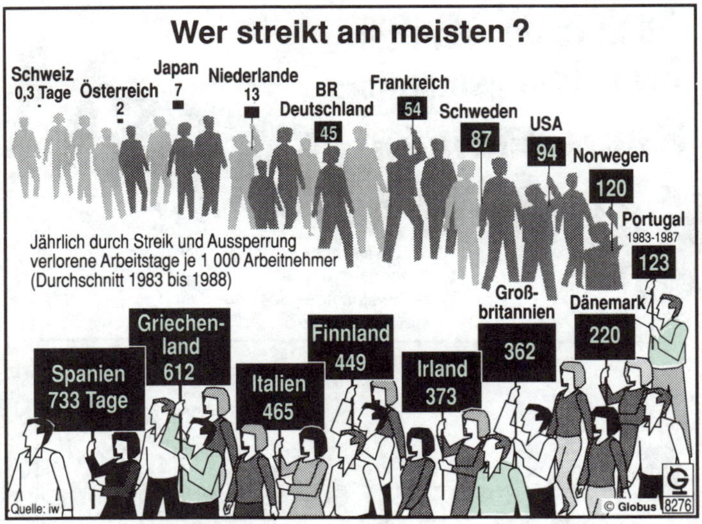
Wer streikt am meisten?
Schweiz 0,3 Tage
Österreich 2
Japan 7
Niederlande 13
BR Deutschland 45
Frankreich 54
Schweden 87
USA 94
Norwegen 120
Portugal 1983-1987 123
Jährlich durch Streik und Aussperrung verlorene Arbeitstage je 1 000 Arbeitnehmer (Durchschnitt 1983 bis 1988)
Groß-britannien 362
Dänemark 220
Spanien 733 Tage
Griechen-land 612
Italien 465
Finnland 449
Irland 373
Quelle: iw
© Globus 8276

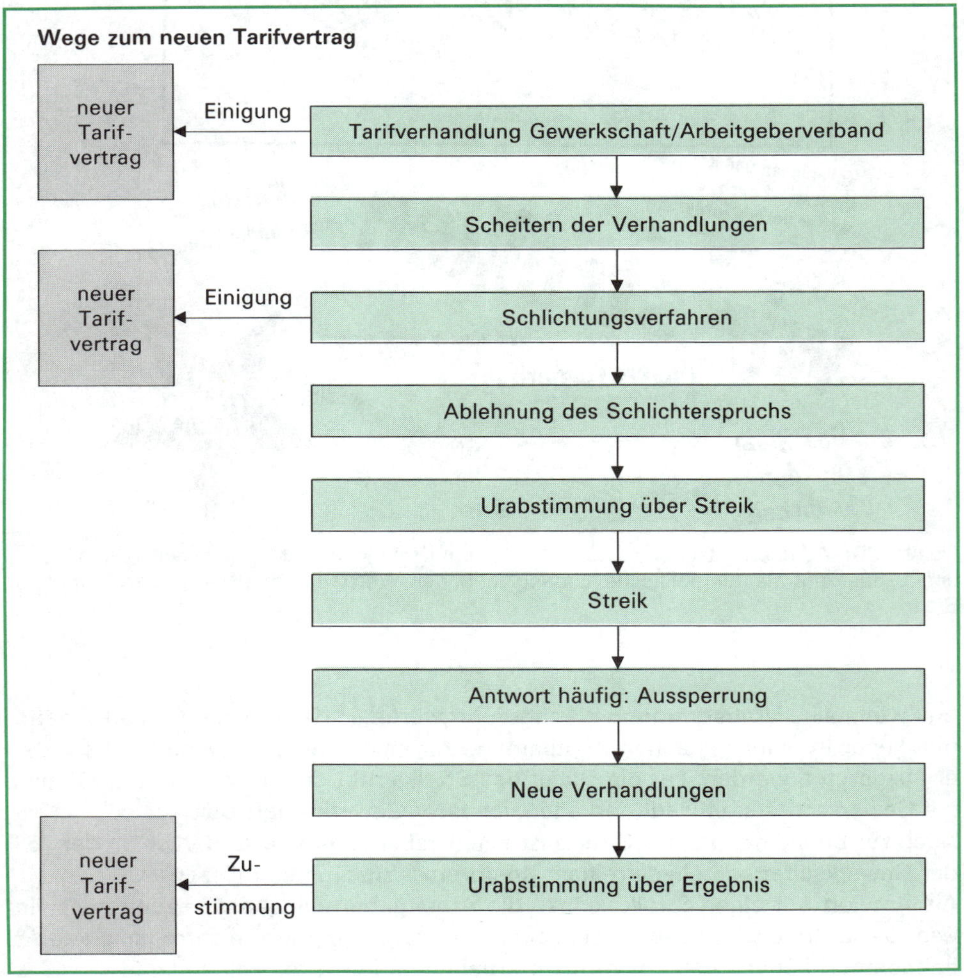
Wege zum neuen Tarifvertrag
neuer Tarif-vertrag
Einigung
Tarifverhandlung Gewerkschaft/Arbeitgeberverband
Scheitern der Verhandlungen
neuer Tarif-vertrag
Einigung
Schlichtungsverfahren
Ablehnung des Schlichterspruchs
Urabstimmung über Streik
Streik
Antwort häufig: Aussperrung
Neue Verhandlungen
neuer Tarif-vertrag
Zu-stimmung
Urabstimmung über Ergebnis

Arbeitskampfmaßnahmen sind für alle Beteiligten kostspielig. Die Gewerkschaften müssen Streikgeld zahlen, die Unternehmen erleiden Produktionsausfall und können ihre Lieferungsverpflichtungen nicht einhalten. Der Staat erleidet durch geringere Beitragszahlungen an die Sozialversicherungsträger und durch Steuerausfall Schaden. Auch der einzelne Arbeitnehmer hat Nachteile. Das Streikgeld ist geringer als der Lohn und die nichtorganisierten Arbeitnehmer sind auf die Sozialhilfe angewiesen. Streik und Aussperrung sollten daher möglichst vermieden werden.

Sonderformen des Streiks

Wilder Streik:	Unorganisierter, nicht von der Gewerkschaft geleiteter Streik. Er gilt rechtlich als Arbeitsverweigerung, der Arbeitgeber kann die Streikenden fristlos entlassen.
Sympathiestreik:	Nicht direkt betroffene Arbeitnehmer streiken, um ihre Verbundenheit mit anderen Streikenden zu bekunden.
Sitzstreik:	Die Arbeitnehmer bleiben am Arbeitsplatz, obwohl sie nicht arbeiten.
Proteststreik:	Man will erreichen, daß bestimmte Maßnahmen zurückgenommen werden.
Politischer Streik:	Richtet sich nicht gegen die Arbeitgeber, sondern gegen politische Entscheidungen der staatlichen Organe.
Generalstreik:	Alle Arbeitnehmer einer Stadt, eines Gebietes oder eines Landes streiken.

Z

- *Gewerkschaften und Arbeitgeberverbände bilden Tarifkommissionen, die einen Tarifvertrag aushandeln sollen.*
- *Scheitern die Tarifverhandlungen, kann ein neutraler Schlichter bestellt werden, der einen Kompromißvorschlag unterbreitet.*
- *Streik kann nur nach einer Urabstimmung ausgerufen werden, in der mindestens 75 % der Gewerkschaftsmitglieder für den Arbeitskampf gestimmt haben.*
- *Als Antwort auf einen Streik können die Arbeitgeber eine Aussperrung beschließen.*

A

1. **Beschreiben Sie das Verfahren bis zur Ausrufung eines ordentlichen Streiks.**
2. **Welches Mittel wenden die Arbeitgeber häufig als Antwort auf einen Streik an?**
3. **Warum sollten Streik und Aussperrung möglichst vermieden werden?**
4. **Erläutern Sie:**
   a) Wilder Streik,
   b) Sitzstreik,
   c) Politischer Streik,
   d) Proteststreik,
   e) Sympathiestreik,
   f) Generalstreik.

11.4 Vertretungsorgane der Arbeitnehmer

Das **Betriebsverfassungsgesetz von 1972** (geändert zum 1. 1. 1989) regelt die Rechte des einzelnen Arbeitnehmers sowie die Bildung von Vertretungsorganen. Wenn bestimmte Voraussetzungen vorliegen (Mindestzahl der Arbeitnehmer, Rechtsform) können folgende Vertretungsorgane gebildet werden:

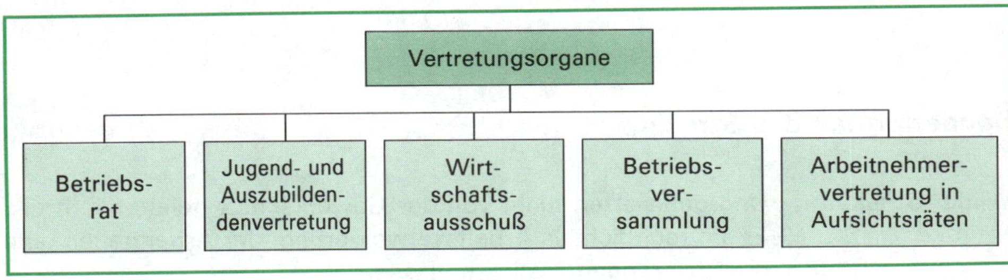

Die Arbeitnehmervertretung in Aufsichtsräten ist nicht im Betriebsverfassungsgesetz von 1972 geregelt. Je nach Unternehmensgröße bzw. Unternehmensart gelten hierfür die Bestimmungen des Betriebsverfassungsgesetzes von 1952, des Mitbestimmungsgesetzes von 1976 oder des Montanmitbestimmungsgesetzes von 1951 (vgl. Kap. 11.4.5 und 11.5.2).

11.4.1 Betriebsrat

In allen Unternehmen mit mindestens 5 wahlberechtigten Arbeitnehmern, von denen drei wählbar sind, ist ein Betriebsrat zu wählen. **Wahlberechtigt** sind alle Arbeitnehmer, die das 18. Lebensjahr vollendet haben, **wählbar** sind alle Wahlberechtigten, die mindestens 6 Monate dem Betrieb angehören. Auch ausländische Arbeitnehmer können zum Betriebsmitglied gewählt werden.

	Zahl der Betriebsratsmitglieder	
Wahlberechtigt sind alle Arbeitnehmer, die das 18. Lebensjahr vollendet haben.	Wahlberechtigte	Mitglieder
	bis 4	–
	5– 20	1
	21– 50	3
Wählbar sind alle Wahlberechtigten, die 6 Monate dem Betrieb angehören.	51– 150	5
	151– 300	7
	301– 600	9
	601–1000	11
	1001–2000	15
	2001–3000	19
Die Amtszeit beträgt 4 Jahre.	3001–4000	23
	4001–5000	27
	5001–7000	29
	7001–9000	31
	Je angefangene weitere 3000 Arbeitnehmer erhöht sich die Zahl der Mitglieder um 2 Personen.	

Die Betriebsratswahlen finden alle vier Jahre zwischen dem 1. 3. und dem 31. 5. statt. Die **Amtszeit** des Betriebsrates dauert vier Jahre.
Die **Anzahl** der Betriebsratsmitglieder richtet sich nach der Zahl der wahlberechtigten Arbeitnehmer, mit steigender Betriebsgröße nimmt sie zu. So gibt es in Betrieben mit fünf bis zwanzig Arbeitnehmern nur ein Betriebsratsmitglied, den **Betriebsobmann,** in Großbetrieben mit 10000 Beschäftigten dagegen zählt der Betriebsrat 33 Mitglieder. Betriebsräte mit neun oder mehr Mitgliedern wählen einen **Betriebsausschuß,** der die laufenden Geschäfte des Betriebsrates führt.
Zur Durchführung ihrer Betriebsratsaufgaben müssen die Betriebsratsmitglieder unter Fortzahlung des Arbeitsentgeltes von ihrer Arbeit freigestellt werden. In Betrieben mit mehr als 300 Arbeitnehmern ist ein Betriebsratsmitglied, in größeren Betrieben sind mehrere Betriebsratsmitglieder ganz von der Arbeit freizustellen. In einer Unternehmung mit mehreren Betrieben ist ein **Gesamtbetriebsrat** zu errichten, der für Angelegenheiten des Gesamtunternehmens zuständig ist.
Betriebsrat und Arbeitgeber sollen nach dem Betriebsverfassungsgesetz zum Wohle der Unternehmung vertrauensvoll zusammenarbeiten.
Der Betriebsrat hat im Betrieb **allgemeine Aufgaben** zu erfüllen und besitzt gegenüber der Unternehmensleitung **Mitwirkungs- und Mitbestimmungsrechte** (vgl. Kap. 11.5.1).

Allgemeine Aufgaben des Betriebsrates

Der Betriebsrat hat

- darüber zu wachen, daß die zugunsten der Arbeitnehmer geltenden Gesetze, Tarifverträge, Betriebsvereinbarungen und Unfallverhütungsvorschriften vom Arbeitgeber eingehalten werden;
- Maßnahmen, die dem Betrieb und den Beschäftigten dienen, beim Arbeitgeber zu beantragen;
- Anregungen der Arbeitnehmer und der Jugend- und Auszubildendenvertretung zu prüfen und im Falle ihrer Berechtigung an den Arbeitgeber weiterzuleiten;
- die Eingliederung schutzbedürftiger Personen zu unterstützen und das Verständnis zwischen ausländischen und deutschen Arbeitnehmern zu fördern;
- die Wahl einer Jugend- und Auszubildendenvertretung vorzubereiten, durchzuführen und die Jugend- und Auszubildendenvertretung bei ihrer Arbeit zu betreuen.

Der Arbeitgeber hat den Betriebsrat über alle Angelegenheiten, die zum Aufgabenbereich des Betriebsrates gehören, rechtzeitig und ausführlich zu unterrichten.

Z

- *Die wichtigste Interessenvertretung der Arbeitnehmer ist der Betriebsrat. Er ist in allen Betrieben zu bilden, in denen mindestens fünf volljährige Personen beschäftigt werden, von denen mindestens drei wählbar sind.*
- *Der Betriebsrat hat allgemeine Aufgaben zu erfüllen und besitzt gegenüber der Unternehmensleitung Mitbestimmungs- und Mitwirkungsrechte.*

11.4.2 Jugend- und Auszubildendenvertretung

Um den besonderen Interessen und Problemen der Jugendlichen und Auszubildenden gerecht zu werden, ist in allen Betrieben, in denen mindestens 5 Jugendliche oder Auszubildende, die das 25. Lebensjahr noch nicht vollendet haben, beschäftigt sind, eine Jugend- und Auszubildendenvertretung zu wählen. **Wählen** dürfen alle jugendlichen Arbeitnehmer sowie Auszubildende bis zum 25. Lebensjahr, **wählbar** sind alle Arbeitnehmer bis zum vollendeten 25. Lebensjahr. Die **Amtszeit** eines Jugend- und Auszubildendenvertreters beträgt 2 Jahre, die Wahlen finden in der Zeit vom 1. 10. bis zum 30. 11. statt.
Die Anzahl der Jugend- und Auszubildendenvertreter richtet sich nach der Anzahl der Wahlberechtigten. Sind 5–20 Jugendliche oder Auszubildende in einem Betrieb beschäftigt, ist ein Jugend- und Auszubildendenvertreter zu wählen, bei mehr als 300 Wahlberechtigten besteht die Jugend- und Auszubildendenvertretung aus 9 Vertretern.
Die Jugend- und Auszubildendenvertretung wird nach dem Betriebsverfassungsgesetz in geheimer Wahl von den Jugendlichen und Auszubildenden gewählt. Während ihrer zweijährigen Amtszeit hat sie die besonderen Belange der jugendlichen Arbeitnehmer und der Auszubildenden in Zusammenarbeit mit dem Betriebsrat wahrzunehmen. Dabei können die Jugend- und Auszubildendenvertreter besonders bei Fragen der Berufsbildung und der Unfallverhütung mitbestimmen.
Die Jugend- und Auszubildendenvertretung hat u.a. folgende **Aufgaben** und **Rechte:**

- Sie kann Maßnahmen, die den jugendlichen Arbeitnehmern oder Auszubildenden dienen, beim Betriebsrat beantragen.
- Sie hat darüber zu wachen, daß die zugunsten der Jugendlichen und Auszubildenden geltenden Gesetze, Unfallverhütungsvorschriften, Tarifverträge und Betriebsvereinbarungen eingehalten werden.
- Sie hat Anregungen von Jugendlichen und Auszubildenden entgegenzunehmen und zur Erledigung an den Betriebsrat weiterzuleiten.
- Zu allen Betriebsratssitzungen kann die Jugend- und Auszubildendenvertretung einen Vertreter entsenden. Werden Beschlüsse gefaßt, die jugendliche Arbeitnehmer oder Auszubildende betreffen, hat dazu die gesamte Jugend- und Auszubildendenvertretung ein Teilnahme- und Stimmrecht.
- In Betrieben mit mehr als 50 jugendlichen Arbeitnehmern oder Auszubildenden kann die Jugend- und Auszubildendenvertretung während der Arbeitszeit Sprechstunden einrichten.

Die Jugend- und Auszubildendenvertretung kann mit dem Arbeitgeber nicht direkt verhandeln, sie kann nur über den Betriebsrat tätig werden.

Z

- *In Betrieben mit mehr als vier jugendlichen Arbeitnehmern ist eine Jugend- und Auszubildendenvertretung zu wählen, welche die besonderen Interessen der Jugendlichen und Auszubildenden wahrnimmt.*

11.4.3 Wirtschaftsausschuß

In Unternehmen mit mehr als 100 Beschäftigten ist ein Wirtschaftsausschuß zu bilden. Ihm gehören mindestens drei, höchstens sieben sachkundige Personen an.

Die Mitglieder des Wirtschaftsausschusses werden vom Betriebsrat gewählt. Der Wirtschaftsausschuß hat mit der Unternehmensleitung die wirtschaftlichen Angelegenheiten zu beraten und den Betriebsrat über die Beratungen zu unterrichten.

Z

- *Der Wirtschaftsausschuß hat mit der Unternehmensleitung wirtschaftliche Fragen zu beraten.*

11.4.4 Betriebsversammlung

Eine **ordentliche Betriebsversammlung** ist vom Betriebsrat vierteljährlich einzuberufen. Auf Wunsch der Arbeitnehmer oder auf Antrag einer im Betrieb vertretenen Gewerkschaft muß eine **außerordentliche Betriebsversammlung** einberufen werden. Die Betriebsversammlung besteht aus den Arbeitnehmern des Betriebes. Der Betriebsrat hat auf der Betriebsversammlung über seine Tätigkeiten Rechenschaft abzulegen; einmal jährlich muß auch der Arbeitgeber über die wirtschaftliche Lage und Entwicklung des Betriebes sprechen. Jeder Arbeitnehmer des Betriebes kann Fragen stellen und hat das Rederecht.

Z

- *Eine Betriebsversammlung besteht aus den Arbeitnehmern eines Betriebes und muß vierteljährlich vom Betriebsrat einberufen werden.*

11.4.5 Arbeitnehmervertretung im Aufsichtsrat einer Kapitalgesellschaft oder einer Genossenschaft

In Kapitalgesellschaften (z. B. in Aktiengesellschaften, Gesellschaften mit beschränkter Haftung) und in Genossenschaften können die Arbeitnehmer eine Aufsichtsratsvertretung wählen. Dies sichert ihnen einen Einfluß auf die Unternehmensleitung, weil der Aufsichtsrat einer Kapitalgesellschaft die Unternehmensleitung (Vorstand, Geschäftsführung) beruft und kontrolliert (vgl. Kap. 5.1.3). Entscheidend für die Einflußmöglichkeiten der Arbeitnehmer ist u. a. die Zusammensetzung des Aufsichtsrats.
Wieviel Mitglieder der Aufsichtsrat insgesamt hat und wieviel davon von den Arbeitnehmern bzw. von den Kapitalgebern (Anteilseigner, Eigentümer) gewählt werden dürfen, das hängt von der Größe der Unternehmung, von der Unternehmungsform und von dem Wirtschaftszweig ab, dem die betreffende Unternehmung angehört. Es sind entweder die Vorschriften des Betriebsverfassungsgesetzes von 1952, des Mitbestimmungsgesetzes von 1976 oder des Montanmitbestimmungsgesetzes von 1951 anzuwenden.

Zusammensetzung und Einflußmöglichkeiten nach dem Betriebsverfassungsgesetz (bis 2000 Arbeitnehmer)

Neben dem neuen Betriebsverfassungsgesetz von 1972 gilt auch das alte Gesetz von 1952 weiter. Nach dessen Bestimmungen muß der Aufsichtsrat einer Kapitalgesellschaft oder einer Genossenschaft mit weniger als 2000 Arbeitnehmern zu **einem Drittel aus Arbeitnehmervertretern** bestehen. Für Gesellschaften mit beschränkter Haftung, Genossenschaften und Familienaktiengesellschaften ist eine Beteiligung der Arbeitnehmer am Aufsichtsrat erst ab 500 Beschäftigten vorgesehen.

Zur Wahl der Arbeitnehmervertreter im Aufsichtsrat sind alle Arbeitnehmer des Betriebes berechtigt, die das 18. Lebensjahr vollendet haben.

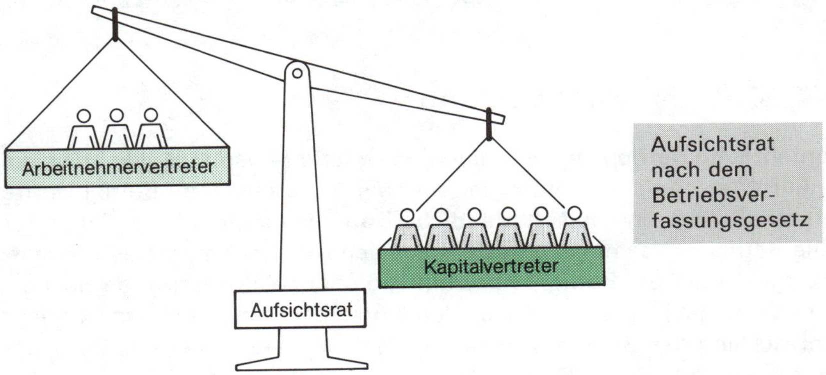

Z

- *Das Betriebsverfassungsgesetz sieht keine gleichen Einflußmöglichkeiten von Arbeitnehmern und Kapitalgebern vor.*
- *Der Aufsichtsrat einer Kapitalgesellschaft oder einer Genossenschaft mit weniger als 2000 Arbeitnehmern besteht zu ⅔ aus Kapitalvertretern und zu ⅓ aus Arbeitnehmervertretern.*

Zusammensetzung und Einflußmöglichkeiten nach dem Mitbestimmungsgesetz (mehr als 2000 Arbeitnehmer)

Durch das Gesetz über die Mitbestimmung der Arbeitnehmer von 1976 (Mitbestimmungsgesetz) wurden die Mitbestimmungsmöglichkeiten der Arbeitnehmer in Großbetrieben erweitert. Das Gesetz gilt für Kapitalgesellschaften, die mehr als 2000 Arbeitnehmer beschäftigen. Die Arbeitnehmer können in solchen Betrieben – ebenso wie die Kapitalgeber – **die Hälfte der Aufsichtsratssitze** besetzen. Je nach Größe des Unternehmens umfaßt der Aufsichtsrat 12 (bis 10000 Beschäftigte), 16 (bis 20000 Beschäftigte) oder 20 Mitglieder (über 20000 Beschäftigte). Obwohl die Zahl der Aufsichtsratssitze zwischen Kapital- und Arbeitnehmervertretern paritätisch aufgeteilt wird, gilt dies nicht für die Einflußmöglichkeiten. Hier besitzt die Kapitalseite Vorteile, weil sie den **Aufsichtsratsvorsitzenden** stellen darf, der bei Stimmengleichheit eine **Zweitstimme** hat. Zudem muß ein Arbeitnehmervertreter leitender Angestellter sein, und diese stehen der Kapitalseite häufig näher als den übrigen Arbeitnehmern. Das Gesetz bestimmt weiterhin, daß dem Vorstand ein **Arbeitsdirektor** angehören muß, der vorrangig für Personalangelegenheiten zuständig ist.

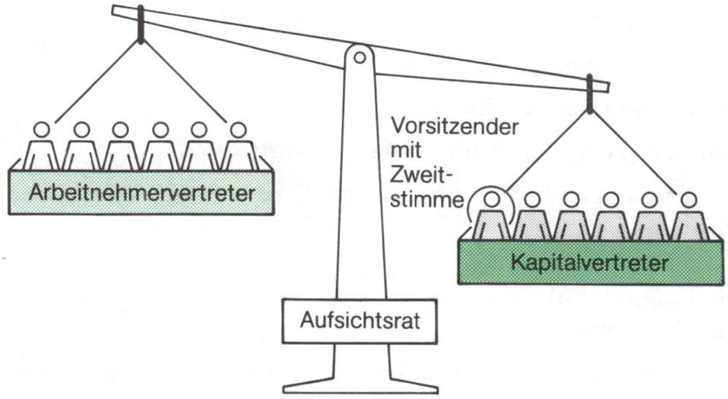

Aufsichtsrat nach dem Mitbestimmungsgesetz (Beispiel: bis 10000 Arbeitnehmer)

- *Das Mitbestimmungsgesetz von 1976 sieht eine Parität zwischen Arbeitnehmer- und Eigentümervertretern im Aufsichtsrat nur für die Zahl der Mitglieder, nicht jedoch für die Einflußmöglichkeiten vor.*
- *Bei Stimmengleichheit entscheidet der Aufsichtsratsvorsitzende, der von den Kapitalvertretern gestellt wird, mit einer Zweitstimme.*

Zusammensetzung und Einflußmöglichkeiten nach dem Montanmitbestimmungsgesetz

In Montan-Unternehmen, das sind Unternehmen des Bergbaus und der eisen- und stahlerzeugenden Industrie, haben die Arbeitnehmer die weitestgehenden Mitbestimmungsrechte. Der Aufsichtsrat ist **paritätisch** besetzt (gleiche Zahl von Arbeitnehmer- und Kapitalvertretern) und jedes Mitglied hat nur eine Stimme. Damit bei Abstimmungen keine Stimmengleichheit entstehen kann (Pattsituation), müssen sich Arbeitnehmer- und Kapitalvertreter auf eine **„neutrale Person"** einigen, die als 11., 15. oder 21. Mitglied dem Aufsichtsrat angehört. Das Montanmitbestimmungsgesetz gilt für Montanunternehmen mit mehr als 1000 Beschäftigten. Dem Vorstand (Geschäftsführung) muß als gleichberechtigtes Mitglied ein **Arbeitsdirektor** angehören, seine Aufgaben liegen vorrangig im Personalbereich.

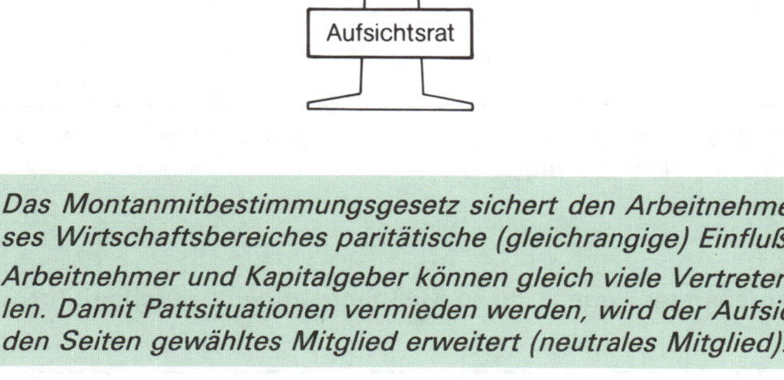

Aufsichtsrat nach dem Montanmitbestimmungsgesetz (Beispiel: bis 20 Mio. DM Nennkapital)

- *Das Montanmitbestimmungsgesetz sichert den Arbeitnehmern in Großbetrieben dieses Wirtschaftsbereiches paritätische (gleichrangige) Einflußmöglichkeiten.*
- *Arbeitnehmer und Kapitalgeber können gleich viele Vertreter in den Aufsichtsrat wählen. Damit Pattsituationen vermieden werden, wird der Aufsichtsrat durch ein von beiden Seiten gewähltes Mitglied erweitert (neutrales Mitglied).*

A

1. **Nennen Sie die Vertretungsorgane des Arbeitnehmers im Betrieb.**
2. **In welchen Betrieben ist ein Betriebsrat zu wählen?**
3. **Zählen Sie vier allgemeine Aufgaben des Betriebsrates auf.**
4. **Welche Aufgaben hat eine Jugend- und Auszubildendenvertretung?**
5. **Unter welcher Voraussetzung ist ein Wirtschaftsausschuß zu bilden? Welche Funktion übt dieser aus?**
6. **Erklären Sie:**
   a) ordentliche Betriebsversammlung,
   b) außerordentliche Betriebsversammlung.
7. **Unterscheiden Sie Zusammensetzung und Einflußmöglichkeiten der Arbeitnehmervertretung in den Aufsichtsräten**
   a) nach dem Betriebsverfassungsgesetz,
   b) nach dem Mitbestimmungsgesetz,
   c) nach dem Montanmitbestimmungsgesetz.
8. **Nach welchem Gesetz ist bei den folgenden Unternehmen der Aufsichtsrat zu bilden?**
   a) Aktiengesellschaft (Eisenhüttenwerk) mit 850 Beschäftigten
   b) Gesellschaft mit beschränkter Haftung mit 600 Beschäftigten
   c) Aktiengesellschaft mit 1800 Beschäftigten
   d) eingetragene Genossenschaft mit 400 Beschäftigten
   e) Gesellschaft mit beschränkter Haftung mit 3000 Beschäftigten
   f) Aktiengesellschaft (Bergwerksunternehmen) mit 2000 Beschäftigten
   g) Aktiengesellschaft mit 24000 Beschäftigten
   h) eingetragene Genossenschaft mit 550 Beschäftigten.

11.5 Mitbestimmung der Arbeitnehmer

11.5.1 Mitbestimmungs- und Mitwirkungsrechte des Betriebsrates

Der Betriebsrat hat das Recht, in sozialen, personellen und wirtschaftlichen Angelegenheiten sowie in Fragen der Organisation des Betriebes mitzuwirken und mitzubestimmen.

In **sozialen Angelegenheiten** besitzt er ein **erzwingbares** Mitbestimmungsrecht, d. h. ohne Zustimmung des Betriebsrates kann der Arbeitgeber diese Maßnahmen nicht durchführen.

Das Mitbestimmungsrecht des Betriebsrates in sozialen Angelegenheiten ist **erzwingbar,**

↓

d. h.

ohne Zustimmung des Betriebsrates können diese Maßnahmen nicht durchgeführt werden.

Zu den sozialen Angelegenheiten gehören u. a.:

- Fragen der betrieblichen Ordnung und des Verhaltens der Arbeitnehmer;
- Beginn und Ende der täglichen Arbeitszeit einschließlich der Pausen;
- Zeit und Ort der Lohn- bzw. Gehaltszahlungen;
- die Aufstellung des Urlaubsplans;
- die Verwaltung der betrieblichen Sozialeinrichtungen;
- Aufstellung eines betrieblichen Sozialplans bei Konkurs oder Betriebsänderungen;
- Einführung oder Anwendung von technischen Einrichtungen zur Verhaltens- und Leistungskontrolle;
- Regelung des Unfallschutzes.

Bei **personellen Einzelmaßnahmen** besitzt der Betriebsrat ein **eingeschränktes** Mitbestimmungsrecht. Der Arbeitgeber muß den Betriebsrat über personelle Maßnahmen rechtzeitig unterrichten; der Betriebsrat kann seine Zustimmung jedoch nur verweigern, wenn er wichtige Gründe vorbringen kann.

Das Mitbestimmungsrecht des Betriebsrates bei personellen Einzelmaßnahmen ist **eingeschränkt,**

↓

d. h.

der Betriebsrat darf seine Zustimmung nur verweigern, wenn wichtige Gründe vorliegen.

Zu den personellen Einzelmaßnahmen gehören:

- Einstellungen,
- Ein- und Umgruppierungen,
- Versetzungen,
- Kündigungen,
- Beförderungen.

In **wirtschaftlichen Angelegenheiten** hat der Betriebsrat lediglich **Mitwirkungsrechte.** Er muß über geplante wirtschaftliche Maßnahmen unterrichtet werden, und der Arbeitgeber hat diese Maßnahmen mit ihm zu beraten. Ein Widerspruch des Betriebsrates bleibt jedoch wirkungslos.

In wirtschaftlichen Angelegenheiten besitzt der Betriebsrat **Mitwirkungsrechte,**

↓

d. h.

der Arbeitgeber muß den Betriebsrat über diese Maßnahmen unterrichten und hat sie mit ihm zu beraten.

Informations- und Beratungsrechte hat der Betriebsrat bei der Planung

- von Neu-, Um- und Erweiterungsbauten,
- von technischen Anlagen (Montagegebäude, Maschinen usw.),
- von Arbeitsverfahren und Arbeitsabläufen,
- der Arbeitsplätze (Aufgaben und Tätigkeitsbereiche).

Z

- *In sozialen Angelegenheiten hat der Betriebsrat ein erzwingbares Mitbestimmungsrecht, bei personellen Einzelmaßnahmen besitzt er ein eingeschränktes Mitbestimmungsrecht, wirtschaftliche Maßnahmen sind mit ihm zu beraten.*

11.5.2 Mitbestimmung der Arbeitnehmer in Kapitalgesellschaften und Genossenschaften

Durch die Wahl einer Arbeitnehmervertretung in den Aufsichtsrat einer Kapitalgesellschaft oder einer Genossenschaft haben die Arbeitnehmer in diesen Unternehmungen **zusätzliche Mitbestimmungsrechte.** Da in Kapitalgesellschaften und in Genossenschaften die Unternehmensleitung vom Aufsichtsrat berufen und kontrolliert wird, besitzen die Arbeitnehmer durch ihre Aufsichtsratsvertreter einen direkten **Einfluß auf die Unternehmensführung** (vgl. Kap. 5.1.3).
Entscheidend für das Ausmaß der Mitbestimmung ist, wie viele Vertreter die Arbeitnehmer in den Aufsichtsrat entsenden können. Das hängt jedoch von der Größe der Unternehmung und von dem Wirtschaftszweig, dem die Unternehmung angehört, ab. In Kapitalgesellschaften und Genossenschaften, die nicht mehr als 2000 Arbeitnehmer beschäftigen, können die Arbeitnehmer ein Drittel der Aufsichtsratsmitglieder wählen, in größeren Unternehmen sogar die Hälfte. Allerdings bleibt das Übergewicht der Einflußmöglichkeiten doch bei den Kapitaleignern, weil sie den Aufsichtsratsvorsitzenden stellen können, der in Patt-Situationen mit einer Zweitstimme entscheidet. Paritätische Mitbestimmung gibt es nur in Unternehmen der Montanindustrie, weil dort beide Seiten die gleiche Anzahl von Sitzen und die gleichen Einflußmöglichkeiten besitzen (vgl. dazu Kap. 11.4.5).

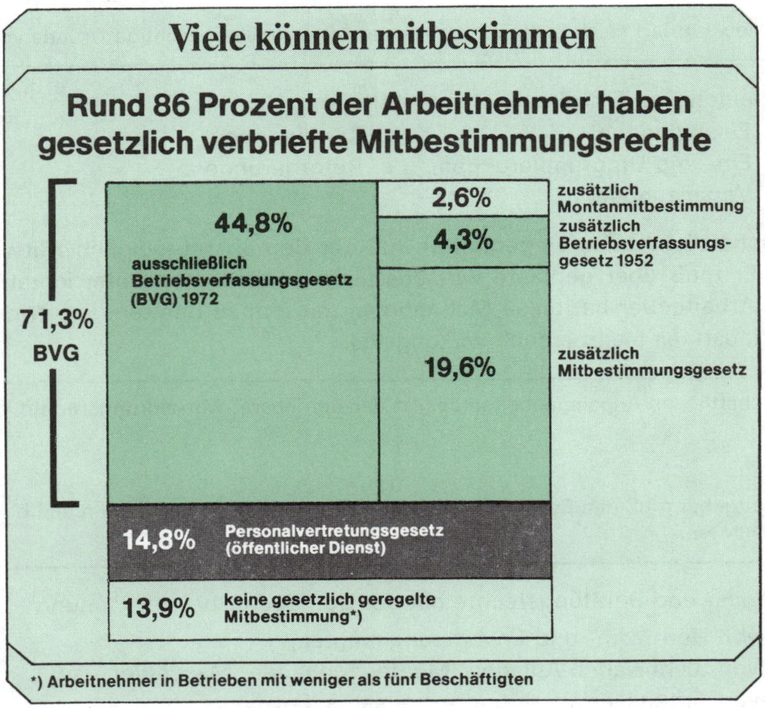

Quelle: Institut der deutschen Wirtschaft (Hrsg.): Made in Germany, Köln, S. 42

Z

- *In Kapitalgesellschaften und Genossenschaften haben die Arbeitnehmer durch ihre Vertreter im Aufsichtsrat einen direkten Einfluß auf die Unternehmensleitung, also zusätzliche Mitbestimmungsrechte.*

11.5.3 Rechte des einzelnen Arbeitnehmers

Der einzelne Arbeitnehmer kann zur Durchsetzung seiner Rechte und zum Vorbringen von Beschwerden die Vertretungsorgane der Arbeitnehmer – besonders den Betriebsrat – in Anspruch nehmen. Zu diesem Zweck hat der Betriebsrat

- Sprechstunden für die Arbeitnehmer einzurichten,
- den Arbeitnehmer zu beraten und Beschwerden an den Arbeitgeber weiterzuleiten,
- den Arbeitnehmer über die Verhandlungen mit dem Arbeitgeber zu unterrichten.

Auch auf Betriebsversammlungen können die Arbeitnehmer Anträge, Anregungen und Beschwerden vorbringen.
Der Arbeitnehmer kann jedoch auch unmittelbar mit der Unternehmensleitung Kontakt aufnehmen.

Er hat das Recht,

- in Angelegenheiten, die ihn betreffen, während der Arbeitszeit angehört zu werden und zu Maßnahmen Stellung zu nehmen;
- in seine Personalakten einzusehen;
- sich bei der zuständigen Stelle zu beschweren, wenn er sich ungerecht behandelt fühlt.

Außerdem hat der Arbeitgeber die Pflicht, jeden Arbeitnehmer über seine Aufgaben, Änderungen des Arbeitsbereichs und über Unfall- und Gesundheitsgefahren zu informieren; der Arbeitnehmer hat einen Anspruch darauf, daß ihm die Berechnung seines Arbeitsentgeltes erläutert wird.

Z

- *Jeder Arbeitnehmer hat Unterrichtungs-, Beratungs- und Beschwerderechte.*
- *Zur Unterstützung und zur Vermittlung kann der Arbeitnehmer den Betriebsrat in Anspruch nehmen.*

A

1. **In welchen Angelegenheiten hat der Betriebsrat ein erzwingbares Mitbestimmungsrecht, und was ist darunter zu verstehen?**
2. **Was bedeutet „eingeschränktes Mitbestimmungsrecht des Betriebsrates"?**
3. **Bei welchen Maßnahmen hat der Betriebsrat ein eingeschränktes Mitbestimmungsrecht?**
4. **In wirtschaftlichen Angelegenheiten besitzt der Betriebsrat Mitwirkungsrechte. Erläutern Sie diese.**
5. **Welche zusätzliche Mitbestimmungsmöglichkeit haben Arbeitnehmer in größeren Kapitalgesellschaften und Genossenschaften?**
6. **Weshalb haben die Arbeitnehmer von Kapitalgesellschaften oder Genossenschaften mit mehr als 2000 Arbeitnehmern keine volle paritätische Mitbestimmungsmöglichkeit, obwohl sie die Hälfte der Aufsichtsratsmitglieder stellen können?**
7. **Welche Rechte stehen dem einzelnen Arbeitnehmer gegenüber der Unternehmensleitung zu?**

11.6 Arbeitsgerichtsbarkeit

Für Streitigkeiten, die sich aus dem Arbeitsleben ergeben, sind die Arbeitsgerichte zuständig. Im einzelnen erstreckt sich die Zuständigkeit auf Streitigkeiten

- zwischen Ausbildenden und Auszubildenden,
- zwischen Arbeitgeber und Arbeitnehmer,
- zwischen Arbeitgeber und Betriebsrat aus dem Betriebsverfassungsrecht,
- zwischen den Tarifvertragsparteien aus dem Tarifvertragsrecht,
- aus den Mitbestimmungsgesetzen.

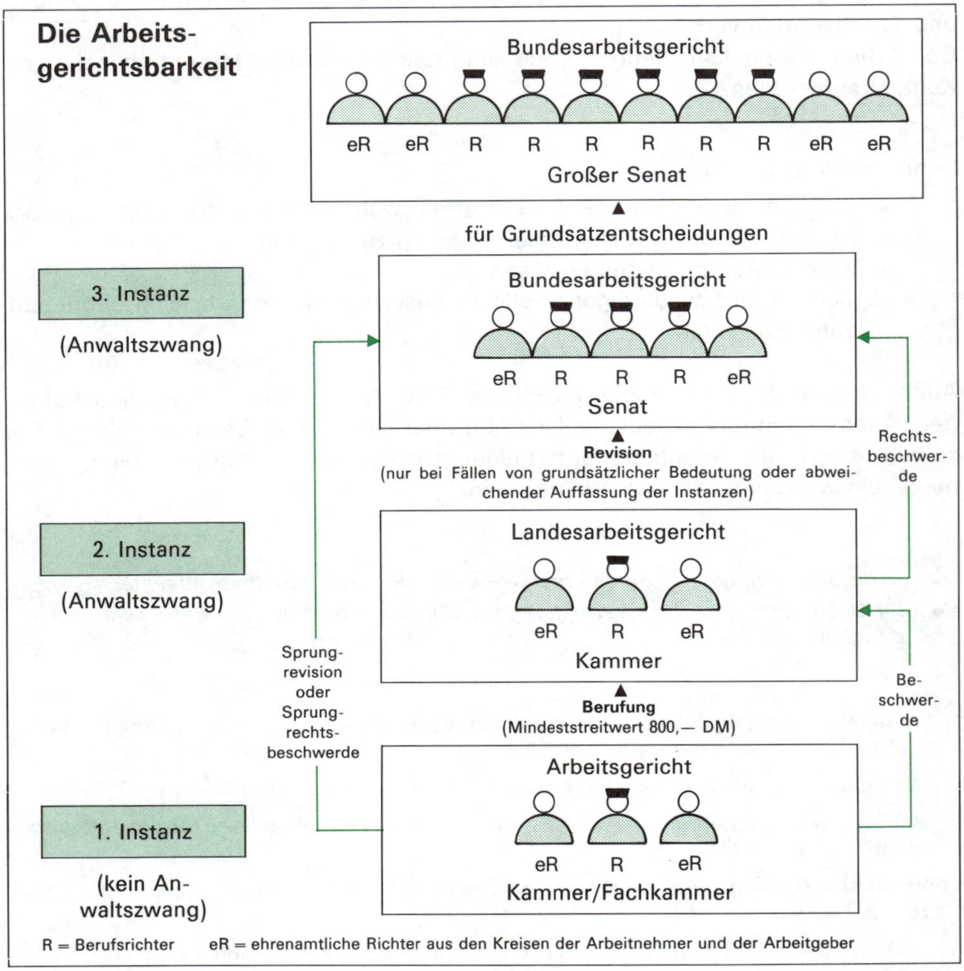

Wird beim zuständigen Arbeitsgericht Klage erhoben, versucht das Gericht zunächst, in einer mündlichen **Güteverhandlung** den Streit beizulegen. Führt diese nicht zu einer Einigung, kommt es zur eigentlichen **Gerichtsverhandlung** vor einer Kammer oder Fachkammer des **Arbeitsgerichts.** Gegen Urteile der Arbeitsgerichte kann **Berufung** beim **Landesarbeitsgericht** eingelegt werden, wenn der Streitwert mindestens 800,— DM beträgt und die Berufung im Urteil zugelassen worden ist. Werden Angelegenheiten aus dem Betriebsverfassungsgesetz oder den Mitbestimmungsgesetzen verhandelt, endet die Verhandlung nicht mit einem Urteil, sondern mit einem Beschluß. Gegen einen Beschluß ist **Beschwerde** beim Landesarbeitsgericht möglich. In wichtigen Fällen oder bei hohem Streitwert kann **Revision** oder **Rechtsbeschwerde** beim **Bundesarbeitsgericht** in Kassel eingelegt werden. Ist die Rechtssache von grundsätzlicher Bedeutung, ist es möglich, das Landesarbeitsgericht zu ,,überspringen'' und im Wege der Sprungrevision oder Sprungrechtsbeschwerde direkt das Bundesarbeitsgericht anzurufen. Für Grundsatzentscheidungen tritt der **Große Senat** des Bundesarbeitsgerichts zusammen.

Arbeitsgerichten gehören neben Berufsrichtern immer auch ehrenamtliche Richter (Laienrichter) aus Kreisen der Arbeitnehmer und Arbeitgeber an. Vor dem Arbeitsgericht können die streitigen Parteien ihre Interessen selbst vertreten, es besteht kein Anwaltszwang. Vor dem Landesarbeitsgericht muß man sich durch einen Verbandsvertreter (z. B. Gewerkschaftsvertreter) oder durch einen Rechtsanwalt vertreten lassen. Beim Bundesarbeitsgericht sind als **Prozeßbevollmächtigte** nur noch Rechtsanwälte zugelassen.

Z

- *Arbeitsgerichte sind zuständig für Streitigkeiten, die sich im Arbeitsleben ergeben.*
- *Bevor ein Arbeitsgericht angerufen wird, sollen alle Möglichkeiten einer gütlichen Einigung genutzt werden.*

A

1. **Auf welche Streitigkeiten erstreckt sich die Zuständigkeit der Arbeitsgerichte?**
2. **Aus welchem Grund wird vor der eigentlichen Gerichtsverhandlung eine Güteverhandlung durchgeführt?**
3. **Welcher Unterschied besteht zwischen Berufung und Revision?**
4. **Warum wird eine Revision vor dem Bundesarbeitsgericht nicht in allen Fällen zugelassen?**
5. **Wofür ist der Große Senat des Bundesarbeitsgerichts zuständig?**

12

Sozial- und Individualversicherungen

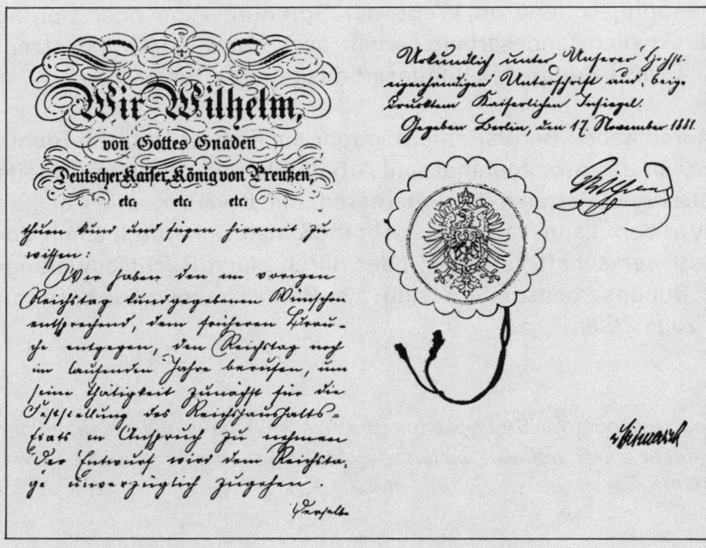

Wir Wilhelm,
von Gottes Gnaden
Deutscher Kaiser, König von Preußen,
etc. etc. etc.

thun kund und fügen hiermit zu wissen:

Wir haben den im vorigen Reichstag kundgegebenen Wünschen entsprechend, dem früheren Brauche entgegen, den Reichstag noch im laufenden Jahre berufen, um seine Thätigkeit zunächst für die Feststellung des Reichshaushaltsetats in Anspruch zu nehmen. Der Entwurf wird dem Reichstage unverzüglich zugehen.

Urkundlich unter Unserer Höchsteigenhändigen Unterschrift und beigedrucktem Kaiserlichen Insiegel.

Gegeben Berlin, den 17. November 1881.

Wilhelm

v. Bismarck

„Geburtsurkunde" der deutschen Sozialversicherung (Auszug)

Die Sozialversicherung soll den einzelnen vor wirtschaftlicher Not schützen.

*

Die vier Zweige der gesetzlichen Sozialversicherung lauten: Kranken-, Unfall-, Renten- und Arbeitslosenversicherung.

*

Streitigkeiten auf dem Gebiet des Sozialrechts werden durch Sozialgerichte entschieden.

*

Die Sozialversicherung deckt nicht alle Risiken des Lebens. Zur zusätzlichen Sicherung kann der einzelne Individualversicherungen abschließen.

*

Individualversicherungen lassen sich in Personen-, Sach- und Vermögensversicherungen einteilen.

12.1 Sozialversicherungen

12.1.1 Entstehung, Bedeutung und Arten der Sozialversicherungen

Der **Aufbau** der Sozialversicherungen wurde durch eine Kaiserliche Botschaft Wilhelms I. vom 17. 11. 1881 eingeleitet, die von Reichskanzler Bismarck im Reichstag verlesen wurde.

In den folgenden Jahren entstanden:

- die Krankenversicherung (1883),
- die Unfallversicherung (1884),
- die Invaliden- und Altersversicherung (1889).

Im Jahre 1927 kam als weiterer wichtiger Zweig die Arbeitslosenversicherung hinzu.

In der Kaiserlichen Botschaft heißt es u. a. wörtlich:

In diesem Sinne wird zunächst der von den verbündeten Regierungen in der vorigen Session vorgelegte Entwurf eines Gesetzes über die Versicherung der Arbeiter gegen Betriebsunfälle mit Rücksicht auf die im Reichstage stattgehabten Verhandlungen über denselben einer Umarbeitung unterzogen, um die erneute Berathung desselben vorzubereiten. Ergänzend wird ihm eine Vorlage zur Seite treten, welche sich eine gleichmäßige Organisation des gewerblichen Krankenkassenwesens zur Aufgabe stellt. Aber auch diejenigen, welche durch Alter oder Invalidität erwerbsunfähig werden, haben der Gesamtheit gegenüber begründeten Anspruch auf ein höheres Maß staatlicher Fürsorge, als ihnen bisher hat zu Theil werden können.
Für diese Fürsorge die rechten Mittel und Wege zu finden, ist eine schwierige, aber auch eine der höchsten Aufgaben jedes Gemeinwesens, welches auf den sittlichen Fundamenten des christlichen Volkslebens steht.

Quelle: Bundesversicherungsanstalt für Angestellte (Hrsg.): a.a.O., S. 10

Die deutsche Sozialversicherung in einer Darstellung von 1913

Die Gesetze waren für die damalige Zeit einmalig und sind bis heute die Grundlage unserer Sozialversicherungen geblieben.

Die heutige Sozialversicherung umfaßt **vier Zweige:**

- die Krankenversicherung,
- die Unfallversicherung,
- die Rentenversicherung und
- die Arbeitslosenversicherung als Teil der Arbeitsförderung.

Sozialversicherungen sollen den einzelnen vor **wirtschaftlicher Not** schützen und Notfällen vorbeugen. Für einen Großteil der Arbeitnehmer besteht **Zwangsmitgliedschaft.** Obwohl die Leistungen der Sozialversicherungen nur den Arbeitnehmern und ihren Familienangehörigen zugute kommen, zahlen diese die **Beiträge** nicht allein. Je nach Sozialversicherungszweig müssen die Arbeitgeber die Hälfte oder die ganzen Beiträge für ihre Arbeitnehmer aufbringen, und auch der Staat leistet beträchtliche Zuschüsse. Die **Beitragshöhe** ist in erster Linie vom Einkommen der Arbeitnehmer abhängig. Es ist ein bestimmter Prozentsatz des Verdienstes zu entrichten; so haben Arbeitnehmer mit einem geringen Einkommen nur einen niedrigen Beitrag zu zahlen, Arbeitnehmer mit hohem Einkommen dagegen einen hohen Beitrag. Trotz unterschiedlicher Beitragszahlungen besitzen alle Versicherten in der Kranken- und Unfallversicherung den gleichen Anspruch auf die Sozialversicherungsleistungen. Auch die Familie des Arbeitnehmers ist in den Schutz seiner Sozialversicherungen einbezogen, falls die einzelnen Familienmitglieder keiner versicherungspflichtigen Beschäftigung nachgehen und so nicht selbst sozialversicherungspflichtig sind. Die Träger der Sozialversicherungen dürfen sich selbst verwalten, Versicherte und Arbeitgeber wirken als gewählte Vertreter bei der Verwaltung ehrenamtlich mit.

Durch die Sozialversicherung sind heute ca. 90% der Bevölkerung vor wirtschaftlichen Notfällen geschützt, der Rest ist nicht versicherungspflichtig und muß sich durch Privatversicherungen absichern.

Z

- *Die im 19. Jahrhundert entstandenen Sozialversicherungen bilden die Grundlage unseres heutigen Sozialversicherungssystems.*
- *Sozialversicherungen sind Pflichtversicherungen, die den einzelnen vor wirtschaftlichen Notfällen schützen sollen.*
- *Zur Sozialversicherung gehören heute die Kranken-, die Unfall-, die Renten- und die Arbeitslosenversicherung als Teil der Arbeitsförderung.*

12.1.2 Krankenversicherung

Die Krankenversicherung kommt für Maßnahmen auf, die dazu dienen, die **Gesundheit zu erhalten** oder **wiederherzustellen.**

Regelleistungen

- **Maßnahmen zur Früherkennung von Krankheiten.** Dazu zählen:
  - Untersuchungen zur Früherkennung von Krebserkrankungen (Frauen ab 20, Männer ab 45 Jahren),
  - Untersuchungen zur Früherkennung von gefährlichen Krankheiten bei Kindern bis zum 4. Lebensjahr.
- **Vorsorgekuren.** Werden nur alle 3 Jahre gewährt (Eigenanteil 10,— DM je Kurtag).
- **Krankenhilfe.** Ist der Versicherte oder sind seine Familienangehörigen erkrankt, haben sie Anspruch auf
  - Krankenpflege (ärztliche und zahnärztliche Behandlung, Arznei- und Verbandsmittel, Festbeträge für Brillen, Zuschüsse für Zahnersatz; für wirkstoffgleiche Arzneimittel sind Festbeträge vorgegeben, für die übrigen ist eine Rezeptgebühr von 3,— DM zu entrichten; Bagatellarzneimittel und Arzneimittel mit umstrittenem Nutzen fallen nicht unter die Leistungen),
  - Krankenhauspflege (14 Tage lang haben die Versicherten täglich 10,— DM zuzuzahlen - Ausnahme: Entbindung),
  - Haushaltspflege (Pflege zu Hause durch Krankenpfleger oder Krankenschwester),
  - Krankengeld (Im Krankheitsfall besteht für den Arbeitgeber 6 Wochen Lohnfortzahlungspflicht, danach erhält der Arbeitnehmer Krankengeld. Es wird wegen derselben Krankheit innerhalb von drei Jahren höchstens für 78 Wochen bezahlt und beträgt 80% des Regellohns, jedoch nicht mehr als der bisherige Nettolohn),
  - Haushaltshilfe (falls ein Kind unter 8 Jahren zu versorgen ist und die Weiterführung des Haushalts wegen eines Krankenhausaufenthalts nicht möglich ist).
- **Mutterschaftshilfe.** Für Schwangerschaft und Niederkunft werden u. a. ärztliche Behandlung, Hebammenhilfe, Arzneien, Heilmittel, Krankenhausaufenthalt und Mutterschaftsgeld (6 Wochen vor und 8 Wochen nach der Geburt) bezahlt.
- **Sonstige Hilfen.** Hierunter fallen insbesondere Leistungen für ärztliche Beratungen zur Empfängnisverhütung und zum Schwangerschaftsabbruch.
- **Familienhilfe.** Haben die nichtversicherten Familienangehörigen (Ehegatte, Kinder) kein oder nur ein geringes Einkommen, erhalten sie - bis auf wenige Ausnahmen - die gleichen Leistungen wie der Versicherte selbst.

Den einzelnen Krankenkassen steht es frei, höhere Leistungen als die gesetzlich vorgeschriebenen zu erbringen.

Der Versicherte muß, wenn er zum Arzt geht, einen **Krankenschein** (ab 1992 eine Versicherungskarte) vorlegen. Ist eine sofortige Behandlung erforderlich (z. B. bei Unfällen), kann der Krankenschein (die Versicherungskarte) nachgereicht werden.

Es gibt in der gesetzlichen Krankenversicherung Pflichtversicherte und freiwillig versicherte Mitglieder. Der **Versicherungspflicht** unterliegen alle Rentner, Studenten, Arbeitslose und Landwirte. Angestellte, Arbeiter und Selbständige sind pflichtversichert, wenn ihr Einkommen eine bestimmte Grenze nicht überschreitet. Für 1992 sind das 5 100,— DM, gleichzeitig ist dies auch die oberste Grenze für die Beitragsberechnungen **(Beitragsbemessungsgrenze).** Personen, die der Pflichtversicherung nicht unterliegen, können der gesetzlichen Krankenversicherung freiwillig beitreten.

Die **Beiträge** zur Krankenversicherung werden **je zur Hälfte vom Arbeitgeber und Arbeitnehmer** gezahlt. Der Durchschnittsbeitrag liegt z. Zt. etwa bei 13% des Bruttoeinkommens. Bis zu einem Einkommen von monatlich 610,— DM (1992) werden die Beiträge allein vom Arbeitgeber gezahlt. Seit 1983 müssen auch die Rentner Beiträge zu ihrer Krankenversicherung leisten.
Die Versicherungsleistungen werden durch die **Versicherungsträger** ausbezahlt. Für die Krankenversicherung gibt es keinen einheitlichen Versicherungsträger. Man unterscheidet Ortskrankenkassen, Betriebskrankenkassen, Innungskrankenkassen, landwirtschaftliche Krankenkassen, die Seekrankenkasse, die Bundesknappschaft und die Ersatzkassen für Arbeiter und Angestellte.

Z

- *Die gesetzliche Krankenversicherung hat die Aufgabe, die Gesundheit des einzelnen zu erhalten oder wiederherzustellen.*
- *Die Beiträge sind je zur Hälfte vom Arbeitnehmer und Arbeitgeber zu tragen.*
- *Wichtige Leistungen sind: ärztliche und zahnärztliche Behandlung, Arzneien, Heil- und Hilfsmittel, Krankenhausbehandlung, Kuren, Krankengeld, Mutterschaftshilfeleistungen und Familienhilfe.*
- *Träger der gesetzlichen Krankenversicherung sind die Krankenkassen, die Ersatzkassen und die Sonderkassen (Seekrankenkasse und Bundesknappschaft).*

12.1.3 Unfallversicherung

Die wichtigste **Aufgabe** der Unfallversicherung besteht in der Verhütung von Arbeitsunfällen. Zu diesem Zweck erlassen die Berufsgenossenschaften **Unfallverhütungsvorschriften** und überwachen die Einhaltung durch technische Aufsichtsbeamte. Ist ein Arbeitsunfall eingetreten, gewährt die Unfallversicherung Leistungen, welche die Arbeitsfähigkeit wieder herstellen sollen. Es werden nur Unfälle entschädigt, die sich während der beruflichen Tätigkeit **(Arbeitsunfälle)** oder auf dem Wege zur oder von der Arbeitsstätte ereignen **(Wegeunfälle).** Für **Berufskrankheiten** werden Renten gewährt.

Leistungen

- **Heilbehandlung.** Dazu gehören ärztliche und zahnärztliche Behandlung, Krankenhausbehandlung, Arznei- und Verbandsmittel, Hilfsmittel und Krankengymnastik.
- **Übergangsgeld.** Es wird anstelle des Krankengeldes für die Dauer der Arbeitsunfähigkeit bezahlt.
- **Berufshilfe.** Falls ein Arbeitnehmer durch einen Arbeitsunfall seine bisherige Tätigkeit nicht mehr ausüben kann, zahlt die Unfallversicherung die Umschulungskosten.
- **Verletztenrente.** Sie wird gewährt, falls die Arbeitsfähigkeit nicht mehr hergestellt werden kann.
- **Sterbegeld,** falls der Versicherte an den Folgen eines Unfalls stirbt.
- **Hinterbliebenenrente.** Ist der Versicherte an den Folgen eines Unfalls gestorben, erhalten die Angehörigen
  - Witwenrente (für die Frau des Versicherten),
  - Witwerrente (für den Mann der Versicherten),
  - Waisenrente (für die Kinder des Verstorbenen).
- **Abfindungen.** Statt Verletzten-, Witwen- oder Witwerrente kann auch eine einmalige Abfindung bezahlt werden.

Die **Beiträge** zur Unfallversicherung werden vom **Unternehmer allein** aufgebracht. Die Beitragshöhe ist vom Einkommen des Arbeitnehmers und von der Unfallgefahr im Unternehmen abhängig. Betriebe, die Branchen angehören, in denen sich viele Unfälle ereignen, müssen so höhere Beiträge als andere entrichten.

Versicherungspflichtig sind alle Arbeitnehmer und ein Teil der Selbständigen. Seit 1971 erstreckt sich die gesetzliche Unfallversicherung auch auf alle Kinder, Schüler und Studenten während des Kindergarten-, Schul- bzw. Hochschulbesuchs. Insgesamt sind in der Bundesrepublik Deutschland (alte Bundesländer) ca. 31 Mio. Menschen während der Berufsausübung und etwa 13 Mio. Schüler und Studenten in den Schutz der gesetzlichen Unfallversicherung einbezogen.

Träger der Unfallversicherung sind die **Berufsgenossenschaften.** Man unterscheidet gewerbliche, landwirtschaftliche und See-Berufsgenossenschaften. Auch der Bund, die Länder und die Gemeinden können Träger der Unfallversicherung sein (Beispiele: Gewerbeunfallversicherungsverband, Eigenunfallversicherungen der Städte).

Die gesetzliche Unfallversicherung in der Bundesrepublik Deutschland

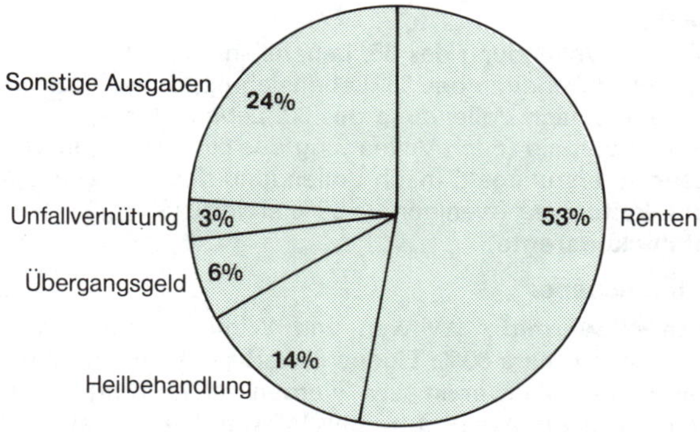

Ausgaben der Versicherungsträger nach Leistungsart (Durchschnittswerte der letzten Jahre)

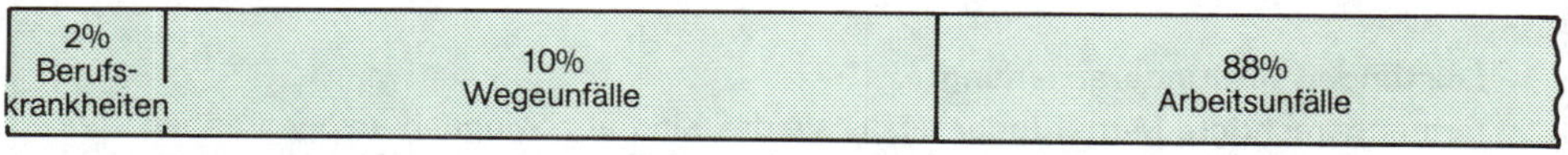

Angezeigte Unfälle und Erkrankungen (Durchschnittswerte der letzten Jahre)

Quelle: Statistisches Bundesamt

Z

- *Aufgabe der gesetzlichen Unfallversicherung ist es, Arbeitsunfälle zu verhüten und bei Arbeitsunfällen Leistungen zu erbringen.*
- *Den Beitrag trägt der Arbeitgeber allein.*
- *Wichtige Leistungen sind: ärztliche und zahnärztliche Behandlung, Arzneien, Hilfsmittel, Krankenhausbehandlung, Krankengymnastik, Übergangsgeld, Umschulung, Sterbegeld, Renten und Abfindungen.*
- *Träger der gesetzlichen Unfallversicherung sind die Berufsgenossenschaften.*

12.1.4 Rentenversicherung

Die **Aufgabe** der Rentenversicherung besteht vor allem in der **Zahlung von Renten** an Versicherte oder deren Hinterbliebene sowie in der Erhaltung bzw. Wiederherstellung der Erwerbsfähigkeit.

Leistungen

a) **Rehabilitationsleistungen.** Sie sollen frühzeitige Rentenzahlungen verhindern und die Arbeitskraft erhalten. Man unterscheidet:
- **medizinische Rehabilitationsleistungen** (z.B. ärztliche Behandlung, Arznei- und Verbandsmittel, Krankengymnastik, Arbeitstherapie, Kurleistungen einschließlich Unterkunft und Verpflegung),
- **berufsfördernde Rehabilitationsleistungen** (Hilfen und Leistungen zur Berufsfindung, Berufsvorbereitung, Ausbildung und Umschulung),
- **ergänzende Rehabilitationsleistungen** (u.a. Übergangsgeld während einer Rehabilitationsleistung – entspricht in der Höhe dem Krankengeld, Prüfungsgebühren, Lernmittel, Arbeitskleidung, Reisekosten).

b) **Renten.** Es werden Renten an die Versicherten oder an die Hinterbliebenen des Versicherten ausbezahlt.

Renten an Versicherte:
- **Altersruhegeld**
  - normales (nach Vollendung des 65. Lebensjahres),
  - flexibles (nach Vollendung des 63. Lebensjahres; Schwerbehinderte, Berufs- und Erwerbsunfähige nach Vollendung des 60. Lebensjahres),
  - Frauen-Altersruhegeld (nach Vollendung des 60. Lebensjahres),
  - Arbeitslosen-Altersruhegeld (nach Vollendung des 60. Lebensjahres);
- **Berufsunfähigkeitsrente** (weniger als 50% erwerbsfähig);
- **Erwerbsunfähigkeitsrente.**

Renten an Hinterbliebene:
- **Witwenrente/Witwerrente** (Witwen und Witwer erhalten von der Rente des verstorbenen Ehepartners 60%. Eigene Erwerbseinkommen und Erwerbsersatzeinkommen, wie Renten, Pensionen usw., werden mit 40% angerechnet, wenn sie z.Zt. 1045,— DM netto übersteigen, d.h., daß Witwen- bzw. Witwerrenten mit steigendem Einkommen gekürzt oder ganz gestrichen werden);
- **Waisenrente** (für Kinder des verstorbenen Versicherten, meist bis zum vollendeten 18. Lebensjahr – bei Schul- oder Berufsausbildung bis zum 25. Lebensjahr);
  u.a.

Leistungen für Kindererziehung:

Rentenberechtigte Mütter (oder – falls sie das Kind überwiegend erzogen haben – Väter) erhalten für jedes Kind z.Zt. ca. 30,— DM. Die Leistung wird jährlich der allgemeinen Rentenentwicklung angepaßt und wird entweder rentensteigernd oder rentenbegründend ausbezahlt.

Renten werden nur ausbezahlt, wenn der Versicherte eine Zeit lang der Rentenversicherung angehört hat, man spricht von der **Wartezeit.** Für das „normale" Altersruhegeld nach Vollendung des 65. Lebensjahres beträgt die Wartezeit 5 Jahre, für das Arbeitslosen- und Frauen-Altersruhegeld 15 Jahre und für das flexible Altersruhegeld 35 Jahre. Die Wartezeit kann sich aus Beitragszeiten, Ersatzzeiten (z.B. Kriegsdienst oder Gefangenschaft) und Ausfallzeiten (z.B. Berufsausbildung, Schul-, Fachschul- oder Hochschulausbildung) zusammensetzen.

Die **Höhe der ausbezahlten Rente** ist vor allem von der **Anzahl der Versicherungsjahre** (Beitragszeiten) und der **Höhe des Einkommens** während der versicherten Jahre abhängig. Daneben wird aber auch die allgemeine Einkommensentwicklung berücksichtigt, und es werden auch beitragsfreie Zeiten (z. B. wegen Arbeitslosigkeit, Krankheit, Schulausbildung) in die Berechnung einbezogen.

Die **Beiträge** zur Rentenversicherung des Arbeitnehmers werden **je zur Hälfte vom Arbeitnehmer und vom Arbeitgeber** getragen (Ausnahme: Bis 610,— DM Monatsverdienst [1992] werden die Beiträge allein vom Arbeitgeber aufgebracht). Der Beitragsanteil des Arbeitnehmers wird vom Lohn oder Gehalt abgezogen und vom Arbeitgeber zusammen mit seinem Anteil überwiesen. Seit 1. 4. 1991 beträgt der Beitrag zur Rentenversicherung insgesamt 17,7% des Bruttoverdienstes. Obergrenze der Berechnungen ist die **Beitragsbemessungsgrenze,** sie lag am 1. 1. 1992 bei monatlich 6800,— DM und wird jährlich verändert (angepaßt). Wer also mehr als 6800,— DM im Monat verdient, muß dennoch nur von 6800,— DM 17,7% (Arbeitnehmer-Anteil 8,85%) Beitrag an die Rentenversicherung bezahlen.

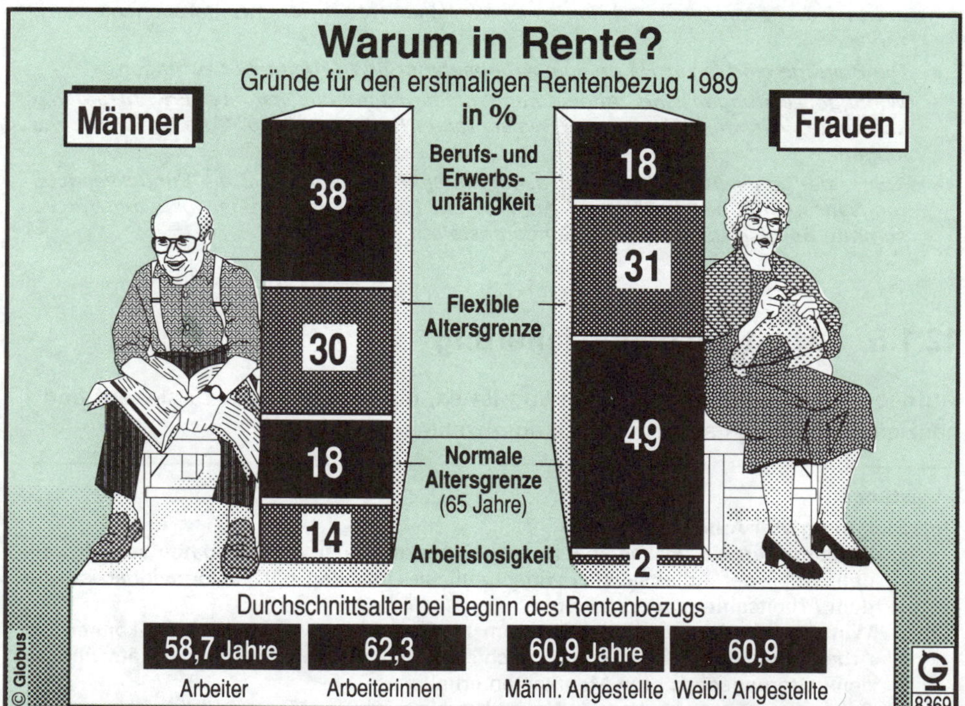

In der Rentenversicherung finanzieren die im Arbeitsleben Stehenden mit ihren Beiträgen die Renten für die Generationen im Ruhestand. Das ist der **Generationenvertrag.** Durch zunehmende Überalterung unserer Gesellschaft wird es zukünftig immer schwieriger werden, den Generationenvertrag einzuhalten (vgl. Kap. 9.2.2).

Versicherungspflichtig sind alle Angestellten und Arbeiter, ebenso Hausgehilfinnen, Hausgewerbetreibende, Heimarbeiter, Musiker, Entwicklungshelfer, Wehr-

oder Zivildienstleistende u. a. Selbständigen ist es meist überlassen, ob sie der Versicherung beitreten wollen oder nicht. Jeder Pflichtversicherte erhält schon bei der ersten Beschäftigung ein **Sozialversicherungsnachweisheft** zugeschickt, das aus dem Versicherungsausweis und den Versicherungsnachweisen besteht. Der Versicherungsausweis enthält die Versicherungsnummer, unter der das Konto des Versicherten geführt wird. Die vom Arbeitgeber ausgefüllten Versicherungsnachweise dienen der Versicherung zur Gutschrift auf dem Versicherungskonto und dem Arbeitnehmer zum Nachweis der eingezahlten Beiträge (Durchschrift).

Träger der gesetzlichen Rentenversicherung sind die Bundesversicherungsanstalt für Angestellte, die Landesversicherungsanstalten und die Sonderanstalten. Die **Bundesversicherungsanstalt** ist zuständig für die Rentenversicherung der Angestellten und umfaßt das gesamte Bundesgebiet. Für die Rentenversicherung der Arbeiter sind die **Landesversicherungsanstalten** verantwortlich, die es in jedem Bundesland gibt. **Sonderanstalten** sind für bestimmte Berufsgruppen zuständig. Es gibt u. a. die Bundesbahn-Versicherungsanstalt und die Seekasse.

Z

- *Die gesetzliche Rentenversicherung hat die Aufgabe, die Erwerbsfähigkeit zu erhalten bzw. wiederherzustellen und Renten an Versicherte oder deren Hinterbliebene auszuzahlen.*
- *Die Beiträge sind je zur Hälfte vom Arbeitnehmer und Arbeitgeber zu tragen.*
- *Wichtige Leistungen sind: Altersruhegeld, Berufsunfähigkeitsrente, Erwerbsunfähigkeitsrente, Witwen-, Witwer- und Waisenrente, Heilbehandlung, Kuren und Umschulungen.*
- *Träger der gesetzlichen Rentenversicherung sind für Angestellte die Bundesversicherungsanstalt für Angestellte, für Arbeiter die Landesversicherungsanstalten, für bestimmte Berufsgruppen gibt es Sonderanstalten.*

12.1.5 Arbeitslosenversicherung

Aufgabe der Arbeitslosenversicherung ist es, die Arbeitsplätze zu sichern und finanzielle Leistungen an Arbeitslose auszuzahlen.

Leistungen

a) **Sicherung von Arbeitsplätzen**
   - **Kurzarbeitergeld.** Es kann bei Kurzarbeit bis zur Dauer von 6 Monaten bezahlt werden, wenn der Arbeitsausfall wirtschaftliche Ursachen hat, unvermeidbar ist und dem Arbeitsamt angezeigt wurde.
   - **Winterbauförderung.** In der Zeit vom 16. Dezember bis zum 15. März können die Arbeitgeber des Baugewerbes Zuschüsse für witterungsbedingte Geräte und zu den witterungsbedingten Mehrkosten erhalten.
   - **Schlechtwettergeld.** Vom 1. November bis zum 31. März wird bei witterungsbedingtem Arbeitsausfall an die Arbeiter im Baugewerbe Schlechtwettergeld bezahlt.
   - **Arbeitsbeschaffungsmaßnahmen.** Dazu gehören Zuschüsse an die Arbeitgeber für die Einrichtung von Dauerarbeitsplätzen oder für zusätzlich beschäftigte ältere Arbeitnehmer.

b) **Leistungen an Arbeitslose**
   - **Arbeitslosengeld**
   - **Arbeitslosenhilfe**
   - **Beiträge zur Renten- und Krankenversicherung der Arbeitslosen**

Arbeitslos ist, wer vorübergehend keine Arbeit hat. Damit der Versicherte Arbeitslosengeld beziehen kann, müssen verschiedene **Voraussetzungen** erfüllt sein. Er muß arbeitslos sein, der Arbeitsvermittlung zur Verfügung stehen, sich beim Arbeitsamt arbeitslos gemeldet und Arbeitslosengeld beantragt sowie innerhalb der letzten drei Jahre für eine bestimmte Zeit Beiträge an die Arbeitslosenversicherung bezahlt haben (Anwartschaft).

Wie lange Arbeitslosengeld bezahlt wird, hängt für noch nicht 42 Jahre alte Arbeitslose von der Dauer der beitragspflichtigen Beschäftigung in den letzten zwei Jahren ab. Das Gesetz sieht folgende Staffelung vor:

12 Monate Beschäftigung = 6 Monate Anspruch
18 Monate Beschäftigung = 9 Monate Anspruch } auf Arbeitslosengeld
24 Monate Beschäftigung = 12 Monate Anspruch

Wer innerhalb der letzten zwei Jahre weniger als 12 Monate beschäftigt war, hat keinen Anspruch erworben. Ist die Arbeitslosigkeit selbst verschuldet (z. B. durch eigene Kündigung), kann für die ersten 12 Wochen (84 Kalendertage) kein Arbeitslosengeld bezogen werden, ansonsten beginnt die Zahlung mit dem Tag der Arbeitslosmeldung. Arbeitslosengeld wird Personen, die das 42. Lebensjahr noch nicht vollendet haben, für längstens 12 Monate (312 Wochentage) gewährt.
Ältere Arbeitslose können länger Arbeitslosengeld beziehen, allerdings nur, wenn sie innerhalb der letzten 7 Jahre längere Beitragszeiten nachweisen können. Ist diese Voraussetzung erfüllt, können Arbeitslose ab 42 Jahren längstens 18 Monate, ab 44 Jahren 22 Monate, ab 49 Jahren höchstens 26 Monate und ab 54 Jahren längstens 32 Monate lang Arbeitslosengeld erhalten.

Die **Höhe** des Arbeitslosengeldes beträgt für Arbeitslose mit Kindern 68% des letzten Nettoverdienstes (sonst 63%). Wer keinen Anspruch auf Arbeitslosengeld hat oder nicht mehr hat, kann **Arbeitslosenhilfe** beantragen. Arbeitslosenhilfe erhalten auch Personen, die nicht der Arbeitslosenversicherung angehören. Sie ist jedoch geringer als das Arbeitslosengeld (58% bzw. 53%) und wird nur gewährt, falls der Arbeitslose **bedürftig** ist. Bedürftigkeit liegt vor, wenn Einkommen und Vermögen des Arbeitslosen oder seiner Familienangehörigen für den Lebensunterhalt nicht ausreichen. Im Unterschied zum Arbeitslosengeld wird Arbeitslosenhilfe **ohne zeitliche Begrenzung** bezahlt, die Zahlungen werden jährlich der wirtschaftlichen Entwicklung angepaßt.

Die **Beiträge** zur Arbeitslosenversicherung werden **je zur Hälfte vom Arbeitgeber und Arbeitnehmer** getragen. Bis zu einem monatlichen Verdienst von 610,— DM (1992) zahlt der Arbeitgeber die Beiträge allein.

Die Beitragshöhe beträgt insgesamt 6,3% des Bruttoverdienstes, so daß auf Arbeitnehmer und Arbeitgeber jeweils 3,15% entfallen. Auch der Bund leistet zur Finanzierung der Arbeitslosenversicherung Zuschüsse. Die **Beitragsbemessungsgrenze,** also die Obergrenze für die Beitragsberechnungen, lag am 1. 1. 1992 - wie in der Rentenversicherung - bei 6800,— DM Bruttoverdienst. Die Beitragsleistungen der Arbeitnehmer werden durch den Arbeitgeber vom Arbeitseinkommen einbehalten und zusammen mit dem Arbeitgeberanteil überwiesen.

Der **Versicherungspflicht** unterliegen alle Arbeiter und Angestellte. Ein freiwilliger Beitritt zur Arbeitslosenversicherung ist nicht möglich.

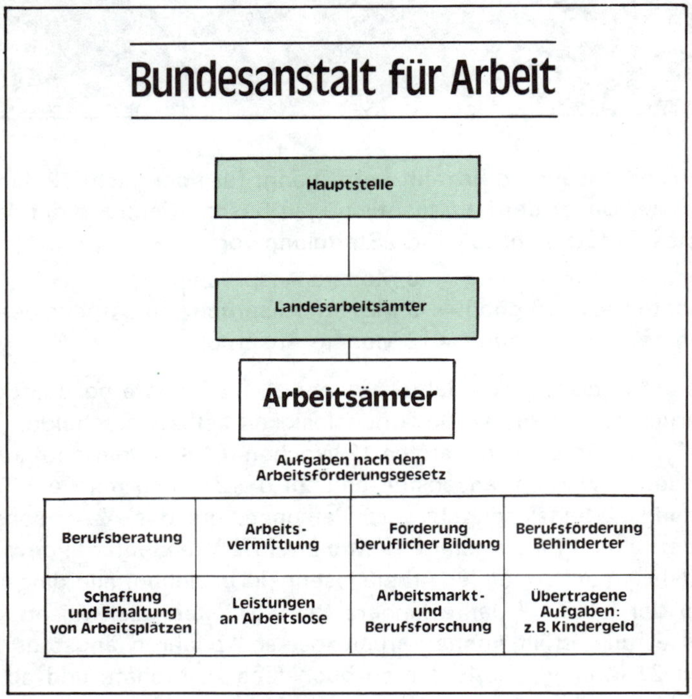

Quelle: Bundesversicherungsanstalt für Angestellte (Hrsg.): a.a.O., S. 62

Träger der gesetzlichen Arbeitslosenversicherung ist die **Bundesanstalt für Arbeit.** Sie hat ihren Sitz in Nürnberg und gliedert sich in die Hauptstelle, die Landesarbeitsämter und die Arbeitsämter.

Durch das **Arbeitsförderungsgesetz** vom 25. 6. 1969 wurde die Arbeitslosenversicherung Teil der Arbeitsförderung. Damit fand eine **Aufgabenerweiterung** der Bundesanstalt für Arbeit statt. Neben den „klassischen Aufgaben" der Arbeitslosenversicherung hat sie nach diesem Gesetz:

- Arbeitsmarkt- und Berufsforschung zu betreiben;
- Arbeit zu vermitteln und den Arbeitnehmer über die Lage am Arbeitsmarkt zu beraten;
- jedem Interessierten (auch Schülern) Rat und Auskunft in Fragen der Berufswahl und des Berufswechsels zu erteilen (Berufsberatung);
- die berufliche Ausbildung, Fortbildung und Umschulung zu fördern (auch finanziell);
- die Arbeitsaufnahme durch finanzielle und andere Hilfen zu unterstützen;
- Arbeit und Beruf der Behinderten zu fördern (berufliche Rehabilitation).

- *Aufgabe der Arbeitslosenversicherung ist es, die Arbeitsplätze zu sichern und finanzielle Leistungen an die Arbeitslosen auszuzahlen.*
- *Die Beiträge sind je zur Hälfte vom Arbeitnehmer und Arbeitgeber zu tragen.*
- *Wichtige Leistungen sind: Arbeitslosengeld, Arbeitslosenhilfe, Umschulungen, Kurzarbeitergeld, Winterbauförderung, Schlechtwettergeld, Berufsberatung und berufliche Rehabilitation.*
- *Träger der gesetzlichen Arbeitslosenversicherung ist die Bundesanstalt für Arbeit in Nürnberg mit den angeschlossenen Landesarbeitsämtern und Arbeitsämtern.*

Die Sozialversicherung

Rentenversicherung	**Krankenversicherung**	**Unfallversicherung**	**Arbeitslosenversicherung**
Versicherungsträger			
Versicherungsanstalten	Krankenkassen	Berufsgenossenschaften	Bundesanstalt für Arbeit
Beitragsentrichtung			
17,7% des Bruttoarbeitslohns[1] Arbeitnehmer und Arbeitgeber zahlen je die Hälfte	etwa 13% des Bruttoarbeitslohns[2] Arbeitnehmer und Arbeitgeber zahlen je die Hälfte	Beitrag wird allein vom Arbeitgeber getragen; Höhe richtet sich nach Gefahrenklasse und Betriebsgröße	6,3% des Bruttoarbeitslohns[1] Arbeitnehmer und Arbeitgeber zahlen je die Hälfte
Versicherungsleistungen			
Renten, Heilbehandlung, Förderungsmaßnahmen für Behinderte u. a.	Arzt-, Zahnarzt- und Krankenhausbehandlung, Arznei, Entbindungskosten u. a.	Renten, Heilbehandlung, Förderungsmaßnahmen für Behinderte, Unfallverhütung u. a.	Arbeitslosengeld, berufl. Aus- und Fortbildung, Umschulung, Berufsberatung, Arbeitsvermittlung u. a.

[1] Die Beiträge werden 1992 nur bis zu einem Lohn oder Gehalt von 6800,— DM monatlich berechnet (Beitragsbemessungsgrenze).

[2] Die Beiträge werden 1992 nur bis zu einem Lohn oder Gehalt von 5100,— DM monatlich berechnet (Beitragsbemessungsgrenze).

A

1. Welche Zweige umfaßt die Sozialversicherung, wer zahlt die Beiträge?
2. Warum werden die Sozialversicherungen Pflichtversicherungen genannt?
3. Nennen Sie wichtige Leistungen der
   a) gesetzlichen Krankenversicherung,
   b) gesetzlichen Unfallversicherung,
   c) gesetzlichen Rentenversicherung,
   d) gesetzlichen Arbeitslosenversicherung.
4. Kranksein ist teuer (und gefährlich). Was kann man tun, um vorzubeugen?
5. Wer ist Träger der
   a) gesetzlichen Krankenversicherung,
   b) gesetzlichen Unfallversicherung,
   c) gesetzlichen Rentenversicherung,
   d) gesetzlichen Arbeitslosenversicherung?
6. Welche Personengruppen unterliegen in der Krankenversicherung der Versicherungspflicht?
7. Was versteht man unter der Beitragsbemessungsgrenze in der Sozialversicherung?
8. Nennen Sie die wichtigste Aufgabe der gesetzlichen Unfallversicherung.
9. Wer ist in der gesetzlichen Unfallversicherung versicherungspflichtig?
10. Unterscheiden Sie Arbeitsunfälle und Wegeunfälle.
11. Erläutern Sie die Rehabilitationsleistungen der Rentenversicherung.
12. Warum spricht man in der Rentenversicherung vom Generationenvertrag?
13. Welche Rentenarten lassen sich unterscheiden?
14. Wer ist in der gesetzlichen Rentenversicherung nicht versicherungspflichtig?
15. Unterscheiden Sie zwischen Arbeitslosengeld und Arbeitslosenhilfe.
16. Welche Personengruppen sind in der Arbeitslosenversicherung versicherungspflichtig?
17. Das Arbeitsförderungsgesetz brachte für die Arbeitsämter eine Aufgabenerweiterung. Um welche Aufgaben handelt es sich?

12.2 Sozialgerichtsbarkeit

Sozialgerichte sind für Streitigkeiten auf dem Gebiet des Sozialrechts zuständig. Dazu gehören u. a. Angelegenheiten

- der Sozialversicherung,
- des Kassenarztrechts,
- der Bundesanstalt für Arbeit,
- der Kriegsopferversorgung und
- des Kindergeldrechts.

Grundlage der Sozialgerichtsbarkeit ist das **Sozialgerichtsgesetz.** Wie die Arbeitsgerichte sind auch die Sozialgerichte mit **Berufsrichtern und ehrenamtlichen Richtern** (Laienrichter) besetzt. Die Berufung der ehrenamtlichen Richter erfolgt aufgrund von Vorschlagslisten, die von den Gewerkschaften und Arbeitgebervereinigungen aufgestellt werden. Gerichte der Sozialgerichtsbarkeit sind die Sozialgerichte, die Landessozialgerichte und das Bundessozialgericht in Kassel.

Wer mit einer Verwaltungsentscheidung, z. B. mit dem Bescheid eines Versicherungsträgers, nicht einverstanden ist, kann zunächst **Widerspruch** erheben. Die Widerspruchsstelle – sie setzt sich aus Arbeitnehmer- und Arbeitgebervertretern zusammen – wird dem Widerspruch abhelfen (d. h. stattgeben) oder ihn zurückweisen. Weist sie ihn zurück, kann gegen die Ablehnung Klage vor dem **Sozialgericht** erhoben werden; damit beginnt das gerichtliche Verfahren. Das Sozialgericht entscheidet in Kammern, die für die einzelnen Fachgebiete eingerichtet sind. Gegen Urteile des Sozialgerichts kann innerhalb eines Monats vor dem **Landessozialgericht Berufung** eingelegt werden. Das Gesetz schließt allerdings für bestimmte Fälle (meist Bagatellfälle) die Berufung aus, um eine Überlastung der Landessozialgerichte zu vermeiden. Gegen Urteile des Landessozialgerichts kann, falls das Urteil dies ausdrücklich zuläßt, **Revision** beim **Bundessozialgericht** eingelegt werden. In einigen Ausnahmefällen ist bereits gegen Urteile des Sozialgerichts Revision beim Bundessozialgericht möglich. Man spricht dann von **Sprungrevision,** weil das Landessozialgericht übersprungen wird. Ist die Revision durch das Landessozialgericht nicht zugelassen, kann diese Nichtzulassung beim Bundessozialgericht mit einer Beschwerde angefochten werden. Die Revisionsverhandlung ist ein abgekürztes Verfahren, Beweismittel können nicht mehr vorgebracht werden; es wird nur noch geprüft, ob die Gesetze auf den vorliegenden Tatbestand richtig angewandt wurden. Bei sozialrechtlichen Streitigkeiten zwischen Bund und Ländern entscheidet das Bundessozialgericht in erster und letzter Instanz.

Wie das Landessozialgericht entscheidet auch das Bundessozialgericht nicht in Kammern, sondern in Senaten. Der Große Senat des Bundessozialgerichts muß entscheiden, wenn ein Senat von der Entscheidung eines anderen Senats abweichen will oder wenn Grundsatzentscheidungen zu fällen sind. Beim Bundessozialgericht besteht **Vertretungszwang,** d. h. man muß sich durch einen Prozeßbevollmächtigten vertreten lassen. In der Sozialgerichtsbarkeit entstehen keine Gerichtskosten; sind außergerichtliche Kosten entstanden (z. B. für einen Rechtsanwalt), entscheidet das Gericht, wer sie zu tragen hat.

Die Sozialgerichtsbarkeit

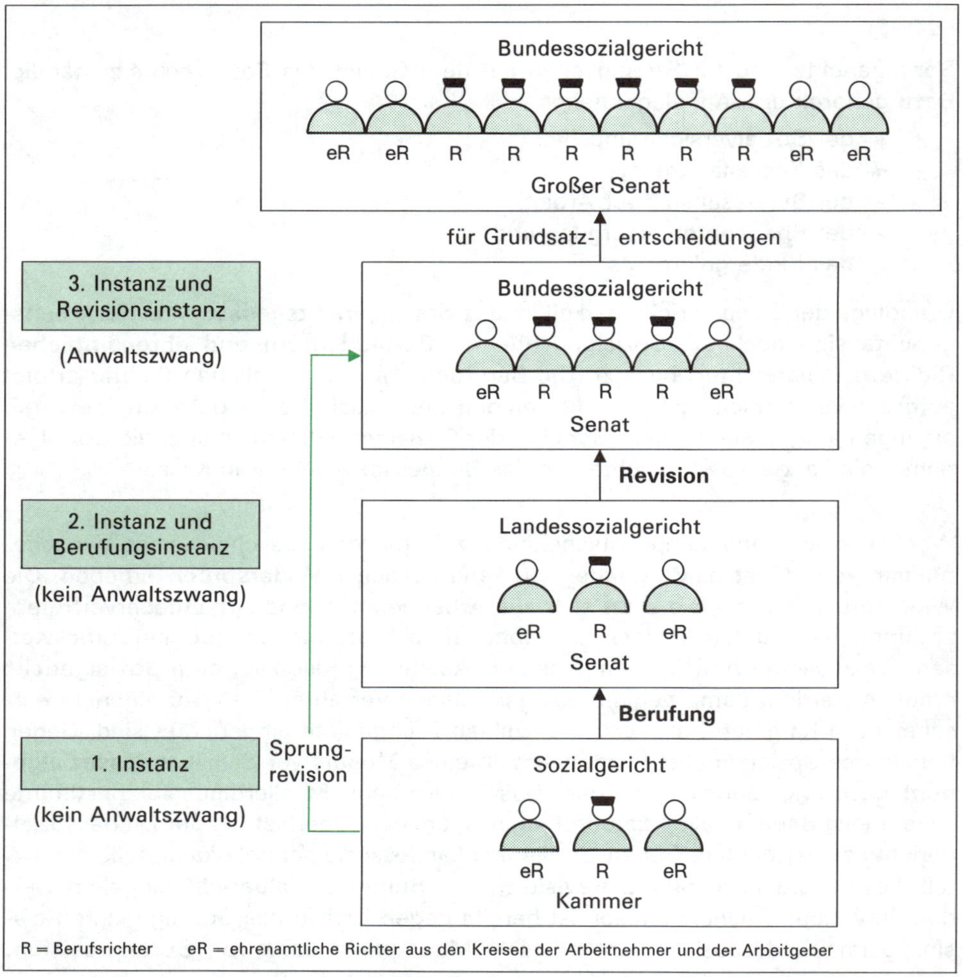

Z

- *Sozialgerichte entscheiden über Streitigkeiten auf dem Gebiet des Sozialrechts.*
- *In erster Instanz entscheiden die Sozialgerichte, für Berufungen sind die Landessozialgerichte zuständig, Revisionsinstanz ist das Bundessozialgericht in Kassel.*

A

1. **Wofür sind die Sozialgerichte zuständig?**
2. **Welche Gerichte gibt es in der Sozialgerichtsbarkeit?**
3. **Was ist zu tun, wenn man mit einer Verwaltungsentscheidung der Sozialversicherungsträger nicht einverstanden ist?**
4. **Wie sind die Sozialgerichte, die Landessozialgerichte und das Bundessozialgericht besetzt, und welche Aufgaben haben diese Gerichte?**
5. **Kann man vor den Gerichten der Sozialgerichtsbarkeit sein Recht selbst vertreten?**
6. **Wofür ist der Große Senat des Bundessozialgerichts zuständig?**
7. **Welche Kosten können entstehen, und wer hat sie zu tragen?**

12.3 Individualversicherungen

12.3.1 Bedeutung der Individualversicherungen

Die Sozialversicherungen erfassen nicht alle Bevölkerungsgruppen und schützen nicht vor allen Risiken des Lebens. Wer nicht Mitglied einer Sozialversicherung ist oder wem der Sozialversicherungsschutz nicht ausreicht, kann Individualversicherungen (Privatversicherungen) abschließen.

Aufgabe der Individualversicherungen ist es,

- den Sozialversicherungsschutz zu ergänzen und zu verbessern (z. B. durch eine zusätzliche Altersversicherung);
- für bestimmte Bevölkerungsgruppen die Sozialversicherungen zu ersetzen (z. B. durch eine private Krankenversicherung für Nichtpflichtversicherte);
- gegen Schäden abzusichern, die von der Sozialversicherung nicht getragen werden (z. B. Diebstahlversicherung).

Von den Sozialversicherungen **unterscheiden** sich die Individualversicherungen dadurch, daß

- bis auf wenige Ausnahmen (z. B. Kfz-Haftpflichtversicherung, Gebäude-Feuerversicherung) der Beitritt freiwillig ist,
- für die Höhe der Beiträge (Versicherungsprämien) das Einkommen des Versicherten unerheblich ist (die Beitragshöhe errechnet sich nur nach Risiko und Leistung),
- die Beiträge allein vom Versicherten getragen werden.

Z

- *Individualversicherungen erweitern den Schutz der Sozialversicherungen oder ersetzen ihn.*
- *Im Unterschied zu den Sozialversicherungen sind Individualversicherungen keine Pflichtversicherungen und die Beitragshöhe ist nicht vom Einkommen der Versicherten abhängig.*

12.3.2 Versicherungsarten

Individualversicherungen lassen sich in Personen-, Sach- und Vermögensversicherungen einteilen.

Personenversicherungen

Wird die **eigene Person** versichert, liegt eine Personenversicherung vor.

Wichtige Personenversicherungen sind:

- die Lebensversicherung,
- die private Krankenversicherung,
- die private Unfallversicherung.

Lebensversicherungen werden häufig als **Kapitalversicherungen** abgeschlossen. Die Lebensversicherungssumme ist dann entweder beim Tod des Versicherungsnehmers an die Hinterbliebenen oder nach Ablauf einer bestimmten Frist (z. B. 25 Jahre) an den Versicherungsnehmer selbst auszuzahlen. Es gibt bei dieser Versicherungsart mehrere Varianten, so kann beispielsweise die Versicherungssumme anstatt nach Zeitablauf bei Erreichen einer Altersgrenze (z. B. 60 Lebensjahre) fällig werden. Ist im Leistungsfall statt einer bestimmten Geldsumme eine monatliche Rente auszuzahlen, spricht man von einer **Rentenversicherung.** Die private Lebensversicherung bietet als Kapital- oder Rentenversicherung insbesondere für diejenigen Personen eine Möglichkeit, Vorsorge für das Alter zu treffen, denen die Rentenleistung der gesetzlichen Rentenversicherung nicht als ausreichend erscheint. Sie verbindet also die Sicherstellung der Angehörigen mit der eigenen Vorsorge für das Alter (vgl. Kap. 15.1.4).

Mitglieder einer **privaten Krankenversicherung** sind vor allem Personen, die nicht der Versicherungspflicht in der gesetzlichen Krankenversicherung unterliegen, also Beamte, besserverdienende Angestellte und Selbständige mit ihren Angehörigen. Neben der **Krankheitskostenversicherung** zählt auch die **Krankenhaustagegeld-** und die **Krankentagegeldversicherung** zur privaten Krankenversicherung. Bei vielen Leistungen stellen private Krankenversicherungen den Versicherten günstiger als die gesetzliche Krankenversicherung (z. B. Zweibettzimmer im Krankenhaus, keine Rezeptgebühr, volle Kostenerstattung bei Zahnersatz). Viele Versicherer bieten daher zu einem verhältnismäßig geringen Beitrag eine **Zusatzversicherung zur gesetzlichen Krankenversicherung** an, welche den sozialversicherungspflichtigen Arbeitnehmern entweder nur für einen Krankenhausaufenthalt oder insgesamt die gleichen Leistungen wie eine private Krankenversicherung sichert.

Die **private Unfallversicherung** leistet bei Schäden, die sich durch einen außerbetrieblichen Unfall einstellen. Die genaue Leistungspflicht ergibt sich aus dem Versicherungsvertrag.

Sachversicherungen

Wird das **Eigentum** (die Sachen) einer Person versichert, liegt eine Sachversicherung vor. Wichtige Sachversicherungen sind:

- die **Feuerversicherung** zur Deckung von Brandschäden;
- die **Glasversicherung,** welche im Schadensfall die im Versicherungsvertrag angegebenen Glasflächen ersetzt;
- die **Kraftfahrzeugteil- oder -vollkaskoversicherung,** die für Schäden am eigenen Kraftfahrzeug aufkommt;
- die **Gepäckversicherung,** zur Ersatzleistung bei Diebstahl, Verlust, Brand oder Unfall;
- die **Hausratversicherung,** welche den Hausrat gegen Feuer- und Wasserschäden, gegen Diebstahl und Glasbruch versichert.

Ist die Versicherungssumme kleiner als der Wert der versicherten Gegenstände, liegt eine **Unterversicherung** vor. In diesem Fall werden alle Schäden nur anteilig ersetzt.

Beispiel:
Wert des Hausrats = 60000,— DM
Versicherungssumme = 40000,— DM
Tritt ein Schaden über 30000,— DM ein, werden nur 20000,— DM ersetzt.

Vermögensversicherungen

Die Vermögensversicherung versichert das **Vermögen des Versicherten vor Ansprüchen anderer Personen.** Solch ein Schadensersatzanspruch kann z.B. dadurch entstehen, daß der Sohn des Versicherten die Scheibe des Nachbarn einwirft oder daß auf einem Kaffeeklatsch die Kaffeekanne umgestoßen und zerstört wird.

Wichtige Vermögensversicherungen sind:

- die **Haftpflichtversicherungen** (man unterscheidet u.a. Privathaftpflicht-, Berufshaftpflicht-, Tierhaftpflicht-, Kraftfahrzeughaftpflicht- und Gebäudehaftpflichtversicherung);
- die **Rechtschutzversicherung,** welche die Gerichts- und Rechtsanwaltskosten im Rechtsstreit übernimmt.

Z

Individualversicherungen

Personenversicherungen	*Sachversicherungen*	*Vermögensversicherungen*
• *die eigene Person ist versichert*	• *das Eigentum ist versichert*	• *das Vermögen ist gegen Ansprüche Dritter versichert*
Beispiele: *– Lebensversicherung* *– private Krankenversicherung* *– private Unfallversicherung*	*Beispiele:* *– Hausratversicherung* *– Feuerversicherung* *– Kraftfahrzeugvollkaskoversicherung*	*Beispiele:* *– Haftpflichtversicherungen* *– Rechtschutzversicherung*

A

1. **Worin unterscheiden sich Personen-, Sach- und Vermögensversicherungen?**
2. **Lebensversicherungen werden häufig als Kapital- oder Rentenversicherungen abgeschlossen. Erklären Sie, was darunter zu verstehen ist.**
3. **Wozu dienen private Krankenversicherungen?**
4. **Nennen Sie vier Sachversicherungen.**
5. **Welche Folgen bringt eine Unterversicherung für den Hausrat im Schadensfall?**
6. **Wozu dient eine Haftpflichtversicherung? Welche Arten der Haftpflichtversicherung lassen sich unterscheiden?**

13
Öffentliche Abgaben

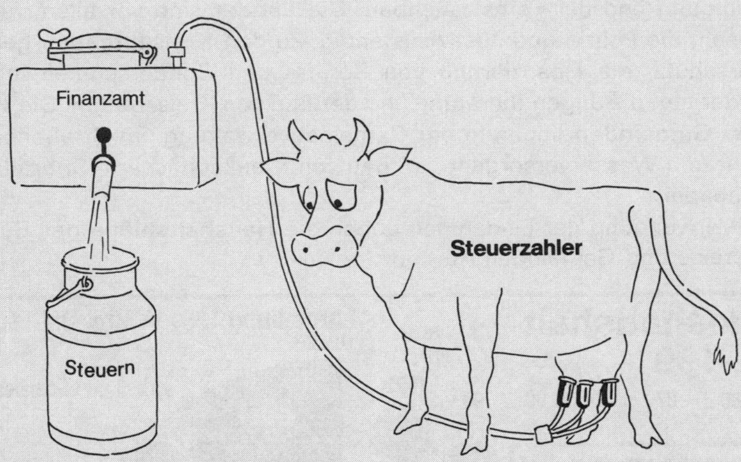

Öffentliche Abgaben, wie Steuern, Zölle, Gebühren und Beiträge, sind notwendig, damit der Staat seine vielfältigen Aufgaben erfüllen kann.

*

Unter den öffentlichen Abgaben haben Steuern die größte Bedeutung.

*

Für den Arbeitnehmer ist die Lohnsteuer die wichtigste Steuer. Sie ist durch den Arbeitgeber monatlich einzubehalten und an die Finanzbehörden abzuführen.

*

Falls der Arbeitnehmer keine Einkommensteuererklärung abgeben muß, kann er sich zuviel bezahlte Lohnsteuer durch einen Lohnsteuer-Jahresausgleich zurückerstatten lassen.

13.1 Staatseinnahmen

13.1.1 Notwendigkeit und Verwendung der Staatseinnahmen

Bund, Länder, Kreise und Gemeinden haben öffentliche Aufgaben zu erfüllen. Dazu benötigen die staatlichen Stellen Geld, welches ihnen vor allem in Form von öffentlichen Abgaben zufließt.
Wichtige **Bundesaufgaben** sind u. a. die soziale Sicherung des einzelnen, die Landesverteidigung und der Fernstraßenbau. Die **Länder** sind vor allem für das Bildungswesen, die Polizei und Justiz zuständig. Zu den **Kreisaufgaben** gehören der Gewässerschutz, die Finanzierung von Berufs- und Sonderschulen, die Ausbildungsförderung, die Jugendberatung und der Bau von Kreisstraßen. Die **Hauptaufgaben der Gemeinden** liegen in der Gemeindeverwaltung, im Straßenbau, in der Müllabfuhr und Wasserversorgung, im Bau von Krankenhäusern, Sportplätzen und Schwimmbädern.
Über die Verwendung der Einnahmen geben die **Haushaltspläne** des Bundes, der Länder, Kreise und Gemeinden Auskunft.

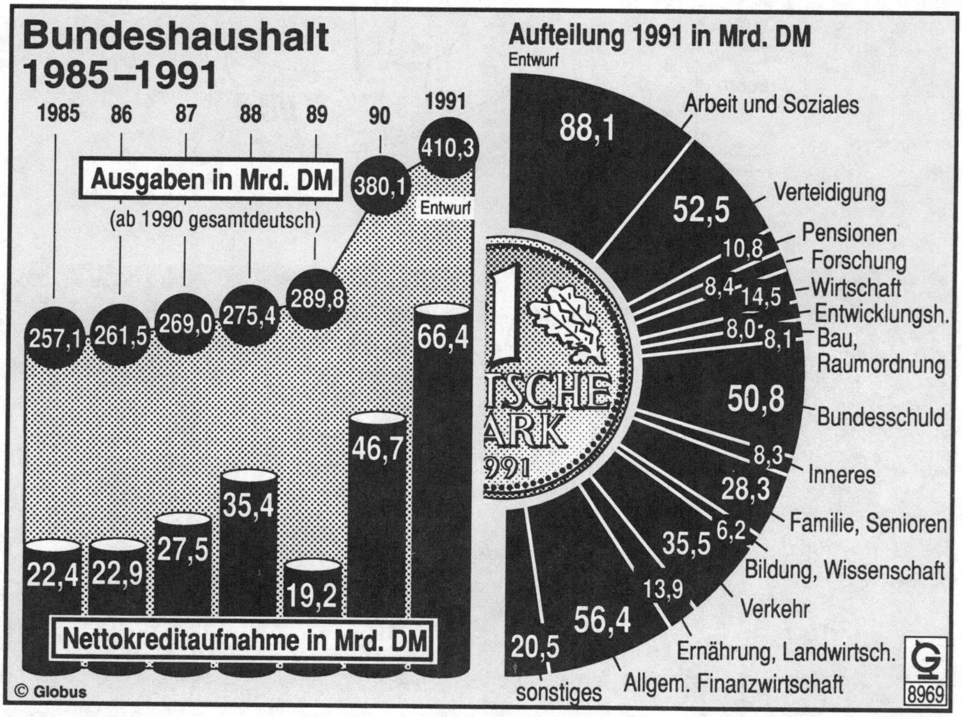

Neben der **Finanzierung öffentlicher Aufgaben** dienen Steuern und andere Abgaben auch der Wirtschafts-, Sozial- und Gesundheitspolitik.
Wirtschaftspolitisch können die Abgaben (insbesondere die Steuern) zur **Konjunkturbeeinflussung** eingesetzt werden. In einer Wirtschaftskrise wäre es richtig, Steuern und Gebühren zu senken, damit mehr Geld zum Kauf von Gütern zur Verfügung steht. Umgekehrt kann in einer Hochkonjunktur durch Abgabenerhöhung die Nachfrage verringert werden (vgl. Kap. 10.3.3). Ist es wirtschaftspolitisch wün-

schenswert, den Verbrauch **bestimmter Güter** einzuschränken oder zu erhöhen, kann der Staat die Steuern für diese Produkte verändern.

Sozialpolitisch nimmt der Staat durch die Höhe der Steuern **Einfluß auf die Einkommenshöhe und das Vermögen des einzelnen.** Dazu dienen z. B. die unterschiedlichen Steuersätze bei der Einkommen- bzw. Lohnsteuer (bei hohem Einkommen bis 53%), die Steuerfreibeträge und Steuerpauschalen sowie die Steuerbefreiung von der Vermögensteuer. Wer viel verdient oder ein ganzes Vermögen besitzt, zahlt so hohe Steuern, Steuerpflichtige mit geringem Einkommen müssen dagegen nur wenige oder z. T. überhaupt keine Steuern entrichten (vgl. Kap. 13.2).

Durch hohe Steuern auf gesundheits- oder auf umweltschädliche Güter soll der Verbrauch solcher Produkte eingeschränkt werden. Tabak-, Bier-, Schaumwein- und Branntweinsteuer können so der **Gesundheitspolitik,** die Mineralölsteuer der **Umweltpolitik** dienen.

Ebenso wie die Steuern auf alkoholische Getränke wird die Tabaksteuer u. a. aus gesundheitlichen Gründen erhoben.

Z

Notwendigkeit staatlicher Einnahmen			
Finanzierung öffentlicher Aufgaben	***Mittel der Wirtschaftspolitik***	***Mittel der Sozialpolitik***	***Mittel der Gesundheits- oder Umweltpolitik***
• *Bundesaufgaben* • *Landesaufgaben* • *Kreisaufgaben* • *Gemeindeaufgaben*	• *Beeinflussung der Konjunktur* • *Steuerung des Verbrauchs einzelner Güter*	• *Einfluß auf Einkommen und Vermögen des einzelnen*	• *Einschränkung des Verbrauchs gesundheits- oder umweltschädlicher Güter*

- *Wichtige öffentliche Aufgaben sind z. B.:*
  Bundesaufgaben: soziale Sicherung, Landesverteidigung, Fernstraßenbau
  Landesaufgaben: Bildungswesen, Polizei, Justiz
  Kreisaufgaben: Berufsschulen, Ausbildungsförderung, Kreisstraßenbau
  Gemeindeaufgaben: Straßenbau, Wasserversorgung, Krankenhäuser
- *Über die Verwendung der Staatseinnahmen geben die Haushaltspläne des Bundes, der Länder, Kreise und Gemeinden Auskunft.*

13.1.2 Arten der Staatseinnahmen

Die wichtigsten Staatseinnahmen ergeben sich aus den **öffentlichen Abgaben,** die an **staatliche Stellen** zu entrichten sind.

Man unterscheidet Steuern, Zölle, Gebühren und Beiträge.

Steuern sind **Geldzahlungen** von natürlichen Personen und Unternehmen an den Staat, **ohne** daß der einzelne dafür eine **direkte Gegenleistung** erhält. Die Gegenleistungen des Staates sind indirekter Art und bestehen z. B. im Bau von Straßen, Krankenhäusern und Schulen, in der Unterstützung hilfsbedürftiger Personen sowie in der Gewährung von Rechtssicherheit und Schutz (Gerichte, Polizei, Bundeswehr).

Zölle kann der Staat erheben, wenn **Waren die Staatsgrenzen überschreiten.** Man kennt **Einfuhr-, Ausfuhr-** und **Durchfuhrzölle.** Sollen Einfuhrzölle ausländische Waren verteuern, um dadurch die einheimische Wirtschaft vor billigeren ausländischen Erzeugnissen zu schützen, spricht man von **Schutzzöllen;** dienen Zölle dazu, dem Staat Einnahmen zu verschaffen, liegen **Finanzzölle** vor. Für die Bundeskasse haben Zölle nur noch geringe Bedeutung. In den Ländern der Europäischen Gemeinschaft herrscht Zollfreiheit, gegenüber Drittländern verlangen die EG-Staaten einheitliche Außenzölle, die größtenteils an die EG-Kasse abgeführt werden.

Gebühren müssen bezahlt werden, wenn der **einzelne öffentliche Verwaltungseinrichtungen in Anspruch nimmt.** Dies ist z. B. bei der Ausstellung eines Reisepasses, bei einer Trauung vor dem Standesamt oder bei der Zulassung eines Kraftfahrzeuges der Fall.

Beiträge können die Gemeinden von Personen verlangen, die durch Gemeindemaßnahmen **längerfristige Vorteile** erlangen. Dazu gehören Erschließungsbeiträge für Baugebiete, Beiträge für den Bau von Kläranlagen oder auch für die Einrichtung einer Fußgängerzone.

Weitere Einnahmen erwachsen dem Staat

- durch steuerähnliche **Sonderabgaben** (z. B. Kohlepfennig, Zuckerabgabe, Ölpfennig), die von Unternehmen abgeführt werden müssen;
- wenn Unternehmen, an denen der Staat beteiligt ist, oder öffentliche Unternehmungen **Gewinne** erzielen und diese dem Staat übertragen;
- wenn die **Bundesbank** einen Gewinn erzielt (Bundesbankgewinne werden an die Bundeskasse abgeführt).

Arten der Staatseinnahmen				
Steuern *Abgaben ohne direkte Gegenleistung zur Finanzierung staatlicher Aufgaben.* *z. B.* • *Einkommensteuer* • *Gewerbesteuer*	***Zölle*** *Abgaben für die Grenzüberschreitung von Waren.* *z. B.* • *Einfuhrzoll* • *Ausfuhrzoll*	***Gebühren*** *Abgaben für die Inanspruchnahme von Verwaltungseinrichtungen und Behörden.* *z. B.* • *Paßgebühr* • *Zulassungsgebühr für Kraftfahrzeuge*	***Beiträge*** *Abgaben für längerfristige Vorteile in einer Gemeinde.* *z. B. Beitrag* • *zur Erschließung eines Baugebietes* • *zum Bau einer Kläranlage*	***Weitere Einnahmen*** *z. B.* • *Sonderabgaben* • *Unternehmensgewinne* • *Bundesbankgewinn*

13.1.3 Steuerarten

Steuern lassen sich nach der Erhebungsart, nach dem Steuergegenstand und nach Steuerempfängern unterscheiden.

Steuerarten nach der Erhebungsart

Diese Unterscheidung fragt danach, ob die Steuer direkt vom Steuerzahler ,,erhoben" wird oder ob die Steuer indirekt von anderen Personen ,,erhoben" wird, weil der Steuerzahler die Steuerlast weitergeben kann.

Direkte Steuern liegen vor, wenn der Steuerzahler (Arbeitnehmer oder Unternehmer) die Steuerlast selbst tragen muß, sie also nicht an andere weitergeben kann. Die Lohn-, Einkommen-, Körperschaft-, Vermögen- und Kfz-Steuer sind z. B. direkte Steuern.

Indirekte Steuern liegen vor, wenn der Steuerzahler (Unternehmer) die Steuer über den Verkaufspreis weitergeben kann, sie also wirtschaftlich nicht selbst tragen muß. Zu den indirekten Steuern zählen neben der Mehrwertsteuer alle Verbrauchssteuern (z. B. Tabak-, Tee-, Zucker-, Mineralöl-, Biersteuer).

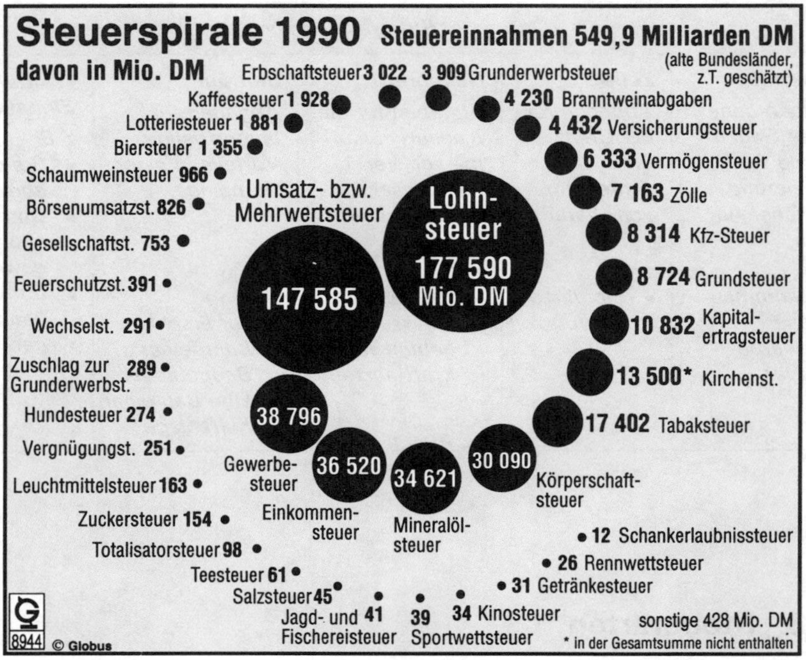

Steuerarten nach dem Steuergegenstand

Diese Unterscheidung fragt danach, ob Besitz, wirtschaftliche Vorgänge oder der Güterverbrauch besteuert wird. Man unterscheidet Besitz-, Verkehrs- und Verbrauchssteuern.

Besitzsteuern sind für Gewinne, Einkommen oder Vermögen zu entrichten. Die Einkommensteuer, Körperschaftsteuer, Vermögensteuer, Gewerbesteuer und Grundsteuer sind Besitzsteuern.

Verkehrssteuern sind für wirtschaftliche Vorgänge zu bezahlen. Dazu gehören z. B. Warenlieferungen oder Grundstückskäufe. Beispiele für Verkehrssteuern sind die Umsatzsteuer (Mehrwertsteuer), die Grunderwerbsteuer und die Kraftfahrzeugsteuer.

Verbrauchssteuern sind für den Verbrauch von Gütern zu entrichten. Zu den Verbrauchssteuern zählen die Mineralöl-, Kaffee-, Bier-, Tabak-, Schaumwein- und Zuckersteuer.

Steuerarten nach den Steuerempfängern

Diese Unterscheidung fragt danach, wem die Steuern zustehen. Es gibt **Bundes-, Länder-, Kreis-, Gemeindesteuern** und die **Kirchensteuer.** Die wichtigsten Steuern werden im Rahmen eines **Steuerverbundes** zwischen Bund, Ländern und Gemeinden (Lohn-, Einkommen-, Gewerbesteuer) oder zwischen Bund und Ländern (Mehrwert-, Körperschaft-, Kapitalertragsteuer) aufgeteilt. Die Erträge dieser gemeinschaftlichen Steuern umfassen etwa drei Viertel des gesamten Steueraufkommens.

Verteilung des Steueraufkommens nach Gebietskörperschaften*

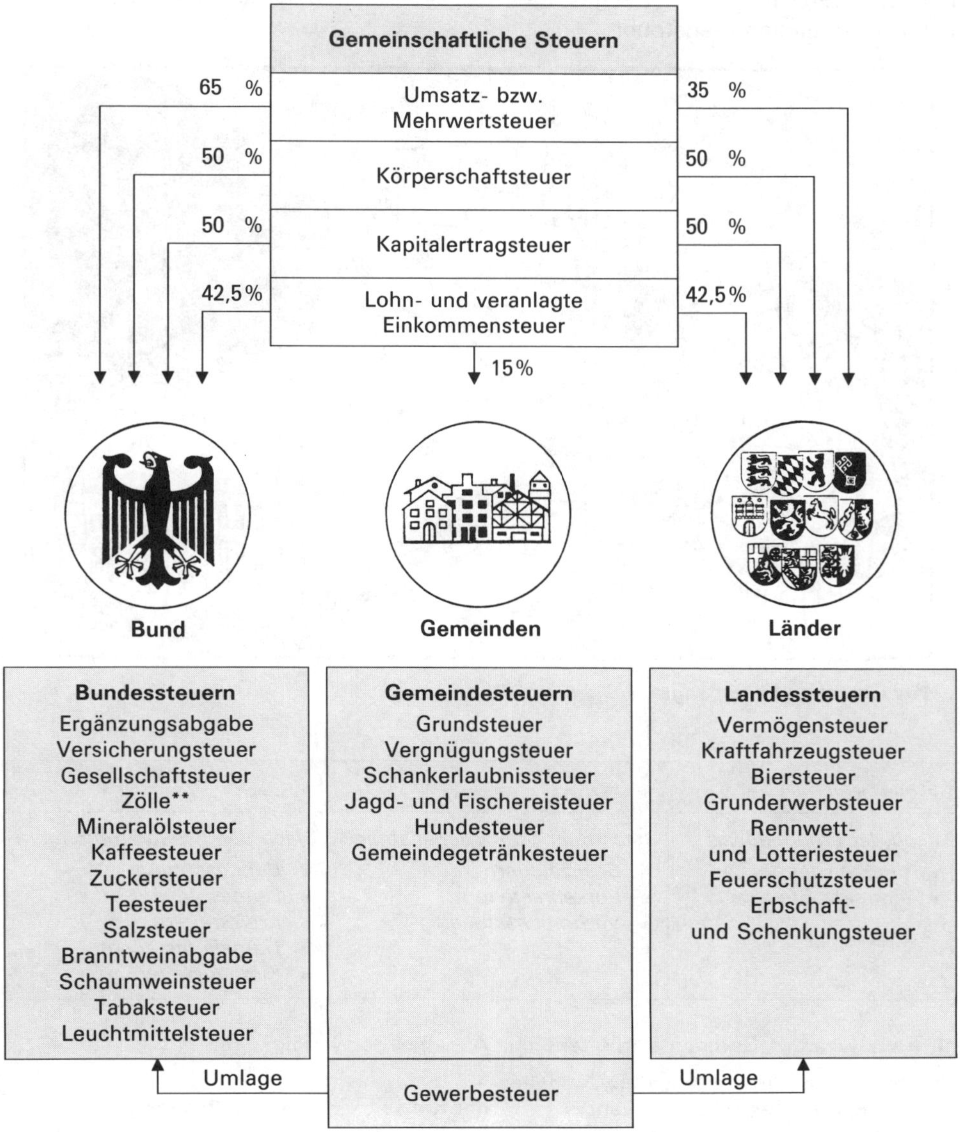

* wichtigste Steuern ** abzüglich EG-Anteil

Neben den Steuereinnahmen aus dem Steuerverbund sind für den Bund die Mineralöl-, die Tabak- und die Branntweinsteuer wichtige Einnahmequellen. Reine Ländersteuern sind die Vermögen-, Kraftfahrzeug- und Biersteuer. Die Kreise erhalten zur Finanzierung ihrer Aufgaben im Rahmen des Finanzausgleichs Finanzzuweisungen (Anteile der Einkommen-, Körperschaft- und Umsatzsteuer), außerdem steht ihnen die Jagdsteuer zu. Für die Gemeinden sind die Gewerbesteuer (abzüglich Umlage an Bund und Länder) sowie die Grundsteuer besonders wichtig. Religionsgemeinschaften können nach landesrechtlichen Vorschriften Kirchensteuer erheben. Sie beträgt je nach Religionsgemeinschaft und Bundesland 8 oder 9% der Lohn- bzw. Einkommensteuer.

„Was ich schon immer sagte: viel zu kurz!"

Z

Steuerarten		
nach der Erhebungsart • *direkte Steuern* • *indirekte Steuern*	*nach dem Steuergegenstand* • *Besitzsteuern* • *Verkehrssteuern* • *Verbrauchssteuern*	*nach den Steuerempfängern* • *Bundessteuern* • *Landessteuern* • *Kreissteuern* • *Gemeindesteuern* • *Kirchensteuer*

A

1. **Aus welchen Gründen sind öffentliche Abgaben notwendig?**
2. **Nennen Sie je drei wichtige Aufgaben**
   a) des Bundes, b) der Länder, c) der Kreise, d) der Gemeinden.
3. **Inwiefern eignen sich Steuern zur Konjunkturbeeinflussung?**
4. **Warum kann man die Steuergesetzgebung zu den sozialen Leistungen des Staates zählen?**
5. **Erläutern Sie an einem Beispiel, wie Steuern der Gesundheitspolitik dienen können.**
6. **Welche Arten der Staatseinnahmen lassen sich unterscheiden?**
7. **Unterscheiden Sie direkte und indirekte Steuern.**
8. **Wie lassen sich die Steuern nach dem Steuergegenstand einteilen?**
9. **Was versteht man unter einem Steuerverbund?**
10. **Nennen Sie je drei wichtige Bundes-, Landes- und Gemeindesteuern.**

13.2 Einkommen- und Lohnsteuer

13.2.1 Einkommensteuer – Körperschaftsteuer – Lohnsteuer

Das Einkommensteuergesetz kennt **sieben Einkunftsarten,** die der Einkommensteuer unterliegen:

1. Einkünfte aus Land- und Forstwirtschaft. Dazu zählen auch Einkünfte aus Wein-, Garten- und Obstbau.
2. Einkünfte aus Gewerbebetrieb.
3. Einkünfte aus selbständiger Arbeit (freiberufliche Tätigkeit, z. B. Ärzte, Zahnärzte, Rechtsanwälte, Architekten, Steuerberater).
4. Einkünfte aus nichtselbständiger Arbeit (Löhne, Gehälter, Ruhegehälter u. a.).
5. Einkünfte aus Kapitalvermögen (z. B. Dividenden, Zinsen, Gewinnanteile stiller Gesellschafter).
6. Einkünfte aus Vermietung und Verpachtung.
7. Sonstige Einkünfte. Hierzu gehören u. a. Rentenbezüge, Einkünfte aus Spekulationsgeschäften und Erträge aus der Veräußerung von Wertpapieren.

Alle Einkünfte, die nicht unter die sieben Einkunftsarten fallen, sind einkommensteuerfrei. Das sind insbesondere

- Schenkungen und Erbschaften,
- Arbeitslosengeld, Arbeitslosenhilfe, Sozialhilfe,
- Lotteriegewinne,
- einmalige gewinnbringende Verkäufe von Briefmarken und Hausrat,
- Grundstücksverkäufe, sofern zwischen An- und Verkauf zwei Jahre vergangen sind.

Steuerfrei sind außerdem Heiratsbeihilfen des Arbeitgebers bis 700,— DM, ebenso Geburtsbeihilfen bis 700,— DM und Jubiläumszuwendungen bis zu einer bestimmten Höhe.
Einkünfte aus mehreren Einkunftsarten werden addiert. Haben bei Verheirateten Ehefrau und Ehemann eigene Einkünfte, können sie zwischen getrennter Veranlagung und Zusammenveranlagung wählen. Bei Zusammenveranlagung werden die Einkünfte zusammengezählt und für die Steuerberechnung nicht der **Grundtarif,** sondern der **Splittingtarif** angewendet. Die Zusammenveranlagung ist meist günstiger.
Besondere Formen der Einkommensteuer sind die Körperschaft- und Lohnsteuer. Für juristische Personen (z. B. Kapitalgesellschaften) heißt die Einkommensteuer **Körperschaftsteuer.**
Personen, die nur Einkünfte aus nichtselbständiger Arbeit (Lohn, Gehalt) beziehen, zahlen statt Einkommensteuer **Lohnsteuer.** Der Unterschied besteht darin, daß die Lohnsteuer direkt vom Arbeitslohn abgezogen und monatlich vom Arbeitgeber an das Finanzamt überwiesen wird; Einkommensteuer muß dagegen vom Steuerpflichtigen selbst an das Finanzamt abgeführt werden. Einkommensteuerpflichtige müssen für das abgelaufene Jahr zudem eine **Einkommensteuererklärung** abgeben.

Z

- *Das Einkommensteuergesetz nennt sieben Einkunftsarten, die der Einkommensteuer unterliegen.*
- *Die Körperschaftsteuer ist die Einkommensteuer der juristischen Personen.*
- *Die Einkommensteuer der Lohn- und Gehaltsempfänger heißt Lohnsteuer.*

13.2.2 Berechnung des zu versteuernden Einkommens

Grundlage für die Berechnung der Steuerschuld ist das **steuerpflichtige Einkommen.** Es wird ermittelt, indem vom jährlichen Bruttoeinkommen verschiedene Freibeträge, Pauschbeträge, Aufwendungen und Belastungen abgezogen werden.
Steht das **Jahresbruttoeinkommen** fest (Arbeitnehmer können es der Lohnsteuerkarte entnehmen, die sie am Jahresende vom Arbeitgeber erhalten), dürfen Arbeitnehmer vorweg alle Ausgaben, die mit der Berufsausübung zusammenhängen **(Werbungskosten)** abziehen.

Zu den Werbungskosten gehören:

- Aufwendungen für Fahrten zwischen Wohnung und Arbeitsstätte,
- Mehraufwendungen für beruflich bedingte doppelte Haushaltsführung,
- Aufwendungen für Arbeitsmittel (Arbeitszimmer, Berufskleidung, Fachbücher, Schreibmaterial u. a.),
- Aufwendungen für berufliche Fortbildung,
- Beiträge zu Berufsverbänden (z. B. Gewerkschaftsbeitrag)

Beispiel für die Berechnung des steuerpflichtigen Einkommens:
Arbeitnehmer, 20 Jahre alt, ledig.

Jahresbruttoarbeitsverdienst	38000,— DM
./. Werbungskosten (Arbeitnehmer-Pauschbetrag)	2000,— DM
= Gesamtbetrag der Einkünfte	36000,— DM
./. Vorsorgepauschale	3510,— DM
./. übrige Sonderausgaben (Belege)	2630,— DM
./. außergewöhnliche Belastungen	—,— DM
= zu versteuerndes Einkommen	29860,— DM
	↓
	Steuertarif
	↓
	Einkommensteuer

Die Höhe der Werbungskosten ist durch Belege nachzuweisen, wenn die Werbungskosten höher als 2000,— DM im Jahr sind. Das Finanzamt unterstellt aus Vereinfachungsgründen, daß jeder Arbeitnehmer 2000,— DM Werbungskosten im Jahr hat und zieht diese automatisch vom Einkommen ab (Arbeitnehmer-Pauschbetrag).
Personen, die das 64. Lebensjahr vollendet haben, können nun den **Altersentlastungsbetrag** (40% der Einkünfte, höchstens 3720,— DM) abziehen. Anschließend erhält man den **Gesamtbetrag der Einkünfte.**

Auch der Gesamtbetrag der Einkünfte muß noch nicht versteuert werden. Von ihm können noch die Sonderausgaben, außergewöhnlichen Belastungen und sonstigen Freibeträge abgezogen werden.

Der Abzug von **Sonderausgaben** wird aus sozialen Überlegungen zugelassen. Zu den Sonderausgaben zählen neben der

- Kirchensteuer die Ausgaben für
- bestimmte Versicherungen,
- 50% der Bausparleistungen (falls keine Wohnungsbauprämie beantragt wurde),
- Steuerberatungskosten und
- Spenden.

Die meisten Sonderausgaben werden nur bis zu bestimmten Höchstbeträgen anerkannt. Automatisch berücksichtigt das Finanzamt die **Vorsorgepauschale** (von der Einkommenshöhe abhängig).

Zu den **außergewöhnlichen Belastungen** zählen u. a. Aufwendungen für Krankheitskosten, Kuren, Ehescheidungskosten, Körperbehinderung und die Beschäftigung einer Hausgehilfin. Auch hier werden nur bestimmte Höchstbeträge anerkannt.

Zum Schluß wird das Einkommen noch um die **sonstigen Freibeträge** (z. B. Haushaltsfreibetrag) vermindert. Sind alle diese Beträge und Ausgaben berücksichtigt, ist das zu versteuernde Einkommen ermittelt.

Was der Staat behält: Steuern und Sozialabgaben 1989 in % des Bruttosozialprodukts			
Rang	%	Rang	%
1. USA	29,8	7. Österreich	41,0
2. Japan	31,3	8. Frankreich	43,9
3. Schweiz	31,9	9. Belgien	45,1
4. Großbritannien	36,5	10. Niederlande	46,1
5. BR Deutschland	38,1	11. Dänemark	50,8
6. Italien	38,4	12. Schweden	56,8

Quelle: OECD

Z

- *Das zu versteuernde Einkommen ergibt sich aus dem Bruttojahreseinkommen, vermindert um bestimmte Freibeträge, Pauschalen, Aufwendungen und außergewöhnliche Belastungen.*
- *Das Finanzamt zieht von sich aus (ohne Antrag) den Arbeitnehmer-Pauschbetrag (2000,— DM) und die Vorsorgepauschale ab. Hat der Arbeitnehmer höhere Aufwendungen, muß er sie durch Belege nachweisen.*

13.2.3 Steuerklassen und Steuertarif

Steuerklassen

Die Lohnsteuer wird monatlich vom Arbeitgeber einbehalten und an die Finanzbehörden abgeführt. Da die Arbeitnehmer je nach Familienstand, Kinderzahl usw. unterschiedliche Freibeträge, Sonderausgaben und außergewöhnliche Belastungen geltend machen können, werden sie in sechs Steuerklassen eingeordnet. Auf diese Weise ist sichergestellt, daß z. B. bei gleich hohem Einkommen von einem Arbeitnehmer mit Kindern weniger Steuern einbehalten werden als von einem Arbeitnehmer ohne Kinder. Die Zuordnung zu einer Steuerklasse besagt jedoch nichts über die Höhe der Steuerschuld am Jahresende, sie soll lediglich zu möglichst genauen monatlichen Steuervorauszahlungen führen.

Die sechs Steuerklassen	
Alleinstehende Personen (Ledige, Verwitwete, Geschiedene), die keine Kinder haben	Steuerklasse I
Alleinstehende Personen, die mindestens ein Kind haben	Steuerklasse II
Verheiratete, wenn der andere Ehegatte keinen Arbeitslohn bezieht oder auf Antrag in Steuerklasse V eingeordnet ist	Steuerklasse III
Verheiratete, wenn beide Ehegatten Arbeitslohn beziehen	Steuerklasse IV
Verheiratete, wenn beide Ehegatten Arbeitslohn beziehen und der andere Ehegatte auf Antrag in Steuerklasse III eingeordnet ist	Steuerklasse V
Arbeitslohn aus einem zweiten oder weiteren Arbeitsverhältnis	Steuerklasse VI

Die Kinderfreibeträge werden mit einem **Kinderfreibetrags-Zähler** auf der Lohnsteuerkarte eingetragen. Der Zähler beträgt je nach Anzahl der zu berücksichtigenden Kinderfreibeträge: 0,5 oder 1,0/1,5/2,0/2,5 usw.

Halbe Kinderfreibeträge entstehen bei Kindern aus geschiedenen und dauernd getrennten Ehen sowie bei nichtehelichen Kindern, da in diesen Fällen der volle Kinderfreibetrag je zur Hälfte auf beide Elternteile aufgeteilt wird.
Zusammenveranlagte Ehegatten haben ein **Steuerklassen-Wahlrecht,** sie können entweder die Steuerklassen IV/IV oder III/V wählen. Wird die Kombination III/V gewählt, kann es am Jahresende, wenn die tatsächliche Steuerschuld festgestellt wird, zu Nachzahlungen kommen.

Steuertarif

Ist am Jahresende oder zu Beginn des folgenden Jahres das zu versteuernde Einkommen ermittelt, läßt sich aus dem Steuertarif ablesen, wieviel Steuern zu zahlen sind.
Der Steuertarif kennt **vier Zonen.** Er beginnt mit der sogenannten **Null-Zone.** Ledige müssen für 5616,— DM, zusammenveranlagte Ehegatten für 11232,— DM keine Steuern bezahlen. Danach folgt die **untere Proportionalzone.** Für Einkommen zwischen 5617,— DM und 8100,— DM (Verheiratete zwischen 11233,— DM und 16200,— DM) müssen gleichbleibend 19% Einkommensteuer (Lohnsteuer) entrichtet werden. Anschließend beginnt die **Lineare Progressionszone.** Der Steuersatz erhöht sich in dieser Einkommenszone ständig, bis er bei einem Einkommen von 120000,— DM (Ledige) bzw. 240000,— DM (Verheiratete) 53% erreicht. Die darüber hinausgehenden Einkommensbeträge werden gleichbleibend mit 53% besteuert **(obere Proportionalzone).**
Zusammenveranlagte Ehegatten werden nach dem günstigeren **Splittingtarif** besteuert, für andere Personen gilt der **Grundtarif.**
Für die Körperschaftsteuer beträgt der Spitzensteuersatz (höchste Steuersatz) 50%.

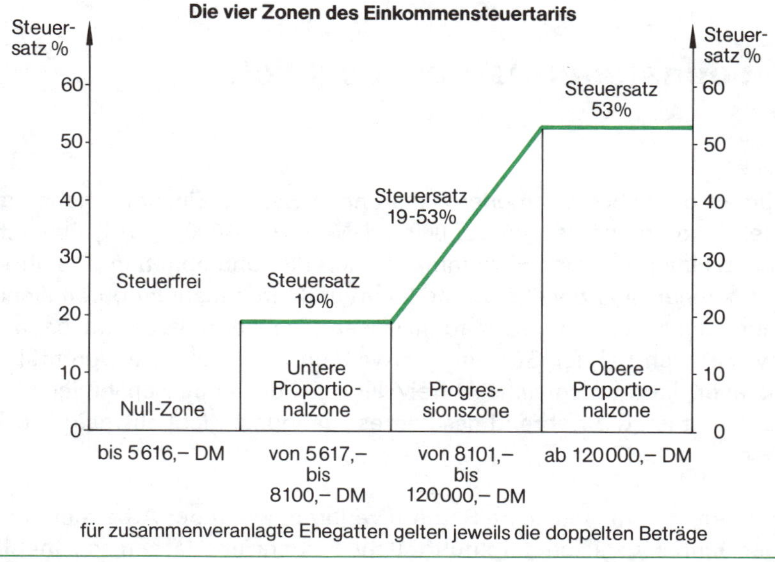

Hinweis: Von Juli 1991 bis einschließlich Juni 1992 wird auf den jeweiligen Einkommensteuerbetrag zusätzlich ein sogenannter Solidaritätszuschlag in Höhe von 7,5% erhoben.

Z

- *Die Einordnung der Arbeitnehmer in sechs Steuerklassen dient einer möglichst genauen Steuervorauszahlung; sie besagt nichts über die endgültige Steuerschuld.*
- *Ist das zu versteuernde Jahreseinkommen bekannt, kann man die Einkommensteuer- bzw. Lohnsteuerschuld vom Steuertarif ablesen.*
- *Der Steuersatz steigt mit zunehmendem Einkommen an, der Höchststeuersatz beträgt 53%.*

A

1. **Für welche Einkünfte muß Einkommensteuer bezahlt werden?**
2. **Unterscheiden Sie Einkommensteuer, Körperschaftsteuer und Lohnsteuer.**
3. **Wie wird das zu versteuernde Einkommen ermittelt?**
4. **Was versteht man unter**
   a) Werbungskosten,
   b) Sonderausgaben,
   c) außergewöhnlichen Belastungen?
5. **Wie hoch ist der Arbeitnehmer-Pauschbetrag für Werbungskosten? Wofür wird er gewährt?**
6. **Warum werden die Arbeitnehmer Steuerklassen zugeordnet?**
7. **Ordnen Sie den Steuerklassen I bis VI die betreffenden Personengruppen zu.**
8. **Wozu dient der Steuertarif?**
9. **Wie ist der Steuertarif aufgebaut?**
10. **Unterscheiden Sie zwischen Grund- und Splittingtarif.**

13.3 Lohnsteuer-Jahresausgleich

Arbeitnehmer, die neben Lohn oder Gehalt noch weitere Einkünfte haben oder die bestimmte Einkommensgrenzen (27000,— DM bzw. 54000,— DM) überschreiten, müssen beim Finanzamt eine Einkommensteuererklärung abgeben. Die übrigen Arbeitnehmer können sich zuviel bezahlte Lohn- und Kirchensteuer durch einen Lohnsteuer-Jahresausgleich zurückerstatten lassen. Die Formulare sind beim Finanzamt, teilweise auch bei der Gemeindeverwaltung erhältlich. Die Durchführung eines Lohnsteuer-Jahresausgleichs ist freiwillig, weil dieser ausschließlich für Arbeitnehmer gedacht ist, die während des Jahres zumindest nicht zuwenig Steuern gezahlt haben.

Dem Staat gehen demnach keine Steuern verloren, wenn der Arbeitnehmer keinen Lohnsteuer-Jahresausgleich durchführt. Jahr für Jahr überlassen so zahlreiche Arbeitnehmer aus Bequemlichkeit oder Unkenntnis dem Staat einen Teil ihres Arbeitsentgeltes.

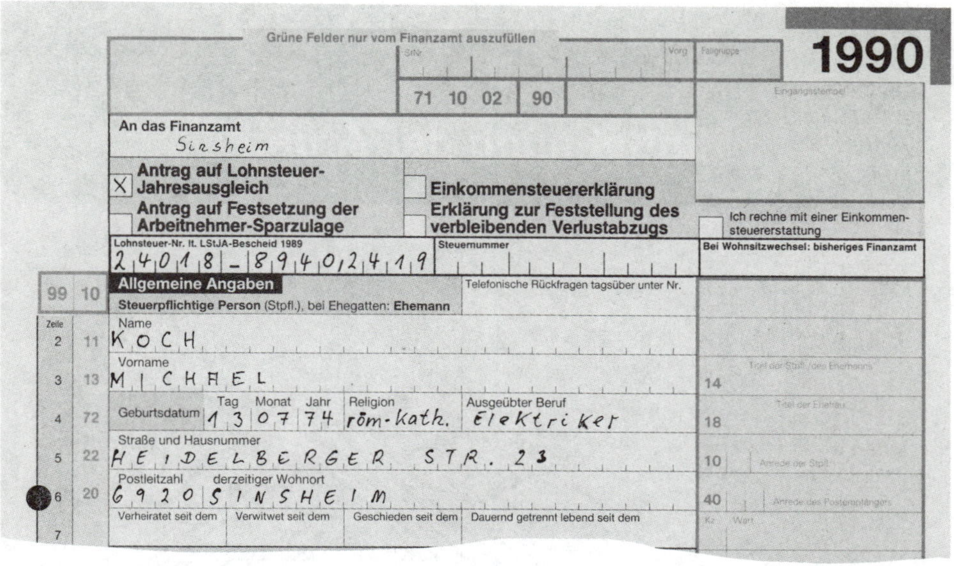

Grüne Felder nur vom Finanzamt auszufüllen

71 10 02 90

1990

An das Finanzamt
Sinsheim

[X] Antrag auf Lohnsteuer-Jahresausgleich
[ ] Antrag auf Festsetzung der Arbeitnehmer-Sparzulage
[ ] Einkommensteuererklärung
[ ] Erklärung zur Feststellung des verbleibenden Verlustabzugs
[ ] Ich rechne mit einer Einkommensteuererstattung

Lohnsteuer-Nr. lt. LStJA-Bescheid 1989: 24018 - 89402419
Steuernummer
Bei Wohnsitzwechsel: bisheriges Finanzamt

99 10 **Allgemeine Angaben**
Steuerpflichtige Person (Stpfl.), bei Ehegatten: **Ehemann**
Telefonische Rückfragen tagsüber unter Nr.

Zeile			
2	11	Name: KOCH	
3	13	Vorname: MICHAEL	14
4	72	Geburtsdatum (Tag Monat Jahr): 13 07 74 · Religion: röm.-kath. · Ausgeübter Beruf: Elektriker	18
5	22	Straße und Hausnummer: HEIDELBERGER STR. 23	10
6	20	Postleitzahl: 6920 · derzeitiger Wohnort: SINSHEIM	40
7		Verheiratet seit dem · Verwitwet seit dem · Geschieden seit dem · Dauernd getrennt lebend seit dem	

Ein Lohnsteuer-Jahresausgleich lohnt sich für den Arbeitnehmer besonders, wenn mindestens einer der folgenden Punkte zutrifft:

- Der Arbeitnehmer hat nicht das ganze Jahr gearbeitet.
- Die Höhe des Arbeitslohnes hat sich im Lauf des Jahres geändert.
- Die Eintragungen auf der Lohnsteuerkarte haben sich geändert.
- Die Werbungskosten des vergangenen Jahres waren höher als 2000,— DM.
- Die Vorsorgeaufwendungen waren höher als die Vorsorgepauschale.
- Der Arbeitnehmer hatte außergewöhnliche Belastungen.
- Doppelverdienende Ehepaare haben die Steuerklassen IV/IV gewählt und lassen sich zusammen veranlagen.

Z

- *Durch einen Lohnsteuer-Jahresausgleich können sich Arbeitnehmer zuviel bezahlte Lohn- und Kirchensteuer zurückerstatten lassen.*

A

1. **Wozu dient ein Lohnsteuer-Jahresausgleich?**
2. **Die Abgabe der Lohnsteuer-Jahresausgleichsformulare ist freiwillig. In welchen Fällen ist es besonders lohnenswert, einen Lohnsteuer-Jahresausgleich durchzuführen?**

14

Entlohnung der Arbeit

Löhne sind für den Arbeitnehmer Einkommen, für den Betrieb Kosten.

Die drei Lohnformen Zeitlohn, Leistungslohn und Beteiligungslohn entsprechen der Absicht des Arbeitgebers, die Zeit zu entlohnen, die Leistung zu bezahlen oder den Arbeitnehmer am Betrieb zu beteiligen.

Es gibt keine vollständige Lohngerechtigkeit. Durch Berücksichtigung der Arbeitsanforderungen, der Leistung des einzelnen oder sozialer Gesichtspunkte wird versucht, dem Ideal eines gerechten Lohns nahe zu kommen.

Der Nettolohn errechnet sich aus dem Bruttolohn, verringert um die gesetzlichen Abzüge.

14.1 Lohnformen

Die Vergütung für geleistete Arbeit wird als Lohn bezeichnet. Unter den Begriff Lohn fallen demnach nicht nur das Einkommen der Arbeiter, sondern auch die Gehälter der Angestellten und Beamten, die Honorare der Ärzte, die Künstlergagen, die Heuer der Matrosen u. a. Die verschiedenen Lohnformen entsprechen den unterschiedlichen Absichten des Arbeitgebers. Er kann die Arbeitszeit bezahlen, die Leistung entlohnen oder den Arbeitnehmer am Betrieb oder Betriebsergebnis beteiligen; entsprechend unterscheidet man den Zeitlohn, den Leistungslohn und den Beteiligungslohn.

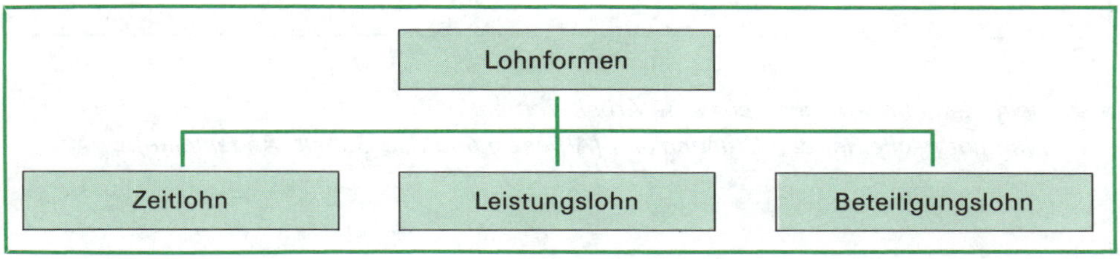

14.1.1 Zeitlohn

Zeitlohn liegt vor, wenn die Arbeitszeit entlohnt wird. Die Leistung des einzelnen schlägt sich – kurzfristig gesehen – nicht in der Lohnhöhe nieder. Diese wirkt sich nur auf längere Sicht aus, wenn z. B. der Arbeitgeber einem leistungsfähigeren Mitarbeiter eine größere Lohnerhöhung gewährt als einem Arbeitnehmer, der geringere Leistungen erbringt. Die Höhe des Zeitlohns ist häufig auch vom Alter, Familienstand, von der Betriebszugehörigkeit und der Ausbildung abhängig. Man unterscheidet den Stundenlohn und das Gehalt.
Das **Gehalt** wird immer monatlich ausgezahlt und ist die Entlohnungsform der kaufmännischen oder technischen Angestellten.
Arbeiter erhalten häufig einen festen **Stundenlohn.** Der Tages- oder Wochenlohn ergibt sich dabei aus dem Stundenlohnsatz multipliziert mit der Anzahl der geleisteten Arbeitsstunden.

Beispiel:
Geleistete Arbeitsstunden in einem Abrechnungszeitraum (Woche) 39 Stunden; Stundenlohn 15,60 DM

Lohnhöhe = Arbeitsstunden · Stundenlohnsatz
(Wochenlohn) = 39 Stunden · 15,60 DM
= 608,40 DM

Hinzu kommen können noch Zuschläge für Mehr-, Nacht-, Sonn-, Feiertagsarbeit oder für besondere Arbeitsgefahren bzw. -belastungen.

Zeitlohn eignet sich insbesondere für alle Arbeiten, bei denen es auf Qualität der Produkte ankommt.

Zeitlohn

Vorteile	Nachteile
• Qualität der Arbeit ist hoch, weil die Arbeitnehmer nicht unter Zeitdruck stehen • Vermeidung von Krankheiten und Frühinvalidität • einfache Lohnberechnung	• Leistungsanreiz fehlt, Arbeitgeber trägt das Leistungsrisiko • Leistung des Arbeitnehmers muß im allgemeinen ständig überwacht werden • unsichere Preiskalkulation des Unternehmers (z. B. bei Kostenvoranschlägen)

Z

- *Beim Zeitlohn wird die geleistete Arbeitszeit entlohnt.*
- *Man unterscheidet den Stundenlohn (Arbeiter) und das Gehalt (Angestellte).*

14.1.2 Leistungslohn

Leistungslohn liegt vor, wenn die Lohnhöhe von der Arbeitsleistung abhängig ist. Formen des Leistungslohns sind Prämienlohn und Akkordlohn.

Prämienlohn

Werden für besondere Leistungen **Prämien** gezahlt, spricht man vom Prämienlohn. Solche Leistungen können sein

- hohe Qualität und geringe Ausschußproduktion,
- Materialersparnis,
- Zeitersparnis oder
- Termineinhaltung bei Terminaufträgen.

  Grundlohn (Zeitlohn)
+ Prämien (Leistungslohn)
____
= Arbeitslohn

Meist besteht der Arbeitslohn nicht allein aus Prämien. Er setzt sich aus dem Grundlohn (Zeitlohn) und dem Prämienlohn zusammen.

Akkordlohn

Der Akkordlohn findet vorwiegend bei einfachen körperlichen Tätigkeiten Anwendung. Es gibt ihn als Stückgeld- und Stückzeitakkord, als Einzel- und Gruppenakkord.

Stückgeldakkord

Beim Stückgeldakkord wird für die Fertigung eines Stückes ein **bestimmter Geldbetrag** gezahlt. Dieser Geldbetrag wird als **Geldakkordsatz** bezeichnet und aus der Normalleistung eines Arbeitnehmers ermittelt.

Beispiel:
Grundlohn (Akkordrichtsatz) 14,40 DM, Normalleistung je Stunde 30 Stück.

$$\text{Geldakkordsatz} = \frac{14{,}40 \text{ DM}}{30 \text{ Stück}} = 0{,}48 \text{ DM je Stück}$$

Der Arbeitnehmer kann nun seinen Verdienst selbst bestimmen. Stellt er beispielsweise in der Woche 1 400 Stück her, läßt sich sein Wochenlohn wie folgt ermitteln:

Geldakkordsatz · Stückzahl	= Bruttoverdienst
0,48 · 1 400 Stück	= 672,— DM

Stückzeitakkord

Beim Stückzeitakkord wird für die Fertigung eines Stückes eine **bestimmte Zeit** vorgegeben, welche der Normalleistung entspricht. Unterschreitet der Arbeitnehmer die vorgegebene Zeit, erhöht er seinen Verdienst, benötigt er für die Bearbeitung mehr Zeit als vorgegeben, fällt sein Lohn entsprechend geringer aus.

Zur Lohnberechnung müssen bekannt sein:

- **Vorgabezeit** (Zeit, die zur Fertigung einer Produktionseinheit, z. B. für 1 Stück, 1 kg, 1 m, bei Normalleistung benötigt wird) und
- **Minutenfaktor** (60. Teil des Akkordrichtsatzes)

Beispiel:
Grundlohn (Akkordrichtsatz) 14,40 DM, Normalleistung je Stunde 30 Stück.

$$\text{Vorgabezeit je Stück} = \frac{60 \text{ Min.}}{30} = 2 \text{ Minuten}$$

$$\text{Minutenfaktor} = \frac{14{,}40 \text{ DM}}{60} = 0{,}24$$

Stellt der Arbeitnehmer in der Woche 1 400 Stück her, berechnet sich sein Wochenlohn wie folgt (vgl. Stückgeldakkord):

Minutenfaktor	· Vorgabezeit je Stück	· Produktionsmenge	= Bruttoverdienst
0,24	· 2 Minuten	· 1 400 Stück	= 672,— DM

Einzelakkord

Wird **eine einzelne Person** nach dem Stückgeld- oder Stückzeitakkord entlohnt, liegt Einzelakkord vor.

Gruppenakkord

Müssen **zwei oder mehrere Personen** aus technischen oder organisatorischen Gründen zusammenarbeiten, kann Gruppenakkord vereinbart werden. Dies bietet sich an, wenn das Arbeitstempo eines Arbeitnehmers von der Arbeitsleistung anderer Arbeitnehmer abhängig ist. Weil der Arbeitsverdienst aller beteiligten Arbeitnehmer sich dabei nach dem Arbeitstempo des schwächsten Gruppenmitgliedes richtet, führt Gruppenakkord häufig zu Spannungen unter den Gruppenmitgliedern.

Akkordlohn

Vorteile	Nachteile
• Verdienst entspricht der Arbeitsleistung • einfache Preiskalkulation des Arbeitgebers, weil die Lohnkosten je Stück gleich bleiben • Überwachung der Leistung ist überflüssig	• körperliche und seelische Schäden können auftreten, wenn sich der Arbeitnehmer zuviel zumutet • Qualität der Arbeit kann leiden, hohe Ausschußproduktion • durch hastiges Arbeiten steigt die Gefahr von Arbeitsunfällen

Z

- *Der Leistungslohn berechnet sich nach der Arbeitsleistung.*
- *Man unterscheidet Prämien- und Akkordlohn.*

14.1.3 Beteiligungslohn

Zusätzlich zum eigentlichen Lohn beteiligen einige, vorwiegend größere Unternehmen ihre Arbeitnehmer am **Gewinn** oder **Kapital** der Unternehmung. Dabei können die Gewinnanteile ausbezahlt werden oder in der Unternehmung verbleiben (z. B. durch Ausgabe von Belegschaftsaktien). Im zweiten Fall werden die Arbeitnehmer sowohl am Gewinn als auch am Kapital der Unternehmung beteiligt.

In der Wirtschaftspraxis stoßen Gewinn- und Kapitalbeteiligung zuweilen auf Probleme, weil viele Arbeitnehmer ihre Aktien oder Anteile sofort oder nach einer Sperrfrist verkaufen, um möglichst schnell an Bargeld zu kommen. Andererseits hat man jedoch festgestellt, daß beteiligte Mitarbeiter motivierter und engagierter sind und in der Unternehmensaufgabe eher eine Gemeinschaftsaufgabe sehen als ohne Beteiligung. Wenn es also gelingt, die Mitarbeiter langfristig am Unternehmen zu beteiligen, arbeiten solche Unternehmen i. d. R. insgesamt erfolgreicher (vgl. Kap. 15.1.6).

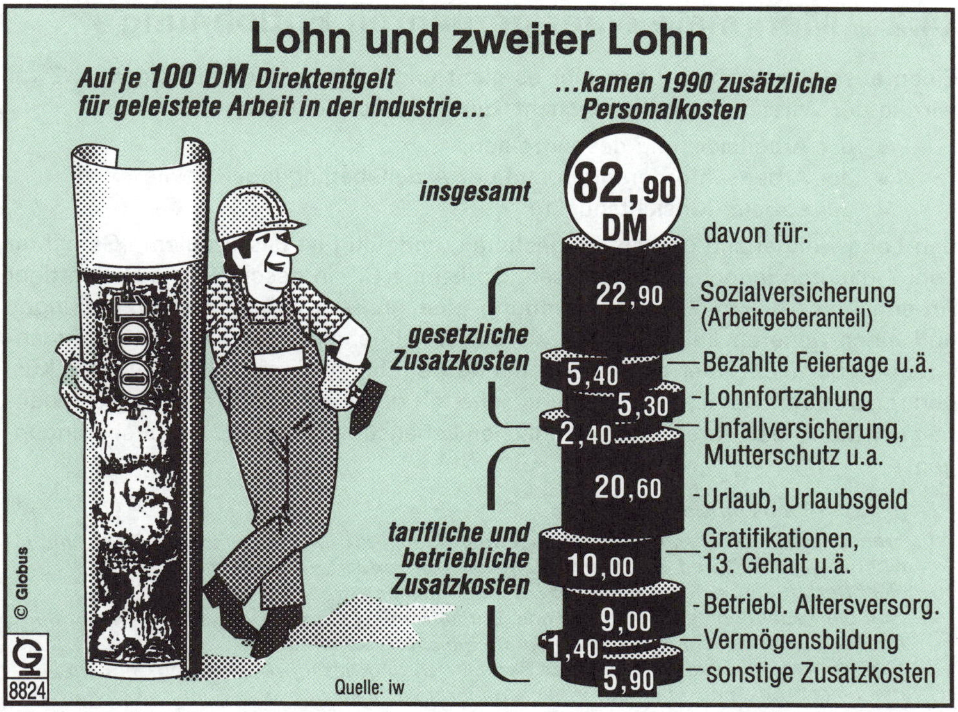

Neben den eigentlichen Lohnkosten entstehen für den Betrieb gesetzliche, tarifliche und freiwillige Personalzusatzkosten. In der Vergangenheit sind die Zusatzkosten schneller als die Löhne gewachsen.

Z

- *Beteiligungslohn liegt vor, wenn Unternehmen zusätzlich zum eigentlichen Lohn die Arbeitnehmer am Gewinn oder Kapital der Unternehmung beteiligen.*

A

1. **Erläutern Sie den Begriff Lohnformen. Welche Lohnformen lassen sich unterscheiden?**
2. **In welchen Formen tritt der Zeitlohn auf?**
3. **Was versteht man unter Prämienlohn?**
4. **Unterscheiden Sie Stückzeit- und Stückgeldakkord.**
5. **„Akkord ist Mord!" Nehmen Sie zu dieser Aussage Stellung.**
6. **Der Akkordrichtsatz beträgt 13,70 DM, die Normalleistung je Stunde 30 Stück. Berechnen Sie den Bruttoverdienst bei Bearbeitung von 1800 Stück nach dem Stückgeld- und dem Stückzeitakkord.**
7. **Nennen Sie Vor- und Nachteile von Zeit- und Akkordlohn. Welcher Entlohnungsform würden Sie den Vorrang geben?**
8. **Welche Erfahrungen hat man bisher in der Wirtschaftspraxis mit der Beteiligung von Arbeitnehmern am Gewinn oder Kapital der Unternehmung gesammelt?**

14.2 Merkmale einer gerechten Entlohnung

Einen absolut gerechten Lohn gibt es nicht und kann es auch nicht geben. Zwar wird in der Wirtschaftspraxis versucht, durch Berücksichtigung

- der Arbeitsleistung des einzelnen,
- der Arbeitsanforderungen und der Arbeitsbedingungen sowie
- der sozialen Gesichtspunkte

den Lohn weitgehend gerecht zu gestalten, endgültig ist das Problem „Gerechter Lohn" dadurch jedoch nicht zu lösen. So kann z. B. ein geschickter oder kräftiger Arbeitnehmer bei mäßiger Anstrengung eine größere Arbeitsleistung erbringen und einen höheren Lohn erzielen als ein Arbeitnehmer, der sich zwar sehr anstrengt, aber nicht über eine ausreichende Begabung, Geschicklichkeit oder Körperkraft verfügt. Gerechte Entlohnung scheitert daher letztlich an der Verschiedenheit der Menschen, ihrer unterschiedlichen Lebensumstände und Arbeitsbedingungen.

Fragen zum Problem: Gerechter Lohn

1. *Frauen sind statistisch gesehen häufiger krank als Männer und scheiden durch Schwangerschaft und Kindererziehung bedingt zeitweilig aus dem Arbeitsleben aus. Rechtfertigt dies einen geringeren Lohn bei gleicher Arbeit?*
2. *Soll ein Arbeitnehmer mit Abitur und Studium mehr verdienen als ein Arbeitnehmer mit Hauptschulabschluß, wenn beide die gleiche Position haben?*
3. *Soll ein Arbeitnehmer mit längerer Berufserfahrung besser bezahlt werden als jener, der eine Arbeit neu übernimmt, sich dabei sehr anstrengt und gute Leistungen erbringt?*
4. *Ist es gerecht, daß ältere Arbeitnehmer bei gleicher Arbeitsleistung besser als jüngere bezahlt werden?*
5. *Soll ein Arbeitnehmer im Alter weniger verdienen, wenn seine Leistungsfähigkeit nachläßt?*
6. *Ist es gerecht, wenn ein Arbeitnehmer den gleichen Lohn erhält wie ein anderer Arbeitnehmer, der aufgrund seiner körperlichen Kraft und Energie die Arbeit mit weitaus geringerer Anstrengung verrichtet als der andere?*
7. *Sollen alleinverdienende Familienväter (oder -mütter) bei gleicher Leistung mehr verdienen als Doppelverdiener?*
8. *Ist es gerecht, wenn ein lediger Arbeitnehmer bei ähnlicher Arbeit genau so viel verdient wie ein Familienvater mit 5 Kindern?*

Quelle: Bundeszentrale für politische Bildung (Hrsg.): Informationen zur politischen Bildung Nr. 175 – Wirtschaft. Arbeitnehmer und Betrieb 2, Bonn, S. 30

14.2.1 Arbeitsleistung

Da die menschliche Leistungskraft und die Belastungen durch Lebensumstände im einzelnen nicht ermittelt und berücksichtigt werden können, muß die Lohnhöhe nach anderen Merkmalen festgelegt werden, die meß- bzw. feststellbar sind. Ein Merkmal ist das **Arbeitsergebnis. Wer viel leistet, soll auch viel verdienen.** Beim Akkordlohn ist die Arbeitsleistung genau meßbar. Auch der Prämienlohn läßt eine Leistungsfeststellung unmittelbar zu, falls die Bedingungen, unter denen eine Prämie ausgezahlt wird, festgelegt wurden. Schwieriger gestaltet sich die Leistungsbewertung beim Zeitlohn. Wird ein Arbeitnehmer, der Zeitlohn erhalten soll, neu eingestellt, ist der Arbeitgeber auf qualifizierte Arbeitszeugnisse, auf Ausbildungsergebnisse und bisherige Tätigkeiten des Arbeitnehmers sowie auf den äußeren Eindruck beim Vorstellungsgespräch angewiesen, um zu einer Leistungsbeurteilung zu gelangen. Nach der Einarbeitung sind Beobachtungen und Einschätzungen der Vorgesetzten, Arbeitsergebnisse, Arbeitsverhalten und menschliches Verhalten wichtige Punkte der Leistungsbeurteilung und zur Berücksichtigung bei Lohn- bzw. Gehaltserhöhungen.

Z

- *Die Leistung des Arbeitnehmers ist ein wichtiges Merkmal zur Findung eines weitgehend gerechten Lohns.*
- *Wird Leistungslohn gezahlt, ist die Arbeitsleistung genau meß- oder feststellbar. Beim Zeitlohn ist der Arbeitgeber weitgehend auf Erfahrung, Eindrücke und Beurteilungen der Vorgesetzten angewiesen, um zu einer Leistungsbeurteilung zu kommen.*

14.2.2 Arbeitsplatzbewertung

Neben der Leistung des einzelnen sind die Arbeitsanforderungen und Arbeitsbedingungen für die Höhe des Lohns wichtig. Wer anspruchsvolle Tätigkeiten ausführt, die ein hohes fachliches Können und eine lange Ausbildung erfordern, soll auch entsprechend gut entlohnt werden.

Grundlage für eine Arbeitsplatzbewertung bildet i. d. R. eine genaue **Arbeitsplatzbeschreibung,** die der Bewertung vorauszugehen hat. Sie erhält neben der Bezeichnung des Arbeitsplatzes und dem Ziel, das erreicht werden soll, auch Angaben über

- die Über-, Gleich- und Unterordnungsverhältnisse des Arbeitsplatzes;
- die Aufgaben, die zu verrichten sind; und
- die Anforderungen an den Arbeitsplatzinhaber (Vorbildung, Kenntnisse und Fertigkeiten, persönliche Eigenschaften).

Die beiden bekanntesten Verfahren zur Bewertung der Arbeit sind die summarische und die analytische Arbeitsbewertung.

Summarische Arbeitsbewertung

Bei der summarischen Arbeitsbewertung werden die Arbeiten, die an einem Arbeitsplatz anfallen, als Ganzes bewertet. Dabei sind die Schwierigkeit der Arbeit, eine evtl. notwendige Ausbildung und die Arbeitsbedingungen zu berücksichtigen. Auf Grund der Bewertungsergebnisse werden den einzelnen Arbeitsplätzen Löhne zugeordnet. Üblicherweise erfolgt dies durch Einteilung der Arbeiten in Lohngruppen.

Beispiel einer Lohngruppeneinteilung (summarische Arbeitsbewertung):		
Lohngruppe	Art der Arbeiten	Lohngruppenschlüssel
1	Hilfsarbeiten (nach kurzer einmaliger Anweisung)	80%
2	Hilfsarbeiten (nach kurzer Anweisung und Übung)	85%
3	Arbeiten, die nach Anlernung ausgeführt werden können	90%
4	Arbeiten, die eine Anlernzeit und längere Arbeitserfahrung erfordern	95%
5 (Ecklohn)	Facharbeiten, die eine Berufsausbildung voraussetzen	100%
6	Schwierige Facharbeiten, die eine Berufsausbildung und langjährige Erfahrung erfordern	110%
7	Besonders schwierige Facharbeiten, die hohe Anforderungen an Können und Wissen stellen	120%
8	Besonders verantwortungsvolle Facharbeiten, die dazu noch meisterliches Können verlangen	130%

In Tarifverhandlungen wird meist nicht über jede Lohngruppe verhandelt, sondern nur über den **Ecklohn,** das ist der Lohn einer Lohngruppe, der gleich 100% gesetzt wird. Die Löhne der anderen Lohngruppen ergeben sich aus dem **Lohngruppenschlüssel.** Die untersten Lohngruppen werden als **Leichtlohngruppen** bezeichnet.

Analytische Arbeitsbewertung

Die summarische Arbeitsbewertung ist ungenau, weil die einzelnen Anforderungen an den Arbeitnehmer und die Arbeitsumstände nicht exakt erfaßt werden. Diesen Mangel versucht die analytische Arbeitsbewertung zu beheben. Bei ihr werden den einzelnen Arbeitsanforderungen, wie Ausbildung, geistige Anforderungen, körperliche Anforderungen, äußere Einflüsse und Verantwortung, **Wertzahlen** (z. B. 0 bis 10) zugeordnet. Die Summe der Wertzahlen aller Anforderungsarten eines Arbeitsplatzes ermöglicht dann die Eingliederung in eine Lohngruppe.

Z

- *Zur gerechten Lohnfindung ist es erforderlich, die Anforderungen der Arbeit zu ermitteln und die Arbeit zu bewerten.*
- *Bekannte Verfahren der Arbeitsbewertung sind die summarische und die analytische Arbeitsbewertung.*
- *Auf Grund der Arbeitsbewertung kann eine Eingruppierung der Arbeiten in Lohngruppen erfolgen.*

14.2.3 Soziale Gesichtspunkte der Entlohnung

Neben Leistung und Arbeitswert werden häufig auch soziale Gesichtspunkte für die Festsetzung der Lohnhöhe berücksichtigt. Solche sozialen Punkte sind

- der Familienstand,
- das Lebensalter und
- die Dauer der Betriebszugehörigkeit.

Auch der **Staat** versucht, durch Zahlung von Kindergeld, Wohngeld, BAföG und durch die Gestaltung des Steuerrechts zu einem familiengerechten Lohn beizutragen und so mehr Lohngerechtigkeit zu verwirklichen.

Z

- *Soziale Gesichtspunkte der Entlohnung sind der Familienstand, das Lebensalter und die Dauer der Betriebszugehörigkeit.*

A

1. **Gibt es einen gerechten Lohn?**
2. **Welche Gesichtspunkte werden bei der Lohnfindung berücksichtigt?**
3. **Warum ist beim Zeitlohn die Leistung des Arbeitnehmers nur ungenau feststellbar?**
4. **Welche Vorteile bietet**
   a) die summarische,
   b) die analytische Arbeitsbewertung?
5. **Was versteht man unter Lohngruppen, Ecklohn und Lohngruppenschlüssel?**
6. **Einige Firmen berücksichtigen zur Lohnfindung neben Leistung und Arbeitsanforderungen auch soziale Gesichtspunkte wie Familienstand, Lebensalter und Dauer der Betriebszugehörigkeit. Halten Sie dies für gerechtfertigt?**

14.3 Lohnabrechnung

14.3.1 Bruttolohn

Zum Bruttolohn gehören alle Einnahmen, die der Arbeitnehmer aufgrund seines Arbeitsverhältnisses hat. Der Bruttolohn bildet die Grundlage für die gesetzlichen Lohnabzüge. Er setzt sich zusammen aus dem **Grundlohn**, verschiedenen **Zulagen, Zuschlägen** und **Zuwendungen.**

Grundlohn (vertraglich oder tariflich vereinbarter Lohn)

+ Zulagen, z. B.	• Erschwerniszulagen • Gefahrenzulagen • Schmutzzulagen
+ Zuschläge, z. B.	• Überstundenzuschläge • Akkordzuschläge • Sonn- und Feiertagszuschläge • Nachtarbeitszuschläge
+ Zuwendungen, z. B.	• freiwillige oder vertraglich bzw. tariflich vereinbarte Beteiligung des Arbeitgebers an vermögenswirksamen Leistungen
= Bruttolohn	

Nach gesetzlichen Vorschriften zählen bestimmte Zuwendungen, Beihilfen oder Zuschüsse des Arbeitgebers nicht zum Arbeitslohn bzw. sie sind steuerfrei.

Dazu gehören z. B.:

- Geburtsbeihilfen (bis zu 700,— DM);
- Heiratsbeihilfen (bis zu 700,— DM);
- Jubiläumszuwendungen, wenn sie bestimmte Grenzen nicht übersteigen;
- Verpflegungskosten- und Fahrtkostenzuschüsse bis zu bestimmten Höchstbeträgen;
- Zuwendungen an den Arbeitnehmer zur Vermögensbeteiligung bis zu 500,— DM.

Z

- *Der Bruttolohn des Arbeitnehmers kann sich aus dem Grundlohn und verschiedenen Zulagen, Zuschlägen und Zuwendungen zusammensetzen.*
- *Der Bruttolohn ist Grundlage für die Berechnung der gesetzlichen Lohnabzüge.*

14.3.2 Lohnabzüge

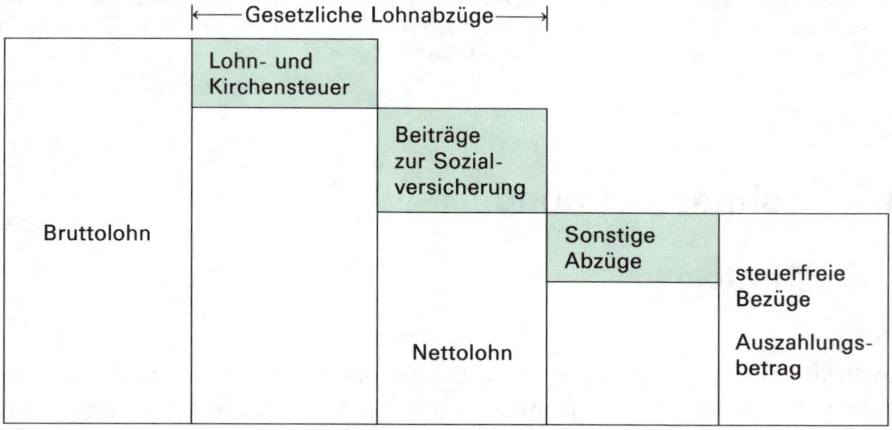

Vom Bruttolohn zum Auszahlungsbetrag

Der Arbeitnehmer erhält nicht den gesamten Lohn ausbezahlt. Der Bruttolohn wird zunächst um die gesetzlich vorgeschriebenen Lohnabzüge gekürzt. Als Ergebnis ergibt sich der **Nettolohn.** Schließlich kann der Nettolohn noch um weitere Abzüge gekürzt oder um steuerfreie Zuwendungen erhöht werden, so daß der Nettolohn nicht mit dem **Auszahlungsbetrag** übereinstimmen muß. Der Begriff „Nettolohn" wird in der Literatur allerdings nicht einheitlich verwendet. Teilweise wird er mit dem Begriff „Auszahlungsbetrag" auch gleichgesetzt.
Man versteht unter Nettolohn dann den Bruttolohn abzüglich aller Abzüge.
Hier wird der Begriff „Nettolohn" wie in den Veröffentlichungen des Statistischen Bundesamtes und der Deutschen Bundesbank verwendet, die aus Gründen der statistischen Vergleichbarkeit Nettolohn als Bruttolohn abzüglich gesetzlich vorgeschriebene Lohnabzüge definieren (vgl. z. B. die Monatsberichte der Deutschen Bundesbank).

Gesetzliche Lohnabzüge

Gesetzlich vorgeschriebene Lohnabzüge sind die Lohnsteuer, die Kirchensteuer und die Sozialversicherungsbeiträge des Arbeitnehmers.

Die **Lohnsteuer** des Arbeitnehmers wird durch den Arbeitgeber monatlich einbehalten und an die Finanzbehörde abgeführt. Die Höhe des Lohnsteuerabzugs richtet sich nach der Einkommenshöhe und der Lohnsteuerklasse, welcher der Arbeitnehmer zugeordnet ist. Sie ist aus den Monatslohnsteuertabellen ersichtlich (vgl. Kap. 13.2).

Der Abzug der **Kirchensteuer** wird bei Mitgliedern einer Religionsgemeinschaft vorgenommen. Die Kirchensteuer beträgt in Bayern, Baden-Württemberg, Bremen und Hamburg 8%, in allen anderen Bundesländern 9% der Lohn- bzw. Einkommensteuer.

Die **Sozialversicherungsbeiträge des Arbeitnehmers** sind nicht allein vom Arbeitnehmer zu tragen. Die Beiträge zur gesetzlichen Unfallversicherung trägt der Arbeitgeber allein, zur gesetzlichen Kranken-, Renten- und Arbeitslosenversicherung je zur Hälfte (vgl. Kap. 12.1). Vom Arbeitnehmereinkommen werden z. Zt. ca. 6,5% für die Kranken-, 8,85% für die Renten- und 3,15% für die Arbeitslosenversicherung einbehalten.

Sonstige Lohnabzüge

Beträgt das zu versteuernde Einkommen eines Arbeitnehmers nicht mehr als 27000,— DM (bei zusammenveranlagten Ehegatten 54000,— DM), kann er nach dem Vermögensbildungsgesetz (936-DM-Gesetz) 936,— DM vermögenswirksam sparen. Die Arbeitnehmer-Sparzulage des Staates beträgt je nach Anlageform 10 oder 20% der vermögenswirksamen Leistungen. Nimmt der Arbeitnehmer diese Möglichkeit wahr, behält der Arbeitgeber den **monatlichen Sparbetrag von 78,— DM** als Abzug vom Lohn ein und überweist ihn an das Geldinstitut oder die Bausparkasse, bei dem der Sparvertrag abgeschlossen wurde (vgl. Kap. 15.2). Die Sparzulage wird auf Antrag vom Finanzamt ausbezahlt.

Die Geldanlage nach dem Vermögensbildungsgesetz ist für viele Arbeitnehmer nicht nur interessant, weil der Staat durch die Zahlung einer Arbeitnehmer-Sparzulage die Vermögensbildung unterstützt, sondern auch, weil viele Arbeitgeber aufgrund eines Tarifvertrages oder einer Betriebsvereinbarung einen Teil der Sparleistungen für ihre Arbeitnehmer übernehmen. Solche Leistungen des Arbeitgebers sind Bestandteil des Arbeitslohns; sie unterliegen der Lohnsteuer und dem Abzug von Sozialversicherungsbeiträgen.

Monatliche Lohn-/Gehaltsabrechnung eines Arbeitnehmers

Beispiel: Alleinstehend ohne Kind - Steuerklasse I
Von den vermögenswirksamen Leistungen in Höhe von 78,— DM/monatlich (936-DM-Gesetz) übernimmt der Arbeitgeber aufgrund freiwilliger Vereinbarung die Hälfte, also 39,— DM.

Grundlohn/Grundgehalt		2243,— DM
+ Vermögenswirksame Leistungen des Arbeitgebers		39,— DM
= Bruttoentgelt		2282,— DM
– Lohnsteuer	270,91	
– Kirchensteuer (z.B. 8% der Lohnsteuer)	21,67	
– Sozialversicherungsbeiträge		
Krankenversicherung (½ v. 13%) 6,5%	148,33	
Rentenversicherung (½ v. 17,7%) 8,85%	193,97	
Arbeitslosenversicherung (½ v. 6,3%) 3,15%	71,88	706,76 DM
= Nettoentgelt		1575,24 DM
– Vermögenswirksame Leistungen		78,— DM
Auszahlungsbetrag		1497,24 DM

Die Arbeitnehmersparzulage wird jährlich vom Finanzamt ausbezahlt.

Weitere Lohnabzüge können **gerichtlich** angeordnet (**Lohnpfändung** aufgrund eines Vollstreckungsbescheids, eines Urteils oder eines Vergleichs) oder **vertraglich** vereinbart sein.

Z

- *Der Nettolohn berechnet sich aus dem Bruttolohn, vermindert um die gesetzlich vorgeschriebenen Abzüge.*
- *Gesetzlich vorgeschriebene Lohnabzüge sind die Lohnsteuer, die Kirchensteuer und die Arbeitnehmeranteile zur Sozialversicherung. Weitere Abzüge können hinzukommen.*

A

1. **Erklären Sie die Begriffe Bruttolohn, Nettolohn und Auszahlungsbetrag.**
2. **Welche Lohnabzüge sind gesetzlich vorgeschrieben?**
3. **Neben den gesetzlichen Lohnabzügen können unter bestimmten Bedingungen noch weitere Abzüge vorgenommen werden. Welche Abzüge können das sein?**
4. **Der Bruttolohn eines Arbeitnehmers beträgt 2439,— DM, die Lohnsteuer in Steuerklasse I 305,50 DM. Berechnen Sie den Nettolohn (Kirchensteuer 9%). An den vermögenswirksamen Leistungen des Arbeitnehmers beteiligt sich der Arbeitgeber aufgrund einer Betriebsvereinbarung mit 26,— DM.**

15

Sparen und Kredit

Sparen ist für jeden einzelnen, aber auch für die gesamte Volkswirtschaft von Bedeutung. Auf Sparleistungen kann nicht verzichtet werden.

*

Es gibt viele Sparformen. Um zu entscheiden, welche im Einzelfall am günstigsten ist, müssen Verfügbarkeit, Ertrag und Risiko gegeneinander abgewogen werden.

*

Wegen der wirtschaftlichen Bedeutung und aus sozialen Gründen fördert der Staat das Sparen durch Sparzulagen, Wohnungsbauprämien und Steuervergünstigungen.

*

Wer einen Kredit aufnimmt, kann sich Wünsche erfüllen, die er erst „morgen" bezahlen muß. Weil Kredite aber zurückgezahlt werden müssen, wird durch sie der zukünftige finanzielle Spielraum eingeschränkt.

15.1 Sparformen

Sparleistungen sind nicht nur für die Volkswirtschaft unerläßlich, auch jeden einzelnen können wichtige Gründe zum Sparen bewegen, sei es zur Vorsorge in Notfällen, zur Altersversorgung, für beabsichtigte Anschaffungen oder zur Vermögensbildung. Wenn es jedoch viele Gründe zum Sparen gibt, ist es wichtig, unter den vielfältigen Sparformen für jeden Einzelfall die passende Sparform auszuwählen.

15.1.1 Kontensparen (Sparbuch)

Nach wie vor ist für private Geldanleger das Sparen auf einem Sparkonto (Sparbuch) eine der beliebtesten Sparformen. Einzahlungen und Auszahlungen werden im Sparbuch festgehalten. Die **gesetzliche Kündigungsfrist** beträgt **3 Monate.** Ohne Kündigung kann ein Sparer innerhalb von 30 Tagen bis zu 2000,— DM abheben.

Benötigt er kurzfristig mehr als 2000,— DM, wird ihm auch dieser Betrag ausbezahlt, aber das Kreditinstitut berechnet für den über 2000,— DM hinausgehenden Betrag einen **Vorschußzins.** Die Zinsen werden dem Sparkonto jährlich gutgeschrieben; sie sind im Vergleich zu anderen Sparformen relativ niedrig. Durch Vereinbarung einer längeren Kündigungsfrist als der gesetzlichen kann der Sparer jedoch einen höheren Zinssatz erhalten.

Minderjährige können ein Sparbuch nur mit Zustimmung des gesetzlichen Vertreters eröffnen und darüber verfügen. Die Zustimmung kann aber unterstellt werden, wenn die Ein- und Auszahlungen im Rahmen des altersbedingten Taschengeldes liegen.

Bei jeder Ein- oder Auszahlung muß das Sparbuch vorgelegt werden. Weil ein Sparguthaben an jeden ausbezahlt wird, der das Sparbuch vorlegt, ist es ratsam, mit dem Kreditinstitut ein **Kennwort** zu vereinbaren.

Zum **Postsparbuch** gehört eine Ausweiskarte, die man getrennt aufbewahren sollte, denn jede Person, welche die Ausweiskarte zusammen mit dem Postsparbuch vorlegt, erhält täglich bis zu 500,— DM ausbezahlt. Höhere Beträge (bis monatlich 2000,— DM) kann nur der Sparer selbst unter Vorlage eines Ausweises (Paß oder Personalausweis) abheben.

Weil Sparbucheinlagen jederzeit verfügbar sind, aber nur relativ gering verzinst werden, eignet sich diese Geldanlage besonders als **Rücklage für unerwartete Ausgaben.**

Um vor allem längerfristiges Sparen zu fördern, haben sich die Kreditinstitute einige **Sparsonderformen** einfallen lassen. Es wird jeweils monatlich ein bestimmter Betrag angespart, zusätzlich nimmt der Sparer an einer Verlosung teil (Gewinnsparen) oder er erwirbt einen Anspruch auf ein Darlehen (Junghandwerkersparen), oder er erhält zusätzlich eine Sparprämie (Sparprämiensparen). Weitere Sparsonderformen heißen Heiratssparen, Zielsparen, Plussparen, Bonussparen.

- *Das Kontensparen eignet sich wegen der sofortigen Verfügbarkeit besonders als Rücklage für unerwartete Ausgaben.*

Viele sparen, um später Versorgungslücken zu vermeiden.

15.1.2 Sparen durch Sparbrief

Für langfristige Geldanlagen ist ein Sparbrief günstiger als die Anlage auf einem Sparkonto. Die Zinsen sind höher und der Zinssatz wird für die gesamte Laufzeit gleichbleibend garantiert.

Man unterscheidet zwei Typen:
Beim **normalverzinslichen Sparbrief** zahlt der Sparer den vollen Nennbetrag, z. B. 10000,— DM, beim Kreditinstitut ein und erhält nach Ablauf der vereinbarten Zeit den vollen Nennbetrag wieder ausbezahlt. Die Zinsen werden ihm jährlich ausbezahlt oder vergütet. Bei einer Laufzeit von 4 Jahren und einem Zinssatz von 8% ergibt sich so ein Zinsgewinn von 3200,— DM.

Beim **abgezinsten Sparbrief** werden alle während der Laufzeit anfallenden Zinsen bereits bei der Einzahlung verrechnet. Die Zinsen vermindern den Kaufpreis. Bei einer Laufzeit von 4 Jahren und einem Zinssatz von 8% müssen dann nicht 10000,— DM, sondern nur 7350,30 DM einbezahlt werden. Nach Ablauf von 4 Jahren erhält der Sparer 10000,— DM. Der Zinsgewinn beträgt in diesem Beispiel demnach 2649,70 DM.

- *Für langfristige Geldanlagen ist das Sparbrief-Sparen besser geeignet als das Kontensparen, weil ein höherer Zinssatz gewährt wird.*

15.1.3 Bausparen

Durch Einzahlungen auf einen Bausparvertrag erwirbt der Sparer den **Anspruch auf ein zinsgünstiges Darlehen.** Damit das Darlehen beantragt werden kann, müssen mehr als 18 Monate seit Vertragsabschluß vergangen und bei den meisten Bausparkassen 40% der Bausparsumme angespart sein.

Beispiel:	Bausparsumme	100 000,— DM
	angespart	40 000,— DM
	Bauspardarlehen	60 000,— DM

Wenn ein Bausparer den Anspruch auf Zuteilung des Bauspardarlehens erworben hat, heißt das noch nicht, daß das Darlehen tatsächlich zugeteilt wird. Die Zuteilung hängt letztlich davon ab, wie viele Spargelder der Bausparkasse zur Auszahlung von Bauspardarlehen zur Verfügung stehen. Sie wird dann aufgrund einer Bewertungsziffer durchgeführt, die sich nach der Höhe der Ansparleistungen und nach der Dauer der Ansparphase richtet.

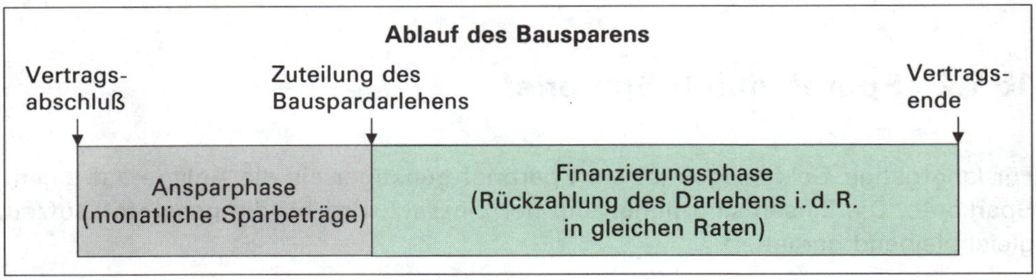

Bausparen ist Zwecksparen. Es dient nur zum Bau, Umbau, Kauf, zur Modernisierung eines Hauses oder einer Wohnung oder auch zur Rückzahlung von Bauschulden.

- *Durch Bausparen wird ein Anspruch auf ein zinsgünstiges Darlehen erworben, das zum Bauen oder Kaufen eines Hauses oder einer Wohnung verwendet werden kann.*

15.1.4 Versicherungssparen

Beim Versicherungssparen werden Beiträge für eine private Unfall-, Aussteuer-, Lebens-, Ausbildungsversicherung u. a. geleistet. Tritt der Versicherungsfall ein, erwirbt der Versicherte einen Anspruch auf Auszahlung der Versicherungssumme bzw. Erstattung der entstandenen Kosten. Häufig wird ein Lebensversicherungssparvertrag abgeschlossen, der nicht nur eine Auszahlung der Versicherungssumme bei Tod vorsieht, sondern auch bei Erreichen einer bestimmten Altersgrenze (z. B. 60 Jahre) oder nach Ablauf von einigen Jahren (z. B. nach 30 Jahren). Die Auszahlung kann dabei in einem Betrag (Kapitalversicherung) oder in Form einer lebenslang gezahlten Zusatzrente (Rentenversicherung) erfolgen.

Ein Lebensversicherungssparvertrag dient daher in erster Linie der privaten Altersvorsorge.

Z

- *Die wichtigste Form des Versicherungssparens ist das Lebensversicherungssparen. Es dient in erster Linie der privaten Altersvorsorge.*

15.1.5 Wertpapiersparen

Festverzinsliche Wertpapiere, wie Pfandbriefe, Kommunalobligationen und Anleihen des Bundes, der Länder, der Bundesbahn und Bundespost, verbriefen dem Erwerber eine gleichbleibende Verzinsung über die gesamte Laufzeit. Diese Wertpapiere werden an der Börse gehandelt, unterliegen aber nur geringfügigen Kursschwankungen.

Die wichtigste Form der **Teilhaberpapiere** ist die Aktie.
Wer **Aktien** erwirbt, wird Teilhaber an einer Aktiengesellschaft und erhält einen jährlichen Anteil am Gewinn, die Dividende. Häufig werden Aktien jedoch nicht wegen des Dividendenanspruchs erworben, sondern weil der Käufer hofft, an der Börse hohe Kursgewinne zu erzielen. Da Aktien starken Kursschwankungen unterliegen, trägt der Aktionär allerdings auch ein hohes Kursrisiko.

Investment-Anteilscheine verbriefen Miteigentum an einem Wertpapierfonds und werden von Kapitalgesellschaften ausgegeben. Solche Gesellschaften kaufen Wertpapiere – z. T. sowohl Aktien als auch festverzinsliche Wertpapiere aus verschiedenen Ländern – auf, bilden aus den aufgekauften Papieren einen Wertpapierfonds und geben auf diesen Fonds Anteilscheine aus. Die angefallenen Erträge werden von den meisten Gesellschaften jährlich ausgeschüttet. Investment-Anteilscheine unterliegen geringeren Kursschwankungen als Aktien, weil die Wertpapiere des Fonds breit gestreut sind.

Z

- *Wertpapiersparen erfolgt durch Kauf von festverzinslichen Wertpapieren, von Teilhaberpapieren oder von Investment-Anteilscheinen.*
- *Die wichtigste Form der Teilhaberpapiere ist die Aktie.*

15.1.6 Beteiligungssparen

Mit dem Begriff „Beteiligungssparen" ist gemeint, daß man sich durch „Sparleistungen" in irgendeiner Form an einer Unternehmung beteiligt.

Zu dem Beteiligungssparen zählen:

- der Kauf von Aktien;
- der Erwerb eines Investmentfonds-Anteils;
- stille Beteiligungen an Unternehmen;
- der Erwerb von Anteilen an einer Genossenschaft;
- der Kauf von Genußscheinen und
- die Gewährung eines Arbeitnehmerdarlehens.

Beteiligungssparen ist daher in vielen Fällen zugleich auch Wertpapiersparen.

Für viele Unternehmen ist es interessant, den Mitarbeitern das Geld zur Beteiligung an der Unternehmung in Form eines „zusätzlichen Einkommens" zur Verfügung zu stellen. Beteiligte Mitarbeiter sind motivierter und engagierter. Dadurch arbeiten die Beteiligungsunternehmen insgesamt erfolgreicher. Zudem gilt eine solche Unternehmens-Zuwendung als Betriebsausgabe, die den Gewinn verringert. Das Unternehmen spart also Steuern (vgl. Kap. 14.1.3).

Z

- *Von Beteiligungssparen spricht man, wenn man sich durch „Sparleistungen" an einer Unternehmung beteiligt.*

15.1.7 Übersicht über die wichtigsten Sparformen

Sparformen	Verfügbarkeit	Ertrag	Risiko
Kontensparen (Sparbuch)	Über die Sparleistungen kann jederzeit unter Vorlage des Sparbuches verfügt werden. Übersteigen die Abhebungen innerhalb von 30 Tagen 2000,— DM, muß für diese Beträge ein Vorschußzins bezahlt werden.	Im Vergleich zu anderen Sparformen werden nur niedrige Zinsen bezahlt; allerdings läßt sich durch Vereinbarung einer längeren Kündigungsfrist ein höherer Zinssatz erreichen.	sichere Geldanlage
Sparbrief	Das Geld ist für 1 bis 6 Jahre fest angelegt.	Zins ist höher als beim Sparbuch und für die gesamte Laufzeit fest.	sichere Geldanlage
Bausparen	Über die Ansparleistungen (Bausparguthaben) kann jederzeit verfügt werden. Allerdings gehen alle durch die staatliche Sparförderung erhaltenen Vorzüge verloren, wenn die 10jährige Sperrfrist nicht eingehalten wird.	Das Bausparguthaben wird nur gering verzinst. Es ist jedoch zu berücksichtigen, daß man einen Anspruch auf ein zinsgünstiges Darlehen erwerben kann.	Sichere Geldanlage – ein Risiko liegt nur darin, daß man die staatliche Sparförderung verliert, wenn man die angesparten Gelder vorzeitig für andere Zwecke benötigt.
Lebensversicherungssparverträge	Die gesparten Gelder sind für längere Zeit (mind. 12 Jahre) fest angelegt. Eine vorzeitige Vertragsauflösung ist besonders in den ersten Jahren mit erheblichen Verlusten verbunden.	hohe Rendite – zur Verzinsung tritt noch eine Überschußbeteiligung	Eine vorzeitige Vertragsauflösung ist mit Verlusten verbunden, ansonsten handelt es sich um eine sichere Geldanlage.
Festverzinsliche Wertpapiere	jederzeit durch Verkauf der Wertpapiere	relativ hohe gleichbleibende Zinsen über die gesamte Laufzeit	Geringes Kursrisiko – die Kursschwankungen festverzinslicher Wertpapiere sind im Vergleich zu Aktien gering.
Aktien	jederzeit durch Verkauf der Wertpapiere	Der Ertrag kann durch eine Kurssteigerung sehr hoch sein, hinzu kommt noch die jährliche Dividendenzahlung.	Im Vergleich zu den festverzinslichen Wertpapieren besteht ein hohes Kursrisiko.
Investment-Zertifikate (Anteilscheine)	jederzeit durch Verkauf der Wertpapiere	Die Möglichkeit, Kursgewinne zu erzielen, ist im allgemeinen nicht so hoch wie bei Aktien, dazu kommt noch die jährliche Ertragszahlung.	Weil die Wertpapiere des Fonds weit gestreut sind (festverzinsliche Wertpapiere und Teilhaberpapiere), ist das Kursrisiko geringer als bei Aktien, aber höher als bei festverzinslichen Wertpapieren.

A

1. **Wieviel DM kann man von einem Sparbuch mit gesetzlicher Kündigungsfrist innerhalb von 30 Tagen abheben, ohne daß ein Vorschußzins zu entrichten ist?**
2. **Können Minderjährige ein Sparkonto eröffnen und darüber verfügen?**
3. **Warum ist es sinnvoll, für das Sparbuch mit dem Kreditinstitut ein Kennwort zu vereinbaren?**
4. **Sparbucheinlagen werden nicht hoch verzinst. Weshalb ist das Sparbuchsparen trotzdem eine beliebte Sparform?**
5. **Warum ist ein Sparbrief für langfristige Geldanlagen besser geeignet als die Anlage auf einem Sparbuch?**
6. **Welcher Unterschied besteht zwischen dem normalverzinslichen und dem abgezinsten Sparbrief?**
7. **Wozu dient das Bausparen?**
8. **Welche Voraussetzungen müssen erfüllt sein, damit ein Bauspardarlehen zugeteilt werden kann?**
9. **Erläutern Sie, was man unter einem Lebensversicherungssparvertrag versteht. Wozu dient ein Lebensversicherungssparvertrag?**
10. **Worin unterscheiden sich festverzinsliche Wertpapiere von Teilhaberpapieren?**
11. **Warum ist das „Aktien-Sparen" besonders risikoreich?**
12. **Was ist ein Investment-Anteilschein?**
13. **Weshalb ist das Kursrisiko bei Investment-Zertifikaten geringer als bei Aktien?**
14. **Erläutern Sie, was man unter Beteiligungssparen versteht.**
15. **Weshalb sind auch Unternehmen daran interessiert, daß sich ihre Mitarbeiter über Beteiligungssparen an dem Unternehmen beteiligen?**

15.2 Sparförderung

Aus wirtschaftlichen (Sparen ermöglicht Investitionen) und sozialen Gründen (Vermögensverteilung, Altersvorsorge) fördert der Staat das Sparen der privaten Haushalte. Er zahlt u. a. Arbeitnehmer-Sparzulagen, Wohnungsbauprämien und gewährt Steuervergünstigungen.

Arbeitnehmer-Sparzulagen

Nach dem **Vermögensbildungsgesetz** (936-DM-Gesetz) zahlt der Staat Zulagen auf Sparleistungen der Arbeitnehmer. Gefördert wird eine jährliche vermögenswirksame Sparleistung von 936,— DM, die zur Einzahlung auf Bausparverträge, Wertpapier-Sparverträge, zum Erwerb eigener Aktien des Arbeitgebers u. a. verwendet werden müssen. Der Sparbetrag kann monatlich oder in einer Summe geleistet werden. Die Arbeitnehmer-Sparzulage beträgt je nach Anlageform 10 oder 20% der vermögenswirksamen Leistungen. Für die Gewährung der Sparzulage gibt es allerdings Einkommensgrenzen. Sie wird nur gezahlt, wenn das zu versteuernde Einkommen im Kalenderjahr 27000,— DM oder bei der Zusammenveranlagung von Ehegatten 54000,— DM nicht übersteigt.

Die Geldanlage nach dem 936-DM-Gesetz ist für zahlreiche Arbeitnehmer besonders interessant, weil nach vielen Tarifverträgen oder Betriebsvereinbarungen der Arbeitgeber einen Teil der monatlichen Sparleistung für den Arbeitnehmer übernimmt (19,50 DM, 39,— DM oder auch mehr).

Beispiel 1 Anlage: Bausparen Sparzulage: 10%	Beispiel 2 Anlage: Beteiligungssparen Sparzulage: 20%		
78,— DM	78,— DM	Fördergrenze ←	Was ich laut Gesetz monatlich anlegen kann
39,— DM	39,— DM	z. B. nach Tarifvertrag	Was ich vom Arbeitgeber bekomme (Annahme)
7,80 DM	15,60 DM	nach 936-DM-Gesetz	Was ich vom Staat bekomme
31,20 DM	23,40 DM		Mein monatlicher Aufwand

Auf Beteiligungssparleistungen zahlt der Staat eine Arbeitnehmer-Sparzulage von 20%, auf Bausparleistungen von 10%. Zusätzlich bleiben für alle Arbeitnehmer, die sich in irgendeiner Form (z. B. durch Aktien, Schuldverschreibungen, Genußscheine, Genußrechte, Arbeitnehmerdarlehen) an ihrer eigenen Firma beteiligen, bis zu **500,— DM im Jahr steuerfrei,** wenn sie diesen Betrag in Form einer Zuwendung von ihrem Arbeitgeber erhalten haben. Es handelt sich dabei um zusätzliches Einkommen, das einkommensteuerfrei bleibt und von dem auch keine Sozialversicherungsbeiträge abgeführt werden müssen.

Eine Geldanlage nach dem Vermögensbildungsgesetz bringt dem Arbeitnehmer daher mehrere Vorteile:

1. Der Staat zahlt auf höchstens 936,— DM jährliche Sparleistung eine Sparzulage von 10% (Bausparleistungen) oder 20% (Beteiligungssparleistungen).
2. Nach vielen Tarifverträgen oder Betriebsvereinbarungen übernimmt der Arbeitgeber zusätzlich einen Teil der monatlichen Sparleistung des Arbeitnehmers.
3. Übernimmt der Arbeitgeber einen Teil der monatlichen Sparleistung des Arbeitnehmers, sind diese Zuwendungen zu versteuern. Dient das Beteiligungssparen jedoch zur Beteiligung an der eigenen Unternehmung, bleiben 500,— DM jährliche Zuwendungen steuerfrei.

Die Arbeitnehmer-Sparzulage wird jährlich auf Antrag vom Finanzamt ausbezahlt.

Wohnungsbauprämien

Nach dem **Wohnungsbau-Prämiengesetz** wird das Bausparen durch den Staat mit Wohnungsbauprämien gefördert. Die Prämie beträgt 10%. Alleinstehende können bis zu 800,— DM, Ehegatten bis 1600,— DM im Jahr prämienbegünstigt sparen, falls das zu versteuernde Einkommen 27000,— DM bzw. 54000,— DM (bei zusammenveranlagten Ehegatten) nicht überschreitet.

Steuervergünstigungen

Der Bausparer kann statt einer Wohnungsbauprämie **Steuervergünstigungen** in Anspruch nehmen. Auch Einzahlungen in Lebensversicherungen und der Erwerb von Aktien des eigenen Arbeitgebers sind steuerbegünstigt. Die Sparleistungen können bis zu bestimmten Höchstgrenzen beim Lohnsteuerjahresausgleich bzw. in der Einkommensteuererklärung geltend gemacht werden (Bausparleistungen nur zur Hälfte).

Z

- *Der Staat fördert aus wirtschaftlichen und sozialen Gründen das Sparen durch Sparzulagen, Wohnungsbauprämien und Steuervergünstigungen.*

A

1. **Für welche Sparleistungen zahlt der Staat Arbeitnehmer-Sparzulagen?**
2. **Wie hoch ist die geförderte Sparleistung, und wie hoch ist die Arbeitnehmer-Sparzulage?**
3. **Welche Einkommensgrenzen gibt es für die Förderung durch den Staat?**
4. **Unter welcher Voraussetzung bleiben 500,— DM Unternehmensbeteiligung des Arbeitnehmers steuerfrei?**
5. **Wofür wird eine Wohnungsbauprämie gewährt, und wie hoch ist die Prämie?**
6. **Welche Einkommensgrenzen gibt es für die Gewährung einer Wohnungsbauprämie?**
7. **Der Staat fördert das Sparen auch durch Steuervergünstigungen. Wofür wird ein solcher Steuernachlaß gewährt?**

15.3 Kredite am Beispiel des Anschaffungsdarlehens

Das Darlehen ist im Bürgerlichen Gesetzbuch geregelt (vgl. Kap. 3.6.2). Die wichtigste Form des Darlehens ist der **Geldkredit.** Nach der Laufzeit unterscheidet man kurzfristige Kredite (bis 1 Jahr Laufzeit), mittelfristige Kredite (1–4 Jahre Laufzeit) und langfristige Kredite (über 4 Jahre Laufzeit). Für i. d. R. mittelfristige Kredite (Anschaffungsdarlehen haben üblicherweise eine Laufzeit zwischen 1 und 5 Jahren), die **größeren Anschaffungen** (z. B. Kauf eines Pkw oder einer Kücheneinrichtung) dienen, hat sich die Bezeichnung **Anschaffungsdarlehen** durchgesetzt. Vielfach werden Anschaffungsdarlehen auch als Ratenkredite bezeichnet.

Darlehensvertrag

Die Bedingungen, zu denen ein Kreditinstitut dem Kreditnehmer ein Anschaffungsdarlehen gewährt, werden in Form eines Darlehensvertrages geregelt.
Zu diesem Zweck muß der Kreditnehmer zunächst ein **Kreditgesuch** stellen, in dem er vor allem Angaben zu seiner Person, zu seinem verfügbaren Einkommen und zu den Sicherheiten, die er bieten kann, zu machen hat. Wird dem Kreditgesuch stattgegeben, stellt diese Bewilligung rechtlich einen Antrag dar, den der Kreditnehmer durch seine Unterschrift akzeptieren kann. Es ist dann ein Darlehensvertrag zustandegekommen, der Angaben enthält über

- die Höhe und Auszahlung des Kredits;
- den Verwendungszweck;
- den Zinssatz und die Nebenkosten (z. B. Gebühren, Provisionen);
- die Kreditdauer und die Tilgungsraten;
- die Sicherheiten.

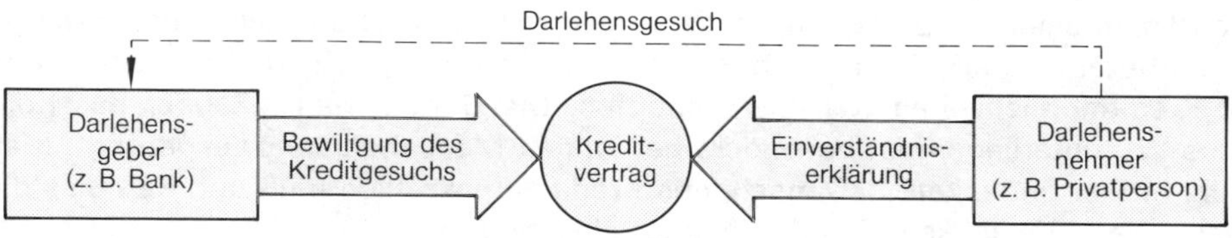

Effektivverzinsung

Die **Preisangabenverordnung** und das **Verbraucherkreditgesetz** schreiben vor, daß Kreditinstitute bei Krediten an Privatpersonen den Effektivzins anzugeben haben; gleichzeitig wird auch die Berechnungsart des Effektivzinses festgelegt. Die effektive Verzinsung ergibt sich aus den Zinsen und den Nebenkosten, wie Gebühren und Provisionen. Die Angabepflicht soll Privatpersonen Vergleiche erleichtern und vor Übervorteilungen schützen (Kap. 16.1.1).

Angebot für ein Anschaffungsdarlehen (Ratenkredit)
Laufzeit: 4 Jahre

```
AUSZAHLUNG  1.03.91    :  DM    10.000,00
ZINSEN (MON. 0,48 %)   :  DM     2.304,00
GEBUEHREN    2,00 %    :  DM       200,00
KREDITKOSTEN           :  DM     2.504,00
KREDITBETRAG           :  DM    12.504,00
EFFEKTIVER ZINSSATZ    :   %        12,10
MONATLICHE RATE        :  DM       261,00
  1. RATE AM   1.04.91:   DM       237,00
 48. RATE AM   1.03.95:   DM       261,00
```

Hinweis:
0,48% Zins pro Monat erscheint sehr niedrig und verleitet zu der Annahme, man hätte nur 5,76% Zins für die gesamte Laufzeit zu bezahlen. Es ist jedoch zu bedenken, daß die Schuld sich durch Tilgungsleistungen ständig verringert, die Zinszahlung (48,— DM pro Monat) bleibt jedoch immer gleich hoch. So erklärt sich der Effektivzins von 12,10%.

Sicherheiten

Grundsätzlich unterscheidet man Kredite nach der zugrundeliegenden Sicherheit in:

- Personalkredite (es haftet nur der Kreditnehmer);
- verstärkte Personalkredite (neben dem Kreditnehmer haften für die Kreditverpflichtungen noch weitere Personen);
- Realkredite (Gläubiger erhält zusätzlich Zugriffsrecht auf Sachen oder Vermögensrechte).

Anschaffungsdarlehen werden als Personalkredite, verstärkte Personalkredite und Realkredite gewährt. Übliche Sicherheiten sind z. B. Ehegattenbürgschaften und Gehaltsabtretungen (verstärkter Personalkredit) sowie Sicherungsübereignungen, z. B. des Pkw (Realkredit).

Gefahren

Wenn man einen Kredit aufnimmt, kann man sich Wünsche erfüllen, die man erst später bezahlen muß. Dies verleitet viele Menschen dazu, Schulden zu machen und die Kreditmöglichkeiten voll auszuschöpfen. Die Gefahr, dem „Zauber des Konsums" zu unterliegen, ist besonders bei jungen Menschen sehr ausgeprägt. Man sollte immer bedenken, daß man einen Kredit zurückzahlen muß und daß dies die finanziellen Möglichkeiten in der Zukunft einschränkt.

Eine besondere Gefahr liegt bei **Kreditvermittlern,** unter denen es „schwarze Schafe" gibt, die unseriös sind und viel versprechen, aber verschweigen, was der Kredit tatsächlich kostet. Meist sind Kreditvermittler teurer als Kreditinstitute, weil sie selbst keine Kredite geben, sondern nur an ein Geldinstitut weitervermitteln und für die Vermittlung eine Provision verlangen.

Z

- *Anschaffungsdarlehen sind meist mittelfristige Kredite, die größeren Anschaffungen dienen.*
- *Die Effektivverzinsung eines Darlehens ergibt sich aus den Zinsen und den Nebenkosten, wie Gebühren und Provisionen.*
- *Durch Kredite lassen sich Wünsche erfüllen, die man erst „morgen" bezahlen muß. Sie schränken jedoch den zukünftigen finanziellen Spielraum ein.*

A

1. **Wie unterscheidet man Kredite nach der Laufzeit?**
2. **Wodurch kommt ein Darlehensvertrag zustande, und welche Punkte enthält er?**
3. **Erläutern Sie, was man unter einer Effektivverzinsung versteht.**
4. **Wodurch werden Anschaffungsdarlehen üblicherweise gesichert?**
5. **Welche Gefahren sind mit einer Kreditaufnahme verbunden?**

16

Verbraucherschutz

Gesetzlich vorgeschriebene und freiwillige Warenkennzeichnung sollen dem Verbraucher die Warenauswahl erleichtern und ihn vor Übervorteilungen schützen.

*

Die Arbeitsgemeinschaft der Verbraucher ist die Dachorganisation der Verbraucherverbände.

*

Die Stiftung Warentest führt Testuntersuchungen durch und veröffentlicht die Ergebnisse in der Zeitschrift „test".

*

Der Wettbewerb der Unternehmen bringt für den Verbraucher Vorteile. Der Staat versucht daher, durch Gesetze und Verordnungen den Wettbewerb sicherzustellen.

16.1 Warenkennzeichnung

Die soziale Marktwirtschaft begünstigt eine Angebotsvielfalt. Viele Unternehmen versuchen Unterschiede zwischen ihren Produkten und denen der Konkurrenz (z. B. technische Vorteile, Qualität) durch Werbemaßnahmen herauszustellen, um so einen Spielraum in der Preisgestaltung zu erreichen. Die Vielfalt des Angebots stellt den Verbraucher vor ein Auswahlproblem, das er häufig allein nicht lösen kann. Gesetzlich vorgeschriebene und freiwillige Warenkennzeichnung sollen ihn daher neben Verbraucherberatung bei der Warenauswahl unterstützen.

Die Vielfalt des Angebots erschwert die Marktübersicht.

16.1.1 Gesetzlich vorgeschriebene Warenkennzeichnung

Zu den Gesetzen und Verordnungen, die Vorschriften über Warenkennzeichnung enthalten, gehören

- die Lebensmittelkennzeichnungsverordnung,
- die Preisangabenverordnung,
- das Gesetz über das Meß- und Eichwesen (Eichgesetz),
- das Textilkennzeichnungsgesetz und
- die EG-Vermarktungsnormen (Güteklassen).

Lebensmittelkennzeichnungsverordnung

Sie schreibt vor, daß bestimmte Lebensmittel (vor allem Dauerwaren von Fleisch, Fisch, Gemüse, Obst in Dosen, Tuben, Gläsern, Vakuumverpackungen, aber auch Back- und Puddingpulver, Kaffee, Schokolade u. a.) zur **Unterrichtung** und zum **Schutz des Verbrauchers** besonders gekennzeichnet werden müssen.

Warenkennzeichnung von Herstellern aufgrund der Lebensmittelkennzeichnungsverordnung

Folgende Angaben sind u.a. vorgeschrieben:

1. Name und Niederlassung des Herstellers oder Abpackers (Firma);
2. Handelsübliche Bezeichnung der Ware;
3. Angabe des Gesamtgewichts bzw. des Nettogewichts, wenn auch andere Bestandteile enthalten sind (z.B. bei Fischkonserven);
4. Fleisch- und Fischeinwaage in Gramm, evtl. mit Hinweis auf Gewichtsveränderung durch weitere Behandlung (z.B. Gewichtsschwund bei Erhitzen);
5. Zeitpunkt von Herstellung, Abpackung oder Abfüllung;
6. Angabe der Mindesthaltbarkeitsdauer.

Preisangabenverordnung

Die **Preisangabenverordnung** verpflichtet die **Einzelhändler, ihre Waren mit dem Preis auszuzeichnen**. Es ist nicht erforderlich, jede einzelne Ware mit dem Preis zu kennzeichnen, es genügt bereits die Beschriftung der Regale oder das Anbringen

eines Preisschildes. Die Preisauszeichnung muß jedoch deutlich lesbar und unmißverständlich den Waren zugeordnet sein, so daß sich der Verbraucher bereits bei der Warenauslage eindeutig über den Preis informieren kann.

Die Preisangabe muß die Mehrwertsteuer bereits enthalten. Kunstgegenstände und Antiquitäten sind von der Pflicht zur Preisauszeichnung ausgenommen. Neben den Einzelhändlern sind auch die **Anbieter von Dienstleistungen** zur Preisangabe verpflichtet. So müssen z. B. Gaststätten oder Kreditinstitute die Preise für ihre Leistungen aushängen. Für Kredite ist der effektive Jahreszins anzugeben, der nur auf eine vorgeschriebene Weise berechnet werden darf.

Bei Krediten an Verbraucher ab 400,— bis 100 000,— DM gelten bei Raten- und Abzahlungskrediten die Vorschriften des **Verbraucherkreditgesetzes**. Danach muß ein Kreditvertrag u. a. folgende Angaben enthalten: Gesamtbetrag aller Teilzahlungen einschließlich Zinsen und verrechneter Kosten, Vermittlungsprovision und Versicherungskosten sowie Angaben über Rückzahlung und effektiven Jahreszins.

Gesetz über das Meß- und Eichwesen (Eichgesetz)

Dieses Gesetz verpflichtet die Hersteller

- zu einer **eindeutigen Mengenkennzeichnung** (Füllmengen müssen leicht erkennbar und deutlich lesbar sein);
- zur Angabe des **Grundpreises** (z. B. pro Kilogramm oder Liter), falls unübliche Gewichtsangaben (sogenannte „krumme Gewichte", z. B. 279 g) gemacht werden;
- dazu, zu beachten, daß der **Inhalt** in einem bestimmten **Verhältnis zur Verpackung** steht. Verpackungen, die einen größeren Inhalt vortäuschen (sogenannte „Mogelpackungen") sind nicht erlaubt.

Beispiel:

Ursprünglich enthielt die Flasche 3 l Inhalt. Dann wurde der Inhalt auf 2 l beschränkt.

Auch die Flasche wurde verkleinert, allerdings für den Verbraucher kaum zu bemerken. Die „Hauptschauseite" blieb unverändert, lediglich an der „Seitenansicht" wird die Verringerung der Füllmenge erkennbar.

Eine solche Veränderung kann als „Mogelpackung" gelten. Der Verbraucher wird das allerdings kaum merken, es sei denn, er besitzt noch eine Flasche mit den ursprünglichen Maßen und vergleicht gezielt.

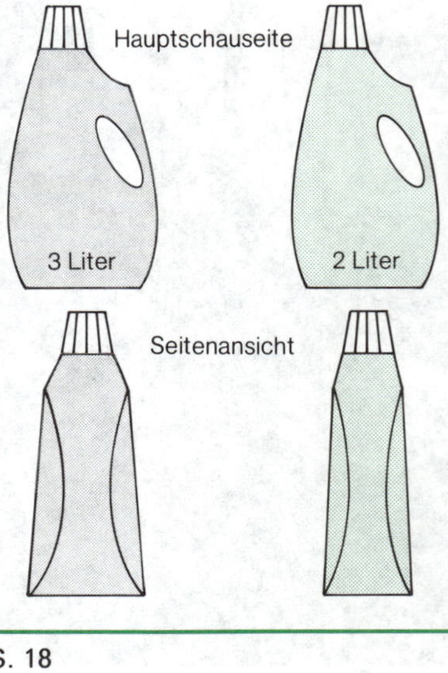

Quelle: Bundeszentrale für polit. Bildung: Zeitlupe 10, S. 18

Textilkennzeichnungsgesetz

Nach diesem Gesetz müssen alle Textilien, die dem Verbraucher angeboten werden, mit einer Angabe über die Art und die Anteile der **verwendeten Rohstoffe** gekennzeichnet werden. Dies gilt nicht nur für Waren, sondern auch für Bezugsstoffe von Möbeln oder Möbelteilen, für Schirme und Fußbodenbeläge.

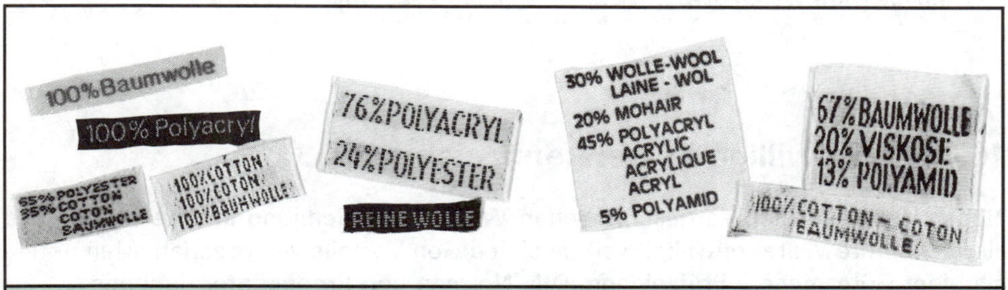

Warenkennzeichnung nach dem Textilkennzeichnungsgesetz

Wenn eine Textilie nur aus einem Rohstoff besteht, sind die Bezeichnungen „rein", „ganz" oder „100%" zu verwenden.

EG-Vermarktungsnormen (Güteklassen)

Im gesamten EG-Raum gelten für bestimmte Obst- und Gemüsesorten Güteklassen, die sich auf das Äußere und die Qualität der Ware beziehen. Die Kennzeichnung durch Güteklassen ist im Handel zwingend vorgeschrieben.

Die Güteklassen bedeuten:

Extra = auserlesene Ware
I = hochwertige Ware
II = gute Ware
III = Haushaltsware, Industrieware

Z.Zt. gibt es für 17 Gemüse- und für 9 Obstsorten EG-Güteklassen.

Weitere Gesetze und Verordnungen zur Warenkennzeichnung

- Das **Handelsklassengesetz** teilt eine Reihe von Lebensmitteln nach Handelsklassen ein. So werden z. B. bei Eiern die Güteklassen A, B und C und die Gewichtsklassen 1–7 unterschieden und Butter wird in die Handelsklassen I (Deutsche Markenbutter), II (Deutsche Molkereibutter) und III (Deutsche Kochbutter) eingeteilt. Als Ergänzung zu den EG-Güteklassen sieht das Gesetz auch für weitere Obst- und Gemüsesorten eine Handelsklasseneinteilung vor.
- Die **Zusatzstoff-Verordnungen** bestimmen, daß Zusatzstoffe durch bestimmte Angaben deutlich zu machen sind, z. B. „mit Süßstoff Saccharin" oder „stark geschwefelt".
- Die **Nährwert-Kennzeichnungsverordnung** legt fest, mit welchen Nährwertangaben Lebensmitteln zu kennzeichnen sind und in welcher Form diese Angaben zu erfolgen haben.

- *Wichtige Gesetze und Verordnungen, die Vorschriften zur Warenkennzeichnung enthalten, sind die Lebensmittelkennzeichnungsverordnung, die Preisangabenverordnung, das Eichgesetz, das Textilkennzeichnungsgesetz und die EG-Vermarktungsnormen.*
- *Nach der Lebensmittelkennzeichnungsverordnung müssen zum Schutz des Verbrauchers besonders Lebensmitteldauerwaren bestimmte Hinweise enthalten.*
- *Die Preisangabenverordnung bestimmt, daß Einzelhändler und Anbieter von Dienstleistungen ihre Waren bzw. Dienste mit dem Preis auszuzeichnen haben.*

16.1.2 Freiwillige Warenkennzeichnung

Neben der gesetzlich vorgeschriebenen Warenkennzeichnung kennzeichnen viele Hersteller ihre Ware freiwillig, weil sie sich davon Vorteile versprechen. Man unterscheidet Gütezeichen, Prüfzeichen, DIN-Normen und Produktinformationen.

Gütezeichen

Gütezeichen garantieren eine bestimmte **Mindestqualität.** Die Hersteller dürfen diese Zeichen nur verwenden, wenn ihre Waren bestimmten Qualitätsanforderungen entsprechen. Fachverbände oder Gütezeichengemeinschaften legen die Gütebedingungen fest und verleihen die Gütezeichen. Das Recht, seine Produkte mit einem Gütezeichen zu versehen, kann jeder Unternehmer erwerben, wenn er die Gütebedingungen erfüllt und sich den Kontrollen der neutralen Prüfer unterzieht.

- **Gütezeichen des RAL**

Die Festlegung und Kontrolle von Gütebedingungen und die Verleihung von Gütezeichen ist in der Bundesrepublik Deutschland Aufgabe des **Ausschusses für Lieferbedingungen und Gütesicherung** in Frankfurt/Main. Nach seiner früheren Bezeichnung ,,Reichsausschuß für Lieferbedingungen'' führt dieser Ausschuß sein altes Kürzel ,,RAL'' weiter fort. Die Gütebedingungen des RAL sind jedermann zugänglich, und die Einhaltung wird von ihm überwacht. Die Anerkennung eines Gütezeichens kann durch den RAL erst ausgesprochen werden, nachdem der Bundeswirtschaftsminister seine Zustimmung erteilt hat.

Gütezeichen des RAL

Wenn also Waren ein Gütezeichen des RAL tragen, kann der Verbraucher sicher sein, daß die Waren bestimmten Qualitätsanforderungen gerecht werden.

Neben der Verleihung von Gütezeichen und Überwachung der Einhaltung von Gütebedingungen erstellt der RAL auch **Testate** (Zeugnisse oder Bescheinigungen). RAL-Testate geben keine Auskunft über eine bestimmte Qualität, sondern informieren den Verbraucher über die Zusammensetzung und die Eigenschaften von Waren. Allerdings werden RAL-Testate nicht für Waren mit erheblichen Mängeln erteilt. RAL-Testate werden einem Hersteller auf Antrag vom RAL verliehen und sind in Form eines Anhänge-Etiketts an der Ware angebracht.

Beispiel

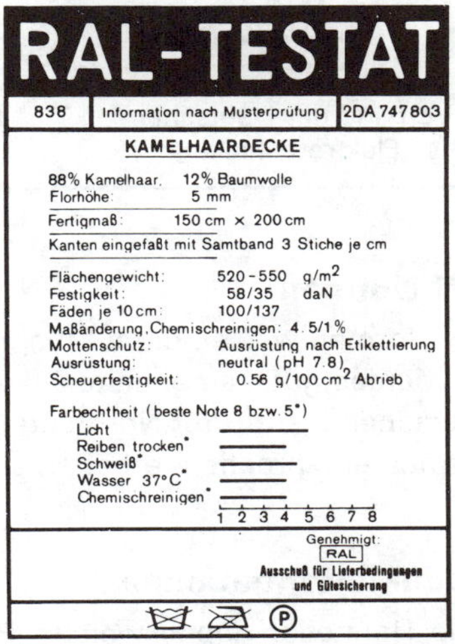
RAL-TESTAT

838 | Information nach Musterprüfung | 2DA 747803

KAMELHAARDECKE

88% Kamelhaar, 12% Baumwolle
Florhöhe: 5 mm

Fertigmaß: 150 cm × 200 cm

Kanten eingefaßt mit Samtband 3 Stiche je cm

Flächengewicht: 520-550 g/m²
Festigkeit: 58/35 daN
Fäden je 10 cm: 100/137
Maßänderung, Chemischreinigen: 4.5/1 %
Mottenschutz: Ausrüstung nach Etikettierung
Ausrüstung: neutral (pH 7.8)
Scheuerfestigkeit: 0.56 g/100 cm² Abrieb

Farbechtheit (beste Note 8 bzw. 5*)
Licht
Reiben trocken*
Schweiß*
Wasser 37°C*
Chemischreinigen*
1 2 3 4 5 6 7 8

Genehmigt:
RAL
Ausschuß für Lieferbedingungen und Gütesicherung

- **Andere Gütezeichen**

Auch der **Verband der Landwirtschaftskammern** stellt Gütebestimmungen auf, verleiht Gütezeichen und überwacht die Einhaltung der Bestimmungen.

Beispiele:
- Speisequark – Deutsche landwirtschaftliche Markenware
- Deutsches Markenobst
- Deutsche Markeneier
- Deutsches Markengeflügel
- Deutsche Markenkartoffeln
- Deutsches Weinsiegel

Keine Qualitätsgarantie ist mit **Waren-** und **Firmenzeichen** (z. B. FIAT, BP, 4711, Blendax, Coca-Cola) verbunden. An ihnen lassen sich nur Hersteller oder Erzeugnisse erkennen. Zwar können mit einem Waren- oder Firmenzeichen bestimmte Qualitätsvorstellungen verbunden sein, aber diese Qualität unterliegt keiner objektiven öffentlichen Nachprüfung.

Prüfzeichen (Sicherheitszeichen)

Neben den Gütezeichen sind für den Verbraucher auch **Sicherheitszeichen** (Prüfzeichen) von Bedeutung. Die wichtigsten Sicherheitszeichen sind

- das Sicherheitszeichen des **Verbandes Deutscher Elektrotechniker – VDE** (dieses Zeichen erhalten Elektrogeräte nach bestandener Sicherheitsprüfung);
- das Sicherheitszeichen der **Trägergemeinschaft Sicherheitszeichen** und
- das TÜV-Zeichen. Der **Technische Überwachungsverein (TÜV)** überprüft nicht nur Kraftfahrzeuge, sondern fast alle Geräte, die unter das Maschinenschutzgesetz fallen.

Sicherheitszeichen		
Verband der Deutschen Elektrotechniker	Trägergemeinschaft Sicherheitszeichen	TÜV-Prüfzeichen

DIN-Normen

DIN-Normen weisen darauf hin, daß bei der Herstellung eine festgelegte (genormte) Mindestgüte eingehalten wurde. Die Einhaltung der DIN-Normen wird vom Deutschen Institut für Normung e. V. (DIN) ständig überprüft. Geräte, die den DIN-Normen entsprechen, erhalten ein entsprechendes Zeichen.

Produktinformationen

Viele Hersteller geben weitere Produktinformationen für Gebrauch, Handhabung oder Zubereitung der Ware. Vielfach handelt es sich um nützliche Informationen. Bei allen weiteren Produktinformationen muß jedoch bedacht werden, daß sie häufig unter dem Gesichtspunkt der Werbung erfolgen, also in erster Linie den Verbraucher zum Kauf der Ware anregen sollen. In der Regel tritt der informative Charakter einer solchen „Information" hinter der Werbeabsicht zurück.

Z

- *Bei der freiwilligen Warenkennzeichnung werden Gütezeichen, Prüfzeichen und DIN-Normen unterschieden.*
- *Für die Festlegung und Kontrolle von Gütebedingungen ist in der Bundesrepublik Deutschland der Ausschuß für Lieferbedingungen und Gütesicherung (RAL) zuständig.*

A

1. **Nennen Sie einige Gesetze und Verordnungen, die Vorschriften über Warenkennzeichnung enthalten.**
2. **Wie sind aufgrund der Lebensmittelkennzeichnungsverordnung Lebensmitteldauerwaren zu kennzeichnen?**
3. **Wem schreibt die Preisangabenverordnung vor, die Preise auszuzeichnen?**
4. **Wozu verpflichtet das Eichgesetz die Hersteller von Waren?**
5. **Welche Bestimmungen enthält das Textilkennzeichnungsgesetz?**
6. **Erläutern Sie die Bedeutung der EG-Güteklassen „Extra", „I", „II" und „III".**
7. **Wer legt Gütebedingungen fest und kann Gütezeichen verleihen?**
8. **Welche Garantie ist mit Gütezeichen verbunden?**
9. **Erläutern Sie, was man unter einem RAL-Testat versteht.**
10. **Wer kann Prüfzeichen (Sicherheitszeichen) verleihen?**
11. **Worauf weisen DIN-Normen hin?**

16.2 Verbraucherberatung

Gesetzlich vorgeschriebene und freiwillige Warenkennzeichnung allein reichen noch nicht aus, um aus dem vielfältigen und für den einzelnen meist unübersichtlichen Angebot an Waren auswählen zu können. Zahlreiche Beratungsstellen leisten daher Verbraucherberatung, ebenso kann man sich durch viele Medien umfassend über das Warenangebot informieren. Es gibt viele Verbraucherzeitschriften und Informationsbroschüren, und auch im Rundfunk und Fernsehen wurden Sendungen eingerichtet, die den Verbraucher informieren.

16.2.1 Beratungsstellen

Es gibt zahlreiche regionale und lokale Verbrauchervereine und Organisationen, die Verbraucherberatung durchführen, aber die bedeutendsten Verbraucherberatungsstellen wurden von der **Arbeitsgemeinschaft der Verbraucher (AGV)** bzw. von den der Arbeitsgemeinschaft angeschlossenen **11 Verbraucherzentralen** (alte Bundesländer) eingerichtet. Die Arbeitsgemeinschaft der Verbraucher ist in den alten Bundesländern eine Dachorganisation für 33 Verbände und 11 Verbraucherzentralen mit mehr als 150 Verbraucherberatungsstellen. Einzelpersonen können nicht Mitglied in der Arbeitsgemeinschaft werden.

Arbeitsgemeinschaft der Verbraucher (AGV) (Angaben für die alten Bundesländer)	
Beirat A für **Verbraucherpolitik und Verbrauchervertretungen** 33 Verbände mit ca. 8 Mio. Mitgliedern	**Beirat B für** **Verbraucherberatung und Verbraucherinformation** 11 Verbraucherzentralen mit über 150 Verbraucherberatungsstellen außerdem: Arbeitsgemeinschaft Hauswirtschaft Arbeitsgemeinschaft Wohnberatung Aktion Bildungsinformation

Neben der eigentlichen Verbraucherberatung (Information und Beratung vor einem Kauf und Unterstützung bei Reklamationen) übernehmen die Verbraucherzentralen noch zahlreiche andere Aufgaben und erbringen noch weitere Beratungsleistungen.

Jede Verbraucherzentrale unterhält verschiedene Verbraucherberatungsstellen. Sie sind in größeren Städten als Außenstellen der Verbraucherzentralen eingerichtet. In Baden-Württemberg gibt es in folgenden Städten Beratungsstellen:

- Freiburg, Wasserstraße 11
- Heidelberg, Adenauerplatz 21–23
- Heilbronn, Wollhausstraße 29
- Karlsruhe, Südliche Hildapromenade 2
- Mannheim, N3, 7–8
- Ravensburg, Mauerstraße 11
- Stuttgart, Fangelbachstraße 19
- Ulm, Münsterplatz 11–13

Was eine Verbraucherzentrale sonst noch alles macht

Wohnberatung	Informationsmaterial
Mietfragen	Pressearbeit
Energieberatung	Ausstellungen
Urlaubsbeschwerden	Beratung für junge Verbraucher
Ernährungsberatung	Führungen für Schulklassen
Beratung für ausländische Arbeitnehmer	u. a.
Rechtsberatung	

Verbraucherzentralen geben auch telefonische Verbrauchertips unter der bundeseinheitlichen Rufnummer 11606 bzw. 011606.

Verbraucherzentralen

Verbraucherzentrale Baden-Württemberg
7000 Stuttgart 1, Augustenstr. 6

Verbraucherzentrale Bayern
8000 München 2, Haydnstr. 7

Verbraucherzentrale Berlin
1000 Berlin 30, Bayreuther Str. 40

Verbraucherzentrale Bremen
2800 Bremen 1, Carl-Ronning-Str. 2

Verbraucherzentrale Hamburg
2000 Hamburg 36, Große Bleichen 23

Verbraucherzentrale Hessen
6000 Frankfurt/M. 1, Berliner Str. 27

Verbraucherzentrale Niedersachsen
3000 Hannover 1, Georgwall 7

Verbraucherzentrale Nordrhein-Westfalen
4000 Düsseldorf 1, Mintropstr. 27

Verbraucherzentrale Rheinland-Pfalz
6500 Mainz, Große Langgasse 16

Verbraucherzentrale des Saarlandes
6000 Saarbrücken 1, Hohenzollernstr. 11

Verbraucherzentrale Schleswig-Holstein
2300 Kiel 1, Bergstr. 24

Z

- *Verbraucherberatung wird in der Bundesrepublik Deutschland vor allem von den Verbraucherzentralen und ihren örtlichen Beratungsstellen durchgeführt.*
- *Dachorganisation der 11 Verbraucherzentralen (alte Bundesländer) und zahlreichen Verbraucherverbänden ist die Arbeitsgemeinschaft der Verbraucher (AGV).*
- *Neben der eigentlichen Verbraucherberatung erbringen die Verbraucherzentralen für den Verbraucher noch weitere Leistungen, z. B. die Bearbeitung von Beschwerden und Rechtsberatung.*

16.2.2 Medieninformationen

Es gibt zahlreiche Verbände und Organisationen, die den Verbraucher durch **Informationsmaterial, Broschüren** oder **Zeitschriften** beraten bzw. aufklären. Von besonderer Bedeutung ist die Stiftung Warentest in Berlin.

Die **Stiftung Warentest** gibt in der Zeitschrift **,,test''** Ratschläge und Tips für den Einkauf und veröffentlicht Testergebnisse. Sie wurde 1964 als gemeinnützige Stiftung gegründet und hat die Aufgabe, die Öffentlichkeit über Qualität, Gebrauchswert und Preise von Waren und Dienstleistungen zu unterrichten. Die Testuntersuchungen werden von wissenschaftlich anerkannten Prüfinstituten durchgeführt. Die monatlich erscheinende Zeitschrift ,,test'' ist im Zeitschriftenhandel erhältlich, zusätzlich werden auch Zusammenfassungen in ,,test-Jahrbüchern'' angeboten und ,,test-Sonderhefte'' (z.B. Foto-Sonderheft oder Energie-Sonderheft) veröffentlicht.

Werbung für die Zeitschrift ,,test''

Weitere Merkblätter, Broschüren oder Zeitschriften für den Verbraucher werden besonders von folgenden Verbraucherverbänden und Organisationen herausgegeben:

- Arbeitsgemeinschaft der Verbraucher e.V. (z.B. die ,,Verbraucher-Rundschau'');
- Verbraucherzentralen (z.B. Markt- und Preisberichte);
- Auswertungs- und Informationsdienst für Ernährung, Landwirtschaft und Forsten (z.B. AID-Schriftenreihe);
- Deutsche Gesellschaft für Ernährung (z.B. Zeitschrift ,,Ernährungsumschau'');
- Bundesausschuß für volkswirtschaftliche Aufklärung (verschiedene Broschüren und Merkblätter).

Neben den schriftlichen Verbraucherinformationen gibt es verbraucherinformierende **Rundfunk- und Fernsehsendungen.** Zu diesen Fernsehsendungen zählen z.B. ,,WISO'', ,,ARD-Ratgeber'', ,,Umschau'' und ,,Markt''.

Z

- *Die Stiftung Warentest gibt in der Zeitschrift ,,test'' Ratschläge und Tips für den Einkauf und veröffentlicht Testergebnisse.*
- *Neben dem schriftlichen Material verschiedener Verbraucherverbände informieren auch Rundfunk- und Fernsehsendungen den Verbraucher.*

A

1. **Weshalb kann man die Arbeitsgemeinschaft der Verbraucher als Dachorganisation der Verbraucherverbände bezeichnen?**
2. **Welche Aufgaben nehmen Verbraucherzentralen wahr?**
3. **Welche Aufgaben hat die Stiftung Warentest in Berlin?**
4. **Nennen Sie einige weitere Verbände oder Organisationen, die schriftliches Informationsmaterial für die Verbraucher zur Verfügung stellen.**
5. **Welche Fernsehsendungen informieren den Verbraucher?**

16.3 Wettbewerbsrechtliche Regelungen

Für den Verbraucher ist es wichtig, daß die Unternehmen untereinander in Wettbewerb stehen. Ist der Wettbewerb gestört (z. B. bei Monopolunternehmen), muß der Verbraucher mit überhöhten Preisen und einer beschränkten Produktauswahl rechnen. Ein funktionierender Wettbewerb dagegen bringt dem Verbraucher Vorteile: Er kann sich den Anbieter aussuchen, dessen Ware ihn zufriedenstellt, und die Anbieter versuchen sich gegenseitig zu übertreffen, um immer bessere und preisgünstigere Angebote auf den Markt zu bringen. Der Staat hat daher eine Reihe von Gesetzen erlassen, die den Wettbewerb der Unternehmen sicherstellen sollen.

Gesetz gegen Wettbewerbsbeschränkungen (Kartellgesetz)

Dieses Gesetz untersagt z. B. Preis-, Gebiets- oder Produktionsquotenabsprachen und regelt die Kontrolle marktbeherrschender Unternehmen. Ungerechtfertigte Preiserhöhungen können untersagt werden, ebenso Unternehmenszusammenschlüsse, wenn dadurch der Wettbewerb beeinträchtigt wird. Über die Einhaltung der Bestimmungen wacht das **Bundeskartellamt** (vgl. Kap. 5.2.3).

Zugabeverordnung

Dieses Gesetz erlaubt nur geringwertige Zugaben (z. B. Luftballons oder Bonbons). Dadurch soll verhindert werden, daß der Verbraucher die Angebote der Verkäufer nicht mehr vergleichen kann, falls Verkäufer Zusatzleistungen bieten.

Rabattgesetz

Es setzt den Barzahlungsnachlaß (Skonto) auf höchstens 3% fest und regelt die anderen Preisnachlässe, damit dem Verbraucher ein Vergleich der Angebote durch unterschiedliche Preisnachlässe nicht erschwert wird.

Gesetz über die allgemeinen Geschäftsbedingungen (AGB-Gesetz)

Dieses Gesetz schützt den Verbraucher vor den Tücken des ,,Kleingedruckten''. Der Käufer muß ausdrücklich auf die Allgemeinen Geschäftsbedingungen hingewiesen werden, und er muß einverstanden sein, daß sie Bestandteil des Vertrages werden.

Verboten sind z. B.:

- die Vereinbarung einer Preiserhöhungsklausel (z. B. ,,Lieferung zum Tagespreis''), falls ein Vertrag die Lieferung der Ware innerhalb von 4 Monaten vorsieht;
- Vereinbarungen, die für den Käufer Kosten (z. B. für Anfahrt, Transport oder Material) innerhalb der Garantiezeit vorsehen;
- die Ausführung einer Reparatur innerhalb der Garantiezeit davon abhängig zu machen, daß der volle Kaufpreis entrichtet ist;
- Klauseln, die dem Verbraucher bei Lieferungsverzug die Rechte auf Rücktritt oder Schadenersatz nehmen;
- Klauseln, welche die Rechte des Käufers bei mangelhafter Ware auf Nachbesserung oder Ersatzlieferung beschränken (bei Nichtgelingen der Nachbesserung kann Rückgängigmachung des Kaufs oder Minderung des Kaufpreises verlangt werden);
- Vereinbarungen, welche die Gewährleistungsansprüche ganz ausschließen (vgl. Kap. 3.4).

Fallbeispiel zum Gesetz über die allgemeinen Geschäftsbedingungen (AGB)

Quelle: Bundeszentrale für politische Bildung: ,,Zeitlupe Nr. 10'', Bonn, S. 17

Gesetz gegen den unlauteren Wettbewerb (UWG)

Dieses Gesetz schützt Anbieter und Verbraucher vor unlauterem Wettbewerb; unlauter ist jede Maßnahme, die gegen die guten Sitten verstößt.

Dazu gehören z. B.:

- das Anschwärzen von Mitanbietern;
- die Zusendung unbestellter Ware;
- Lockvogelangebote;
- die Verteilung von Geschenken an Angestellte anderer Unternehmen, um dadurch Vorteile zu erhalten;
- vergleichende Werbung;
- die Benutzung fremder Geschäfts-, Firmen- oder Warenzeichen.

Z

- *Für den Verbraucher bringt es Vorteile, wenn die Anbieter untereinander in Wettbewerb stehen.*
- *Zu den Gesetzen, die den Wettbewerb sicherstellen sollen, gehören das Kartellgesetz, die Zugabeverordnung, das Rabattgesetz, das AGB-Gesetz und das Gesetz gegen den unlauteren Wettbewerb.*

A

1. **Welche Vorteile hat der Verbraucher, wenn der Wettbewerb der Unternehmen funktioniert?**
2. **Durch welche Gesetze will der Staat den Wettbewerb der Unternehmen sicherstellen?**
3. **Welche Absprachen (Kartelle) sind nach dem Kartellgesetz verboten?**
4. **Inwiefern sollen das Rabattgesetz und die Zugabeverordnung dem Verbraucher das Vergleichen von Angeboten erleichtern bzw. sicherstellen?**
5. **Welche Vereinbarungen sind nach dem Gesetz über die Allgemeinen Geschäftsbedingungen (AGB-Gesetz) grundsätzlich verboten?**
6. **Das Gesetz gegen den unlauteren Wettbewerb schützt Anbieter und Verbraucher vor Maßnahmen, die gegen die guten Sitten verstoßen. Nennen Sie Beispiele.**

Sachwortverzeichnis

Bildquellenverzeichnis

Bundeszentrale für gesundheitliche Aufklärung, Köln
Commerzbank Aktiengesellschaft, Frankfurt
Gesamtdeutsches Institut, Bundesanstalt für Gesamtdeutsche Aufgaben, Bonn
KNA, Katholische Nachrichtenagentur Pressebild GmbH, Frankfurt
Süddeutscher Verlag, München
Ullstein Bilderdienst, Berlin